廢名圈

梅杰 著

雪的原野

雪的原野，
你是未生的嬰兒，
明月不相識，
明日的朝陽不相識，——
今夜的足跡是野獸麼？
樹影不相識。
雪的原野，
你是未生的嬰兒，——
天魂是那里人家的燈芯麼？

 浙江教育出版社·杭州

图书在版编目（ＣＩＰ）数据

废名圈 / 梅杰著. -- 杭州 ：浙江教育出版社，
2024.8
ISBN 978-7-5722-7335-3

Ⅰ．①废… Ⅱ．①梅… Ⅲ．①废名（1901-1967）—
文学研究 Ⅳ．①I206.6

中国国家版本馆CIP数据核字(2024)第034879号

责任编辑 鲁　庚　　　　　**美术编辑** 曾国兴
责任校对 陈德元　　　　　**责任印务** 朱文韬
封面设计 张玉洁　　　　　**封面绘画** 陶利平

废名圈
FEIMING QUAN

梅杰/著

出版发行 浙江教育出版社
　　　　　 （杭州市环城北路177 号　 电话:0571-88909729 ）
印　刷 湖北今印印务有限公司
开　本 710mm×1000mm　　 1/16
印　张 25
字　数 500 000
版　次 2024年8月第1版
印　次 2024年8月第1次印刷
标准书号 ISBN 978-7-5722-7335-3
定　价 80.00元

如发现印装质量问题，影响阅读，请与承印厂联系调换。
电话：027-87952556

废名画像（陶利平绘）

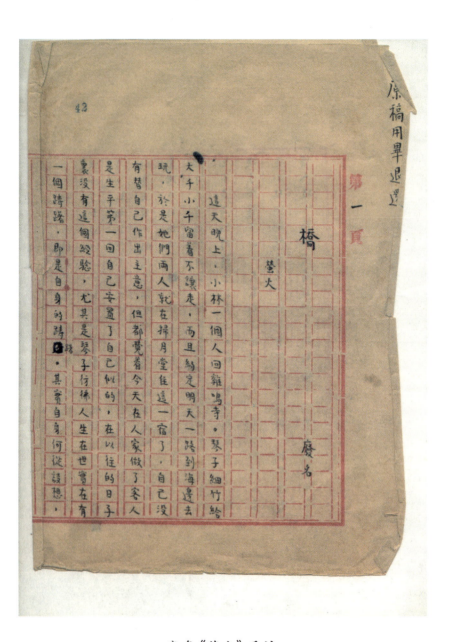

橋

螢火

廢名

這天晚上，小林一個人回雞鳴寺。琴子細竹給

大千小千留着不讓走，而且約定明天一路到海邊去

玩，於是她們兩人就在掃月堂住這一宿了，自己沒

有替自己作出主意，但都覺着今天在人家做了客人

是生平第一回自己安置了自己似的，在以往的日子

裏沒有這個經驗，尤其是琴子行緯人生在世實在有

一個歧路，即是自身的歧路。其實自家何從設想，

废名《萤火》手迹

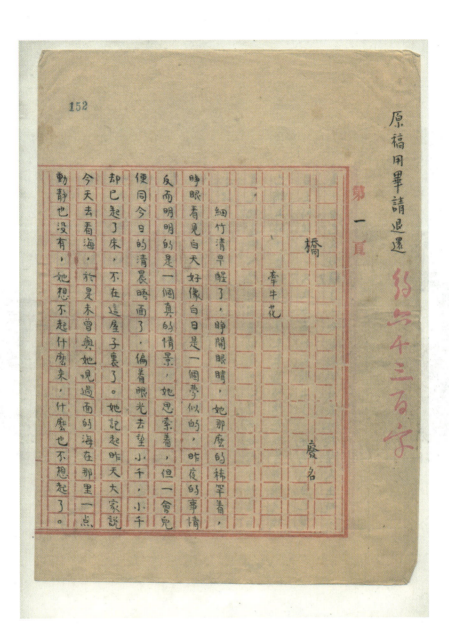

原稿用畢請退還

約六千三百字

第一頁

橋

牽牛花

廢名

細竹清早醒了，睜開眼睛，她那麼的稀罕着，昨夜的事情反而明明的是一個真的情景，她思索着，但一會兒睜眼看見白天好像白日是一個夢似的，昨夜的事情反而明明的是一個真的情景，她思索着，但一會兒便同今日的清晨晤面了，偏着眼光去望小千，小千却已起了床，不在這屋子裏了。她記起昨天大家說今天去看海，於是未曾與她覿過面的海在那里一點動靜也沒有，她想不起什麼來，什麼也不想起了。

廢名《牽牛花》手迹

梅杰（右一）与冯思纯（废名之子）、陈建军（摄于2005年）

為學深知書有味
觀心澄覺室生光
梅杰先生雅正
金波
辛丑
秋月

金波赠梅杰治学联

《废名散文》（梅杰编选、导读）

《关于废名》

《现代文学史料探微》

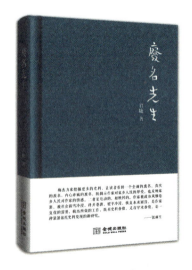

《废名先生》

《黄梅文脉》

序

梅杰(笔名眉睫)的《废名先生》于2013年1月由金城出版社出版时,我在序文中说:

> 2009年年初,眉睫君将其所写的废名研究文章汇编成《关于废名》(即《废名先生》之繁体中文版),由台湾秀威资讯科技股份有限公司出版。大概从这个时候开始,眉睫君的学术研究重心再度发生了转移。他由废名而扩大到"废名圈",后又跳出"废名圈"而对儿童文学、梅光迪等展开研究,对黄梅地方文化尤其倾注了极大的热情。

《关于废名》印行后,梅杰的研究重心转移到梅光迪、黄梅地方文化、儿童文学等领域,取得了一系列令人瞩目的成绩。

关于梅光迪,他整理了《梅光迪文存》(华中师范大学出版社2011年版),著有《梅光迪年谱初稿》(海豚出版社2017年版)。

关于黄梅地方文化,他整理了《绮情楼杂记》(中国长安出版社2011年版、九州出版社2017年版)、《蕙芳日记·芸兰日记》(金城出版社2014年版)、《喻血轮集》(华中师范大学出版社2018年版)、《邓文滨集》(华中师范大学出版社2017年版)等,著有《黄梅文脉》(海豚出版社2017年版)。

关于儿童文学,他著有《童书识小录》(海豚出版社2013年版)、《丰子恺札记——泛儿童文学随札》(海豚出版社2015年版)和《重写中国儿童文学史纲要》(中国大百科全书出版社2022年版)。

特别值得一提的是《重写中国儿童文学史纲要》。这部著作甫一问世,即在学界产生了很大反响。《光明日报》《中华读书报》《名作欣赏》《长江文艺评论》等报刊已刊发二十余篇书评文章,对这部极具开创性的新锐著作给予了充分肯定。我曾公开讲过："最看重（好）眉睫的儿童文学研究。在这一领域，他应该可以取得更大的成就。"理由很简单：相较于一般儿童文学研究者，梅杰的优势在于熟悉童书市场，阅读、策划、编辑、出版了大量现当代儿童文学作品及儿童文学理论著作，有比较丰富的学术积累。《重写中国儿童文学史纲要》的出版，不啻应验了我的"预言"。

梅杰之走上学术道路，是起步于废名研究。虽然他"开疆辟土"，拓展了研究领域，但他依然一如既往地"钟情"于废名。2014 年，他在海豚出版社出版了一本《竹林的故事》。2023 年，他应人民文学出版社之约，编选了一本《废名散文》，并写了一篇相当有分量的《前言》。自《关于废名》出版以后，梅杰在好长一段时间内没有写过关于废名的专题研究文章，一度跳出"废名圈"，用他自己的话说，只是"一种临时的告别"。

"废名圈"这一说法，出自朱英诞的《现代诗讲稿》。在第十六章《诗抄》中，朱英诞提出了一个"偏僻派别"——"废名及其 Circle"。北京大学陈均将这一"偏僻派别"命名为"废名圈"。被朱英诞纳入"废名圈"的诗人仅有沈启无和程鹤西（侃声）二人，但据陈均考察，这份名单还可以扩大，还应该包括朱英诞、黄雨及一批受废名、沈启无、朱英诞影响的青年诗人，"或许还不同程度地关涉到林庚、南星、沈宝基、李景慈、李道静等人"（陈均：《废名圈、晚唐诗及另类现代性》，《新诗评论》2007年第 2 辑）。朱英诞所谓"废名圈"是指诗歌而言的，但废名的影响并不限于"诗歌圈"，在一定时期内，以其为中心，自然或自觉地形成了一个不算小的文学空间，即"文学圈"。正因如此，梅杰把许君远、石民、梁遇春等人也纳入了"废名圈"。

前不久，梅杰将其所作关于废名、"废名圈"和黄梅文化等研究文章八十余篇，都为一集，拟交由浙江教育出版社出版。梅杰把这本书的书名仍题作"废名圈"，似有无限放大边界之嫌，但在他却是别有深意的。他的"废名圈"容纳了所有与废名有地缘、血缘、学缘、文缘者，是他以废名为起点或中心所形成的一个研究范围，姑且称之为"研究圈"。从这个意义上看，将收入这本书中的文章总题为"废名圈"，也未尝不可。

关于梅杰的废名研究，我曾在《关于废名》《废名先生》的序里发表过若干意见或读后感，恕不再饶舌。这里我想说的是，梅杰不仅在废名研究上取得了一定实绩，而且在宣传废名等方面也做了一些实实在在的工作。2021 年，因地缘的关系，在他的协助下，安葬在黄梅县苦竹乡后山铺的废名墓得以修葺一新。他曾多次找黄梅县政府有关部门和人员,倡议建造废名纪念馆,打造地方文化名片。在他和另外几位学者的共同努力下,废名研究会有望于今年内成立。可以说,在宣传废名、推动废名研究等方面,梅杰贡献良多,功不可没。

从2003年底认识梅杰至今,整整二十年。我用心读过他的每一本书、每一篇文章,亲眼目睹了他是如何成长、成熟起来的。他的学术道路和治学方法,堪称独特的"这一个",虽然不可复制,但对众多以学术为志业的青年学子不无启示意义。现在,梅杰已是"学院"中人,我希望他在学术上更加精进的同时,不要失去了原有的"本色"。因为这种"本色",太珍贵了。

是为序。

陈建军

癸卯年春于野芷湖畔

作者简介:陈建军,湖北浠水人。武汉大学文学院教授、博士研究生导师,中国闻一多研究会会长,《写作》杂志副主编。著有《废名年谱》《废名研究札记》《说不尽的废名》《禅尘录:现代文坛史料考释》《故纸新知:现代文坛史料考释》《袁昌英年谱》等,编有《废名诗集》《桥》(手稿整理本)、《废名作品精选》(全四卷)、《废名全集》(全十卷)、《丰子恺全集》(文学卷)等。

目
录
CONTENTS

第一辑 关于废名

第二辑　废名圈及其他

第三辑　黄梅文化及其他

附录

后记

第一辑

关于废名

《妆台》及其他

　　深夜读书,翻出废名的诗文,一翻就翻到了《妆台》,而这正是我现在要谈的。中国新诗,以现代派诗最令我神往,特别是卞之琳与废名的,我总是能够生出许多感慨来。中国有这样的诗歌,读者算是有福了。即以《妆台》为例,我实在也可以说出毫不造作的话来。

　　我读第一句时,很为废名感到高兴,这样的句子真见他的性情了! "梦里梦见我是个镜子",该是如何的新奇活泼。废名自云"梦之使者"镜里偷生,"梦"与"镜"是废名诗文中最美的背景,这样的句子实在也只有废名才写得出来。但我读到"沉在海里他将也是个镜子"时,我便觉着隔膜了。我没有沉在海里的经验,废名也应该没有——尽管他是爱海的,还在青岛待着不愿回来。但这"隔膜"又是让我感到喜悦的,它给我带来新的感觉。前面还用了"因为",于是我做了这样的推测:沉在梦里与沉在海里当是一样美的感觉。现在我想起废名的《海》来,其实是想起荷花女子和她的美丽聪慧。接下来是"一位女郎拾去"了镜子,女子出现了! 我感到我刚才的遐想没有白想。女子总是美的,看到镜子"她将放上她的妆台"。温庭筠词:"照花前后镜,花面交相映。"女子轻放镜子于妆台,爱美之心可见一斑。至于是否有"鬓云欲度香腮雪"之姿,是次要的。废名之喜欢温庭筠词,似乎在此也可以窥见一点。这一路写来着实自然,诗人的诗情是自然完成了。"因为此地是妆台,不可有悲哀",据说诗人林庚觉得诗情到这里已经很悲哀了,十多年后及至废名重读此诗也觉得悲哀了。莫非"不可有悲哀"之"悲哀"也可以生出悲哀来? 其实女子是美的,悲哀没有袭上它的心头，只是读诗的人心境不同吧！废名说写女子哭不好看，当时只注意到一个"美"字。"梦之使者"废名总是在冲淡悲痕，幻化些美丽来。

说到林庚，我很觉得他的"一盘清丽的脸水"有废名诗的味道。诗人在洗脸时，诗情已然存于心中，即是说这首诗已经做好了。诗情也是自由的，带些惆然，只是废名比林庚多些安然。

这首诗里的"梦""镜""海""女子"都是废名诗文里出现最多的。当我得知"镜"还是他的自编诗集的名字时，我是如何的慨然。废名做文章做到这时，真是做到最好了。废名说："因为此地是妆台，不可有悲哀，是我写《桥》时的哲学。"于是我反观《桥》，真感到神奇了。我敢说，《妆台》与《掐花》是《桥》的最好注解，再也不需要什么多余的话了，还有谁比废名更懂得他自己呢？

"厌世者做的文章总美丽"，我并不是说废名是厌世的，而我要说废名是爱人生的。正惟其如此，他才在"梦"里写女子的美，儿童的真，这又真是一面反照社会的镜子。《桥》正是他做得最好的"镜子"，也是可以让"女郎"放上她的"妆台"的。《妆台》与《桥》体现诗人的本意是一样的，他写的是"美"和"真"。说到儿童的"真"，我想起的是废名的《雪的原野》，它与灵魂和诗是连在一起的，这真是对纯真最美的赞颂了。

废名的诗是最能见废名的真性情的。他本来就是一个诗人啊！小说也是诗化的，他骨子里的精魂与他的诗的艺术是一致的。他这个天真率直的性情中人也是一首诗，他还为我们留下这么多的性情文字，如果失却了，对于废名倒没什么，却是文学的一大损失，我们也很可感到遗憾了。

这篇小文写到这里，忽然想起我曾将此诗抄与诸同学看，有一个女生说，里面有三角恋爱。我起初一惊，及至现在一想，她是把废名拉进《妆台》里了，不觉莞尔。

作于 2004 年 3 月 17 日

读《五祖寺》

　　废名在《〈五祖寺〉附记》中说："我想自己写些文章给小孩们看,总题目为《父亲做小孩子的时候》。"这个总题目不妨可作为我们欣赏《五祖寺》的立足点。《五祖寺》是"一个小孩子"的心灵美文,"要小孩子喜欢读,容易读"。若抛开这个立足点不顾,单看标题,自然很容易误会为"废名留给后世的风景散文"。

　　《五祖寺》通篇没有谈到五祖寺的历史掌故和风景名胜,而废名"喜欢这个题目的缘故",有两个,一是五祖寺于一个小孩子有"夜之神秘",二是"恐怕还因为五祖寺的归途"。废名在文末也坦白承认："我真要写当时的情景其实写不出,我的这个好题目乃等于交一份白卷了。"

　　废名的风景散文不在《废名文集》里,而在《桥》等小品美文之中。《桥》却又是小说,所以废名散文里头并没有风景散文,而是以说理见长。止庵在《〈废名文集〉序》中说:"他(废名)写散文则是讲道理的。"讲道理则未免容易流入晦涩,而废名散文兀自写得坦诚、自由,也就是马力先生所说:"用笔从容,像无结构可依,很悠闲,很家常,随处有一种任率之美在。"周作人说好的散文要有"简单味与涩味",废名散文正是循此一路。不过周作人只注意到《人间世》《明珠》时代的废名散文,而《父亲做小孩子的时候》(冯健男先生称之为废名的《朝花夕拾》)他恐怕没有读到。这未免有点可惜。二十世纪三十年代中期,废名转入散文创作和新诗理论研究,这些作品固然最能代表废名散文的最高成就(《谈新诗》不是学者论文,而是作家论文,可算作散文谈),而《父亲做小孩子的时候》和"黄梅同学录序"等又是废名散文另一个重要组成部分,这一批散文以1939年作的《五祖寺》为代表,是十年间废名创作生涯中一块空白的弥补。这些散文让我们看到废名对黄梅故乡的热爱,这是"一个小孩子"对家乡的感情。

废名在《五祖寺》开篇就比较了大人、小孩的心理,一方面"同情于小孩子"不得自由,另一方面又羡慕"小孩时的心境,那真是可以赞美的""那么的繁荣那么的廉贞"。废名如此地爱惜儿童心理,珍视儿童感受,"一个小孩子"的他乃对五祖寺感到"夜之神秘"。这个"夜之神秘"由来有三:幼稚的心灵向往五祖寺的有名,"五祖寺进香是一个奇迹"和悬空的"一天门"。儿时的废名对五祖寺(禅宗)有一种宗教的膜拜情结,也就是所谓的"夜之神秘"。这个情结成为废名文学作品里的一种灵魂。

且看废名是怎样描写这个"夜之神秘"吧!六岁时一次五祖之行,他感到"做梦一般",简直不敢相信自己走到了"心向往之"的五祖寺山脚下。而停坐在一天门的车上等候,他又感到有点"孤寂"了。这是多么切实的感受!望着外祖母、母亲、姊姊下山仿佛从"天上"下来到人间街上,又感到"喜悦"了。一个"始终没有说一句话"的男孩在细细品味这些奇妙的变化。这一步一步写来,是多么地细致、自由、从容、切己。而现在回味这次经历有所悟道,"过门不入也是一个圆满,其圆满真是仿佛是一个人间的圆满""最可赞美的,他忍耐着他不觉得苦恼,忍耐又给了他许多涵养"。"一个小孩子",在这"忍耐"里,自由联想,自己游戏,长大后也就在这忍耐里生出许多别人所没有的美丽的记忆。简单的追叙与深刻的悟道就这样自由穿梭与完美结合!废名文章的生成,是自然生长的结果,行乎当行,止乎当止,如同儵鱼出游从容。这其中感觉美的连串,曲折的思绪,值得读者细细把玩、思索、体味。马力先生说得好:"废名文章约似山中野衲怀藏着秘籍,不是一眼能够看透的。"

不过,用评价废名小说的论断来谈废名散文似乎不怎么适宜。"以冲淡为衣""平淡朴讷的作风",是谈废名《桃园》以前的早期小说;至于"下笔如学唐人写绝句",则是评价《菱荡》和《桥》等田园诗化小说了。再把这些观点拿来笼统地形容废名散文显得不够精确和仔细。

儿时的五祖寺对废名影响不可估量,以为"一天门只在我们家乡五祖寺了",而且似乎只写在悬空的地方。这真可谓感受深深,以后游玩、读书很容易想到儿时的记忆了。而儿时的记忆又都是"夜之神秘"，真仿佛一个夜了。譬如五祖寺的归途，"其实并没有记住什么，仿佛记得天气，记得路上有许多桥，记下沙子的路"。

　　所以，这篇《五祖寺》其实是写"儿时的五祖寺"，通篇写一个小孩子长大后对五祖寺怀有美丽的记忆和感情，其美丽若"一天的星，一春的花"。我读了《五祖寺》，也就只留下这么一个印象："一个小孩子，坐在车上，他同大人们没有说话，他那么沉默着，喜欢过着木桥，这个桥后来乃像一个影子的桥，它那么没有缺点，永远在一个路上。"这个小孩子后来成为中国著名文学家，并写下了不朽之作《桥》。

作于 2004 年底

姑妄言之姑听之

废名是一个敏感而极具表现自我天赋的人,所以写出了旷世奇作《桥》。也有人誉之为"破天荒的作品",那是美学家朱光潜。《桥》的晦涩与其隐逸性即为时人所指出,朱光潜还进一步深究:愁苦之音以华贵出之。《桥》是纯文学作品,并有自娱色彩。

我在长篇史论《废名在黄梅》中考证废名幼年生活时指出:废名常往来于表姐妹、族姐妹之间,仿佛生活于女儿国一样,造就了废名小家碧玉式内向型艺术家气质,性格也因此孤僻而恬静。正是这儿童世界和女儿国情怀使得废名擅长写儿童之真和女子之美。

1922年废名怀着一颗极大的向往之心来到北京,不久却是面临新文学阵营的内部论争、分裂,废名陷入极度苦闷之中。随后1927年张作霖率军进入北京,北京文人纷纷南下,北方文坛显得格外冷清寂寞,废名不能"直面惨淡的人生"(鲁迅语),心理由苦闷趋于封闭,性格更内向,思维方式侧重于内省,在急剧变化的时代洪流中废名找不到可辨清方向的思想作指导,于是躲进西山参禅悟道。这是思想退伍、不够激进的知识分子的必然结局。

1925年10月,废名的成名作《竹林的故事》出版后即开始"造"《桥》,历时五年写成上半部。《桥》的开始计划很长,朱光潜说:"据他预定的计划,已出书及陆续发表的部分至多仅占全书的一半,现在他决计费一年时间把《桥》续成。"所以《桥》仍属于"有全书在胸",并非"没有总体上的情节构思和故事框架",而《莫须有先生传》才是"无全书在胸"。查《废名年谱》,废名在北京十余年过着孤苦冷清的生活，性格的孤僻、心理的缺陷已使他难以融入社会生活，甚至连文坛的活动也很少参与。他与熊十力探究佛道，还与和尚在一起，有一时自己也剃了个光头。他除了打坐外，就是写《桥》寄托自己的理想文化观念和文学观，此外就是几乎天天去周作人和俞平伯家。废名的知音很少，后来周、俞两人也不能有所应和了。那时，废名唯一的寄托就是《桥》。当时温源宁和朱光潜都怀疑废名的《桥》像意识流小说大师伍尔芙夫人的，而废名那时并未接触她的作品。废名的意识流是中国特色的，而不是外国的。就是这一点当时也没有人看出来。《桥》的狭隘与隐逸是不会引起多少读者共鸣的，这是废名的悲哀。《桥》不被主流文学接受也是必然的。但是它的表现手法与文体的现代色彩和前卫特征却为现在聪明的学者所注意到，而只有一般粗浅、诚实的读者还停留在"《桥》的文章仿佛一首一首温李的诗，又像是一幅一幅淡彩的白描画"。像这样一部记录自己思绪轨迹的书，耐人一遍一遍地读，可是读过之后必然忘却，趣味就在阅读的一瞬间，而且是太捉摸不定，放下书就把读书时的趣味和思想忘记了，回到了现实之中。外国的意识流小说获得了巨大成就并被接受和承认，成为一百年来的世界文坛主流文学，而废名开创的中国特色的意识流小说却险遭遗忘，这是《桥》的缺陷的必然结果。

废名的自迷、自闭、自恋，导致他终日沉浸于感觉的小天地，自娱般地断断续续"造"《桥》。正是这境界狭小的作品，当时鲁迅批评说："有时发表一些顾影自怜的吞吞吐吐文章的废名先生，这回在《人间世》上宣传他的文学观了：文学不是宣传""作者过于珍惜他有限的哀愁，不久就更加不欲像先前一般的闪露""只见其有意低徊、顾影自怜之态了"。鲁迅的批评是中肯的。这也只有他自己才真正读得懂的"天书"，几十年后他"自己读着有许多也不懂了"。废名反悔地说："主观是渺小的，客观现实是艺术的源泉。"幸好，所有受废名诗化语言、文体影响的作家都走出他狭隘的园囿，把京派文风发扬光大了，而"那种偶发性和跳跃性的手法"并未影响到后来者，并且这种文体在当时并不流行和典型。后来的京派小说家只是吸收了废名的一些散文化、诗化技巧和题材取向，并没有赞成废名的隐逸思想。所以我们不仅要看到它的"文章之美"，还应看到它的"悲哀的空气"和"隐逸性"以及狭隘、晦涩。

当代作家、学者格非断言，两千年后仍有人读《桥》，尽管读者不多。这既认识到《桥》的不朽，又认识到它的狭隘。去年吴晓东的专著《镜花水月的世界——〈桥〉的诗学解读》可谓为这本"天书"做了个很好的解剖，它也总该寿终正寝了。它只是现代白话文本为古典文学作的悼书，它是一个结局。至于《桥》的英文本、日文本恐怕早已尘封历史，也许只有民间的藏书家才有吧！

废名一派小说经沈从文、汪曾祺、何立伟等人的延续，至今传了三代也几近断脉了。这样的文章在今天几乎是没有市场了，谁要再卖弄"小桥流水"，从古旧的意境里寻点文章做，反而被嗤笑为"造作"。

尼采说："上帝死了。"现在已经是一个缺乏信仰和价值尺度的时代，我们不应该回避，而要迎上前去。不是文学观和美学观左右时代，而是时代引领文学观和美学观。诗人于坚甚至认为："诗歌应该告别精神乌托邦，引领人返回存在的现场，健康自由地回到人的现场。"人不可能存活于历史的乌托邦幻境，注定要回到与之打交道的日常世界中。我们的精神栖息地只是我们的肉体以及与之关系密切的空气、桌子、手机、咖啡等，而不是"幻美"的过去。我们应从现实中感受生活、珍惜生活，从中发掘出时代美感，这样文学才能进步，人才能向前。

以上是"姑妄言之"，至于读者是否能够"姑听之"，那要取决于是否有"豆棚瓜架"下静看"雨如丝"的性情了。

作于 2004 年 9 月

废名诗的儿童味

废名的诗不仅有涩味,而且有禅味。禅心与童心有近似处,正因为如此,废名有的诗还有童诗味。据笔者采访废名在黄梅的学生得知:抗日战争时期废名在家乡教书,自编新诗教材,除自己的诗外还选有郭沫若、冰心、鲁迅、泰戈尔等人的诗作;他还教小学生写童诗,启人性灵。这是一个非常有趣的现象,借此我们可以更深刻地体会废名清新古拙的田园小说和奇僻难解的"禅诗"。

废名向来对唐宋八大家的文章深恶痛绝,认为它们是只有腔调的"八股"。他特别喜欢先秦、六朝、晚唐文学,如《诗经》、陶渊明、庾信、李商隐等,这些作品废名都认为贴切于真实的生活,容易有切己的想象和感受,因此里面有"文章"。废名这一文学观,深深影响了他的创作,使得"童年视角"成为他的一个重要表现手法。他的小说《竹林的故事》《菱荡》《桥》等,其实也是散文诗,都是"描写几个小孩子对于一片小天地的感受"(汪曾祺:《小说的散文化》),其中感染了浓重的儿童散文小说的色彩。甚至可以说,废名的小说就是一曲曲田园牧歌和一支支"田园童话"。

至于废名的新诗,有的也能读出"儿童诗"的味道。著名学者冯健男曾将废名的小诗《梦》改题为《梦之使者》,并选入《冯文炳(废名)选集》。全诗为:"我在女人的梦里写一个善字/我在男人的梦里写一个美字/厌世诗人我画一幅好看的山水/小孩子我替他画一个世界。"整首诗仿佛出自一个天使之手,对人世间充满了善意的关爱和祝福,特别是教小孩子感受这全新的世界,体现了废名对儿童的喜爱。废名真不愧为"梦之使者",一个好使者,在世人特别是小孩

子的梦里,他展现了美好的人生。而在另一首诗里,废名对儿童表示了由衷的赞赏和向往。请看《雪的原野》:

> 雪的原野,
> 你是未生的婴儿,
> 明月不相识,
> 明日的朝阳不相识,——
> 今夜的足迹是野兽么?
> 树影不相识。
> 雪的原野,
> 你是未生的婴儿,——
> 灵魂是那里人家的灯么?
> 灯火不相识。
> 雪的原野,
> 你是未生的婴儿,
> 未生的婴儿,
> 是宇宙的灵魂,
> 是雪夜一首诗。

废名把大雪初霁后洁白的原野比作"未生的婴儿",她对周围新奇的世界都是"不相识"的。废名最后发出由衷的赞叹:"雪的原野,你是未生的婴儿,未生的婴儿,是宇宙的灵魂,是雪夜一首诗。"在废名看来,"未生的婴儿"是最纯洁的,未受污染的,是与"宇宙的灵魂""雪夜一首诗"一样淳朴可爱的。这首诗曾被视为废名诗晦涩的例证,认为是疯人呓语,"不可解"(刘半农:《刘半农日记》)。殊不知从"儿童诗"的角度,反而容易明白。我们这才知道废名把诗歌艺术发展到一个具有原始意味人世之初的境界上去了,"朝阳""足迹""树影""灯"等意象都不是世俗的具象,而是与"未生的婴儿"一样,也是原始的、神秘的、纯洁的。废名的语言,有的仿佛仙人仙语,这是很好的说明。

　　废名其他具有"儿童诗"意味的还有《街上的声音》等,在《街上的声音》里,废名说:"小孩子,风的声音给你做一个玩具吧！"在废名笔下,自然万物与儿童都是相互游戏着存在的、和睦相处的,这种新诗境界,倘不从"儿童诗"角度理解,容易视为"不可解"。读者如有兴趣,可查阅即将在台湾出版的《废名诗集》。在废名诗近于禅的一路上,尚有沈启无、朱英诞、黄雨、纪弦等继之,而卞之琳、林庚等著名诗人也受其一定影响。

　　值得一提的是,抗战期间废名为他的儿子冯思纯编写的幼儿启蒙读物,也具有儿童诗意味,如第一课:"我今天上学,我的名字叫冯思纯。""早上起来,打开后门,看看山还在不在那里。"可惜的是,废名在黄梅是鲜有人与之谈禅论道的,只是李英俊女士晚年回忆废名在柳林乡南山与一和尚关系很好。一代"新诗怪"的寂寞可想而知,莫非梦中亦与小孩子一起作诗？

作于 2005 年 7 月

废名与书评

　　废名不是书评家，在中国近现代书评史上也不会有他的一席之地，但废名绝对是优秀的"读书家"，并为后人留下数量可观的读书随笔、讲稿。这实在是一笔不容忽视的文化财富。

　　1952年，废名在北大因受排挤与杨振声等一道赴东北人民大学，即今吉林大学。废名晚年在吉林大学十五载专心授课、著述，留有书稿多部，如《杜诗讲稿》《鲁迅研究》《跟青年谈鲁迅》《新民歌讲稿》《诗经讲稿》《美学讲稿》等。这些著作，其实都是读书随笔，也即是醇厚的正宗白话散文。此外，废名亦时有文艺随笔见诸报端，这是废名晚年散文创作的一个小高峰。废名的读书随笔还有一部分写于北京，这部分散文让世人一睹其"思想最是圆满的好文章好意思"（周作人语）。

　　废名的读书随笔尚不算书评（其实算得书话），但其中有一类文章却勉强算得。我指的是序跋。笔者从《废名文集》中做了统计，共有11篇，包括自序如《竹林的故事》序、《桥》序、《〈天马〉诗集》等。另外文集中漏收了废名为诗人林庚作的《〈冬眠曲及其他〉序》。我说废名的序跋勉强算得书评，是说书评的前身正是序跋，书评由序跋发展而来。中国近代书评大多以序跋形式出现。所以废名的序跋文章自然属于书评范畴，而且颇具个性和特色，这是后话。说来废名也有两篇严格意义上的书评，那是《〈现代日本小说集〉》和《〈呐喊〉》。于是废名书评共有14篇。也许有人嫌我选得太少，那是因为我实在不敢把废名的《读〈论语〉》《读〈朱注〉》一类的读书随笔算作书评，如果那也算，废名擅长的谈诗说文一类的书话岂不都是书评？

1922 年 9 月,废名在长兄冯力生(冯健男先生之父)的资助下考入北京大学预科。据《废名年谱》记载,当时的废名除听课外,大部分时间花在阅读外国文艺书籍和新文学报刊上,并参加浅草—沉钟社的茶话会、文学聚会等活动,与冯至、杨晦等文学青年交往甚多。再读读废名分别于 1923 年、1924 年作的《〈现代日本小说集〉》和《〈呐喊〉》,我们仿佛看到一个文学青年如饥似渴地阅读外国文学和中国新文学作品。废名在《〈现代日本小说集〉》中说:"这集子共是三十篇,篇篇令我读了舒服,但又怅惘,为什么我们贵国很少这样的人呢？——本自己兴趣,选定一种生活的样式,浸润于此,醅醉于此,无论是苦是甜。"在《〈呐喊〉》中废名写道:"我不是批评家,也不知道什么才算得文艺批评,平常一篇一篇地读文章,清醒我自己,扩大我自己。"正是通过废名这两篇"读者书评",我们看到青年废名(冯文炳)是怎样拿起手中创作之笔的。同时我们还可以看到,废名这两篇书评绝不是"文艺批评",也就无所谓有意贬低或吹捧,这与今日书评人的作风是多么不同啊！我们是否可以从废名的这两篇书评中得到某些启示呢？

20 世纪 30 年代是现代文学鼎盛、繁荣时期,真所谓"百家争鸣",著名京派、海派之争即是。废名乃京派大将,在北平文艺界已是资格颇老的著名作家。京派文人时常或聚于周作人苦雨斋,或进林徽因"太太的客厅",或赴朱光潜读诗会,可谓文人雅聚,魏晋风流,令后世学人欣羡不已。每有朋友出书,乃以作序相邀为常有之事。废名即曾为俞平伯、周作人、梁遇春、鹤西、朱英诞、林庚等人作过序跋。读这些序跋,我们大抵可从中看出废名的人伦关系、读书态度、文学观以及对文坛时局的看法等。所以此等书评,不容忽视。

废名在为俞平伯《春在堂所藏苦雨斋尺牍》所作跋中说:"我真个的仿佛另外有所发现,发现的什么又说不出也。"这可谓废名的夫子自道。废名为诸师友写序跋,往往以不写为写,不谈书中的文章,只借此做点别的文章。他写《〈古槐梦遇〉小引》,却拿"古槐""梦遇"做文章,写尽了他与师兄俞平伯之间的友谊。废名所有序文当中最值一提的是《秋心遗著序》,即《〈泪与笑〉序》,可谓名文,也是研究梁遇春散文的学者最津津乐道的。废名说:"他(梁遇春)的文思如星珠串天,处处闪眼,然而没有一个线索,稍纵即逝""秋心的散文是我们新文学当中的六朝文""玲珑多态,繁华足媚,其芜杂亦相当,其深厚也是六朝文所特有"。这些经典论断为后世学者称引不衰。《泪与笑》承载着废名、梁遇春、石民三人之间的友谊,废名、石民的序言都是发自肺腑的坦诚的至情文字,序只是形式,借此抒发而已。废名为小朋友鹤西作的《跋〈落叶树〉》和《〈琴〉序》亦是如此。而为林庚的学生年轻诗人朱英诞所作《〈小园集〉序》则劈头一句"是个垃圾成个堆也",而后废名又极看重这个非凡鸟之客的才华,认为晚唐诗将要在新诗里复活了。读废名这些序跋文字,我们似乎可以看到废名并不太看重序跋对于书的宣传作用,而特别在意序跋是否是切己的由衷之话。所以他称赞"鹤西是一个最切实的人"。这种独立的书评态度,写出的绝不是人情文章,这与今日某些书评作者的作风又不可同日而语。废名另有《〈周作人散文钞〉序》,更见他"所怀的一点意见与感想"。这是废名关于历史、新文化运动等重大问题评说的一篇重要文章。我们从中也可以看出废名作序跋文章其实从来就不觉得自己在作序跋,只是借此作点别的文章,不序也即是序了。这是废名书评的鲜明特色,亦是今之粗浅书评所不及之处。

写到这里,笔者不免惶恐,废名《谈新诗》中关于《冰心诗集》《沫若诗集》《十四行集》等的评述算不算书评呢?笔者竟然只从废名众多读书随笔中选定14篇为书评,未免太严格了。即是这数量稀少的序跋文章,我们似乎也感受到废名书评为我们今日书评立了一个标杆——一个独立书评人的态度。倘若还要把废名所有读书随笔皆纳入讨论范围,这种态度就更为明显,那么笔者又要写一篇《废名与书话》了。

作于 2004 年底

废名的书信

北京大学青年学者王风先生提供的《〈废名集〉前言》(草稿)中有说："本书收录现能找到的废名所有已刊未刊作品,依全集体例编纂,其不名'全集'者,盖缺收日记、书信两项。根据某些线索,废名可能不定期记些日记,但至今未能寻及;书信收集情况极不理想,不到十通,尤其是有已知的大宗函件一时无法获得,所以除以书信体发表的文章外,私函一律不收。"(《废名集》即将出版)

日前偶然发现一巨册《现代作家书信集珍》(刘衍文、艾以主编,汉语大词典出版社1999年6月出版),内收废名书信二封,一为大家熟知的《北平通信》,其实是寄给《人间世》编辑陶亢德的信;另一为《致卞之琳》。这表明废名的书信前人是有收集的,并非一无所获。据收集人冯健男(废名侄子、著名文艺评论家)介绍,《致卞之琳》一信是由卞之琳提供的,这封信不长,全文如下:

之琳兄:

你去雁荡以前由上海写来的信早收到了。今日始收到雁荡来信。杭州发给你的信却是由北平转,兹转到雁荡来了,请收。我暑中原不打算回家,最近或者要回去亦未可知,因为我有个侄儿子将到北平来读书,我写信给他请他一个人坐火车来,尚未接到他的回信,万一家中要我南归同他一块儿北来,我大约就回家一行,如回家当在四五天后就走,北来也一定很快,随时再奉告了。这半年内读了几部好书,见面时当很有可谈的,盼望秋天雁飞来了。敝桥工作进行颇顺利,可不致愆期。北平读书人有一个无聊的"中学教员"据说是大学教员做了一件无聊的勾当,不足扰山中瀑布清听也。匆匆。

　　顺颂

暑安

文炳

七月八日

　　信末只注明月日,年份当是 1937 年,也就是说废名此信写于"七七事变"的次日,据信中的口气看废名还不知道"昨晚"日本发动全面侵华战争。这封信的内容卞之琳曾在《〈冯文炳选集〉序》中有所引用,即:"有一个无聊的'中学教员'据说是大学教员(按:指梁实秋)做了一件无聊的勾当,不足扰山中瀑布清听也。"后世学者也往往据以转引,似乎并未见到整封信的内容。这次笔者得以窥其全貌,实感欣慰。这封短信是有其史料与学术价值的,它是见证废名与卞之琳友谊的实物,也让我们得知冯健男少年时有去北京读书的想法,还让我们知道废名造"桥"本来颇有兴致,完全是日本侵华战争将他的不朽之作《桥》"炸断"了。更有意思的是,废名这封信牵涉到当时的一场关于新诗的著名论争:看不懂的朦胧晦涩的新诗。废名曾为此事当面质问于胡适,因为他是欣赏青年诗人何其芳、卞之琳的新诗的。孟实(非朱光潜)说废名是新文学史上第一个朦胧派,似乎在此也可以找到点线索。可想而知,这封信有着重要意义。

　　2004 年暑期笔者曾陪同《废名年谱》作者武汉大学陈建军先生以及黄冈师范学院张吉兵先生走访废名故乡,在"废名在黄梅的得意门生"(废名哲嗣冯思纯语)翟一民翟老的热心帮助下(笔者发表于《新文学史料》,2005 年第 3 期的长篇史论《废名在黄梅》,不少原始材料和信息即来自翟老),在黄梅县民政局搜得废名生前最后一封信(手稿),此信全文如下:

　　黄梅县民政局:

　　　　八月二十八日来信收到了。去年四月三日县人委信也收到了。我校(按:吉林大学)党委也转知了我。兹将我写的《冯文华烈士传略》(按:冯文华系废名堂弟)寄上,不知合用与否,请编委会决定。去年我就准备写,思考了好些日子，因知道的究不多，终于未敢下笔。今天是国庆十五周年的前一日，总算是努力写了这一篇。奇男（按：废名侄子）整理的一篇附还。另外，八月二十八日来信所述黎翔凤（按：国学大师黄侃弟子，著有《周易新释》《管子校注》《管子集校补正》等）同志"我县孔垅有位叫费觉天（按：费系中国最早的马克思主义宣传者之一，与李大钊、高君宇等交谊颇深，五四时期北大高才生）的烈士，大概与李大钊烈士同时被张作霖杀害"的话，恐不确，在我的记忆里没有这件事。其他的情况我不知道。谨复。

此致

敬礼

冯文炳

1964.9.30

这封信不但是废名最后一封信，恐怕也是废名最后一篇著名散文《冯文华烈士传略》的"附记"。1964年前后，废名因病重已基本停止写作，只是修改文稿而已。《冯文华烈士传略》是废名所有散文中"革命性"最强的，在烈士形象的刻画上可谓入木三分，艺术感染力达到相当程度，可以说是思想性与文学性并具的佳作。通过这封信的字迹来看，颤抖而潦草，但大度严谨，可见废名当时确实没有写作的脑力、体力了，《冯文华烈士传略》是思考多日蓄积良久才动笔的，是相当慎重的。这封信对于了解废名晚年思想变化是有帮助作用的，特别是对于了解《冯文华烈士传略》一文的思想艺术都有背景意义。

废名生前不大有写日记的习惯，曾一段时日记过十则，以《忘却了的日记》为题发表，而其后未曾有记日记的迹象。《忘却了的日记》是一篇了解废名文学思想的重要散文，幸而问世；废名书信也有多封以散文和"诗及信"的形式发表，如写给杨晦、鹤西、卞之琳、朱英诞等人的书信都曾面世过。这些信是了解废名人伦关系和诗学观的重要文字，因此废名的书信应当好好地收集，以免散佚。

按理说，废名家属、亲属、朋友应该是有废名书信的，最有可能保存废名书信的亲朋好友，笔者认为有冯健男、冯奇男、冯止慈（改男）、冯康男、冯思纯、周作人、胡适、俞平伯、石民、鹤西、朱英诞、林庚、朱光潜、沈从文等人。希望有关人士积极予以抢救。

作于 2005 年 10 月

新发现的一封废名佚信

　　孟实(原名吴方)在《"我是梦中传彩笔"——废名略识》中称废名是"李商隐以后,现代能找到的第一个朦胧派"。这个"朦胧派"的意思不只是说废名的小说晦涩朦胧,恐怕也是说作为诗人的废名是现代朦胧派诗歌的鼻祖。这一推论,恐怕不为过分。在台湾,废名的诗歌及其诗论经由纪弦、痖弦等诗人的介绍,是引发台湾现代派诗歌的源泉之一(陈振国:《废名研究在台湾》);而废名小说在台湾产生影响则远迟于废名的诗歌及其诗论。

　　废名的诗论在二十世纪三四十年代问世、传播以来,受到一些关注,被称为突出的一家之言。1931年,废名在完成长篇小说《桥》和《莫须有先生传》以后,转入散文创作和新诗研究,并身体力行地创作了一百多首新诗。1934年废名曾以"新诗问答"的形式散布了他的新诗观点,产生了一些影响。1936年,在一本英译的《中国现代诗选》(Harold Acton、陈世骧编译)中,即已收入废名的诗,并将《论现代诗》一文(即"新诗问答")用作卷首语,作为此书宣扬中国现代派诗的理论文章。最近从《胡适遗稿及秘藏书信》第36卷中发现一封废名致胡适的佚信(耿云志编,黄山书社1994年版),此信尚未引起学界注意,亦未曾收入《废名文集》《废名年谱》等书中,而此信颇长,将近四千字,可谓迄今为止发现的废名最长的一封信,况且此信中有废名关于新诗的认识。据考证,此信写于1933年或1934年2月1日,这比废名在"新诗问答"中发布自己的一家之言还早,可见废名在北大开讲"现代文艺"之前即对新诗有自己的心得体会与考察研究。

在信中废名阐述了以下几个观点：一是明确指出"我们今日的新诗是中国诗的一种""白话诗不应该说是旧诗词的一种进步，而是一种变化，是中国诗的一种体裁。今日的新诗，并不能包罗万象，旧诗词所能表现的意境，没有他的地位，而他可以有他的特别领域，他可以表现旧诗词所不能为力的东西"。二是在将旧诗词与新诗作了质的区分之后，继而指出语言形式的文言与白话非新旧诗的区别，"旧诗之不是新诗，不因其用的不是白话，就是有许多几乎完全是白话句子的词，我也以为不能引为我们今日新诗的先例。新诗之不是旧诗，不因其用的是白话，而文言到底也还是汉语"。三是指出当下诗坛的困窘境地，"今日做新诗的人，一方面没这个体裁上的必然性的意识，一方面又缺乏新诗的生命，以为用白话做的诗就是新诗，结果是多此一举。他们以为是打倒旧诗，其实自己反而站不住脚了"。四是对自己的新诗充满信心和对其晦涩的解释，"我自己所做的一百多首诗，自以为合乎这个新诗的资格。我用了我的形式表达出了我的意思，他是站在旧诗的范围以外，能够孑然而立了。若说他不好懂，那我觉得这本是人类一件没有法子的事情。艺术原则上是可通于人，而事实并不一定是人尽可解；恐怕同恋爱差不多，我所见的女人我未必都与之生爱情了"。以上四点还没有明确说出废名在"新诗问答"、《谈新诗》中提出的根本观点：新诗要有"散文的文字，诗的内容！"紧接着，废名又在信中大谈温庭筠的词、莎士比亚的戏剧、陶渊明的诗，来说明他们在艺术表现上的自由活泼，充盈着美丽的想象，似有引之为今日新诗之前例的嫌疑，但废名又在《谈新诗》中指出"我的意思不是把李商隐的诗同温庭筠的词算作新诗的前例，我只是想推想这一派的诗词存在的根据或者正有我们今日白话新诗发展的根据"。同时废名自己作的新诗也并非要为其他诗人立一个作诗的榜样，他只是说："我用了我的形式表达出了我的意思。"由此可见废名诗论及其新诗的独创性和局限性，当然其卓然的独创性是主要的，他以他的诗实现了他的主张，而更希望别的诗人从他们自己的诗来实现新诗要有"散文的文字，诗的内容"，因此他极为推崇刘半农、卞之琳、林庚、朱英诞、沈启无、冯至等人的诗歌，而很讨厌新月派的格律诗，如"商籁体"等。废名平素对胡适的"谈新诗"的观点极为不满，而这封信恰好是针对胡适的诗论的，因此废名此时尚未将自己的不同见解公开化，可见此信密藏之珍贵。1934年，废名讲教"新文艺试作·散文习作"，之后又开讲"现代文艺·新诗"。据说废名在讲新诗以前曾问过胡适这门课怎么上，胡适叫他按照《新文学大系》上讲，意若按照胡适的《谈新诗》一文讲即可，废名却在课堂上大说胡适的不是，一口一个胡适之（冯健男：《废名与胡适》）。莫非废名的这封信中的观点并没有得到胡适的赞同，以致废名在课堂上与胡适叫阵？于是，废名在他的新诗讲义中集中地表达了他的这些新诗思想。

近些年来，出版界出版了不少学者的讲义，特别是一些诗歌讲义、讲稿，如胡适、朱自清、闻一多、废名、何其芳等大师的。这些诗歌讲稿有的是作者生前自己出版的，有的是后世学人汇编成书的，这些讲稿叙述风格别具一格，生动活泼，浅显易懂，而又不缺乏学术之真知灼见，因此很受一些诗歌爱好者喜欢。最近辽宁教育出版社出版的一套"大师谈学习系列"小丛书，可以作为上述出版现象的一个代表，其中一本是《新诗十二讲——废名的老北大讲义》。

《新诗十二讲》是废名在老北大的新诗讲义，他的学生诗人李蔓茵（黄雨）保存着一份，并将之出版问世。但以往版本因年代久远，普通读者难以获得，因此陈子善先生在1998年编订了一本《论新诗及其他》，很有阅读和保存价值，但其中有一些错字。于是有了这本新订的《新诗十二讲》。《新诗十二讲》以《论新诗及其他》为母本，纠正了其中不少错字，只是字体、行距变大，从这种意义上讲，《新诗十二讲》是《论新诗及其他》的"再版本"，据"编后记"说是为了满足"废名迷"的需求。因此，笔者很怀疑这种版本的出版目的，是否一定程度上是出于商机？大师讲义卖得好，肯定是好事，但"只是字体、行距变大"、定价翻倍的"再版本"不会令读者够呛的吗？另外，《论新诗及其他》明确标明"废名著 陈子善编订"，而《新诗十二讲》只有"废名著"，那么这样的"再版本"是否侵犯了陈子善先生的汇编著作权呢？恐怕这种"再版本"的出版纯是出版社的单方行为吧，并未与陈子善先生取得联系，甚至亦未与废名的后人取得联系。

废名诗论自潘颂德、冯健男、孙玉石等著名学者开掘以后大有形成"废名诗学"的趋势，近几年来又一再受到重新认识和关注。在新诗处境日益艰难的今天，废名诗学观以至成为部分诗人"危急时刻的诗歌选择"。2004年青年诗人西渡编辑出版的《经典阅读书系·名家课堂》，其中有关新诗部分其实是以废名诗学观为准绳进行选编的。这说明,废名的诗论有强大的生命力,值得去了解,去借鉴,去学习。但有一个事实,学术界却长期视而不见,使得废名诗论一度被遮蔽,或者没有得到很好的宣扬。这得从文学史的角度考察,于是不得不提到两个被遗忘的诗人。一般学者在研究废名诗歌及其诗论时,往往提到卞之琳和林庚,却很少或者根本没有提到沈启无(开元)、朱英诞。这当然与二人名气较小且任"伪职"是分不开的。但揭开历史的面纱,我们会发现当时活跃在废名周围的诗人圈子中,他们两人是不可忽视而显得重要的。以沈启无、朱英诞为代表,沦陷区存在一个长期受废名诗论影响的现代派诗歌遗脉。

指出和回顾废名诗论既有影响,对于今天了解、借鉴、传承废名诗学观,认真考察当代诗歌的生存困境以及出路,是大有裨益的。在废名诗学观中,废名密切关注传统诗歌对新诗的制约,"顾到历史的意义,并且依傍文化的",提出新诗要有"散文的文字,诗的内容",才能彻底获得自立。于是废名把"新诗要成功为古典"视为"千秋事业",在这个伟大的新诗征途上,同路者究竟太少,当废名发现林庚、朱英诞二人的诗歌之时就不免欢呼雀跃了。在《〈小园集〉序》中废名毫不掩饰地祝愿朱英诞在这个事业上有所贡献,并称朱英诞诗的存在好似"六朝晚唐诗在新诗里复活",而在《林庚同朱英诞的新诗》又直接说"朱英诞也与西洋文学不相干,在新诗当中他等于南宋的词"。由此看来,废名认为他和卞之琳、林庚、朱英诞等少数几人的诗是比较醇正的中国新诗。而徐志摩、朱湘一派未免显得张皇,大闹格律之勾当,反而阻碍了自由诗的发展。废名诗学观的狭隘由此可知,但又惟其狭隘,而能揭示新诗的性质和历史使命。另外,整部废名诗论,大谈以往的诗文学,从历史的角度阐释新诗的自由诗性质,自由充分发展后才能完成它的自立使命。废名诗论的局限性与它自身的狭隘性是分不开的,废名主张新诗的当下性、天然性、完整性,往往无法解释长诗、诗剧等,这与当时的历史环境是有关的,而废名对新诗的历史使命也只能顾及"散文的文字,诗的内容"根本观点以及自由诗性质的充分发展。

了解废名诗论,不可不与废名的诗相参看。长期以来,学术界流行"废名诗大约仅存30首",1997年周作人儿媳张莼芳女士偶然的发现,打破了这一惯有的说法。但废名的诗后来并没有专门编辑出版(《水边》系与人合著),很大程度上拦截了读者和研究者的视野,即将在台湾出版的《废名诗集》以及正在编纂的《废名(全)集》将是很好的读本。

作于 2006 年 3 月

附:废名致胡适

适之先生:

　　惠书敬悉。捧读之余,觉得有不能已于言者。我平常爱谈话,惟独要把自己的意见写在纸上最不能动兴会,今天我觉得我应该向先生写一点我自己的意见,因为这里头动了我一点感情,正好比少年男女写情书一样,所以也就很有兴致了。

　　先生是文学革命的元勋,那时我还是一个小孩子,在一个中学里念书,受了影响,第一回做的白话文就是一首白话诗,当时《尝试集》是读得最熟的了,记得后来到北京时曾寄了几首诗给先生看。慢慢地我做小说,开张第一回就刊登于《努力周报》,给了我一个很大的鼓励,从此继续着做下去,始终不懈,无论后来有怎样的进步,想起那时试作时的不寂寞,真真是一个最大的欢喜。因为有这样的因缘,我对于先生不但抱着我们今日从事文学的人对于一个文学革命先驱应该有的一个敬意,实在又有一种个人的感情。以前没有机会,现在有了机会,如果我心里有一个确实的意见,我觉得我应该忠实的陈之于先生,那才实在是敬重先生之意,不管先生以为他对不对。

　　关于新诗,我因试验的结果,得到一个结论,"我们今日的新诗是中国诗的一种"。这就是说,白话诗(还是说新诗的好)不应该说是旧诗词的一种进步,而是一种变化,是中国诗的一种体裁,正如诗与词也各为中国诗的一种体裁是一样的。我细心揣测中国旧诗词,觉得他们有一个自然的变迁,古今人不相及,诗不能表现词的意境,词也不是诗,而同为诗,同为词,也因时代的先后而不同,他们都找得了他们的形式表达出了他们的意思,大凡一种形式就是一种意思,一个意思不能有两样的表现法,就好比翻译之不能同原作是一个东西是一样，普通所说意思相同那实在是说"意义"罢了。我们今日的新诗，并不能包罗万象，旧诗词所能表现的意境，没有他的地位，而他确可以有他的特别领域，他可以表现旧诗词所不能为力的东西，今日做新诗的人，一方面没有这个体裁上的必然性的意识，一方面又缺乏新诗的生命，以为用白话做的诗就是新诗，结果是多此一举，他们以为是打倒旧诗，其实自己反而站不住脚了。旧诗之不是新诗，不因其用的不是白话，就是有许多几乎完全是白话句子的词，我也以为不能引为我们今日新诗的先例；新诗之不是旧诗，不因其用的是白话，而文言到底也还是汉语，是"文学的国语"的一个成分。天下事真是要试验，单理论每容易违背事实，好比文字这件东西本应该由象形而进化到拼音，然而中国方块文字一直沿用到现在，因此而形成许多事实，现在主张改成拼音的人其实是很简单的一个理论罢了。我自己所做的一百多首诗，自以为合乎这个新诗的资格，我用了我的形式表达出了我的意思，他是站在旧诗的范围以外，能够了然独立了。若说他不好懂，那我觉得这本是人类一件没有法子的事情，艺术在原则上是可通于人，而事实并不一定是人尽可解，恐怕同恋爱差不多，我所见的女人我未必都与之生爱情了，所以以英国的莎翁未能见赏于俄国的托老，简直的就不知所云哩。

我想什么都是一样，并不一定人人可解，而所解亦有见仁见智之不同，这里我不禁记起"半部鲁论"来，这一本四子书就是替他做了注解的朱熹我也以为未见得能了解了他，天下事永远有一个新的发现，好比"克己复礼为仁"这六个字，我觉得不是宋儒所能理解，有一天我忽然想，"克己"何以说到"仁"字，后来我一想，这才真见孔丘的伟大，仁者人也，一切的事情都有一个"人"字，能够克己才能想到别人，所以这里依然是"忠""恕"之道。又好比"鸟兽不可与同群也，吾非斯人之徒与而谁与"，我也以为是最有意义的话，孔丘并不像孟轲那样爱骂人，他所说的都是从经验当中体会出来的一个道理，我们生而为人，一切都与这一个"人"字有关，"落花仍在"因而想到"人面何处"，对于地球以外的事情没有地球上的事情关怀，不然那就是好奇，然而好奇正因为这里无奇也。与木石居，与鹿豕游，我们都感到寂寞，所以孔丘那一句叹息之辞，直可以包括一切事业之所由来，我们都是不期然而然也，就是"避人避世"之徒，也正是无可奈何，鸟兽不可与同群也。又如"诗三百，一言以蔽之曰，思无邪"，也正是说凡事都不是材料上的问题，只看你的作意如何，与圣保罗的话"凡物没有不洁净的，你看他不洁净就不洁净了"是一样的可佩服，然而我觉得向来的人不大能了解。这一趟野马可跑得太远，我只是觉得了解不了解原是没有一定的事。张惠言的《词选》，极佩服温词，说他是深美宏约，那他应该是了解温词的了，然而我看他把温飞卿的《菩萨蛮》解释得一塌糊涂，简直是说梦话，在这里我认为我是一个解人。深得吾友俞平伯兄的同意，好比"水精帘里颇黎枕，暖香惹梦鸳鸯锦。江上柳如烟，雁飞残月天"几句，许多人却以"江上柳如烟，雁飞残月天"十个字为"惹梦"之梦境，即平伯最初亦以为如此。我心里颇不安，觉得做那样一个明明白白的梦反而没有什么意思，细看温词都不是这种写法。我以为温飞卿最不可及的就是他的境界高，他写的是闺中，而天下的山水仿佛都在他的笔下映照着，他想象一个美人在那么美的地方住着，暖香惹梦，真是缠绵极了，而其时外面的天气盖是"江上柳如烟，雁飞残月天"的时候也，所以作者一方面想象了那个人物，而一方面又把笔一纵，天地四方无不在意中，因此这个人物格外令人想象，要归于诗人的思想非局促者可比。我看温词全是这一套笔墨。了解诗实在同无线电一样，并不是处处可以接收得着，要一种相同的感应。古人做文章有许到意到而笔尚未到者，因其情思如涌，想象丰富，此类作品更不易了解，但也是莫可如何的事实。

我平常最喜欢莎士比亚的戏剧，觉得他的笔来得非常之快，非想象到他的不由自主的来意不可，然而英国人仿佛谁也懂得他，我却以为不可解。我记得曹植《洛神赋》有两句，"凌波微步，罗袜生尘"，这一个罗袜生尘的"尘"字我很有点不解，有一回问平伯，平伯他懂得了，他说这一个尘字并不是有一个另外的意义，是诗人的想象，想到神女在水上微步，就好像想到我们在路上走路飞起尘土来，我听平伯这一讲，顿时异想天开，仿佛面着茫茫湖上而望尘莫及了。我以为这也是意到而笔未到的一种例子，实在的，一切艺术本来是借一种媒介而引起读者与作者间的共鸣罢了。陶渊明有一首诗叙一种中年人的情思非常亲切，末尾几句为"壑舟无须臾，引我不得住。前途当几许，未知止泊处。古人惜寸阴，念此使人惧"。我以为"念此使人惧"的惧字，实在是当下的实感，而再无多话可说，他本是说我们坐在船上，还不知道泊在哪里才好，然而我所坐的船实在在那里走，一刻也不能因我而迟留，于是想到古人惜寸阴而感到一种人生之严肃，这个意思来得非常之快而实在不好说，所以我们要心知其意，然而我记得有一位先生告诉我说这是古人自叹学无长进，要爱惜光阴，甚矣，解人之难也。

我平常执笔，总是辛苦的用心，总想把自己的意思像画几何图那样的画出来，觉得还少这种意到而笔未到的地方。盖读者之解与不解为一回事，而作者总要尽其力做到可解处又为一回事也。至于先生所说深入浅出四个字，确是我近来做小说所羡慕的一种境界，大概是年事稍大一种自然的结果，其实我的诗是比较为我最近的产物，有许多地方私心倒真以为是快到了深入浅出的法门，大概深入浅出并不是深者变了浅，深浅原是一定的，有一寸深就令人有一寸深的感觉，桃花潭水深千尺，澈底澄清可以临渊羡鱼，自然不同江海之水令人看不见底，然而总令人不胜深厚之感，不至于俯视无遗。作文本也可以算是一种"技"，有如庖丁解牛，渐渐可以练到一个不费力的地步，别人看他很容易，其实叫别人去干，要费九牛二虎之力，神乎其技自然能神乎其道，天下的大事弄在手上若抛丸，这或者也是深入浅出的一种解法。那天我听了先生的话后，路上曾这样想过，诗与小说恐怕实在是两种体裁，一个好比一位千金小姐，不出门一步，自己骄傲自己的天姿国色，一心要打扮得好看，结果也真个的绝代好看，路人见之忘其故步，瞻仰徘徊，然而这位女子当她临妆对镜时注意自己的意思多，注意旁人的意思则少，这就好比是诗；又好比一位大架子的歌女，阅历多了，什么都见过，其对镜自照的意思却甚轻，然而打扮的本领非常之大，随手都是巧妙，随人可有亲近之感，然而她生来是个大方之家，谁也不敢狎而玩之了，这就好比是一种小说，做到深入浅出的境界。拉杂写了这么些，简直不知所云，然而先生引起我一个说话的兴会，真是衷心的感到一种欢欣，总之先生当初登高一呼，为我们开了一个方便之门，而我自从入门以后，走了不少的路程，乃一旦忽然贯通之。这里头到底是一回什么事，我觉得这是我们后起者应该有的精神，私心窃要好好地把这个文坛奠住，也正是"凭咱这点切实工夫不怕二三人是少数"，这里头的悲欢苦乐不可一言尽，更愿先生有以教之幸甚。

废名敬上，二月一日。

又发现废名的三封佚信

笔者于 2006 年 5 月 12 日在《上海新书报》发表《废名的书信》一文，大力呼吁抢救废名先生的书信。其时笔者已查到废名另外两封信，《废名文集》《废名年谱》等书均不曾收录。一信即《新发现的一封废名佚信》(废名书信研究之二)中讲的废名致胡适谈新诗一信；另一信见于《作家书简手迹》，香港名家出版社 1980 年 5 月出版。据陈子善老师告诉笔者此书是影印本，1949 年前万象曾出过。可惜此信有残缺，无收信人的姓名。后来陈建军老师将自己对此信的研究结论告诉笔者，收信人为林语堂。新近得止庵老师邮件，知此文蒙编辑转呈以得先生指教，又存一说：我觉得这是寄《关于派别》一文给林语堂时所加"附言"，无须上款，所以是完整的。又经先生亲自校对纠正其错字与漏行，全信如下：

这回想不到先生给了我一个烟士披里纯写了一篇长文章，虽见仁见z智有不同，其同为正心诚意之处确是一桩大事，兹敬以呈教。此文在拙作中篇幅虽算长的，若较之先生之妙文章如《怎样洗炼白话入文》至多亦不过相等，请准在《人间世》一次登完，千万莫把他切断，因为我本来只写了两千字的，而正在病中(此话大有叫化子露出疮腿来伸手乞怜的样子，然而确是实在的陈情。)吐不过气来还是要把他补成现在这样的篇幅，是可见其有不可切断之苦心焉，若稿费则无妨打折。是为私心所最祷祝者。久有一点意见想贡献于左右，这回因为抄写这篇稿子遂越发的感觉到，便是简体字提倡也可不提倡也可，别人提倡也可而我们不提倡也可，我们如果偶然写了几篇红红绿绿的六朝那样的文章，岂不是亦大快事，简体字岂不大为之损色？不读书的人岂能看得懂我们的文章？能读书的人恐怕要讨厌简体字。故我以为简体字者非——林语堂先生主办的杂志所应提倡之字也。实在简体字者徒不简耳，不简手而烦目耳。在字模子上无所谓繁简，印出来看在眼睛里笔画少而难认耳。愚见如此，不知先生以为何如？中国目下的事情不在这些小事情上面，而我们的文章大事更不在这些小事情上面。匆匆不悉。

　　敬请

道安

废名上言
三月十七日夜

　　三月前笔者又发现废名致黄梅人士的一封佚信。关于废名与黄梅地方名士的交往，已在拙作《废名在黄梅》中有详细考证，并传出废名与清朝进士、著名书画家于甘侯为废名《程家新屋姑母墓碑序》扭打之事。最近一匿名人士因藏有于甘侯字画现身网络，在与笔者交流中又透露其暗藏废名书信手迹，笔者大为惊喜，才知许多名家手稿字画流落民间。其人神秘之余，又颇慷慨大度，将废名手迹转发给笔者。其信如下：

壮翁校长：

　　学生岳剑南申请书一纸，并证件三件，谨代转上。匆匆不一。

　　顺颂

时祺

冯文炳
十月一日

收件人为校长廖秩道，字壮修，故称"壮翁"。廖秩道（1883—1946）是教育家、著名士绅、日知会会员，辛亥革命后当选过湖北省参议员，在地方上有较高威望与影响力。1932年复建黄梅县立初级中学时，为首任校长，至1935年夏辞职。抗战期间又两度任校长，一是1941年春至1942年夏出任校长；二是1945年春复任校长，一直到1946年9月逝世为止。

关于此信的写作时间，岳剑南的"申请书"中有涉及，此"申请书"全文如下：

申请书

窃学生因日寇进犯本邑时，即随家父母逃难至福建长汀，于民国三十四年（1945）下季考取福建省立长汀中学肄业。今年六月一年级下学期将满，急于复员回家，未能应学期试验。长汀中学因难民回乡关系，仍给予转学证。回家时，正值秋季开学，当请冯文炳先生介绍，求入中学二上肄业。校长似照一般转学生办理，未蒙准可，剑南将因复员而失学矣！今日阅九月二十五日《武汉日报》，教育部对于复员学生业至为关心，除求设法入学校外，原为公费待遇生的，仍得申请公费待遇。剑南谨将转学证、同学录、成绩单等三件，再呈校长请准入县中二上肄业，并请公费待遇，是幸。

谨呈

黄梅县立初级中学校校长廖

学生 岳剑南 十月一日

从"申请书"的内容以及落款来看，此申请书作于1946年10月1日，这也说明废名此信写作时间应是1946年10月1日。此信的意义尚未完全凸显出来，岳剑南为何人？从姓氏上推测，疑为废名外家岳家湾人，可能出于这个关系，废名代为递交申请书和相关证件；但据我们所知，废名在1945年春辞职与廖秩道不无关系，废名在黄梅受到廖秩道、陶晋芳等人排挤是毋庸置疑的。此信也只是一份极其普通的便函而已，并无任何谄媚、奉承的言辞，可见此前废名与廖秩道无任何私交，对其无多少好感。顺提一笔，廖秩道逝世于1946年9月，所以他是没有读到此信的，也不可能帮这个忙了。

前几天，黄梅文联主席童话作家萧袞告诉笔者，他在黄梅县档案局查得废名书信两封。笔者浏览后得知其一为上信，另一封为笔者所未见。该信亦是写给"壮翁校长"的，全信如下：

壮翁校长赐鉴：

敬启者

舍侄奇男系县中学第九班毕业，毕业证书尚未发下。此次在武昌升学虽以临时证明书觅人托教厅投考，考取之后仍必要县中学另为证明毕业方能入学，原有之临时证明书无效。乞赐证明为荷。

专此，顺颂

时祺

冯文炳上

九月二十二日

此信时间年份应是 1945 年，里面涉及废名侄子冯奇男升学问题。冯奇男先生于 1944 年毕业于县中，时年 16 岁，未及时升学，于次年往武昌求学。

作于 2006 年 3 月—9 月

叶公超、废名及其他

最近读到傅国涌先生的《叶公超传》，不由得想起他的得意弟子梁遇春，还有他另外几个弟子和学生，如早年在北大的石民和废名，后来在清华的钱锺书、常风。无论中国现代文学史还是文化史，抑或外交史，记载叶公超的痕迹都显得若有若无。他的弟子及学生也有着同样的命运，虽然废名、钱锺书后来受到学界相当的关注。但长期以来，他们蒙批历史的尘垢，早已淡出学人的视野。当中又尤以石民、常风为甚，何曾有人知道有个诗人叫石民，有个书评家叫常风？即以《叶公超传》为例，其中对于石民只字未提，可见石民被遗忘的程度，而傅先生关于其他诸人也只是片言只语，显得语焉未详，这对于读者未免是件遗憾事。

废名出生于湖北黄梅县城东门，据说不久他的父亲冯楚池做了当地劝学所劝学员，是个小官，但家道由此中兴。那时叶公超的父亲在九江做知府，叶公超便生于九江。九江与黄梅一江之隔，古时同属浔阳郡。1917年，他们都离开了家乡，废名往武昌启黄（黄冈）中学读书，叶公超去了南开中学。后来，叶公超赴美国、英国攻读外国文学，并在法国巴黎大学做过短期研究工作，后到北京大学教书，成为北大历史上最年轻的教授。

废名考进北京大学的时候，梁遇春、石民也来了，他们是同班同学。最初，他们并没有太多的交往，都沉迷于新文学和外国文学。对于初进全国最高学府的青年学子来说，积累知识和学问肯定是最重要的，交朋友往往会疏忽。何况他们都是后来梁遇春所说的有"不随和的癖气"之特色，他们的特立独行在北大校园是很著称的。相形之下,废名还是要活跃得多,显现出名士之气。他的文艺活动很早,刚进大学就发表诗歌和小说,引起胡适、陈衡哲等一些师生的注意。他还加入浅草社和语丝社,并且常常登门拜访周作人、鲁迅、胡适等人。五十多年后,叶公超在台湾回忆说:"冯文炳(废名)经常旷课,有一种名士风度;梁遇春则有课必到,非常用功。"这样,废名在北大成为较早脱颖而出的文学才子,而梁遇春、石民还在刻苦用功地学习,感染着外国文学的风致和精神。

废名以小说《竹林的故事》驰名于文坛后,梁遇春、石民也开始分别以散文和诗歌名世,而且他们两人还是翻译的好手。梁遇春成为人生派散文的青春才子型作家,石民成为象征诗派骁将,就是在那时形成的。他们三人在文学史上的地位也在那时开始奠定,又因相似、共通的审美观和文学趣味,再加上北大同学的关系,成名后走在一起也是必然的。

叶公超和梁遇春的关系异常密切,梁遇春也因叶公超的关系喜好英美小品文,二人尤嗜兰姆。1928年,叶公超到暨南大学任教,便约请刚刚毕业的梁遇春做他的助教。于是梁遇春获得了"少年教授"的美誉,这很令人想起叶公超初到北大。

叶公超、废名、梁遇春和石民的友情,在废名主编《骆驼草》时期和梁遇春逝世前后表现得最令人羡慕和感叹。那时废名、梁遇春因叶公超的缘故与《新月》关系密切,以致叶公超晚年还说废名是"新月派小说家"。叶公超与废名的关系早就突破了单纯的师生之谊,他很尊重废名不一般的文学才华和影响,在北平他多次向苦雨斋老人询问废名的情况,并登门拜访废名,还将其叔父叶恭绰所著《桂游半月记》赠与废名。

梁遇春在上海真茹的时候,与石民通信颇多。1930年初返回北大之后,几乎天天与废名在一起,与石民的通信也更加地多起来。这些信件成为后世文人接触梁遇春的文字和他们之间友谊的最直接、最原始的资料。记得废名曾在《悼秋心》中就盛赞梁遇春的书信洒脱的文风和优美的意蕴。这些书信,真是一篇篇好散文,让我们接触到更真实的梁遇春和他的文字。世人都说梁遇春是青春才子,风度翩翩,其实这是诗人应有的气质,而石民正是这样的一个诗人。温源宁曾对废名和梁遇春说:"石民漂亮得很,生得像Angel!"梁遇春也说石民具有"彻底的青春",而一般人想象的少年公子形象的梁遇春却以暮气满面的"中年人"自居。废名则有隐士之气,梁遇春连连在致石民信中佩服废名的静坐功夫。三人的性格有些不同,各自的文体偏好也不同,而能走到一起,这真是文坛佳话。

废名主编《骆驼草》的时候,常催梁遇春写稿,其中有几篇关于失恋的文章是背着妻子写的,偷偷拿给废名发表。《骆驼草》是个小型周刊,由废名主编,冯至做助手。这是一个同仁刊物,著名的京派发轫于此。只可惜,不到半年就停刊了。废名对《骆驼草》颇有感情,这是他北大毕业后亲自主持筹办的刊物,但终因冯至出国和其他原因,未能维持下来。1930 年 12 月 5 日,也就是在停刊后一个月,废名又有了复兴《骆驼草》的念头,并邀请梁遇春担任些职务,可惜梁遇春固辞。这个刊物,算是永久停了,但他们之间的友谊之花并不因此而凋谢。

1931 年初,石民因与北新书局老板李小峰吵架而失业,梁遇春托叶公超和废名在暨南大学、北京大学谋教书或办公处的职务,更希望废名能够成功,让石民在北京大学办公处做事,这样兄弟三人就"大团圆"了(梁遇春语)。石民失业后,愁苦了一阵子。幸亏诗人"愁闷时也愁闷得痛快,如鱼得水,不会像走投无路的样子"(废名语),若真是如此,诗人其有幸乎?!

废名、梁遇春、石民之间最能得人和的,恐怕是废名。梁遇春说:"雁(按:指废名)飞去后,有时就觉得人间真没有什么可以畅谈的人。雁君真是不愧为红娘,他一去,你(按:指石民)的信就滔滔不绝地来,愁闷如我者,自己也不知道多么欢喜。"而对于事理的见解,梁遇春也常佩服废名的独到之处,他视废名如兄长。

1932 年 6 月 25 日,梁遇春逝世。叶公超、废名等人发起追悼会,并收集整理他的遗著,此书由废名、石民作序,叶公超作跋。这样四人师友的情谊在《泪与笑》中得到完整的保存。叶公超、废名、梁遇春在北平常有相聚的机会,倒是石民与他们见得少,以至于梁遇春感叹说:"雁君飘然下凡,谈了一天,他面壁十年,的确有他的独到之处,你何时能北上与这班老友一话当年呢?"没想到梁遇春先走一步,他们再没有一话当年的机会了。

石民后来在台湾武汉大学谋得教职,他感念于他与废名的情谊,时常从武昌到汉口看望废名长兄冯力生先生,并以弟居。石民在1937年还有信请周作人转交废名,但万想不到的是诗人竟死于抗战之中,而那时废名已避兵乡间,与文学界断了消息。他知道石民的逝世是在战后。关于诗人石民(1900—1941)不妨多提一些,湖南邵阳人,诗人、翻译家、编辑。著有诗集《良夜与噩梦》,译有《曼侬》(与张友松合译)、《巴黎之烦恼》《忧郁的裴德》等。他与鲁迅、胡风也有过密切交往。梅志曾引用石民内侄女尹慧珉的回忆说:"石民有三个女儿,一个在英国,两个在美国。"石民的太太尹蕴纬女士1992年在美国逝世。

抗战爆发后,叶公超随学校迁到大后方,同时苦劝知堂南下,结果是不能令人满意的。知堂附逆了,接着是下狱。1946年秋,废名和冯健男经南京到北平。途中,借叶公超的关系探望了狱中的周作人。叶公超弃文从政,恐怕这是废名始料不及的。那时他们见面会说些什么呢?

到了20世纪70年代末,台湾出版《新月派小说选》。叶公超在序言中说:"废名是一个极特殊的作家,他的人物,往往是在他观察过社会、人生之后,以他自己对人生,对文化的感受,综合塑造出来的,是他个人意想中的人物,对他而言,比我们一般人眼中所见的人更真实。废名也是一个文体家,他的散文与诗都别具一格。"叶公超在半个多世纪后对废名的文学成就仍然念念不忘,甚至把他作为新月派最特别的一个代表人物。但此时废名已谢世,此前二人海天相隔,并无交往,梁遇春和石民则早早长眠于地下。

在叶公超的弟子与学生当中,当然是钱锺书成就最高,同时也为世人所熟知。他与常风交谊很深,但与骆驼草三子似乎没有交往,也几乎不曾互相提及。常风与梁遇春一样,是叶公超的弟子,而石民、废名、钱锺书则只能算是学生。

叶公超是一代文化名人、政治名人,因种种原因湮没于历史之中。但他不是一个可以埋没的人,他们师友四人都不是可以埋没的人。《叶公超传》借助他人日记、书信以及回忆文章等对叶公超的生平事迹做了详细整理、爬梳,为我们提供一种新的人物传记的书写模式。但该传对叶公超与他的弟子及学生的关系描述不清,只怕是不应该的遗憾了。

作于2005年5月

废名与周作人

周作人之于废名，可谓心灵导师；废名之于周作人，可谓真传弟子。关于二人师徒关系的形成、发展，历来少有考订。笔者稍加注意，并就一些新资料和疑点进行订正。至于世人所熟知的三十年代废名与周作人的交往，本文只做简单回顾。

一、废名早年与胡适、周作人、鲁迅的交往

废名最早的文学情况，只见载于《谈新诗》。经笔者从废名研究专家陈建军先生处获悉，再经由笔者的考证，其详细情况如下：1916年，废名进湖北第一师范读书，章黄学派嫡系传人刘赜（博平）自北大毕业来校任教，课堂上他用鄂夷的语气告诉学生北京有个胡适在倡导新文学。从此，废名知道了胡适，并开始接触《新青年》等刊物，陶醉于新文学，并尝试白话诗文创作。据废名哲嗣冯思纯先生回忆，废名在武昌曾与中国共产党早期领导人陈潭秋办过进步刊物，并结识董必武、熊十力等激进人物。只是可惜今已无详细资料可以考查和佐证废名在武昌的文学活动和思想蜕变过程，但这一时期的文学训练、文化熏陶，必然为废名日后走上文坛打下良好基础。

值得一提的是，废名至迟在1921年11月即与周作人取得联系，并将自己的诗文稿寄给周作人审阅。在废名1922年秋进入北大之前，两人已通信多次。至今周作人家还保存有1922年5月废名写给周作人的一封信：

作人先生：

我爱文学，爱先生，也爱鲁迅先生。前天遇着一个从北京回来的朋友，他说鲁迅先生是先生的兄弟。我的理性告诉我，这不必另加欢喜，因为文坛上贡献的总量，不因是兄弟加多；先生们相爱的程度，不因不是兄弟减少。然而我的感情，并不这样巧于推论，朋友的话没说完，我的欢喜的叫声已经出来了。

去年因几篇拙劣的稿子，博得先生那么多的教训，至今想起来，还觉得不好意思。——这，在先生看来，也许是不正当的态度，虚荣心的发现。因为先生的广大的爱河里，什么肮脏东西都容得着，何况是虽然未成熟，却也含有一样的生命的果子。

现在又寄上几篇，都是得了教训以后试作的，或者仍然犯了以前的毛病也未可知。但是自己是不能知道的了。希望先生枉费一点工夫，给个指正！

冯文炳谨上

当然，此时废名也很崇拜鲁迅，喜读鲁迅的小说。2006 年春，笔者作《新发现的一封废名佚信》一文，披露废名致胡适一信，此信《废名文集》《废名年谱》均不曾收录，亦未见学界提及，但从此信中又可搜寻出废名早年在武昌的一些文学情况的蛛丝马迹。可以更多地让我们了解武昌时期的废名与胡适、周作人、鲁迅的关系。在该信中第二段，废名说：

先生是文学革命的元勋，那时我还是一个小孩子，在一个中学（按：此为笼统说法，应指 1916—1921 年的五年师范时期）里念书，受了影响，第一回做的白话文就是一首白话诗。当时《尝试集》是读得最熟的了。记得后来到北京时曾寄了几首诗给先生看。慢慢地我做小说，开张第一回就刊登于《努力周报》，给了我一个很大的鼓励。从此继续着做下去，始终不懈。无论后来有怎样的进步，想起那时试作时的不寂寞，真真是一个最大的欢喜。因为有这样的因缘，我对于先生不但抱着我们今日从事文学的人，对于一个文学革命先驱应该有的一个敬意，实在又有一种个人的感情。

从这封信中,我们可以看出,废名在武昌时非常喜欢新诗,"第一回做的白话文就是一首白话诗,《尝试集》是读得最熟的了"。这时,废名对胡适是多么的崇敬,是有"一种个人的感情"的(当然,那时废名也喜欢周作人的《小河》,称它是"一首杰作")。后来废名到北大读预科,寄了几首诗给胡适,又往胡适主持的《努力周报》投稿,首先发表的就是新诗《冬夜》《小孩》,其后又在《努力周报》发表小说,引起陈衡哲、胡适等人的注意。可见,废名当年考北大,胡适对他的吸引力是很大的,毋宁说他是冲着"北大""新文学""胡适"去的,当然周作人、鲁迅对他也有很大的吸引力。但绝对不是此前学界一般认为的废名是因周作人而考北大,通过废名在1921年左右与周作人通信的记载,我们甚至可以猜测,此时废名也应该寄信与文稿给胡适、鲁迅了。

总之,在武昌读师范时期的废名浸淫新文学,视胡适、周作人、鲁迅为精神偶像,也立志做一个新文学家,但对他们三人并无取舍的偏向,而是一视同仁,各自有废名尊重、喜爱的地方。

二、吾谁与归:选择周作人

1922—1924年,废名在北大预科就读,胡适主持的《努力周报》成为培养废名的第一块文学园地。废名还参加浅草社的文学活动,不久在北大校园获得一些文名,以至一些朋友很容易看出是他的文章。同时也引起陈衡哲、胡适、周作人的注意。陈衡哲在致胡适的一封信中还专门提到废名1923年发表的小说《我的心》,周作人还鼓励废名出小说集,并答应为他作序。只是个性和特色还没有完全显露出来,鲁迅评价说:"后来以'废名'出名的冯文炳,也是在《浅草》中略见一斑的作者,但并未显出他的特长来。"不久,废名在《语丝》发表成名作《竹林的故事》,其乡土抒情特色才为读者所熟知。1923年9月7日,废名首次拜会周作人。二人由通信到见面,关系有所发展。1923年冬,《努力周报》停刊后,废名曾听闻胡适将主持《努力月刊》,欣喜地给胡适写信:"沉寂得要死的出版界,又将听见一声霹雳。"郭济访《梦的真实与美:废名》中也有关于废名拜见胡适的记载,虽是猜测,但也值得玩味。废名此时尚未与鲁迅见面,但他对鲁迅是极其尊敬的,或许敬而远之? 1923年废名发表的《浣衣母》就有鲁迅乡土小说的影子。直到《语丝》创办以后,废名才有了拜见鲁迅的冲动,可惜第一次拜会因鲁迅不在而未见,废名留下《现代评论》及《语丝》各一册而离去(此时废名尚未在二刊发表文章,并不是某些人推测废名拿着刊载有他的文章的刊物向鲁迅请教)。当天鲁迅在日记中写道:冯文炳来,未见。

《语丝》时期,是新文学阵营分裂与重新整合时期。对于废名个人而言,是成长道路上一个重要的转折时期,废名从此走向成熟。《语丝》前期(1924—1927),废名作为《语丝》的重要撰稿人之一,与周作人、鲁迅通信、见面的机会很多,直接受到两人的教导。废名许多著名小说,都在《语丝》发表,并在《语丝》连载长篇诗化小说《桥》,成为"语丝派"的一个重要小说家。在与现代评论派的斗争中,废名勇敢地站到了两位老师跟前,为之呐喊、呼号,显出"勇士"的风姿。但在《语丝》后期(1927年以后),废名开始偏向周作人。此时鲁迅、胡适已南下,三人当中仅周作人留在北平,废名尚未大学毕业,常常出入苦雨斋是很正常的,于是废名渐渐成为周作人的私淑弟子。留在北平的一班作家,把苦雨斋作为精神寄托之地,在心灵上相互安慰。"三一八事变""张作霖之乱"后,新文学阵营彻底瓦解,废名也很苦闷,以至辍学卜居西山,并在周作人的介绍下租住川岛的房子,同时在成达中学教书。这一时期,废名与周作人基本确立了师徒关系,二人关系极其密切。废名一度住在周作人的家里,"常往来如亲眷",并在其家中完成名篇《菱荡》。可见,彷徨苦闷中的废名,最终选择了周作人,是当时实际情形和客观历史形成的。至于性格与审美上的趋同,只是其外在表现。

三、"周门四学士"

1929年,废名北大毕业。不久,废名怀着对文学的痴心,以及对《语丝》停刊的惋惜,在周作人的指导下筹办《骆驼草》周刊。这时,废名已开始获得独立的人格、成熟的风格,同时创作最著名的两部长篇《桥》和《莫须有先生传》,成为文坛瞩目的著名作家,与梁遇春、石民齐名,号称"骆驼草三子"。北方的文坛,基本以周作人为盟主,而废名是其麾下最得意的弟子。此外,还有俞平伯、江绍原、沈启无,时号周作人门下四大弟子,可谓"周门四学士"(笔者按:据1934年7月28日周作人答日本记者问,他是把俞平伯、废名、冰心作为得意门生,又据1936年10月3日《铁报》上的《周作人的三位高足:俞平伯、冯文炳、冰心》为佐证,"四大弟子"一说或许外界据1933年《周作人书信》以及五人密切关系的误传、误认)。截至1937年为止,废名与周作人一直保持亲密的关系,在文坛上相互唱和,一同开创了京派的文学流派,这些都值得在现代文学史上大笔书写。

对于鲁迅的同情革命,废名在《〈周作人散文钞〉序》中甚至表现了一些微词,而鲁迅早在读到废名的《骆驼草》发刊词中就已察觉出废名"转向"了,对此,鲁迅在致川岛的信中予以否定性评价。鲁迅还对废名吹捧周作人更是反感至极,在致许广平一信中竟骂废名是周作人之"狗"!此时,鲁迅对废名虽赏识其才华,但对其思想、情趣几无好感,并为其转向感到惋惜,曾作《势所必至,理有固然》一文重重批评了废名的文学观,所批评的也即是周作人一派的文学观。

废名与胡适的交往一直比较淡,胡适对废名未见得有很多的赞赏,直到三十年代,二人虽仍有交往,但所谈仅限学问——废名对胡适的新诗观颇为不满,而废名的诗论并没有引起胡适的重视。据说废名在上"现代文艺·新诗"以前曾问过胡适这门课怎么上,胡适叫他按照《新文学大系》上讲,意即按照胡适的"谈新诗"一文讲即可,废名却在课堂上大说胡适的不是,一口一个胡适之。后来,废名还因"读不懂的新诗"事件,到胡适门上叫板,"找胡适麻烦",二人的关系也挺有意思的——这样,胡适还会对他不"感冒"吗?胡适是一个非常爱惜羽毛的人,对于废名这种较真的"憨牛",他的好感只会越来越少。

以上可见,废名最终选择了周作人并没有错:鲁迅难于接近,胡适对他好感不大。而周作人继续在思想上影响废名,废名无论文学观、审美观以至政治观、文学史观都深深刻着"周作人"的烙印。

四、抗战期间废名与周作人的交往

1937年7月7日,日本发动全面侵华战争,攻占北平,政治灵敏度极低的废名还在信中与卞之琳大谈"瀑布清听"。这时左翼文人纷纷南下,骚乱之后的北平寂寞冷清，一个偶然的因素促使废名提前南下了——1937年10月26日，废名母亲还春师太圆寂。于是师徒二人于当年12月离别。有一个疑问是：如果没有废名母亲圆寂的偶然因素，废名会离开北平、离开恩师周作人吗？这个问题要到后面两人交往才可以回答。

废名回家后，很快与周作人通信。1938年3月，自两人离别后周作人第二次回信给废名，6月又寄信废名。不久废名收到卞之琳的信及其与何其芳主编的《工作》，得知周作人附逆。废名起先固执地认为不可能，直到1944年废名才知道恩师确已附逆，但他仍然说："即使附逆，知堂老人还是爱国的，是他特殊的爱国方式。"1941年元旦废名寄周作人《说种子》一文直至1944年初，不见两人通信的记载，因为邮路已经不通了。

这期间有两个重要史料是学界所不知的。一是1944年，周作人寄信废名要他回北平，估计是安排他在伪北大任教。后来又有日本士兵找到废名，说已经和周作人联系好了，找他去北大教书，面临着日寇的威逼利诱，废名坚决不回北大。此事在废名的家乡黄梅流传很广，被视为废名先生有着崇高气节的一面。拙作《废名在黄梅》在《新文学史料》2005年第3期发表以后，北大老教授、物理学家张之翔读后在致他的侄子杂文家张雨生的信中还回忆道："梅杰（眉睫的原名）的文章中有一件重要的事没有讲到（笔者按：其实已讲到，就是引用岳松秋先生的拒任伪职一事，只是我未具体说明），就是1943—1944年间，周作人任伪北大校长（笔者按：此处为张老误记，周从未任伪北大校长一职，致废名信的时间应为1944年），曾写信请冯文炳到北大任教，冯先生没有接受。这事我在北山寺上县中时就听说过，后来曾问过冯健男先生，得到证实。我觉得这是一件大事，它显示了冯文炳先生的民族气节，令人钦敬。抗战胜利后，北大从西南联大复原，请冯先生来北大任教，他就欣然来了。"通过这个事件，我们可以肯定地说，即使没有废名母亲圆寂的偶然因素，废名迟早也会离开北平、离开恩师周作人的！这是废名与周作人不同的地方所在。二是1944年的"破门声明"事件，也曾波及远在黄梅的废名，周作人也给废名寄去了"破门声明"的明信片，被废名的几个学生收到，他们拿给废名看。可见，废名是知道沈启无被恩师逐出师门的。此后，周作人还写信问废名《谈新诗》出版的事。以上基本是周作人与废名在这一期间的交往。

五、战后的废名与周作人

1946年9月,废名与当年考取北京大学西方语言文学系的大侄冯健男一同离开黄梅。到南京的时候,为了表达对恩师的感情,在时任国民政府外交次长的朋友叶公超的帮助下,废名与周作人在老虎桥监狱中见了一面。废名并未表达此次会面的感想,他对恩师的行为和下场只能表示理解。

废名到北大首先是去拜见胡适,此时胡适已是北大校长了。据废名的北大学生邓云乡回忆,胡适似乎看不起此时废名的一身乡下打扮,二人隔阂至此。此后也无什么深的交往。

1949年1月,周作人被保释出狱。废名开始与周作人取得联系,考虑到周作人的艰难生活,他热心地在老朋友中为周作人募捐,并亲自解囊相助2万元。直到1950年,还有废名到周家贺年的记载。在那个年代,周作人的许多老朋友都避之如鬼神,而废名毫不在乎,依然我行我素,保持与恩师的来往,并大力相助,在生活上有很多照顾,甚至在一个寒冷的冬天,为周家拉来一车煤炭。

此后周作人与废名联系渐少,但他们在心底,会思念着对方吗?据《周作人年谱》记载,1957年12月14日周作人外出购买一册新出版的《废名小说选》,可见周作人在心里还是想念废名的,这比抗战期间"怀废名"更难熬、更苍凉吧!又据周作人1961年7月31日致鲍耀明信,信中有提到周作人与俞平伯、废名二君的交往,只是不常通信。

周作人于1967年5月6日去世。同年9月,废名也离开人世。中国现代文学史上开创京派的师徒二人就此永远地离开了。

作于 2006 年 6 月

冯健男与废名

1987—1988年冯健男先生曾著过一册《我的叔父废名》，专述他所知道的废名，所采用的形式与笔调是散文式的。这一册小书，在1995年出版时，就不曾受到广泛关注，印数仅500本。到了今日，恐怕更无人知道了。至于冯健男其人，生前产生过不小的影响，有论者誉为河北首屈一指的文学评论家、中国当代著名文学评论家，但近几年来也无多少人提及了。每每翻阅《我的叔父废名》一书，心中不禁感慨万千。

冯健男生于1922年4月13日，废名在1922年9月作的自叙传小说《一封信》中提到的"健儿"便是他。三十年代在武汉读书，1943年毕业于黄冈高中。1946年考取北京大学西方语言文学系，于当年9月随废名到北大。1949年3月，参加中国人民解放军，随军南下，1950年加入中国共产党。曾任中南军大广西分校宣教干事、第四野战军《战士报》主编。1953年秋，在北京《解放军文艺》任编辑和评论工作，1956年春转业后，曾在张家口地区《长城报》社、地委宣传部、河北省文联工作。1962年加入中国作家协会。1974年春到河北师范大学中文系任教，1979—1984年兼任系主任，为河北师大中文系硕士点缔造者。其他职务有中国当代文学学会副会长、中国小说学会副会长、河北省文联作协顾问、河北省文学学会会长等。主要著作有儿童文学畅销书《东山少年》，文学评论集理论集《作家的艺术》《创作要怎样才会好》《作家论集》，编著有《河北当代文学史》《晋察冀文艺史》《晋察冀文学作品选》《荷花淀派作品选》《冯文炳选集》《废名散文选集》(前两种为我国最早的地方文学史)，并校点了废名的《谈新诗》。此外便是这册《我的叔父废名》了。其他还有一些散文、诗歌、文艺评论等。冯健男先生于 1998 年 8 月 21 日病逝。

废名一共有五个子侄：冯健男、冯奇男、冯改男（止慈）、冯康男、冯思纯。其中笔者见过三个，唯冯健男与冯改男缘悭一面。但我最想了解的还是冯健男，他是受废名教育最多的一个，可以说继承了冯家的文学教育传统。如果没有冯健男，八九十年代的废名研究将是不堪设想的，废名文学价值的发掘起码要推迟一二十年。

三十年代冯健男在武汉的时候，废名的同学诗人石民就经常去他家交流诗歌，幼小的他受到文学的熏陶。废名回黄梅老家也必经过武汉，经常送书给冯健男，还讲解故事给他听。四十年代则受废名言传身教，废名简直是把他当儿子看的。这与废名的五个子侄唯健男年龄最长肯定是有关系的，再加上冯健男本身就有大量的文学细胞，那时叔侄二人经常一起谈论古今文学再自然不过（而其他子侄彼时尚幼）。五十年代以后，冯健男有了自己的部队生活和文学道路，废名又忙于教书，两人才见面少，而多书信往还。

因特殊的血缘关系，冯健男掌握了废名研究的第一手资料，可以说，冯健男先生是新时期第一个废名研究专家。虽然现在不少废名研究者对冯健男的废名研究观点责难颇多，认为陈旧落后，但笔者仍然认为在废名研究领域，冯健男先生功劳很大。一是他保存了废名研究资料，二是整理出版了废名主要著作，三是第一个对废名作品进行系统研究。从改革开放一直到 1997 年，废名研究基本还是以冯健男先生为中心，也大多没逃出民国文人原有评价和冯健男观点的框架。甚至，我们从《我的叔父废名》中还可以看出他对废名研究具有许多前瞻性，后来者只是深入开拓而已。

细读《我的叔父废名》我们会发现，这本书简直不是传记，虽然它被收入"名人子女写名人"的传记丛书中。冯健男很少写到废名的生平，也很少写到他与废名的交往。甚至连抗战期间的几年，他与废名可谓朝夕相处，却也没有多少笔墨写废名的一些琐事，所谈所论仍是文字中原本记载的事迹。这恐怕是为亲者避讳吧！一些无关紧要却又最能显示人物性格思想的琐事反倒不便着墨了。所以，《我的叔父废名》真的不是废名的传记，而是关于废名的论集，只是其笔调散文化而已。

《我的叔父废名》一书共十九篇,第一篇《从这支笔说起》是一个引子,主要是讲冯健男与废名的一些点滴交往,点明了两人之间的关系。往后则分述废名的故乡、家庭、交游等,以上是外在生平研究;从《废名爱树》起到《窗》,分别阐释分析了废名的文学情趣以及废名对诗歌、小说的感悟,包括废名的对联艺术和翻译才华,以上是内在精神艺术研究;最末两篇是《废名的论者》,讲述不同时期研究者对废名的评价。此书真可谓麻雀虽小、五脏俱全!点点滴滴,分析得玲珑剔透,仿佛字字珠玑,为后人称引不衰。这一册小书虽不是学术著作,但它的体例其实已经构建了日后废名研究的框架。从 1997—2007 年的废名研究,在一定程度和范围内是在不断完善冯健男的废名研究,也寻找了很多新的增长点,并在一些思想观点上有了大的超越突破,如止庵研究"散文家废名"、格非研究"废名的意义",现在许多学者又广泛深入研究"废名诗歌及其诗论",甚至有人研究"佛学家废名"了。对废名生平的研究则又新增笔者的《废名在黄梅》和废名哲嗣冯思纯的《废名在长春》("废名在武昌"还有待挖掘)。一个完整的活脱脱的废名将逐渐浮出水面,为废名立传、写专著的条件、时机已渐趋成熟。

今年 7—10 月将先后出版两种废名的著作或有关废名的书籍:《废名诗集》《废名讲诗》。此二书皆为纪念废名逝世四十周年所出,不过各自有自身的独立价值。两书皆为吾师陈建军先生编订,盖废名之文学成就,唯诗歌诗论尚有大力发掘之意义,此二书为首次全面出版废名的诗歌、诗论。我相信,此后将会有越来越多的人知道废名的文学成就,越来越多的人喜欢废名的诗文,未来十年将有一个持续的废名研究热潮,未来二十年废名将在文学史上完全确立大师的地位。冯健男先生若知此,想必也含笑九泉了。

冯健男先生不独研究废名贡献卓著,其实他本质上也是个作家,却为评论家的声名所掩。作为评论家的冯健男,主要对荷花淀派、山药蛋派研究最深,这两个文学流派的确立与他都有直接关系,他是这两个流派特别是荷花淀派的理论作家。笔者拜访冯健男先生的弟弟冯康男先生,他说长兄在逝世前遗留有已经编好的三册遗稿:一曰《冯健男散文》,二曰《说废名》,三曰《冯健男文学评论选》,因种种原因未能出版。冯康男先生又说:"哥哥曾说:我其实是一个散文家,其次才是一个评论家。"我们期待着中国文艺界特别是河北文艺界重视这位河北首屈一指的文学评论家、中国当代著名文学评论家的遗著,整理出版《冯健男文集》,至少应将冯健男先生生前自己整理好的三本著作出版问世。希望废名与冯健男叔侄二人在中国文艺界受到更多的重视,其人其文应不朽矣!

作于 2007 年 8 月

废名在黄梅

中国现代著名京派文学家废名深爱他的家乡黄梅,家乡的田园风光、佛禅文化孕育了他的创作。黄梅是中国禅宗的发祥地,也是黄梅戏的故乡。废名在此度过了美好的童年,并于抗战期间在家乡避难、居住达九年之久,深深影响他以后的文学观和思想走向。近些年来,许多专家学者走访废名家乡,希冀从中获取废名作品与其家乡的文学因缘关系之线索,但往往无功而返。个中缘由,一是研究者不通地方信息,二是地方人士难以从整体全面把握废名其人其文,不知道哪些资料对废名研究有重大作用,且又因地方资料稀少分散在各处,导致不能满足研究者要求。笔者试图根据现有资料细密爬梳、综合整理、鉴别真伪得出废名在黄梅的基本真实情况,以供研究者参考。为方便起见,本文分上下两篇进行评述。

上篇:1901—1916 年

关于废名出生地之考证

废名的出生地素有以冯健男为代表的小南门通说、传闻大南门的传说(见于周作人、俞平伯、沈启无等人书信)、南门的笼统之说三种说法。废名在《我的邻舍》中说:我家是从东门迁居的,现在也有十几年。废名早期小说尚处于习作阶段,具有很浓的自叙传色彩,特别是《我的心》《柚子》《半年》《我的邻舍》

《阿妹》《鹧鸪》等,几乎可以说是回忆性的乡土抒情散文。即使像《浣衣母》《火神庙的和尚》《河上柳》等没有出现第一人称的带有很多想象成分的小说后来废名也指出其中的现实来源。因此,废名说他家迁自东门,有一定可信度。另外,废名在散文《代大匠斫必伤其手》中也有关于他七岁时搬家的回忆。所以,今人陈建军在其新著《废名年谱》中最早提出废名出生于黄梅城关东门之说

废名作品与幼年生活

一般而言,一个文学家的幼年生活对其日后文学创作有着极其深远的影响,特别是对于乡土田园作家更是不言而喻的。然而,一般关于作家童年生活往往缺乏记载,而传说颇多。幸好废名的童年生活大多复活于其乡情浓浓的诗意作品当中。他的好友梁遇春在《第二度的青春》中说"吾友莫须有先生""大好年华都消磨于缱怀一个莫须有之乡"。其时废名正在写《旅客的话》(后收入短篇小说集《枣》)。废名本是一个懂得节制的人,感情大多深埋于晦涩平淡的语言之中,而这两篇"旅客的话"却感情溢露,思乡之情诉诸笔端铺满纸面,特别是《墓》简直有点徐志摩的"浓得化不开",这在废名作品中实在不多见。非情感至真,不可能写出这样的佳作。

废名的文学作品几乎全部贯穿有家乡的消息,就连《莫须有先生传》里也有谈到家乡和九江。但废名关于幼年家乡生活的作品主要集中在两个地方。一是早期习作和巅峰之作《桥》。如前所述,废名早期小说具有很浓的自叙传色彩,就连代表作《竹林的故事》也不例外。笔者曾走访废名老家冯家大宅的对门人家,有余氏老者,说护城河外以前有竹林,有坝,坝脚下是竹林。有一妇人在竹林边开垦菜园,以卖菜为生,她叫刘香桂,1949年初去世。笔者认为此人可能是三姑娘的原型。惟其如此,废名幼年的生活环境对废名的文学细胞有着微妙的影响,并且这种影响在废名作品中时有显露。这影响主要来自家庭环境。1908年,冯家三世同堂,终因子嗣过多,冯步云(楚池)一支迁往小南门街(俗名篾匠街)新屋。此前不久,冯楚池任县劝学所劝学员。废名长兄冯玉鲤乳名关佑,意即关公保佑,有祈福之意,后因溺水幼殇。废名出生后,祖父

也带废名到六家庵(黄梅最早的关帝庙)进香,但家人因避讳不准蹚水。而废名最喜"高底河过堰",对水有着既恐惧又欢喜的特殊感情。按黄梅风俗,外孙若受外祖母疼爱,则于他而言,外家也是自己的家,可以自由出入,并且受到特别的礼遇。废名正享有这种优待并比一般人突出。这样废名常往来于表姐妹、族姐妹之间,仿佛生活于女儿国一样,造就了废名小家碧玉式内向型艺术家气质,性格也因此孤僻而恬静。废名在作品中提到有芹姐、淑姐、贞姐、银姐、柚子、阿妹,与她们一起折杜鹃花、拣地蘑菇、打桑葚、看游灯赛会等。另外,黄梅古朴的民俗风情、民间文化、方言也深深濡染着废名的童心。正是这儿童世界和女儿国情怀使得废名擅长写儿童之真和女子之美。废名的儿童记忆在他彩笔下上升为乌托邦式东方理想国。黄梅也是一座边城,半封闭的原始古朴的生活环境孕育了废名这颗文学的种子。1906年家人希望他"文章焕然,彪炳可法"取学名冯文炳(乳名焱儿,号蕴仲)送其入大南门都天庙私塾(今为幼儿园),次年因病辍学,搬家后复入都天庙私塾,两地相距不过百步之遥。一颗种子蒙蔽住了,而他自能于黑暗中寻求光明。至于《桥》,冯健男早就指出史家庄以废名外家岳家湾为依托。关于岳家湾(此处岳姓系岳飞苗裔,西北十里处有岳震、岳霆合墓),废名曾赋诗一首:小桥城外走沙滩,至今犹当画桥看。最喜高底河过堰,一里半路岳家湾。"高底河"系指筑坝靠近堰的一段河,非指地名;"一里半路"指高底河的水流着流了一里半路就流到了岳家湾,时在北京的废名正是通过流水表达自己对岳家湾的深挚感情,也表现了废名对于水有着特殊感情。这首诗生动地回忆了废名儿时奇异的乐园,并富有"画桥"的诗意想象。外家附近有鸡鸣寺、多云山广福寺、紫云阁,亦是废名少年常至之处,四祖寺、五祖寺则是废名精神向往之地,废名母亲信佛,后皈依佛门,法名还春,均对废名近佛影响甚殷。废名在《散文》中自述:"小时,自然与人事,对于我影响最深的,一是外家,一是这位姆母家。"这也是一般研究者最爱引用的,这两点影响在他的早期作品和《桥》中正有生动体现。二是战时和战后废名写的一组文章《父亲做小孩子的时候》和三篇《黄梅初级中学同学录序》。前者曾被冯健男称为废名的"朝花夕拾",颇为贴切。这么多的回忆性散文洋溢着童年生活(包括在都天庙的读书生活)气息和浓浓乡情。废名在作品中经常提到的"塔""大枫树"

"芭茅""五祖寺"等至今仍然存在。

废名与黄梅八角亭高等小学堂

1913年废名拒当学徒，父亲冯楚池（教育工作者，1907年前后任黄梅劝学所劝学员）只得送其入八角亭高等小学堂。八角亭是黄梅著名的古典建筑，距今有二百多年历史。清乾隆五年竣工，黄梅大林书院（后改名调梅书院）迁此办学。直至清末一百多年来一直是黄梅崇文讲学、教育生员的场所。关于八角亭有一副名联：八角亭，亭八角，一角点灯诸角（葛）亮；五凤楼，楼五凤，四凤同栖旁（庞）凤雏。1904年维新之风波及黄梅，乃改为八角亭高等小学堂，成为近百年黄梅近现代文化的摇篮。在当时，八角亭高小有黄梅最高学府之称。洪毅（1946年任湖北湖南考铨处处长，冯力生任其秘书）、吴仕杰在《八角亭学堂1920年前后办学情况的回忆》《八角亭拾遗》中曾对该校学习环境、教学管理等有过详尽记录："学校的环境很优美，流经县城旁边的一条大河，至南门一分为二，终年沁水洋洋，八角亭却拔河而立，三面环水""课程内容都用商务印书馆统一小学教材，老师照本宣科，学生无课本，也无课外读物""学校纪律严明，如有违纪，给予适当处理并通告全校""当时武训是教育学生常用的手段，对于这样不恰当的手段，学生有过几次罢课的反抗"。可以看出废名当时在校三年有过极其严格的学习经历。在这样严格甚至残酷的学习环境下，该校培养出不少著名人物。与废名相隔年数较小后成名者，有鸳鸯蝴蝶派作家喻血轮、古文学家程道衡、喻迪痴（喻血轮兄长），还有国民党政客吴醒亚。喻血轮著有《林黛玉日记》（吴醒亚作序并有题词）、《绮情楼杂记》等。其实废名后来对这三年的经过严格训练的学习场所有过回忆。《八角亭拾遗》载："亭楼高三层，八角翘起，因以得名。每角饰一喷须鼓眼龙头，口衔响铃，疾风摇铃作响，其声丁丁，八角玲珑，生机盎然。亭的顶端由直径约三米的半球形锡顶覆盖，锡顶又分三层，状若铁拐李的宝葫芦。"此段文字可以与"万寿宫在祠堂隔壁，是城里有名的古老建筑。后层正中一座殿，它的形式，小林比作李铁拐戴的帽子，一角系一个铃，风吹铃响，真叫小林爱"（《桥〈万寿宫〉》）相参证。后来废名把这段读书生活通过小林反映出来,却有很大稀释作用,可以想见废名对那段读书生活不太满意。

1915年,废名以优异成绩毕业于八角亭高小,并于次年入湖北省立第一师范学校。

这样,废名走出黄梅,奔赴省城武昌求学、教书,后考取全国最高学府北京大学并开始文学创作,于是废名走向全国乃至全世界了。

下篇:1937—1946 年

废名在《开场白》中说《莫须有先生坐飞机以后》"可以说是历史,它简直还是一部哲学",而本身又是"一部传记文学"。将哲学与文学相调和,在历史(事实)中叙述出美与涩的意境和风味,是"废名气"的独创和特殊之处。废名又进一步指出,"他怕中国读书人将来个个坐飞机走路,结果把国情都忘掉了,他既深入民间,不妨留下记录"。由此可以看出废名作《莫须有先生坐飞机以后》的缘由是留下记录对没有深入民间、不知国情的读书人进行一番历史教育,也可以说是废名在家乡九年深入农民生活自我教育的一番反省和悔悟。同时,《莫须有先生坐飞机以后》也是废名老友朱光潜催他写小说催出来的,而此时的废名"只喜欢事实,不喜欢想象""只能写散文,决不会再写小说",所以废名虽然违背朱光潜的初衷,写出这么一部避难记,但也算"感激他的诚意"(废名:《散文》)。有人说,废名南下,遁迹山林,过上参禅悟道的悠闲自得的隐居生活,恐怕有不切实之处。从以上所说来看,废名在黄梅是在跑反(俚语,日寇扫荡前离家躲避的意思)、避难中,深入民间,了解民情,体察国情,在思想上进行自我教育,由自由主义知识分子转向人民立场的一个重要转折点。废名这一时期的乡居生活,是废名以后接受中国共产党领导的准备阶段。

废名在黄梅大致行踪

1937年12月废名因母圆寂返里,时北平陷落,华北局势紧急,交通大乱,历经苦辛方得回家。住在小南门之家,却常至岳家湾外家。1938年8月,黄梅县城陷落,废名携家人(其父留于城内)避入城外十里的南乡吕家竹林、宛家竹林。时有日军进村骚扰,废名挺身而出,力救百姓,受乡邻称颂不已(冯奇男:《不忘二爹的大恩大德》)。黄梅县城曾一度恢复,废名得以于城内过中秋。"而一般的老百姓则说城里不可居,后来城里果然不可居",废名乃于次年春夏间寄居东乡多云山程家新屋姑母家,"距五祖寺十里许,曾与数人作五祖之游"。是年秋,迁至北乡山中的国民党县政府办起了小学,废名已迁家在金家寨龙锡(本作"须",黄梅"锡""须"同音)桥。于是废名任设在停古乡金家寨的第二小学教员,教国语和自然。1939年旧历年底,废名在往土桥铺途中得知父亲冯楚池住在离城三里半山中紫云阁。废名乃"穿过县城一遍,如梦中走过现实""进东门,出南门",废名对废墟中的黄梅县城觉惨不忍睹——"世乱烽烟居然是真实的么?"那年冯楚池与冯健男在紫云阁过年,冯楚池打发废名回龙须桥过年。当时紫云阁尼姑请废名作对联一副:万紫千红皆不外明灯一盏,高云皓月也都在破衲半山。这副对联表达了废名杜甫式"国破山河在"的爱国情怀,同时也是禅意浓浓(废名:《这一章说到写春联》)。1940年2月,黄梅初级中学(开学后改名为"湖北省联合中学鄂东分校黄梅分部")在金家寨复学,废名乃改任中学英语教师(主任陈宗猷县长,副主任熊惕非校长)。1941年春,中学迁五祖寺,由于建校迟到4月开学。废名住在五祖寺观音堂后殿二楼,离金家寨之家十五里。该年秋,因战火学校一度解散。1942年3月复学,廖秩道出任校长,5月又因战火停办。1942年夏,县中扩招,国文试题之一由废名所出,为"水从山上下去,试替它作一篇游记"(另一试题为新任校长冯力生所出)。废名的女儿冯止慈参加考试并考上县中,举家乃迁往五祖寺。1942年冬,日军第二次进据黄梅县城,黄梅上乡山区受日军严重威慑,日军炮轰五祖寺,县中解散,废名一家搬到五祖山后水磨冲避难。1943年春,县中毕业班第八班在校长冯力生带领下在停前东界岭复学举行毕业考试,废名为第八班同学录作序言。此时,废名一家迁往离县城十五里的后山铺冯仕贵祖祠堂。1943年秋,县中迁到柳林乡古角山北山宝相寺(本部)、南山灵峰寺(分部)。清人曾题诗于南北山壁上云:"东山方踏遍,复向北山游。不尽登临兴,能穷林壑幽。乌崖烟云接,古木岭云收。会见娑萝影,池边月已秋。"废名与冯健男在南山教书。时北山有一中年和尚,南山有一老年和尚,有人回忆说废名与此二人交往甚多(冯健男:《古角书声》)。1944年12月,黄梅县中遵命迁往李家庙(本部)、李家新屋(分部)。次年春,廖秩道复任校长。废名与校长廖秩道、县督学陶晋芳办学思路不合,乃辞职。于是废名得闲暇于1945年秋一气完成《阿赖耶识论》。1946年春,废名返回城里。1945—1946年废名为生计先后在冯仕贵祖祠堂和紧挨鸡鸣寺的刘家祠堂开馆授书(岳松秋:《"孺子可教"未成才》,岳松秋系废名内侄、表侄)。1946年9月,废名与当年考取北京大学西方语言文学系的大侄冯健男一同离开黄梅。

废名在黄梅与地方文人学士的交往及与文学界之关系

黄梅素有"文化之乡"之称,千百年来名人辈出。弘仁、瞿九思、汤用彤、刘任涛、石联星、邓雅声等宗教家、理学家、哲学家、戏剧家、表演家、革命家均是黄梅之子。废名回黄梅亦与地方名士有过友好交往或冲突。还是在抗战前,黄梅名士石孝邹(自号啬园老人)七十大寿,废名自北平寄寿联祝贺:塞外风云天高承露百尺塔,岁寒松柏春余剩草六卷诗(冯健男:《我的叔父废名》)。《春余剩草》系石啬园的诗集。1939年废名往金家寨石惕安(清朝贡士,石老爹之父)家认亲做客,并在附近安家,即与石孝邹老人为邻居,二人交往甚密(石沐陶:《我所知道的冯文炳先生》)。后废名在小学教书与余节绥校长知交莫逆,这在《莫须有先生坐飞机以后》中有详细记录。余节绥"一向在故乡服务",先后在八角亭高小、黄梅初级中学任教,此人学识全面,除音乐、美术外均担过任课教师。而"不爱说话的""有钱的"老秀才桂树芳(此人与余节绥、梅宝霖在黄梅教育界资格最老)、清朝进士于甘侯(幼子名"抗日")则对新文学家废名腹诽、责难颇多。于甘侯系著名爱国人士、古文学家、书法家,为人刚正不阿,曾为营救抗日志士敢于在县长陈宗猷面前大拍桌子。他也曾为废名的《程家新屋姑母墓碑序》而当面争执,听说两人甚至大打出手,很令人想起熊冯二先生的故事。废名在县中教书时与徐安石、程道衡(著有《古文虚词诠训》)、廖居仁、梅宝霖等同事亦有过一定来往。然而废名落落寡合的性格和无甚知音于此地也使废名倍感寂寞。废名回黄梅之初,就与文学界人士朱英诞、周作人、俞平伯、沈启无、卞之琳等老友保持书信来往，后抗日深入消息渐阙，与周作人、熊十力等交往困难。但沈启无、李曼茵、沈从文、《文学集刊》《艺文杂志》、胡兰成等对废名及其作品亦有谈论和发表，而这些废名都是不知道的。抗战期间沈启无替废名出版了《水边》《招隐集》亦不为废名所知(废名应该知道《谈新诗》的出版)。此时废名居山中，深入民间，与老百姓交往颇多，并大力倡导启蒙教育。

废名以前是新文学家的身份，回黄梅却有三重身份。废名任中小学教员，学校"对于先生能俸薪米，故生活能以维持"。这是他的职业。废名又说："同莫须有先生一样一向在大都市大学校里头当教员的人，可以说是没有做过'国民'。做国民的痛苦，做国民的责任，做国民的义务，他们一概没有经验。这次抗战他们算是逃了难，算是与一般国民有共同的命运，算是做国民了。"(废名：《关于征兵》)所以废名又有国民身份。此时废名已经基本脱离了文学界，他自己寄出去发表的文学作品只有1939年作的《小时读书》。废名1941年写的论文《说种子》引发熊十力寄来《新唯识论》，废名读后颇不以为然，本着卫"道"的精神，乃著《阿赖耶识论》。于是废名终于真正成为"禅宗大弟子"，具有了自称哲学家的身份。

废名赴小学履新以前，以一家私塾为例，说明"教育本身确乎是罪行，学校是监狱"，要"火其书！革命便从这里革起"(废名：《旧时代的教育》)。然而废名是落荒而逃。第二日，废名便开始教书了。他以此为"试验田"，默默地耕耘，辛勤地播下新种子，教育就是为了反旧教育。他要学生"限读白话文，限写白话文""作文重写实际，写自己最熟悉的生活实际材料，不主张要小学生写议论文"(李英俊：《怀念我的恩师冯文炳先生》，李英俊1948年去台湾，仍健在)。废名的写实主张在这里得到了一定的实践。废名还自编新诗教材，选有除自己外还有郭沫若、冰心、鲁迅、泰戈尔等人的诗作。他还教小学生写童诗，启人性灵。他对唐宋八大家的文章深恶痛绝，认为是只有腔调的"八股"，但是他也向学生细细讲解六朝以前的文学家作品，如老庄、孔孟、庾信等，而这些都是废名认为贴切于生活的，里面有文章。废名在《莫须有先生坐飞机以后》中花费好大篇幅记叙自己任小学教员的生活，他是很有一点爱惜的。好景不长，废名改任中学英语、国文教员。"这个教员生活令他如坐针毡，总是暗自伤心""结果只同少数学生讲文法"

（废名：《莫须有先生教英语》）。话虽如此，废名还是花费大部分时间忙于课蒙，自编不少乡土教材。废名甚至偷偷地听冯健男初次讲课，后鼓励说，"看起来，你是生来做这事的！"（冯健男：《古角书声》）可见废名非常关心县中教育。当时废名很受一些学生欢迎，"平时学者风度，平易近人，他很喜欢跟学生聊天。傍晚，他每一出来散步，总有许多学生围着他，喜欢听他讲当代文学界的文人逸事，学生心里对他怀有无限崇敬！"（李华白：《从金家寨、五祖寺到大发湾》）。他还喜同学生讲《论语》《庄子》，以及泰戈尔、鲁迅、叶圣陶、朱自清、陈学昭等人的作品。废名得意门生翟一民在《永不消逝的"声音"》中回忆废名的讲课神态惟妙惟肖，"虽然他的嗓音沙哑，但朗诵起诗来却是充满深情，抑扬顿挫，轻重缓急，刚直迂回，尽能绘声绘色地表达出来，真是耐人寻味，让人陶醉，使我们就像是观赏风景秀丽的山水画和倾听一曲清新的田园之歌一样，在潜移默化中感悟高尚的情操""同学们常凑在一起风趣地称道先生讲国语课真可谓'精美至极，妙不可言'，或有幽然者背后美称之为'妙善先生'"。当时新文学在黄梅近乎荒地，是废名培养许多学生的新文学的兴趣。废名从事教育还不拘于地，"冯师经常把野外当作教学的大课堂，带领学生们就树荫下席地围坐讲授，不拘形式，使教育生活化、趣味化，超凡脱俗。他说自然万物皆学问，青山绿水随处即文章，学生们陶醉于大自然的怀抱里，真是如沐春风、如浴瀚海"（梅武扬：《永远敬爱的冯文炳老师》，现居台湾高雄）。五祖寺时期，正是抗日战争深入进行之时，不少学生如蔡琼、梅白（后为作家）、杨鼎等参加革命，废名还亲身听到杨鼎烈士（六班学生）的噩耗，废名教育大家说："我们不能以'邦无道则隐'的逃避现实的旨意来做文章，我们要面对现实生活。"废名曾面对日寇威逼利诱拒任伪职（翟一民：《永不消逝的"声音"》，岳松秋：《冯文炳拒任伪职》）。废名还以身作则，从小事做起，善意批评一些学生破坏竹林。当时环境十分艰苦，南北山之时条件最为恶劣，程道衡1946年在《黄梅初级中学第十一班同学录序》中写道："夫南北山悬崖绝壑，人迹罕至，然诸生跋涉长途，拾级而上，未尝有难色，可谓有志于学矣！"废名和学生们同甘共苦，以自己的人格、文格感染了一些有志学生。许多学生另找时间慕名从其学，也希望做新文学家。废名在县中任教达五年之久，七、八、九三班毕业请他作"同学录序"，他大都乐意为之，"以作别后相思之资"。废名乡居九年，就有六年教书,影响甚巨,后来受之影响较大的有李英俊、李华白、翟一民、潘敬思、张之翔(现任北京大学教授,杂文作家张雨生的叔父)等人。

就日常生活而言,与废名相处最深的还是农民。废名对其外家岳家湾有天生的归附感,无论小时候玩耍,还是成年后回家,废名总是多往外家。"姑父不时来我家吃饭,在大人们谈话间,我有机会听到平日很难听到的姑父的谈话,他常说舅娘家的毛芋好吃。每次,母亲就肥壮的子芋合饭;带生涩味道的母芋切成丝用辣椒炒熟做菜,姑父也喜欢,更喜欢的还是用辣椒炒的干芋禾。每顿总有锅巴粥,麻黄色,香喷喷,冒热气,姑父总是赞不绝口,说北京是无法吃到的。"(岳松秋:《"孺子可教"未成才》)废名初回黄梅,到处探问老百姓关于胜利问题的意见,大家一致意见是"日本佬一定要败""最后的胜利必属于我",风水先生服丹成说要民国三十五年(1946)才太平,这时废名觉得自己"因了许多经验使得他虚怀若谷,乡下人的话总有他们的理由吧,他自己对于事实不敢说是懂得了""中国的读书人真应该惭愧,因为中国统治阶级是读书人。我们要好好地了解中国的农人,要好好地解救中国的农人"(废名:《无题》)。废名开始认识到读书人的不足,而亲近普通百姓了。废名自称"本人向来只谈个人私事,不谈国家大事"(废名:《开场白》),可谓是废名自己的由衷之话,然而现在不得不于家事、私事中谈国事了。初去石老爹家,面对石老爹的哭诉,废名觉得"所有故乡人物除了他一个人而外都是被动的,都只有生活的压迫,没有生活的意义",而"腊树窠的民众对于日本佬如谈故事,如谈'长毛'而已,这里真是桃花源,不知今是何世"(废名:《无题》)。废名从百姓的乐观态度中感受到了鼓舞的力量,"短期内不作归家之计了,好好地在乡间当小学教员,把孩子养大教大"。在石老爹介绍下,废名在龙须桥借了本家冯顺(比废名晚一辈)的空闲屋子,从此与冯顺、冯花子、冯竹老、冯三记兄弟有密切交往。通过日常生活,废名与他们感情深厚,特别是与冯三记,废名推荐他到县中做校工,两人朝夕相处,"他成了莫须有先生的忠仆"。1942年底废名搬家到水磨冲,一切都由三记帮忙办了。废名也曾到冯顺的稻场感受劳动的气息,生活的诗意:"稻场上是一篇史诗,芋田的收获则是一首情歌,他后来读英国济慈的夜莺之歌乃记起他小时在田间的背景了,收割之后的田野确是寂寞,并不是舍不得,一切确是给人家拿去了,只有天上的飞雁最懂得秋野的相思了。"卢家阪的王玉叔送芋废名一家,废名觉得"古道","心里很是欢喜,世间到处有人情了,正如到处有和风拂面"(废名:《一天的事情》)。废名的太太岳瑞仁女士也颇懂得待客之道,顺利地挽留冯顺、冯竹老、冯花子等人吃饭,她看到冯顺、冯花子没有棉袄穿,就把废名和他父亲的旧棉袄给冯顺和冯花子的女儿,从此"乡人都知道莫须有先生的太太好客了""都不畏惧莫须有先生了,对于莫须有先生比对于任何人亲近"(废名:《留客吃饭的事情》)。废名还曾关怀冯大墩老家一带居民的生活,正确疏导冯洪两族的矛盾(余俊良:《1941年废名先生到我家》,冯思纯:《为人父,止于慈》)。就这样,废名与老百姓走在了一起,对知识分子、农民都有新认识了:"莫须有先生在民国二十六年(1937)以前,完全不了解中国的民众,简直有点痛恨中国民众没出息","莫须有先生现在深知没出息的是中国的读书人了"(废名:《停前看会》)。这时,废名也认清了国民党的真面目,"政府不指示他们,只叫他们跑逃。起先是叫他们逃,后来则是弃之","中国不是外患,而是内忧"(废名:《无题》)。而对于新四军,废名也知道"新四军同老百姓要好"。

废名自称自己是哲学家,而在哲学上并无知音。在二十年代末、三十年代初他始佩服同乡熊十力的才学,而后五祖寺时期,自己深研佛法,看法却又与熊十力大大的不同,乃立志作平生得意之作《阿赖耶识论》。他作《说种子》周作人"不能赞一辞",即是俞平伯亦未敢与之轻易论道,而熊十力则是反对。废名在黄梅的寂寞可想而知。废名参禅悟道在《桥(下)》《莫须有先生传》及三十年代诗作中就有很大体现,四十年代亦不忘"道",就连深入民间,也是想寻求一个救国之道。废名心中的真理其实是融儒、释、道(后来又有共产主义)为一体的废名的"道"。废名的"道"的核心是"戒贪","不贪便能成佛"(废名:《一天的事情》),戒贪就必须要有忍耐性,因此废名自豪地说:"我生平最大长处是能忍耐。"关于人生,废名说:"人生正是一个必然,是一个修行的途径,是一个达到自由的途径。世人都在迷途之中,故以为一切都是偶然的遇合。"(废名:《卜居》)废名在黄梅是鲜有人与之论道的,只是废名得意门生李英俊晚年回忆废名在南山与一和尚关系很好。

结束语

废名说："只有'自然'对于我是好的,家在城市,外家在距城二里的乡村,十岁以前,乃合于陶渊明的'怀良辰以孤往',而成就了二十年后的文学事业","我的儿童世界在故乡,若要真懂我的儿童世界,故乡恐无知音"。废名到大学才懂得"儿童生活原来都是文章",于是徘徊于记忆的王国,记录黄梅小儿女的生活,可以说是黄梅哺育了废名的文学天才。其后,废名相信了共产党,成为为人民服务的学者。同样地,没有九年黄梅乡居生活,前后废名是接不起来的——又是家乡影响了废名以后的人生道路。废名也曾借莫须有先生之口自豪地说:"你们有谁能像莫须有先生一样爱他的故乡呢?莫须有先生的故乡将因莫须有先生而不朽了。"可以说,中国没有哪个作家能像废名一样与他的家乡联系得那么紧,"废名"与"黄梅"将真如莫须有先生所说紧紧地连在一起了。笔者作此文主要起抛砖引玉的作用,希望废名爱好者、研究者充分认识和重视"废名与黄梅"的关系,在原始资料上理解废名其人其文。

2004 年 7 月完稿于母校湖北省黄梅一中打印室

附:读《废名在黄梅》后的余忆

张之翔(著名物理学家、北京大学教授)

梅杰的《废名在黄梅》所述内容基本属实,只是有的地方用词有些夸张,有些地方说得不够明确。例如,他举例"受之影响较大"的五人中,我同其他四人不同,我没有上过冯文炳先生的课,当年我只看到过他三四次,同他没有任何接触。只是初一教我们国文的是他的侄子冯健男先生。当时没有课本,他选了冰心的《山中杂记》、废名的《万寿宫》等作为教材,上课时抄在黑板上,我们抄下来,然后他再讲解。课外我还向同学借过一些五四时期的新文学作品阅读,其中有废名的《竹林的故事》等。我在县中两年,我自己感到受冰心、泰戈尔的影响较大,比受废名的影响大。但我欣赏废名的作品，别人说晦涩难懂，我没有这种感觉，我觉得他写得好，读起来有味道。我一直喜欢他的作品。他所写的人物环境和风俗习惯，都是我所熟悉的，读起来也很亲切。到北大后，凡是能找到的他的作品，我都看过。我觉得他的文学作品有价值，但他的哲学著作《阿赖耶识论》却没有什么价值。

前年我碰到一位韩国研究生在研究废名，听说日本也有人在研究他。冯文炳先生在北大教过的学生中，有两位后来成为北大中文系的教授：陈贻焮（前年故去）和乐黛云。他俩在著作中都专门讲到过冯文炳先生，他们都很尊敬他。陈贻焮曾同我有过交往，谈起废名，陈贻焮说，他的作品不是当时文学的主流，而是一个有特色的不可或缺的支流。我同意他的见解。

梅杰的文章中有一件重要的事没有讲到（笔者按：其实已讲到，就是引用岳松秋先生的"拒任伪职"一事，只是我未具体说明），就是1943—1944年间，周作人任伪北大校长，曾写信请冯文炳到北大任教，冯先生没有接受。这事我在北山寺上县中时就听说过，后来曾问过冯健男先生，得到证实。我觉得这是一件大事，它显示了冯文炳先生的民族气节，令人钦敬。抗战胜利后，北大从西南联大复原，请冯先生来北大任教，他就欣然来了。听说他到北京之前，曾专程去过南京，到监狱中去看过周作人（他的恩师）。但他没有发表过这次会见的感想，想必他对恩师的汉奸行为是不满的。

院系调整（1952年秋）时，我被调入北大（尚未毕业），他被调出北大，到吉林大学去了，所以我就没有见过他。后来听说他在"文化大革命"中被整挨饿致死，又有人说是癌症死的。总之，晚景是悲惨的。这是时代的悲剧，个人是无能为力的。

笔者按：这是八十高龄的北京大学著名物理学家张之翔老先生在读了我的《废名在黄梅》后，写给他的侄子张雨生先生的。今由张雨生先生转寄给我，读后不胜感激。经张之翔、张雨生两位先生同意准予公开。这封信自有它的价值，如关于废名的作品价值、民族气节等论述和回忆，望读者自察。

有关废名的九条新史料

近几年来，废名研究成为"显学"。笔者不揣浅陋，亦曾撰数文。在《废名在黄梅》、"废名书信研究"三篇、《〈废名在黄梅〉补遗及其他》等文之外，笔者还发现多条有关废名的新资料，特辑为《有关废名的九条新史料》以供学界、读书界同仁参考。

一、废名是京派之例证

一般均认为废名是京派小说的创始人、京派的代表人物，然而在京派、海派的论辩中并未见到废名的出场，废名也从未自称是"京派"。虽然现在的研究者都毫无疑义地将废名划进"京派"，但要是能找到当时的评论或"说法"，能证明废名在当时的文坛确系"京派"之一员，那该多有意思。

偶见钱公侠、施瑛所编《小说》(二)，启明书局1936年出版，此书收录废名小说两篇《浣衣母》《竹林的故事》。《小引》中有言：

> 虽然现在的批评家，对于新文艺也有"京派""海派"之分，"京派"鄙薄"海派"带几分油滑气，"海派"却批评"京派"近乎道貌岸然……国民革命之后，首都搬到南京，文风也似乎渡江而南，可是现在的北平，仍旧并不寂寞，《现代评论》《语丝》《北新》《新月》等文艺栏的健将，仍在故都，集成"京派"的一群，沈从文、巴金、冯文炳、章靳以等，还有很多的创作……冯文炳后来

以笔名废名出现。他的小说,全是一些卑琐而纯真的人物,故事异常简单,简直像素描一样。尤其在后来出版的《桃园》里,更可以看得出来。但是他早年出版的《竹林的故事》却非常美丽。本书编选了他的作品两篇。《竹林的故事》里面写着那可爱的三姑娘实是典型的东方少女。

文中还将废名列入鲁迅指导下的莽原社作家群。

此段文字需要注意的除明确提到废名是"京派"作家之外,还将"京派"的构成作了一番解释,即"《现代评论》《语丝》《北新》《新月》等文艺栏的健将"(此与目前学界之普遍观点也是有某些冲突的),并指出章靳以主编的《文学季刊》"近于京派",由此得出在《文学季刊》上化名发表文章的巴金在作风方面也近于京派。将巴金、章靳以等纳入京派,这可谓"咄咄怪事",因为现在的研究者从未指出他们属于京派,而是偏左的。

二、废名与闻一多

废名与闻一多是湖北黄冈老乡,两人的艺术风格和思想追求却大有不同,甚至有相左之嫌,如废名讨厌新月派的格律诗,废名是自由派,闻一多倾向革命派等。长期以来,也并未找到二人交往的线索,但于情于理似乎又不太可能,让人好生惆怅。

偶阅《闻一多全集》得知,1948年开明书店出版的由闻一多选编的《现代诗抄》收录有废名诗二首,即:《灯》《理发店》。但此仅能说明闻一多知道废名并读了他的作品,并不能证明两人有交往。

近读田晓菲《尘几录——陶渊明与手抄本文化研究》,方将困惑解开。该书第213—214页载:

> (哈佛大学)燕京图书馆收藏的1876年翻雕本是袖珍本。值得一提的是曾经拥有这一版本的主人。按此本扉页上有小字题签:"家骅吾兄作纪念 废名 二十年三月二十九日。"废名不必说了,家骅即闻一多,废名的湖北

同乡。1931 年，闻一多正在青岛大学任教。考《废名年谱》那一年的一月至三月间，废名也在山东青岛。年谱称废名三月离开青岛，陶集想必是废名在离开青岛之前送给闻一多的。这样一来，我们就知道废名离开青岛一定是三月末甚至四月初的。陶集题签可以为废名年谱提供一条新的信息……此书中时有红蓝铅笔标点，《归去来辞并序》有黑笔留下的标点、圈点和数条眉批……从字迹上看，从废名对陶渊明的兴趣上看，似乎以废名较为可能。

以上仅为摘录，读者如感兴趣不妨翻阅全文，此书由中华书局 2007 年 8 月出版。从以上的信息来看，如果"家骅"确是闻一多的话（如是比废名略小的袁家骅，另当别论），那么废名与闻一多肯定是有交往的，至少 1931 年春两人相会于青岛，此前也应该是相识的。

三、废名与常风

在一本英译的《中国现代诗选》（Harold Acton、陈世骧编译）的书评中，常风关于废名有过评价："这集子中所选的十八位里面，冯废名先生与沈从文先生各有千秋，并且各人在各自所努力的范围外已经都有了极好的成绩与极大影响。"可见，他对废名是很欣赏和尊敬的。至于文中提到"冯废名"似乎是第一次有这样的提法，在黄梅乡间，是有废名的亲友、学生偶作此称谓的。又据蔡登山先生告之，女诗人徐芳晚年对他也是提"冯废名"，并在她早年的毕业论文《中国新诗史》中也是直接称道"冯废名"，这个不妨作为佐证吧！这样，废名又多了一个别号。

另外，常风在《回忆叶公超》一文中提到："（《文学杂志》）初拟成立一个八人的编辑委员会，这八个人即朱光潜、杨振声、沈从文、叶公超、周作人、朱自清、林徽因、废名。"这是一次关于八人编委会名单的详细列举，比朱光潜的记忆更为精确（朱光潜的回忆漏掉废名和叶公超，误将俞平伯算进去），给研究者提供了新的史料，废名被明确提到是编委之一，这在一定程度上还原了历史的原貌，而不是像许多介绍中往往遗漏废名的名字，它们大多沿袭朱光潜的错误记忆。

四、废名与朱光潜

《读书》1990年第十期曾发表一篇《"我是梦中传彩笔"——废名略识》,作者署名"孟实"。这篇文章,感觉细腻,说到废名文章骨子里去了,是关于废名不可多得的好文,且影响较大,"废名风"一词即出自此文。因是知人之言,有人疑其是废名好友朱光潜,因为"孟实"正是朱光潜的笔名。甚至连格非在博士论文《废名研究》中也引用该文说:"朱光潜说废名是'李商隐以后,现代能找到的第一个朦胧派'。"但这篇文章的作者应当不是朱光潜。文末注明写作时间1990年7月,且提到凌叔华逝世为证(凌逝世于当年5月),而朱光潜逝世于1986年,不可能知道凌叔华逝世。所以这个"孟实"不是朱孟实(光潜),据翻阅其他资料,知这个"孟实"是已经自杀的文史学者吴方。

补一条:朱光潜晚年在一文中说:"生命是自然的厚赠:种中有果,果中也有种,离开一棵植物无所谓种与果,离开种与果也无所谓一棵植物。(像我的朋友废名先生在他的《阿赖耶识论》里所说明的。)"由此可见,朱光潜也读到了废名生前的未刊著作《阿赖耶识论》,但不知是以何种途径读到的。

五、郑秉璧:废名小说之德文译者

偶见章衣萍之《枕上随笔》,其中提到郑秉璧将废名的小说《浪子笔记》等翻译成德文。就目前所知,废名曾在《莫须有先生坐飞机以后》提到自己的小说被翻译成英文和日文,未见有翻译成他种文字之记载。据查,郑秉璧曾任西南联大教授,但不知译文何在。

六、异化之废名

因废名有特殊的自信与谦逊,性格乖张,早年在北大留下用毛笔作答英文试卷的逸闻,三十年代被鲁迅骂为周作人之"狗",又屡登胡适之门叫板,更传出与著名哲学家熊十力扭打之事,四十年代在黄梅又与同乡清末进士、古文书画家于甘侯"打架",一度剃成光头还到雍和宫与和尚论道,此类逸闻秘史更不知有多少,其人其事真可入当代版"笑林广记"。民国期间(1912—1949)的小报记载其逸闻遗事的文章颇多,如《文坛怪人的怪事 废名的方城三人战》《周作人的三位高足:俞平伯、冯文炳、冰心》《废名教课"发神经"》,等等。有海外学者称废名与钱玄同、傅斯年并称为"三大魔",是北大继辜鸿铭之后的又一大怪人。此为"异化之废名"。

七、多个"废名"

据各种资料显示,使用过"废名"作为笔名的现代作家不下于三人,即在冯文炳之外还有丘士珍、姜椿芳等。关于此点,详见拙作《南洋作家废名与一场文学论争》。这里主要是想谈多个"废名"带来的研究难题:

1. 原载 1933 年 2 月 18 日《申报·春秋》上的《关于萧伯纳》一文,署名"废名",可是冯文炳所作? 即将出版的《废名(全)集》亦不收录此文,编者说一看文风便不是冯文炳的,可惜尚未找到确凿之证据。

2.现代文学馆藏有"废名译稿"《诺亚,诺亚》(1946 年译),不知道是哪个废名? 还是指"佚名译稿"?

3.《甲必丹之女》等署名"废名"的散文、剧本可能是丘士珍所作,但《大夏周刊》等署名"废名"的作品又是谁的?

八、《黄梅县教育志》等中的废名

废名的终生职业是教师,毕生的活动均与教育有关。然而对于作为教师(或学生)的废名鲜有史料文章研究,特别是在黄梅期间。在黄梅期间的废名,有两个重要阶段,一是八角亭高小时期作为学生的废名,二是抗战期间担任中学教员的废名。笔者最近查阅《黄梅县教育志》(1840—1985)等相关地方教育史料,其中涉及废名的部分有几处,特辑录摘引如下:

1. 第十三编《教育人物》中在帅承瀛、汤用彤等人之后有近千字的《冯文炳》一文，其中提到："冯文炳幼时先入私塾，后在黄梅县公立高等小学堂读书。"文末又提到废名晚年被选为吉林作协副主席、吉林省政协常委，而不是有些废名年谱年表中说的吉林文联副主席。

2. 关于八角亭高小及其前身调梅书院。第五编《初等教育》记载："黄梅县官立高等小学堂，1904年创办，以原调梅书院为校舍。1905年改名为黄梅县公立高等小学堂，2班，学生90人，教员6人，职员3人……黄梅县第一高等小学堂，1912年由黄梅县公立高等小学堂改称，校址仍在调梅书院。"

第九编《教学思想教育和体育卫生》记载："1912年，教育部规定小学分初小、高小两等，初等修业四年，高等修业三年。每年除星期日外，全年另放假90天。黄梅县高等小学由修业四年改为三年，学校开设四、五、六三个年级。"在"教育内容"一节中列举了八角亭高小在清末时期的课程：修身、读经讲经、中国文学、算术、中国历史、地理、格致、图画、体操、手工，共十门。又记载："民国初年（1912），高等小学教学科目与清末有所改变：读经讲经改为国文，格致改为理科。另增加唱歌科目，男子加课农业，女子加科缝纫。"

第十一编《教育经费和学校设备》中记载："1740年，于县城南门外修建文昌阁。1742年，书院迁至其间，复名调梅书院（俗称八角亭）。其建筑以八角亭为中心，周围建平房四十间。亭高三丈左右，飞起八角，每角饰以龙头，口衔铜铃，风摇铃响；亭上冠以直径约一丈的葫芦形锡顶，映日生辉。八角亭周围的平房，都有回廊相接，房前种植花卉。"

废名于1913年入八角亭高小，按照上述提到的新学制三年，应于1916年毕业。当时，比废名稍早或稍晚几年入学的黄梅籍学生有鸳鸯蝴蝶派作家喻血轮（首届1904级）、国民党军政高官吴醒亚（1906年读半年）、民主人士梅龚彬（1914级）、教育家洪毅（1916级）、革命家宛希先等。时校长为石晋甫，校监为李大受，教员有石凤楼、石元渠等。

3. 废名是国民党党员。第三编《党团群众组织》记载："1941年，国民党鄂东行署规定，中学必须建立国民党区分部……所有中学生必须加入国民党或三民主义青年团，全体教职员均加入国民党。据查，有的师生员工并未遵行这个规定,没有加入国民党和三青团组织。"据黄梅县档案馆中调出的黄梅一中校史资料及有关当事人回忆等显示,废名也被迫签字加入了国民党。

4. 第十二编《教师》中记载:"1932—1941年间,县立初级中学校长月薪银币40元,主任35元,专任教员32元,事务员20元。尔后物价波动……1943年县中学校长月薪纸币1980元,主任1800元,语文、数学、理化等学科教师月薪1620元,音乐、图画教师月薪900元……上述各时教员应得的工资,常常不能按时到手,有拖欠数月甚至一年,且常常被折扣。到手的工资又常因货币贬值而入不敷出。"废名为专任教员,则其工资应可按上述标准对号入座。

5. 关于劝学所。在第二编《教育行政机构沿革》中说:"据湖北省1910年印制的《湖北省教育情况统计图表》记载,1903年12月,黄梅县废教谕、训导署,改设劝学所,所址在县署东偏,劝学所负责人的职衔名称,先叫总董,后改称所长。总董(所长)综理全县教育事务,下设四名劝学员……1923年全国改劝学所为教育局。"在附表中又列举了历任所长的名单:石振堤、李大受、熊竹生、梅宝琳等,大多系黄梅的名士,前清时代都有科举功名。其中并未提到废名的父亲冯楚池在劝学所任职,即便黄梅乡间及冯氏宗谱的说法"冯楚池曾任劝学所视学"成立,恐怕也得说是"劝学所劝学员"。

九、废名读了启黄中学吗

在现今所有关于废名生平的年谱、传记中,都提到废名于1915—1916年曾就读启黄中学(黄冈中学前身),后又升入湖北第一师范学校。这个说法最早应该是废名的大侄子冯健男提出的。这种说法容易引起的怀疑是,难道启黄中学比师范学校要低级吗?中学都已经毕业,还有必要再去读师范学校,再考北京大学吗?笔者近读《湖北考试史》,方将此一困惑解开,并认为废名没有入读启黄中学。

按照以前的说法,1913年,黄梅县中"迁入黄梅县第一高等小学内,由第一高等小学统一管理",1915年"黄梅县中学因办理太差,停办",部分学生转入启黄中学。笔者乃一度怀疑废名在1915年借机升入启黄中学并于1916年毕业,这样乃与冯健男的说法相吻合。可惜,笔者翻读《湖北考试史》,才知启黄中学与湖北第一师范学校是平行级别的学校,如果废名1915年升入了启黄中学插班就读,1916年毕业后完全没有必要再考进湖北第一师范,可以直接考北京大学的。

又据《湖北考试史》第六章《民国前期的湖北考试》记载:"1922年《壬戌学制》颁行前,中等师范学校与实业学校均自成系统,与普通中学鼎足而三……1912年12月10日,教育部颁发《师范学校规程》,规定中等师范学校设预科和本科,预科的修业年限为1年,本科第一部的修业年限为4年,本科第二部的修业年限为1年。有关入学、插班的条件,则明确规定为:在高等小学毕业,或年在14岁以上与有同等学力者,得入预科;在预科毕业,或年在15岁以上与有同等学力者,得入本科第一部;在中学校毕业,或年在17岁以上与有同等学力者,得入本科第二部。"这个记载说明,当时由高小毕业的学生需读五年才可以毕业。废名如在启黄中学毕业了,则按第三种可直接入读本科第二部,读一年就可以毕业,而废名在湖北第一师范读了多年,可见废名应是1916年自八角亭高小毕业后升入湖北第一师范的,按照学制五年,废名当于1921年毕业,并于1922年考进北京大学。

所以,对于废名早年受教育情况,应是:1906—1913年就读都天庙私塾(中途于1907年因多病退学,1908年复入),1913—1916年读八角亭高小,1916—1921年读湖北第一师范学校。值得一提的是,湖北第一师范学校成立于1912年,其前身为1904年张之洞设立的两湖师范学堂,两湖师范学堂的前身为张之洞于1890年创建的两湖学院,此为全国最早的新式学院,而两湖师范学堂则被称为"两湖总师范学堂""千师范学堂",为清末新政维新之风兴起之后全国规模最大、教育方式最先进的学堂。

作于2007年底

并非丑化：废名的真实一面

"废名之貌奇古，其额如螳螂，声音苍哑，初见者每不知其云何……废名眉棱骨奇高，是最特别处。在《莫须有先生传》第四章中房东太太说，莫须有先生，你的脖子上怎么那么多的伤痕？这是他自己讲到的一点，此盖由于瘰疬，其声音之低哑或者也是这个缘故吧。"这是周作人在《怀废名》一文中关于废名的音容笑貌的描写，并在文中讲到废名与熊十力扭打之事。以上记载历来为许多文人称引，然而大多是当奇谈甚至是美谈，并没有过多去思考或发掘其他史料以证实之，聊作笑谈而已。

据笔者翻阅一些此前未曾公布或者很少注意到的史料，或者有意回避的认为有损废名形象的史料，例如《文坛怪人的怪事：废名的方城三人战》《周作人的三位高足：俞平伯、冯文炳、冰心》《废名教课"发神经"》《冯文炳的名该废么？》《废名的废话》《〈莫须有先生传〉的作者》《两个文人：冯文炳·梁实秋》《评废名君的〈桃园〉》《新文坛逸话：废名的怪癖》《废名致周作人信二十四封》（整理者陈建军先生提供，即将发表于《鲁迅研究月刊》，此信以前从未公布）等，可以看出废名其人确实"奇丑"，确有过许多在别人眼里非常乖张的事迹，而周作人所谓废名有"特殊的谦逊与自信"，或许是别人眼里的躁郁也未可知。废名言行乖张，再加上奇丑的外貌，足可以让人"吓了一跳"。

其实，废名的言行乖张，与他的性格有很大的关系。其人内向，习静思，这是大家都知道的，而其躁郁、自卑的一面，却也有体现。依我来看，除与废名家境稍贫有关，还与他在北大的学习成绩等也有些关系。据废名的同学许君远回忆："民国十一年(1922)北大收入的学生约三百二三十人左右,文科方面除德法文班外,英文组分甲乙丙丁四班……在预科二年期间,梁君(遇春)是丙班一组。与他同班(按:意为同伴)的张友松、石民是乙班,废名是甲班……在民国十三年(1924)夏季北大英文系的入系试验,梁君以第五名而获中(第一是张友松)。"又据许君远回忆,在本科期间,英文系最优秀的四个学生是:张友松、梁遇春、钟作猷、许君远,其中并无废名。那么废名的成绩在班上到底如何呢?据废名在北大的学生柴扉在《几位作家所给我的印象和言行·〈莫须有先生传〉的作者》(原载《十日谈》1933年第十期)一文中提到"北大某君讽他在北大英文系是背榜毕业的",也即是说废名在北大英文系是以最后一名的成绩毕业。这让我想起废名在北大比别人要迟一年毕业的事来。此前研究者总归咎为废名于1927—1928年休学一年,故而迟一年毕业。其实,这个理由未必充足。因为当时与废名有相类似的情况而离校的学生很多,例如许君远在张作霖解散北大之后,就直接在北平《晨报》工作了,不久又到了天津《庸报》。期间,北大于1928年"光复",他直接回校拿了毕业文凭,梁遇春则从暨南大学返校拿了毕业文凭。那么,为什么废名在成达中学教了半年书之后,于1928年返校就没有拿到毕业文凭呢?而非要他按照休学处理再迟一年毕业呢?这个恐怕就与废名当时的学习成绩有点关系吧!

家境的不够宽裕,再加上学习成绩又不好,自身又较孤僻,所以废名只好独来独往,而显得有些与众不同、曲高和寡似的。废名曾说:"炜谟是我辈中很懂得道理的一位,与我很谈得来,他的遭遇又不大好,还能抖擞精神,大有所作为。"他竟然与生性孤僻、不苟言笑的陈炜谟最谈得来,倘若不是自身在许多方面与之相近不会至此吧!在《废名致周作人信二十四封》中,我们也可以找到一些例子来,从中很明显地窥见废名的内心动态与性格,同时废名的出书、找工作、留校任教也并非一帆风顺。

1924年,废名在致周作人的几封信中说:"我现在借得了一笔款子,足够印行《黄昏》之用。恭请先生替我作序……我突然又变冷淡了,不想把东西印出来。年来闲静生活,这几天搅乱得厉害,很不值。还是候新潮社的资本与人力罢,不然,就是我已经不在这世界,而它还在我的屉子里,也不要紧……我在家里也常是这样一天十八变，我的父亲骂我而又怕我气闷。我现在也有点畏先生，虽然明知道先生必定还嘉奖我……我打算把那印书钱拿来牺牲，所以卖不了一份，也不打紧。然而把稿子送交印刷课之后，两三次往返交涉，把心都纷乱了，找朋友帮忙，个个都是摆头；这还不说，最难的，将来还要自己买几张颜色纸写一个大广告到各院去贴！这叫我怎么行？不得已又决然的罢休。"这说明，废名曾想自费出版小说集《黄昏》(后改名为《竹林的故事》)，但很快又打消这个念头(等待新潮社出版，将印书钱作他用，却依然迟疑不决)，在这反复变化中，体现了废名浮躁与自卑的一面。既想早点出书，哪怕是自费，忽又觉得没有必要，一会儿有了躁动，一会儿又安静下来，而他当时对周作人也是抱着敬畏的心态，并希望得到周作人的嘉奖，或许这就是周作人欣赏他的"特殊的谦逊与自信"吧！

《竹林的故事》出版以后，他写信给周作人说："我近来已经望见了我的命运，对于社会，不敢存什么奢望，不过能够利用一般盲目崇拜的心理，把他放在好招牌之下，因而多销几本赚几个钱，觉得也来利用——万一真赚不到，我想我也能更活泼而且更骄傲的度日罢。"

1927年，因为去留的问题，他给周作人的一封信集中体现了他的拘谨心态，这种拘谨心态与他的躁郁性格也是分不开的，信中说：

昨听说北大行将结束，则此地我实不能再留。本想还留一年的，以学校住卒业为借口，只要邮汇通，还可以向家里设法弄钱，就在这一年内，尽力写完《无题》。现在去往哪里去呢？湖北，我的家乡，我是不肯去的，在那里虽容易找得饭吃，而是置自己于死地，不能工作——这个我能预言。思之再三，广州中大，那般绅士似乎没有打算去，我们或者可以相容，而且我别无"野心"，只要多有余闲，随便什么职事都行，请先生斟酌情形能否写信江绍原等介绍一下而可成？如此路不通，前所云山西崞县托先生找教员，现已找得否？我看了一看地图，这个地方偏僻得可以，倘若我就去居下几年，人不知，鬼不晓，将来回来带几部稿子再跑到苦雨斋，迎面一声笑，倒真算得个"不亦快哉"。不过中学担课怕忙得很。至于寂寞，我实在有本领不怕。此孰吉孰凶,愿因先生决之。

以前,我们总以废名北大毕业以后,就直接经由周作人推荐而留校任教。事实并没有那么简单。其实,废名在毕业之后,很长一段时间都没有工作,并为工作到处奔波。废名估计最早也是在 1931 年年底或 1932 年才被北大聘任为教员的(据胡适曾为废名作的一个任职资格证明,废名是 1931 年 11 月被聘任为北大讲师的)。也就是说,废名于 1929 年毕业之后,经历了三年的波折才被北大接受为教师。

自 1928—1931 年,有多处信息表明废名还在为工作奔波,甚至有了去上海、南京谋职的想法。1928 年,废名致周作人信中说:"前日之来苦雨斋,是别有话说,座上有人,未说出。孔德学校,下学期,可由先生介绍给我月二三十元一教职否?(多了不要,少了也不成,最要紧的是一个'现'字)"1930 年,因与冯至、周作人等办《骆驼草》而暂时没有提到工作,而此时废名在文坛的名气已较大,稿费应可以勉强维持生活。到了 1931 年废名又开始为工作忙碌,那年 1 月,他在致周作人信中说:"青岛这地方很好,想在这里住它一个春天,刻写一信给平伯,请他或由他另约几位与杨振声有交情者共同写一信与杨替我谋三四点钟功课,不知如何,请翁就近向平伯打听一下……我本想到上海去,但又怕同李老板买卖做不成,如果这里实在留我不住,那就自然而然地扯起顺风篷走了。"以上两次求周作人介绍教职事,都是未果的,而信中也可以反映出废名内心里是多么渴望得到周作人的帮助而留在北京。

1931 年,南京的《现代文学评论》发布了一则文坛消息《冯文炳将来京》,内中云:"冯文炳为北方文坛中之健者,其作品颇多,擅长散文,笔名废名,闻冯近受南京《新京日报》之聘,将来京任该报副刊编辑云。"《现代文学评论》是一个有一定民族主义文艺倾向的刊物,1931 年 4 月 10 日在上海创刊,由现代书局发行,里面提到的《新京日报》则由著名报人石信嘉创办(幕后主持者是陈立夫、吴醒亚等),鸳鸯蝴蝶派作家喻血轮担任编辑主任,先后在副刊任编辑的有杂文家聂绀弩、诗人卜少夫等。据笔者所知,石信嘉、吴醒亚、喻血轮都是黄梅人,与废名有同乡关系,其中喻血轮与废名两人的家仅隔数百米,他们之间应该是有联系或交往的。所以,笔者认为,这则消息绝对是空穴来风的,很有一些事实依据。这个消息恰恰也反映了废名毕业之后找工作的曲折。

大约到1932年,废名的两部长篇小说《桥》《莫须有先生传》出版问世,在文坛上引起较广泛的关注,他才结束三年的赋闲以及奔波求职生活,转而被北大聘用。

1932—1937年废名在北大任教期间,他给学生又留了什么印象呢?柴扉在《〈莫须有先生传〉的作者》一文也有一段记载:

> 他说话时不住地摇着他的脚。他的口音很低,好像喉间腻有许多痰。我从他的装束——黑皮帽呢大氅,驼绒袍——和短短的平头,瘦削的脸,深陷的眼,看他好像是个拘谨的商人(注:"平头"理发式样的一种,南人称"平顶")。

《大学新闻周报》1934年11月3日第二卷第八期上也有署名"B. P."的一篇《冯文炳的名该废么?》,该文有两个副标题:"幽默派文人是这样的神秘!好一个回避现实的象征!"并指出此文为"北大课堂写真之一",主要内容是:

> 我要谈废名,我要先谈谈我与废名的关系,我是一个文艺读者,尤其是一个新文艺的试读者,所以好些年来我就常常留心到所谓文坛,又不期然而然的认识一些所谓文学家,自然,废名就是其中的一个,而且我认识他的"废名"时间还不算呢!
> 大家都知道他是当今幽默派老手——京兆布衣周作人氏的三大弟子之一,这个"小布衣"是湖北黄梅县的人,现年三十六岁,曾在北京大学英文系毕业,又东西南北去"走过江湖",而今带倦归来,仍以卖文章和教文艺谋活。他身材瘦削得很!宛如一个骷髅和迷人的幽灵物,他满脸是皮包骨头,而最显著的是两颗上门牙包也包不住!他穿的是布衣,布鞋,布……总不离他们的"布"家之风。他说起话来好似幽默,又似乎梗塞——总之冯文炳是一个十足的小丑。他最近在《人间世》上替他的老师贴"广告",同时幽默

派也将他的像去作"广告"。其余他的所谓作品也者,并不肖其师,不过是一个"废名"常常在小刊物上冷嘲热讽;他教书时,一口不谈到幽默,而满口都是幽默的话头,这种人眼前多极了,我不知道他们取的什么态度?因之我以为冯文炳是一个庄严的教师吗?还是以他为一个小幽默?我也弄得莫名其妙了,现在我有一个问题留待读者诸君去答复:像这样一种文人,生在这样一个时代,处在这样一个国家,到底他的名该不该废?

十多天后,这家报纸又有一篇署名"P. Y."的《废名的废话》,也是狠狠地讥刺了废名的文艺观,显得有些离谱、夸张,这不过是反映了当时不少北大学生受革命文艺观的影响而已,但他们的描述,尤其是相貌、神情的描述,也有真实的一面。

另有一文发表于《十日谈》(邵洵美主办)1934年第四十四期《文坛画虎录》栏目(章克标编辑)上,题名为《两个文人》,其一是讲废名,其二是讲梁实秋,作者署名鑫鑫,似是废名的学生。章克标主持的这个栏目里的许多文章属于戏谈,甚至因此引发过诉讼官司,但也有些文章写得很真实、风趣,例如鑫鑫这篇,作者对废名似不够恭敬,但对梁实秋佩服得不得了。文章不长,采用近乎扫描的笔法,近距离观察废名,可谓在周作人描述废名之外最为难得的文字记录,特全文摘录于下,以供读者参考:

> 记得今年暑假,周作人先生为了搜集做日本文学史的材料,到了东京的时候,有一个日本人问他,周先生的弟子有没有几个特别出色的人物?当时周先生回答道:"有,一个是在清华大学教书的俞平伯,一个是在北京大学担任讲座的冯文炳,便是笔名废名的冯先生。"

> 普通人大都对于冯文炳这个名字,总觉得生疏,可是提起了废名,便差不多连普通的中学生,都会知道的;好,我来介绍一下废名先生的真面孔吧,我想这是大家一定极喜欢的!

> 冯先生在北京大学教了两门功课,一门是"散文选读和作文",另一门是"新文艺试作"。

我第一次和废名先生见面时,几乎把我吓了一跳! 在没有见过他的人,总会猜想到他一定和普通人一样,光光的短发或长长的头发吧?! 不,不,简直不是那么一回事! 他把头发完全剪了去,满头挺黑挺硬的短发,一根一根的竖直着,前面几乎和眼眉衔接起来,后面又深深地藏到油腻的衣领下面去;因为黑发特别黑而多,脸上的眼呀什么的便显得特别淡而寂寞,尤其是眼眉,我仔细看了半天,好像并没有看到一根眉毛长在上面,只不过在应该长眉毛的地方微微地凸起了一些,表示着眉毛的部位而已。

他的脸和身体的各部分一样瘦得过火,两颊深深地陷下去,颧骨又高高地凸起来,嘴唇四圆的皮肉,像用什么拉紧的东西特别用点手术似的,竟致连笑笑时,皮肉的皱缩,都有些不自然。

特别是在眼骨上挣起来的一副粗边眼镜,好像北平王府井大街一带的商店门口,撑了起来的大布幔一样,又笨重又碍眼;使人看了,自然地会感到有点儿闷气,一直到离开了冯先生的时候。

讲到冯先生的说话,那才有意思呢! 第一是他的声音特别,他不能读出真确的喉音和舌音,无论讲哪一个字,总是用鼻子来帮忙的。这也须和他那瘦骨如柴的身体不无关系。可是有一次我却发现了在他脖子的右下方,有一块番饼大小的疮疤,是生过疮呢,还是有别的原故,我不知道。可是我觉得他那疮疤,或许就是鼻音特别的根由吧!

还有关于此一时期的废名的逸闻或曰“丑闻”文章,如发表于《电声》1937年第六卷第二期的《文坛怪人的怪事·废名的方城三人战》,这一逸闻在文星的笔下有所发挥,他写了《新文坛逸话:废名的怪癖》(原载《国报周刊》1943年第三期),同时在该文中披露出废名曾因为单恋一个好友的新婚妻子而写整本的诗集(即废名的情诗集《镜》,该集里的诗不少已发表于李健吾主编的《华北日报》副刊“文艺周刊”,如组诗《〈琴〉及其他》),这为我们研究废名的情诗指出了一个新的线索。该文写道:

提起废名来,大家也许不十分陌生吧,不久以前的《古今》半月刊上,还曾登过一篇周作人的《怀废名》(按:原刊作《忆废名》)。他在北方文坛的地位,较周作人仅稍次一等,就是南方人也都称誉他是"京派"文坛老将。

废名的真姓名是冯文炳,人倒是很和气的,只是做出来的事总是非常的古怪,例如他因为嫌姓名累赘,索性把姓名废掉了,就叫废名,大家也都以废名呼之,到了现在,真姓名反被淹没了下去,他在北方闹了不少奇奇怪怪的新闻趣事,有一年,他独自一人发痴般的在北平西山租了三大间房子住了好久,又有一年,他特地为他所崇拜的一位女人——他的一位朋友的妻子,写了整整的一部诗集,但他却又始终没有向她表示过一些什么,也没有把那诗集出版。

废名有位好朋友袁家骅,是他十年前在北大读书时的同学,这时刚刚结了婚,新婚燕尔,双方自然非常亲昵。废名在一旁看得眼热,便也把他幼时乡间时的那位小脚夫人接到北京来同居,可是这位小脚夫人却时常要和废名闹意见,每闹一次,废名总要跑到袁家骅那里去诉一次苦。

有一时期,废名因为在家里受不住女人的气,便整天逗留在袁家骅家里,大家围着火炉没有事干,想起了玩玩小麻将的乐趣,便创始了一种"方城三人战"的赌钱法。这种三个人碰麻将的事,委实是很有趣的,这三个人,一个是废名,一个是袁家骅,一个便是袁家骅的新婚夫人。

他们虽是三个人打牌,但却是非常认真的,并且每天不免要冲突起来,尤其是废名跟袁家骅的新婚夫人,每天到了末了,总常常要闹得面红颈赤,大家不快乐地分开,至于掼牌碰桌子,那更是很平常的事了。

但更有趣的是,每次闹过后,到第二天再见面时,却又都是欢笑如平时,早把隔日的事忘掉了,而又筹备开始作"方城三人战"了。

一直到了四十年代后期,人们对废名还是用异样的眼光来打量他。例如发表于1946年第三十五期《东南风》上的《废名教课"发神经"》一文记载:

他是黄梅人……面貌生得清奇高古,额脑似螳螂,有些隐士风范,声音苍凉沙哑……北平沦陷后,他浩然南归,在故乡担任了几年的中学教员,今年应聘到"北大"教书。最近他教课的时候,常常有些举动异于常人,有点儿稀奇古怪——学生们都目之为"发神经"——其实,这些怪异的动作,是由于他研究佛典的缘故,是长期修持之后的必然结果。据他自己查阅经典,这些动作都与上面所说的暗合——这便是说他对于佛典研究的功夫已很深了!

以上所揭示的都是废名的真,并非丑化废名,让我们能回到历史的现实中去了解废名的言行、性格而已。结合以上史料,再比照周作人在《怀废名》中的描述,我们似乎可以认为:周作人所描述、记载得非常地真,不用再怀疑它的虚构成分,这不是什么奇谈、笑谈、美谈,现实中的废名或许更"夸张"哩!

作于 2008 年 9 月

《废名年谱》的特色

自我买到《废名年谱》,每日总不免去翻上一翻。这一个多星期来,那封面也不知摩挲了多少次。阅读它,就像舍不得将一块甜瓜一下子吃完。分明地,它的特色在吸引着我。

《废名年谱》不同于一般的年谱。该书,在谱前有《传略》;谱后有三个附录,曰《废名的笔名》《废名研究综述》《废名研究资料索引》,这三则文章的价值不亚于《年谱》自身价值的一半。它们所需要考证的力度恰是《废名年谱》所下考证功夫的见证和缩影。此外还有《编写说明》和《后记》,编著者业师易竹贤老的序言,这些是自不待言的。

它的特色最引我注意的是,考必有证,查必有据。我们可以随处看到诸如《周作人日记》《秋荔亭日记》、"书信选"等字眼。它们都体现了编著者的学术品格是极严谨的,值得学术界同仁学习和尊重。另外,括号里的按语也是值得读者注意的。凡有与传统说法不合者,或尚无定论,有多种说法的,编著者一一指陈,以免以讹传讹。

这本年谱,刻画的是一个具有独立精神品格的作家和学者的一生轨迹。尽管某些地方是不够详细或清楚的,这模糊的痕迹并没有带来太大遗憾。整本年谱的内容是极大丰富的,它摒弃以往年谱的一般做法,只是将谱主当时的事简略地说一下,尽管是精确到"日"乃至"时"的,这样给读者的感觉是索然无味的,而《废名年谱》,如编著者在《编写说明》里所说,"有选择地引录废名的自述和时人的日记、书信、评介以及当事人的回忆",这样给人一种亲切感和真实感,有说服力,并增添该谱的阅读价值和读者的阅读兴趣。

这本年谱从 1922—1937 年的内容,大概占了全谱的一半。这 15 年,无疑是谱主废名一生最辉煌的一段人生历程。废名从一个文学青年成为文坛上的著名文学家,正是在此 15 年。期间对他影响最大和交往甚笃的莫过于周作人和俞平伯等人,所以谈到他们之间的交往事无大小,尽皆入谱,经常读到"访周作人""得信"字眼,有的尽管不知道谈了些什么,但我想对于废名的人品文品的形成是不无影响的。其他诸如鲁迅、胡适、叶公超,还有冯至、杨晦、梁遇春、石民、鹤西、沈启无,再有后来的朱光潜、卞之琳、林庚、朱英诞等师友的交往,在谱中也能够较为清晰地反映出来,是可以看出他们与谱主之间的感情和影响关系的。

正基于《废名年谱》上述特色,它既是一本一般性学术专著,在某种程度上也可以说是一部别具一格的"废名评传"。它能够让读者在阅读之后较为准确和清晰地了解谱主的成长轨迹和他的文品人品。譬如,1921 年,周作人得"武昌冯君函",是为二人交往之始,废名向周作人请教创作白话诗文;1949 年"废名曾为他(笔者按:指周作人)在老朋友中为他募捐,并经常去周家","访周作人,赠款一万元",过两天,"访周作人,又赠款一万元",难道我们从中不能受到感动吗? 它还是一部"废名评论选集",凡时人或后人评介废名的文字有代表性者,编著者节选入谱。有的还是鲜为人知的,如朱自清、胡兰成等人对废名的研究和评述,非有心人是不会注意到的。

《废名年谱》是了解废名文品人品、阅读废名诗文和研究废名不可或缺的一部经典性著作。更何况它还是国内外第一部以专著形式出版的《废名年谱》,这就更体现它的地位和价值了。

夏元明先生曾写了一篇文字极优美的《废名年谱》书评,其中谈到编著者所查阅杂志不下 60 种,书籍不下 100 本。据编著者告诉笔者,是远不止这个数目的。其实我们不必去数,也知道是不下于夏先生所提供的数据的。因为它需要有心人的搜集整理,有的还是没有完全列举出来的。编著者不是在《后记》中感叹说:"找资料难,找废名的资料更难。"的确,废名的资料是很难找全的。孙郁就曾在《周作人和他的苦雨斋——弟子之一》说:"关于废名的史料很少,而传说很多。"

笔者在阅读《废名年谱》的时候还有一个小小的发现。先前我阅读黄梅文史资料，注意到了一个人，他叫梅远志，我之所以注意到他，是因为他是笔者的曾祖辈兄弟，他在我们这一带算得一个大名人。后来我去拜访废名在黄梅的得意门生翟一民先生，从他那里得知废名 1916 年入启黄中学，这时我想起梅远志来，他正是 1916 年入启黄中学的。（笔者按：2007 年我又怀疑废名未上启黄中学，在未找到确凿证据之前，只好存疑。望知者告我）大家都是黄梅人应该认识吧！更何况梅远志也非等闲之辈，他后来是国民党少将，系爱国将领，1946年前后在南京任军需处副处长。后来我读《废名年谱》转引冯健男《我的叔父废名》（《废名年谱》246 页），废名中学同学时任少将军需官为莫须有先生买飞机票，莫须有先生乃有坐飞机之说，我感到一个发现的喜悦——此人是梅远志。而冯健男、冯思纯等并未提及此人姓名。后来我在致编著者陈先生信"《年谱》补遗"中提到此事。陈先生也很高兴，专程打电话给笔者。这也体现陈先生的严谨和热忱。

陈先生对我一向是很严谨热忱的，对我感染很大，现在我却提起笨拙的笔写他的书评，岂敢岂敢！赶紧打住。

作于 2004 年 5 月

浮出水面的诗人废名

　　《废名诗集》(繁体本)将在台湾出版,这是诗坛上一朵迟开的花,同时也将是迟谢的。"废名是诗人",渐渐已成公论,然而长久以来读者并不能读全他的诗。此次《废名诗集》出版,将到目前为止发现的废名1949年以前的诗109首全部收入,包括两首旧体诗和两首译诗。另外,"为便于读者了解、理解废名的诗学观和诗歌创作,特选《新诗问答》《新诗应该是自由诗》《已往的诗文学与新诗》《关于我自己的一章》等7篇文章列为附录"(陈建军:《〈废名诗集〉前言》)。至此,诗人废名完全浮出水面。

　　废名的诗以前大体辑印过三次。一是1944年新民印书馆出版的《水边》,主要是废名的作品,所以一般认为该集的作者是废名(另一作者为开元,即沈启无)。1949年前乃至今天不少读者都是通过它集中领略诗人废名的诗才的。二是1985年出版的冯健男编选的《冯文炳选集》,共收废名1949年前的诗27首。新时期以来的读者大多以此为蓝本欣赏和研究废名的诗歌。三是1993年周良沛编的《新诗库三集·废名卷》,将废名生前公开发表的诗以及冯健男提供的三首未刊手稿全部收入,因此也为编者所认为废名的诗已经全部汇集于此。这样废名跻身百名诗人之列,似乎已锁进新诗库,没有更多的可能。不久,随着废名佚诗的不断发现,才知道废名的诗有200首以上,"废名的诗大约仅存30首"的说法也由此打破。可惜废名的《天马》诗集大多已散佚,因此此次出版的《废名诗集》大约只占废名全部新诗的一半。

　　诗人废名的诗歌创作也是经历了几个阶段的。其早期诗歌截至1926年止,浅显易懂,大多发表在《努力周报》(胡适主编)和民国最早的新诗刊物《诗》月刊(叶圣陶、朱自清等编辑)上。1922年废名以发表新诗登上文坛,此时的诗歌有的反映初到北京的农村求学青年欲冲破礼教束缚而又胆怯的心理,有的则反映五四退潮后一代文学青年的焦灼、苦闷,同时废名的视角也触及下层人民生活,这些诗往往是思想和感情的碎片,闪亮、深切。如"白天里我对着一张纸做我的梦/夜间睡在床上听人家打鼾/讨厌的人们呵/你们就在梦里也在打搅我"。这些诗歌中较为一般读者易于接受的是《冬夜》和《夏晚》,风格朴实清新。废名的早期诗歌放到新诗史上看待,则体现了新诗草创之初的幼稚、直露。

进入三十年代后,新诗开始趋于成熟、繁荣。废名这一时期的诗歌诗风古朴、晦涩,显现出自己独特的价值和风格,也体现废名在实践自己的新诗观上所做的努力。《废名诗集》中共收录80首,代表诗人废名的主体风格和最高成就。总体说来,大致有三大特点:

一是散文化倾向。废名的诗往往是信笔所致,挥洒自如,行乎当行,止乎当止。同时废名又是运用经济的文字,废名说:"我过去写的新诗,比起随地吐痰来,是惜墨如金哩!"(废名:《谈谈新诗》)废名将文言字词运用到新诗的语句当中并活用典故,即是极大的尝试和探索。如"我学一个摘花高处赌身轻",将吴梅村的诗句直接引入,嫁接得多么自然,毫不费力气。

二是以禅入诗。1922年废名怀着一颗极大的向往之心来到北京,不久却是面临新文学阵营的内部论争、分裂,废名陷入极度苦闷之中。随后1927年张作霖率军进入北京,北京文人纷纷南下,北方文坛显得格外冷清寂寞,废名不能"直面惨淡的人生",心理由苦闷趋于封闭,性格更内向,思维方式侧重于内省,在急剧变化的时代洪流中,废名找不到可辨清方向的思想作指导,于是躲进西山参禅悟道。汪曾祺、卞之琳都曾以此时的废名为原型刻画一个"深山隐者"形象。废名此时思想艺术的变化很明显表现在他的小说《桥》和《莫须有先生传》上,以致他的朋友温源宁教授怀疑他受英国的伍尔芙、艾略特影响,然而不单是小说,这一变化也表现在这一时期的诗歌上。至此废名诗风大变,内容颇费读者猜详。废名以禅入诗,读者应该以禅读诗。苏轼说:"暂借好诗消永夜,每逢佳处辄参禅。"严羽在《沧浪诗话》中也说:"大抵禅道惟在妙悟,诗道亦在妙悟。"废名的许多诗句看似半通不通,无逻辑可言,其实他的诗像李(商隐)诗温(庭筠)词一样,表面不能完全文从字顺,但骨子里的境界却是高华的,"如空中之音,相中之色,水中之月,镜中之象",像"沧海月明珠有泪,蓝田日暖玉生烟""小山重叠金明灭,鬓云欲度香腮雪",谁又能只通过字面而不借助想象和领悟去理解呢?废名大约是最早将禅引入新诗的诗人,1947 年黄伯思(黄裳)在《关于废名》中指出:"我感兴趣的还是废名在中国新诗上的功绩,他开辟了一条新路……这是中国新诗近于禅的一路。"废名的这些诗大多成于一时,"来得非常之容易",有的是吟成的游戏之作,不可与之较真,亦不可轻易放过,因为里面"实在有深厚的力量引得它来,其力量可以说是雷声而渊默"。如"我倚着白昼思索夜/我想画一幅画/此画久未着笔/于是蜜蜂儿嘤嘤地催人入睡了/芍药栏上不关人的梦/闲花自在叶/深红间浅红"。废名的诗像晚唐诗词一样有"担当(寂寞)的精神"和"超脱美丽"(废名:《关于我自己的一章》)。

三是美与涩的交织。废名的诗美是天然的,诗情是古典的,往往令读者有一种丈二和尚摸不着头脑的美丽,有仿佛得之的感觉。这是废名的诗晦涩的表现。废名的诗融儒、释、道为一体,并有现代主义之风,使得废名的诗成为一个独特的存在。废名曾以《掐花》为例说它是"新诗容纳得下几样文化的例证"(废名:《〈小园集〉序》)。废名有的诗确实难懂,如"黄昏街头的杨柳/是空中的镜子/对面小铺子的电灯/是寂寞的尘封/晚风将要向我说一句话/是说远天的星么"。真是诗人将要呓语,是说一首诗吗?

抗战胜利后,废名再一次经历思想大变,这一时期尽管只有七首小诗,却不可小觑。废名经历九年跑反、避难,开始同情于"人类的灾难",痛恨于"人类的残忍",呼吁和平,诅咒战争,追求真理。我们很难认为《四月二十八日黄昏》《鸡鸣》《人类》等诗与废名三十年代的现代派诗风格、思想是一样的,至少这几首小诗的思想取向、诗风追求已经大迥异于以前了,而且好懂许多,更接近现实主义,我们不妨认为这是诗人在经历战乱以后新的诗艺追求,如同杜甫在安史之乱以后的诗歌,在同时期则如冯至的十四行诗。

读废名的诗不可不读他的《谈新诗》。二者互为参照,也许诗就好懂多了。这方面的典范是沈启无为废名编辑的《招隐集》,既有《水边》中的诗,又有《谈新诗》中的部分重要章节。不管怎么说,废名的诗难懂又是公认的,刘半农、朱光潜、沈从文、艾青、吴小如等都这样认为,诗人废名恐怕很难觅得知音。但我们应该知道,废名说:"我偶尔而作诗,何曾立意到什么诗坛上去。"(废名:《〈天马〉诗集》),而沈启无作诗则是废名鼓励的结果,两人都无意为诗人,却能有"共赏之趣",他们作诗都只是私下爱好而已,并且沈启无有感激废名的意思。这样我们就不难理解,为什么沈启无出于怀念废名出版废名的诗集并作序诗《怀废名》,还将自己的诗作为附庸列于书末,明显有怀念他们一起"共赏之趣"的日子,而沈启无后来又编辑《招隐集》自是深深懂得废名诗的缘故。这样看来,沈启无算得诗人废名的一个活知音。废名的诗及其诗论在三十年代影响了卞之琳、林庚、沈启无、朱英诞等人,在四十年代又重重影响了北方沦陷区诗坛,黄雨、吴兴华、南星、路易士、查显琳等恐怕都难逃他的影响。如果去翻查沦陷区的报刊杂志,如《中国文艺》等,就会读到大量与废名诗风近似的作品和一些观点近似的论文。五十年代以后在台湾诗坛又影响了纪弦、商禽等诗人,台北大学中文系主任赖贤宗教授称废名是现代派诗的祖师爷。

近几年来,废名诗人之名日盛,这对于小说家的废名不知是否幸事,而《废名文集》出版后,有人说废名散文成就最高,不知《废名诗集》出版后是否有论者说废名诗歌成就最高!其实,作为小说家的废名和作为诗人的废名取得最大成就几乎成于一时,都是二十世纪三十年代初,只不过当时人们只看到小说家废名罢了。废名的诗具有前卫意识和探索色彩,以戴望舒、卞之琳和废名等为代表的现代派诗上承诗体解放,自行摸索新诗出路并身体力行地批评二十年代新月派诗潮,下启八十年代诗歌的繁荣局面,废名也为新诗的成熟立下开拓之功。

作于 2004 年 9 月

讲堂上的废名先生

——兼谈《废名讲诗》

著名京派文学家废名先生,不但是一个优秀的小说家、诗人、散文家,也是一个出色的教师,他生前留下多部讲义、讲稿,可惜大多未正式公开出版,随着华中师范大学出版社今年10月推出的《废名讲诗》一书的出版,他的讲稿大多由此问世了。《废名讲诗》的出版,将我们带回那遥远的岁月中课堂上的缕缕泛黄的记忆,让读者感受了当年大师的风采。

在废名考取北大以前,就有了做小学教师的经历。1921—1922年,废名在武昌一小学教了一年多的国文,但他坚持自修,怀着文学梦考进北京大学。大学期间,废名开始发表大量文学作品,在周作人、胡适、鲁迅的关照下迅速成长,成为小有名气的青年作家。因种种原因,废名一度失学,卜居于北京西山,开始了短暂的隐居生活,期间为了生计,在成达学校(后并入孔德学校)教了半年多国文。不久废名大学毕业,在周作人的推荐下留校任教。从1929—1964年,是废名长达35年的教师生涯,也是他的学者和教授生涯,而他的文学家生涯渐渐走到了尽头。

废名的第一部讲义是《新诗讲义》,也是1949年前唯一一部存留的讲义。1934年,废名在北大讲教"新文艺试作·散文习作",不久开讲"现代文艺"。"现代文艺"课废名决定从新诗讲起,废名由此成为第一个在大学课堂上以新诗史的角度讲解新诗的人。废名关于新诗的见解是独到的,影响也是深远的,其实早在1934年2月1日废名致胡适的一封信中,废名就已经论述了自己的观点,大致如下：

　　一是明确指出"我们今日的新诗是中国诗的一种"，"白话诗不应该说是旧诗词的一种进步，而是一种变化，是中国诗的一种体裁。今日的新诗，并不能包罗万象，旧诗词所能表现的意境，没有他的地位，而他确可以有他的特别领域，他可以表现旧诗词所不能为力的东西"。二是在将旧诗词与新诗作了质的区分之后，继而指出语言形式的文言与白话非新旧诗的区别，"旧诗之不是新诗，不因其用的不是白话，就是有许多几乎完全是白话句子的词，我也以为不能引为我们今日新诗的先例。新诗之不是旧诗，不因其用的是白话，而文言到底也还是汉语"。三是指出当下诗坛的困窘境地，"今日做新诗的人，一方面没这个体裁上的必然性的意识，一方面又缺乏新诗的生命，以为用白话做的诗就是新诗，结果是多此一举。他们以为是打倒旧诗，其实自己反而站不住脚了"。四是对自己的新诗充满信心和对其晦涩的解释，"我自己所做的一百多首诗，自以为合乎这个新诗的资格。我用了我的形式表达出了我的意思，他是站在旧诗的范围以外，能够孑然而立了。若说他不好懂，那我觉得这本是人类一件没有法子的事情。艺术原则上是可通于人，而事实并不一定是人尽可解；恐怕同恋爱差不多，我所见的女人我未必都与之生爱情了"。

　　（详见拙作《新发现的一封废名佚信》，原刊《博览群书》2007年第二期）

　　但是废名的诗论并没有引起胡适的重视，废名很是失望。据说废名在上"现代文艺·新诗"以前曾问过胡适这门课怎么上，胡适叫他按照《新文学大系》上讲，意即按照胡适的"谈新诗"一文讲即可，废名却在课堂上大说胡适的不是，一口一个胡适之（冯健男：《废名与胡适》）。废名在课堂上与胡适叫阵，除了与两人的诗论不同以外，恐怕与这封信也大有关系。今天读着《废名讲诗》的"废名讲新诗"部分，我们似乎可以隐约体察到废名对胡适鄙夷的神情以及对新诗的乐观精神。

　　1937年的卢沟桥事变拉开了日军全面侵略中国的序幕，在狂轰滥炸中许多文人作家纷纷南下。日军的侵略行径导致许多学者的研究工作中断,并丧失大量珍贵资料,就废名而言,从此丧失了完成旷世奇作《桥》(下部)的续写机会,而《新诗讲义》也未写完(废名诗学的传人朱英诞完成了这一未竟的工作,曾将废名在课堂上讲的《新诗讲义》进行整理并加以评注,以新诗史的眼光进行了补充,编纂成《现代诗讲稿》一书,此书署名"废名、朱英诞著"即将出版,成为区别于黄雨版本的废名诗论)。

1939年秋天,废名已迁家在黄梅金家寨龙须桥,于是被邀任设在金家寨的第二小学教员,教国语和自然。他以此为"试验田",默默地耕耘,辛勤地播下新种子,教育就是为了反旧教育。他要学生"限读白话文,限写白话文""作文重写实际,写自己最熟悉的生活实际材料,不主张要小学生写议论文"(李英俊:《怀念我的恩师冯文炳先生》,李英俊1948年去台湾,仍健在)。废名的写实主张在这里得到了一定的实践。废名还自编新诗教材,选有除自己的外还有郭沫若、冰心、鲁迅、泰戈尔等人的诗作。他还教小学生写童诗,启人性灵。很可惜,这些自编的新诗教材现在都已见不到了,否则将是了解中国乡土教育的活化石。

1940年2月,黄梅县长陈宗猷亲自调任废名至黄梅县中,任英语教师。废名花费大部分时间忙于课蒙,自编不少乡土教材。当时废名很受一些学生欢迎,"平时学者风度,平易近人,他很喜欢跟学生聊天。傍晚,他每一出来散步,总有许多学生围着他,喜欢听他讲当代文学界文人逸事,学生心里对他怀有无限崇敬"(李华白:《从金家寨、五祖寺到大发湾》)。他还喜同学生讲《论语》《庄子》以及泰戈尔、鲁迅、叶圣陶、朱自清、陈学昭等人的作品。废名得意门生翟一民在《永不消逝的"声音"》中回忆废名讲课神态,惟妙惟肖:"虽然他的嗓音沙哑,但朗诵起诗来却是充满深情,抑扬顿挫,轻重缓急,刚直迂回,尽能绘声绘色地表达出来,真是耐人寻味,让人陶醉,使我们就像是观赏风景秀丽的山水画和倾听一曲清新的田园之歌一样,在潜移默化中感悟高尚的情操","同学们常凑在一起风趣地称道先生讲国语课真可谓'精美至极,妙不可言',或有幽默者背后美称之为'妙善先生'"。当时新文学在黄梅近乎荒地,是废名培养许多学生的新文学的兴趣。废名从事教育还不拘于地,"冯师经常把野外当作教学的大课堂,带领学生们就树荫下席地围坐讲授,不拘形式,使教育生活化、趣味化,超凡脱俗"。他说自然万物皆学问,青山绿水随处即文章,学生们陶醉于大自然的怀抱里,真是如沐春风、如浴瀚海"(梅武扬:《永远敬爱的冯文炳老师》,现居台湾高雄)。五祖寺时期,正是抗日战争深入进行之时,不少学生如蔡琼、梅白(后为作家)、杨鼎等参加革命,废名还亲身听到杨鼎烈士(六班学生)的噩耗,废名教育大家说:"我们不能以'邦无道则隐'的逃避现实的旨意来做文章,我们要面对现实生活。"废名曾面对日寇威逼利诱拒任伪职(翟一民:《永不消逝的"声音"》,岳松秋:《冯文炳拒任伪职》)。废名还以身作则,从小事做起,善意批评一些学生破坏竹林。当时环境十分艰苦,南北山之时条件最为恶劣,程道衡1946年在《黄梅初级中学第十一班同学录序》中写道:"夫南北山悬崖绝壑,人迹罕至,然诸生跋涉长途,拾级而上,未尝有难色,可谓有志于学矣!"废名和学生们同甘共苦,以自己的人格、文格感染了一些有志学生。许多学生另找时间慕名从其学,也希望做新文学家。废名在县中任教达五年之久,七、八、九三班毕业请他作"同学录序",他大都乐意为之,"以作别后相思之资"。废名在黄梅当中小学教师的经历,最令后人难忘,可惜无任何讲义存留,连一些自编教材也找不到了,只能供后人在神往中加以想象了。

北京大学复员以后,在俞平伯、朱光潜、汤用彤的力荐下,废名应胡适之聘回到北京大学担任副教授,不久升任教授。这一期间,废名留下的讲稿主要是《新诗讲义》的续四章。此前,他的《新诗讲义》十二章已经结集命名为《谈新诗》出版。这续四章和前十二章后合集成一书于1984年出版。这部《谈新诗》成为《废名讲诗》的主干部分了。关于这一时期课堂上的废名先生,有世人所熟知的《"真人"废名》(汤一介)、《难忘废名先生》(乐黛云),作了生动的回忆,读来令人忍俊不禁而又感慨万千。

1952年全国院系调整,废名与杨振声等被排挤出北大,调任东北人民大学教授。杨振声成为该校第一任中文系主任,1956年杨振声逝世后由废名接任。这一期间废名留下的讲义、讲稿有:《古代的人民文艺——〈诗经〉讲稿》《杜诗讲稿》(包括《杜诗稿续》)、《杜甫论》《杜甫诗论(未完)》《新民歌讲稿》《跟青年谈鲁迅》《鲁迅研究》《美学讲义》等八部之多。很可惜,这些重要的讲稿大多未出版,只有《跟青年谈鲁迅》一书于1956年出版。现在这些未正式公开出版的另七部已经有四部完全收入《废名讲诗》一书,《新民歌讲稿》有一章也收了进去,《鲁迅研究》《美学讲义》读者可以在即将出版的《废名(全)集》中读到。

关于废名晚年治学精神和讲课情况,从依稀仅存的回忆文字中可以略见一二:

> 后来,我们陆续聆听到他的专题课"鲁迅小说""杜诗""中国古典美学"。一次,班长让我和另一位同学去他家取讲义稿,再送学校印刷。进了他家,看到眼前的情景我俩怔住了:冯老师戴着墨镜,正低头坐在椅子上,一手在胸前托块木板,一手在木板夹的稿纸上吃力地写字。原来,他的视力已很微弱,必须透过那特制墨镜中间的小孔,才能勉强看东西、写字。我俩站在那里无言地注视着冯老师,心里又感动又难过,冯老师发给我们的一摞摞讲义,竟是这样一字一字写出来的啊!
>
> （郑启幕:《遥远的钟声——记冯文炳老师》）

> 冯老师被聘为系主任,现代文学教研室惟一的教授,一开学便给我们讲鲁迅专题。虽然印了讲义,他并不照本宣科,而是讲自己的心得,开门见山就分析鲁迅代表作品《阿Q正传》。论点新颖、颇富魅力。如说未庄不是农村,阿Q这个典型也不只是农民,当时引起了一阵争论。但是,冯老师依旧坚持自己的论点,并且从作品形象分析入手,条分缕析,周密论证。他说,学术研究,贵在有独到见解,切忌人云亦云。大学里要发扬学术民主,可以各抒己见。这不多的几句话语,冯老师说得很中肯,给我留下了极为深刻的印象。也许这是他几十年来治学生涯的心得吧,也许是他带来的最高学府近百年来形成的民主校风吧。
>
> （萧善因:《废名:治学贵有创见》）

由于晚年的废名著作很少出版,而后人又少有提及,因此《废名讲诗》的出版具有重大学术意义。它首次全面整理并出版废名的晚年讲稿,让世人有了了解废名晚年著作的一个窗口;首次将废名的新诗诗论与旧诗诗论合订一册,让世人能够全面了解并能比较着了解不同时期废名的诗学思想;另外,废名对杜甫的研究在当时虽然受到一些关注,但年深日久,且因著述未得整理而渐被遗忘,此次《废名讲诗》出版,为学界补充了全新的材料和信息。《废名讲诗》装帧精美,收入大量废名的照片、书影、手迹,大多是首次披露的,希望《废名讲诗》的出版,能让读者了解讲堂上的废名先生,并能推动学界对晚年废名的关注。

作于 2007 年 10 月

谈《废名讲诗》的选编

20世纪90年代后期以来，废名研究渐趋热门，许多学院派学者以及民间读书人都参与了进去，从不同的角度对废名其人其文进行了全面评析，深度与广度均较以前有了大的改观。最为突出的两点是：一，废名完全确立了现代诗化小说创始人的地位，对废名小说的价值、影响做了公允的评价；二，作为诗人和诗论家的废名有了被重估的可能，例如有人说诗人废名是"李商隐以后，现代能找到的第一个朦胧派"，又有人说废名诗论成为一些当代诗人"危急时刻的诗歌选择"。在这一大的趋势影响下，废名的散文及佛学著作都开始受到重视，甚至有人花十年时间编纂《废名（全）集》。

就一般而言，对废名作品的研究，学界进行的顺序大致是：由小说而诗歌再散文，之后佛学再及晚年讲稿。废名小说研究已经烂熟，目前正受关注的则是作为诗人和诗论家的废名。武汉大学陈建军先生今年推出的《废名诗集》《废名讲诗》成为研究废名诗歌及诗论的最新最全蓝本，笔者深信，在此二书及即将推出的《废名（全）集》出版之后，学界将持续一段较为长久的"废名热"。

这本新出的《废名讲诗》，主要分作两大部分，一是废名讲新诗，二是废名讲旧诗。废名讲新诗主要是新诗讲义《谈新诗》一书及其他一些有关新诗的散篇（另收有《新民歌讲稿》之一章），这些以前均已面世。废名讲旧诗主要包括《古代的人民文艺——〈诗经〉讲稿》《杜诗讲稿》（包括《杜诗稿续》）、《杜甫论》《杜甫诗论（未完）》及一些有关古诗词的散篇，以上著作中，《古代的人民文艺——〈诗经〉讲稿》《杜诗稿续》《杜甫论》《杜甫诗论（未完）》均系首次问世，编订者依据手稿或铅印稿校点整理。

《废名讲诗》的出版具有重大学术意义,大略如下:

1. 首次全面整理并出版废名的晚年讲稿,让世人有了了解废名晚年著作的一个窗口。那么,在此书出版以后,对废名晚年的其他讲稿,如《新民歌讲稿》《鲁迅研究》《美学讲义》等著作的问世也将会有更强有力的呼吁。

2. 首次将废名的新诗诗论与旧诗诗论合订一册,让世人能够全面了解并能比较着了解不同时期废名的诗学思想。

3. 废名对杜甫的研究在当时虽然受到一些关注,但年深日久,且因著述未得整理而渐被遗忘,此次《废名讲诗》出版,为学界补充了全新的材料和信息。

另外,依笔者之拙见,《废名讲诗》也存在几个小小的问题,大致如下:

1. 在总的编排体例上,不宜将散篇置于《谈新诗》或《古代的人民文艺——〈诗经〉讲稿》等之后,而应按照时间先后,将讲新诗和讲旧诗部分的散篇放在前面。

2.《杜诗讲稿》主要包括废名生前已经在《东北人民大学人文科学学报》上发表的《杜诗讲稿》和未曾公开的《杜诗稿续》,而《废名讲诗》将二者合并在《杜诗讲稿》中,未在目录上予以标示。

3.《废名讲旧诗》部分的散篇中有几篇也是关于杜甫的,不宜将之和其他谈古诗词的并在一起,宜将其附于《杜诗讲稿》(包括《杜诗稿续》)、《杜甫论》《杜甫诗论(未完)》之后。

4.《废名讲新诗》中的《诗及信(二)》一文的标题其实作《诗及信》即可。《诗及信(一)》是鹤西致废名信,《诗及信(二)》是废名致鹤西、卞之琳,因当时同发于一刊,编者做了处理而已,今天只编废名的著作,无须沿及当年的标题,否则不知情的读者会疑惑《诗及信(一)》在哪里呢!止庵先生编《废名文集》时即直接将标题处理为《诗及信》。

5. 废名关于新诗的研究文字最早见于1933年或1934年2月1日废名致胡适的一封长信中(见笔者《新发现的一封废名佚信》,原载《博览群书》2007年第2期),此信前半部分专讲废名的新诗观,后半部分涉及温庭筠的词、莎士比亚的戏剧、陶渊明的诗,可谓新旧诗之谈合璧于一文。这封信具有极高的研究价值,最早且较全面地申述了废名的诗学观,与其后废名在《新诗问答》《谈新诗》中的观点是一以贯之的。可惜,《废名讲诗》未将此信收入,而只收入价值并不高的废名致鹤西、卞之琳的信而已。

6. 废名晚年有《谈谈新诗》一文,发表于 1958 年 1 月 26 日的《吉林日报》,在此文中,废名坦白地说:"我的诗我后来都毁了,我凭我的良心认为它毫无价值。"将以前的新诗价值全盘否定,这不得不值得读者关注,而这也应是废名新诗观的一大变化,虽然是时代原因,而非作者学养的原因。可惜,《废名讲诗》也未将此文收入。

7.《新民歌讲稿》是废名晚年唯一一部关注白话诗歌的著作,此时废名将新诗全盘否定,而乐于讲新民歌,可谓一大时代特色,要想研究废名晚年的"变与不变",不能不关注《新民歌讲稿》。可惜,《废名讲诗》只收入《新民歌讲稿》中业已发表的《谈诗的形式问题》一章(且以散篇形式并入其他散篇的做法也是不当的)。而此书的代序《废名讲诗——〈杜诗讲稿〉和〈新民歌讲稿〉》是将废名晚年最有影响的《杜诗讲稿》与《新民歌讲稿》并在一起考察的,可见《新民歌讲稿》不能被忽视,而作者鹤西先生自称受废名"最深远"的影响,且是废名当年的挚友之一,他的观点不能不重视。

8. 笔者一向关注的废名诗论的传人朱英诞在废名南下之后,在伪北大继续开讲现代新诗,现存有《现代诗讲稿》,四十年代末废名重返北大还特地予以赞许。据笔者所知,《现代诗讲稿》也即将出版问世,其中大概收录有废名在课堂上的一些笔记,至少会有许多观点是直接引用废名的观点的。当然,这也是《废名讲诗》无法揽入的。如果,朱英诞的《现代诗讲稿》能提前出版,涉及废名诗歌及诗论部分,笔者认为可以作为附录收入《废名讲诗》。

瑕不掩瑜,《废名讲诗》装帧精美,收入大量废名的照片、书影、手迹,大多是首次披露的,是近年来不可多得的编订精细的上等学术著作!

作于 2007 年 10 月

废名是怎么变回冯文炳的

尝读止庵先生《鲁迅与废名》一文（原载《博览群书》2001年第11期，后收入《向隅编》一书），深感佩服，唯读至文末一句："废名晚年思想大变，所著《跟青年谈鲁迅》一书，极少个人见解。"我乃戚戚于心也。晚年废名的"变与不变"，我不曾如此下断言，甚至对其有所理解以至于部分赞同哩！

我曾在《废名在黄梅》（原载《新文学史料》2005年第三期，署名梅杰）一文中说："废名在黄梅是在跑反、避难中，深入民间，了解民情，体察国情，在思想上进行自我教育，由自由主义知识分子转向人民立场的一个重要转折点。废名这一时期的乡居生活，是废名以后接受中国共产党领导的准备阶段……其后，废名相信了共产党，成为为人民服务的学者。没有九年黄梅乡居生活，前后废名是接不起来的——又是家乡影响了废名以后的人生道路。"

可是，与止庵先生有相同看法的爱好者、研究者不在少数。何以至此呢？我认为有两个原因：一是废名晚年作品不曾集中整理出版；二是抗战时期的废名研究不够。因此，在收录有废名晚年主要作品的《废名讲诗》一书出版以后，我曾请止庵先生关注，得到的答复是："曾阅其讲诗经一稿，确有精辟之见，但时鬈话多有，甚觉遗憾。"其后，止庵先生又在《也谈〈废名讲诗〉的选编》（原载《中华读书报》2008年3月19日第十版）一文之末尾，继续表示对晚年废名的不甚认同，并将这个问题拔高到"中国不止一代知识分子曾经自觉'改造思想'，以至普遍丧失思考和判断能力，却是我们迟早需要加以认真反思的"。

对此，我不能完全接受和认同的。现代知识分子在1949年后的"思想改造"是有多种类型的,有的是原本即接受马列主义的,有些是经过一番改造的,对于废名而言,则可谓接近自觉接受,因为废名在抗战期间已对新四军、共产党有所了解和认同。在1949年前后,废名已经对毛泽东的新民主主义论赞不绝口了,并声称其所著《阿赖耶识论》正合马克思主义之真谛。

现在,张吉兵先生的《抗战时期废名论》一书出版了,我又想起这个"戚戚于心"的话题。这个话题,不仅事关废名,恐怕对于整个知识分子研究都是有价值的——如何看待现代知识分子的思想改造及转变,绝不是凭个人感受可以论定的。

在《抗战时期废名论》一书中,张吉兵先生细致探讨、分析、认证了废名的德性主体,勾画出废名的心路历程,并从家族生活、社会(教育)生活两大部分讲述废名的德性实践,还对废名的家族及黄梅地方文化教育进行背景式的描绘。后三辑则是研究长篇小说《莫须有先生坐飞机以后》及抗战期间废名生活与创作系年。在这一整个德性实践中,"废名"又成功地转变为五六十年代的"冯文炳"了。如果说,由"冯文炳"到三十年代的"废名"是一次个人与艺术的蜕变的话,那么由三十年代的"废名"到五六十年代的"冯文炳"则不仅仅是一次简单回归了,而更是一种超越。读完《抗战时期废名论》一书,我仿佛也明白了废名是怎么变回冯文炳的。

此书最令我欣赏的地方是,拈出"德性主体"和"家族主义"做足文章。徘徊于个人主义与家族主义之间的废名,经历了多次碰壁之后,毅然走上家族主义之路了,并由此开始全面反思"现代知识分子""新文化运动""中国传统文化"等一系列重大问题,最终完成了一次德性主体的成功实践。这期间,废名否定进化论、反思西方民主自由思想、质疑阶级斗争学说,都有其重要的个人意义,深深体现了一个独立知识分子时时不忘反思的精神,这在晚年废名的著作中依然有所体现,只是贴上时代话语的标签而已。了解了抗战时期的废名,简直是踏上通往中华人民共和国成立后的废名的一座桥了,只有抱着发展变化的眼光,以历史唯物主义的态度看待废名的变与不变,才能真正揭开废名等一批知识分子的思想改造之谜。至于废名在思想改造中,是否有"矫枉过正""跟风趋时"等嫌疑,则又是另一话题了,此处不多言。

《抗战时期废名论》一书的出版,填补了抗战期间废名研究的空白,同时对于鄂东地方文化教育的研究也大有贡献。此外,废名作为一个现代知识分子,其前后的转变也具有一定的个案研究价值,倘若回顾中国现代知识分子思想的改造历程,废名也可以作为一个特殊个案进行考察,而此书不正是为这个工作做了一番准备?

当然,此书之缺憾仍有两处:一是没有将抗战时期废名的著作《阿赖耶识论》进行研究;二是没有将抗战时期的废名对 1949 年后的废名产生的影响设专题进行细致分析,虽然作者已经亮明自己的基本观点:"十年避难时期废名人格特征的认证,是揭示后期废名思想状况的一把钥匙……废名晚年可以说在儒家文化中安身立命,其思想中人民性和现实性的色彩极其明显,他自觉而自然地将个体与国家民族的命运联系在一起。中华人民共和国成立,绝大多数从旧中国走过来的知识分子思想上都发生了一次断裂式的突变,而废名则是主动提升自己,努力达到与代表中华人民共和国建国理论的毛泽东思想相认同、契合。"

作于 2008 年 5 月

谈《新诗讲稿》的体例

近读《新诗讲稿》，有喜有忧。喜的是，感谢编者陈均先生做了一件大好事，忧的是，对于此书颇有几句话想说，依然是从书名、署名、体例等说起。这里所说的"忧"是个人之忧，是就个人感受来说的，亦即私见引起的个人感受。

在整理此书之时，陈均先生也多次表达个人的苦恼，甚至连书名、署名等问题都觉颇费脑筋，笔者也表达了自己的个人观点，现略作申明。

关于书名，我认为应是《新诗讲义》，而非《新诗讲稿》，更非《现代诗讲稿》。废名关于新诗的讲义黄雨改题为《谈新诗》出版，冯健男等均依从之，沿误至今，后据讲义的一些章节发表的原出处《华北文学》中编者按中言："《新诗讲义》曾由艺文社印行，易名《谈新诗》，抗战时在华北出版，当时销路极佳，人手一编，知者谓为先生不可多得的佳作。"方知此书原始名应为《新诗讲义》。至于朱英诞家人称朱英诞所编二人讲义名为《现代诗讲稿》，似无根据。而陈均先生此次编订出版又易名为《新诗讲稿》，似更有一乱再乱之嫌。

至于署名，窃以为应依从古人传统，署为"废名著、朱英诞增补"或"废名、朱英诞合著"。《新诗讲义》原由废名来写十二章，没有写完，1937年前的新诗史尚未真正总结完毕，后由传人朱英诞来承续。对于朱英诞的这个继承工作，废名评价很高。在1948年的冬天，废名再次见到朱英诞时不禁发出赞叹声："人们应该感谢你！"

据朱英诞的《新诗与新诗人后序》云："这本新诗诗选选编完了，前半部十二诗人的诗原系废名先生所选，今少加以增减；讲义亦只最后两章改编了一下。

后半部的附录文是顺手而非顺序写的……"（省略部分系朱英诞增补讲义部分的目录）这似乎说明，《新诗讲义》只是"中国现代诗二十年（1917—1937）选集"的附录部分，因为他们原本是选诗，至于讲诗乃是教学的工作。再说他们师徒二人本来就是将新诗与诗论进行配套地选编、讲解的，一为实践，二为理论，方称完备。由此，我们可以看出朱英诞不仅仅是《新诗讲义》的增补者，他是有意地以废名诗学传人的身份来承续废名未完的工作，并将诗选的工作也全部做完，让其成为一部诗选与诗论紧密衔接、互相印证的完美的诗学著作。因此，朱英诞是《新诗讲义》的继承者、整理者、完善者，作为"废名先生及其一派"（或曰"废名圈"）的重要成员，同时也作为废名诗学的最重要传人，朱英诞的这一版本的《新诗讲义》极具史料价值、版本价值。可惜，在这本《新诗讲稿》里没有发现编者的版本意识，导致此书的版本价值大打折扣。

窃以为，《新诗讲稿》应以朱英诞整理、增补的《新诗讲义》为底本，该底本成书于1941年，且朱英诞在编完诗选、写完讲义之后的1941年5月15日写了"后序"。编者不应视而不见，而再将朱本打散，再添加废名的1946年四章，形成现在的体例，让读者很难看出废名的讲义与朱英诞的讲义的连贯性，像是简单地拼凑在一起一样，加入废名的1946年四章讲义更让人一头雾水。因为朱英诞是做增补工作，形成一本完整的新诗史著作，这正是他的价值所在，今日编者应将此点意义表现出来，方可凸显朱本《新诗讲义》的版本价值。此外，朱本《新诗讲义》还将废名原先的十二章讲义的顺序打乱，将《新诗问答》及两章理论置前，并将原第二章《一颗星儿》并入《尝试集》一章，也体现朱英诞的体例意识，他在编订、增补《新诗讲义》时，废名尚在黄梅避难，未写出后四章讲义，何况后四章中的《十四行集》不属于1937年以前的新诗史范畴，因此编者陈均先生重新打乱《新诗讲义》原本体例，另立框架，违背了朱英诞的初衷。至于废名在1946年补写的四章，或不收录或用作附录即可。

然而，不管怎么说，虽然版本价值打了折扣，但《新诗讲稿》也保证了史料性的丰富。《新诗讲稿》一书的出版，使得一部关于1917—1937年的新诗史完整呈现，而且他们的作者都是"过来人"，大有新诗人写自己的新诗史的味道。况且，该书有一半的内容为朱英诞所著，以前从未公开印行。废名所未讲到的新月派,朱英诞花了四章去讲解(如算上《沈从文的诗》一章实为五章),其中徐志摩、朱湘、闻一多是单独立了章节。另外,对于废名的十二章,朱英诞大多在每章之后加了篇幅不少的"附记",也极具史料价值。当然,对他们师徒二人此部新诗史如何评价,也只能仁者见仁、智者见智了,其所具有的独到见解与其所具有的局限是连为一体的。

作于 2008 年 6 月

废名图书热管窥

新时期以后,继周作人热、张爱玲热、沈从文热之后,出版界、学术界、读书界又涌起一股废名(冯文炳)热。这股热潮,说大不大,说小不小,而且方兴未艾,有渐进高潮之势。若从图书出版的角度来看,这个出版热具有一定的代表性,它反映了一个作家被重新关注的过程、作品被发掘的历史以及作家作品的研究动态。这一点,可以说在当今出版界有着典型的代表意义,同时废名的重新挖掘相对许多现代作家、民国文人而言,速度较快,以至废名研究迅速成为当今学术界的前沿课题之一。对于现今的"国学热""民国热"而言,考察"废名热"无疑具有许多借鉴意义。

小说家废名的重新发掘

从人民文学出版社1985年出版《冯文炳选集》以来,废名又开始以小说示人。不久,1988年四川文艺出版社又推出《废名选集》(上下两卷),至此,废名的小说虽尚未全部发掘出来,但已经引起许多读者和研究者的青睐。很快就出现两种小书:《废名田园小说》(1992年,上海文艺出版社)、《桃园:废名田园小说选》(1995年,新疆大学出版社),后一种还被列入"现代文学名著中小学选读本"丛书。这时,人们对废名的定位还是"乡土小说家""田园小说家"。这时,能体现废名渐热的一个表现是,开始有盗版的废名著作出现。一个所谓的"今日中国出版社"仿照《桃园:废名田园小说选》推出了《桃园:废名田园小说选集》，封面也差不多，只是将丛书名字改成"中国二十世纪文学名著文库"，书名也仅一字之差！

这盗版是聪明的，再过几年，废名的小说真正是红遍出版界了。1997—1998年，有六种废名小说问世：《纺纸记》，倪伟编，珠海出版社 1997 年版；《废名短篇小说集》，冯思纯编，湖南文艺出版社 1997 年版；《废名小说》，艾以等编，安徽文艺出版社 1997 年版；《废名代表作》，刘晴编，华夏出版社，1998 年版；《废名集》，程光炜等编，沈阳出版社 1998 年版；《竹林的故事》，中国文联出版社 1998 年版。这时，真正是全国各地都在出版废名的著作，此时，对废名小说的研究已经进入白热化状态，直至格非研究小说家废名才添加了一些新东西。最终完成废名小说挖掘进程的是广西师范大学出版社于 2003 年推出的"废名小说全编"，此书分两种，一是《竹林的故事》，二是《莫须有先生传》。

散文家废名的重新发掘

对散文家废名的挖掘要晚于对小说家废名的挖掘。先是废名的侄子冯健男于 1990 年推出《废名散文选集》，不久又再版一次。对于散文家的废名，真正使其受到读者重视，并让文学史家予以重视的，止庵功不可没。止庵以全新的视角来审视废名的散文，并给予相当高的评价，并且毫不讳言地称自己最喜爱废名的散文，同时加以模仿。这时，废名的散文才真正受到读书界的重视。止庵说的真正得知堂真传的唯废名一人几已成定评。止庵于 2000 年推出《废名文集》，即废名的散文集，此一册小书的身价已经飙升至 50 元以上，亦可见世人对废名散文的偏爱了。

诗人、诗论家废名的重新发掘

新时期以后，废名的作品最早问世的是《谈新诗》，可惜，关于诗人、诗论家废名的研究却相当地迟，尤其是对废名诗集、诗论作品的整理出版相当地晚。虽然如此，早在十多年前，学界对废名的诗歌艺术的评价是相当高的，对其诗论也是称引不衰。在发掘散文家废名之后，最近几年来，对于诗人、诗论家的废名关注度是最高的。

一个引子是2006年的时候，辽宁教育出版社推出《新诗十二讲：废名的老北大讲义》，将废名的诗论又重新出版一次，此书以1998年《论新诗及其他》为底本。此时，渴望读到《废名诗集》、"废名诗论集"的呼声已经非常高。武汉大学的陈建军先生在此做了非常大的贡献，经过多年的编辑整理，终于在2007年的同一年推出《废名诗集》《废名讲诗》，前者系废名诗全集，后者系最全的废名诗论集。此二书已经成为研究诗人、诗论家废名的最权威最完整的蓝本。

"废名热"能持续多久？

自二十世纪八十年代至今，尤其是1997年至今的十年，关于废名的著作已经非常多，光是1997年至今的十年就多达30种，而光是2003年到现在的五年，出版或研究废名的著作已达15种，平均每年3种。在整个过程中，冯健男、止庵、格非、陈建军等作出了卓越的贡献。他们分别完成了小说家废名、散文家废名、诗人诗论家废名的发掘过程。经过出版界、学术界、读书界的推崇之后，废名热还会持续多久？它会有终结的时候吗？

笔者认为，现在对于《废名全集》出版的呼声是最高的，待这本出版之后，"废名热"将达到它的高潮，此后废名研究专著以及较为通俗的传记类图书将会在市场出现，也就是说，"废名热"还不会消退并将持续更长的一段时间其他支撑废名热的"燃料"还有：《废名书信集》《废名图传》、废名作品赏析、晚年废名，等等。

作于2008年7月

《读废名》编后记

废名是一个风格独特的文学家,且具有真性情,吸引了不少读者。这里所说的读者,不单指一般的读者,还包括废名同时代以及后辈的作家。正因为废名有这样的魅力与影响,读废名的文章也就很有一些。这几年来,我除了研究废名,也留意读废名的文章。凡是自觉中意的、有个性的,且味道十足、不为学术体例束缚的短小妙文,我都做了一番搜集。

此书的编选,除了以上所说的标准,还有一个时间标准,即是本书所选的文章都是写于 1949 年以后的。因为我觉得 1949 年以前关于废名的文章不算多,应该单独编一本《废名研究资料初编》。同时,1949 年以后关于废名的文章大多是学术论文体,其中具有真知灼见的,可以编成《废名研究资料二编》《废名研究论文集》等一类名目的专书。这些工作应由高等学府中的学者来做,我不妨从它们中间"突围"出去,编出一本自己认为有特色的"读废名"的集子来。

但愿我的想法是好的,不过做起来也感到十分为难,因为这还牵涉一个眼光的问题。但我认为这个工作是非常有意义的,同时又想把这些真正立足于"读"的文章呈现给"废名迷",于是我在不完全的自信中,将过去搜集的文章重新搜理了一番,成为现在这本书的样子。

收入本书中的文章,涉及的方方面面还是比较宽泛的,废名的小说、散文、诗歌、诗论、禅学、对联、交游、印章、翻译等均有文"品尝"。我自己也非常喜欢这些精妙的赏读文章,无论是关于废名的文,还是关于废名的人,很多都是扬长避短、点到为止,同时又是真正地说到点子上,能给读者以启示的。

需要解释的是，本书除个别文章偏长以外，大多数确系精妙短文。长文虽长，但由于文体散文化，处处是妙语连珠，不妨当作短文的连串来看。

2009 年 9 月

《现代文学史料探微》后记

我出生于废名先生的故乡湖北省黄梅县。这里是一片文化热土,它既是中国禅宗的诞生地,又是黄梅挑花、黄梅戏艺术的起源地,还被誉为"文化之乡""武术之乡"。我自幼耳闻有关禅宗、岳家拳、逃水荒唱戏的故事,很早也听到关于废名先生的逸闻。

直到 2000 年,我才开始接触废名先生的诗文,并在黄梅县范围内搜集、整理有关废名先生的资料。2002 年底、2003 年初的时候,我勉力写了一点关于废名先生的文字,交到学校的废名文学社。可以说,这是我研究废名之始。

2003 年暑假,因祖父梅岭春先生的介绍,得识黄石远先生,又经黄先生指点,拜访了"废名在黄梅的得意门生翟一民先生"(废名哲嗣冯思纯语)。翟老先生告诉我,我们县近年才开始重视废名,并印了一本《废名先生》,并从翟老处得知武汉大学陈建军教授在着力研究废名。2003 年的最后一天,已经在武汉求学的我,贸然地致信废名研究专家陈建军先生。不久,收到陈先生的回信,这给我极大的鼓舞。我关于废名最早的正式文字《〈妆台〉及其他》,即是我们初识时陈老师约我写出的,这也是我正式发表的第一篇文章。

那时,我对止庵先生的文章尤为崇慕。止庵先生是当今学者中少有的文章家。我常于心底揣摩他的文章,受益匪浅。我最早的几篇关于废名的文章,尤其受了他的影响。至于后来,性灵渐失,遁入考据一途,实是受了陈建军老师的影响。这是一个自然而然的过程,我自己也说不清楚。

随着对废名的深入研究,我的兴趣越来越广泛,并延伸出了两个"枝桠",

一是对"废名圈"的研究,二是对与废名同为黄梅籍的民国文人研究,当然也或多或少涉及与废名同时代其他文人的研究。2005 年,由于我写了一篇关于废名的诗学传人朱英诞的文章,文章在 2006 年春夏间发表后,陈子善先生来信与我交流。他认为我做了许多有益的工作,这给了我极大鼓励,其实在我的私心里,我也觉得我的研究是在呼应、继承前辈学者的工作,能得到他们的认可,我感到信心更大了。

这样,我的视野更加开阔了,有一种找到"同道"和"老师"的感觉。在之后的废名研究道路中,给我帮助较多的是陈建军老师。我虽未入陈师之门,却受到不一般的照顾,他待我若入门弟子,却又戏称我为小弟。我的废名研究,倘若也算一个园地的话,那么我也可以借用废名在《〈竹林的故事〉自序》中的一句"我自己的园地,是由周先生的走来"来说明这一事实。

收入我的《现代文学史料探微》(上海远东出版社 2009 年 8 月版)一书中的文章,不少都有陈建军、止庵二位老师的改动痕迹,本书中的图片大多也是陈建军老师提供的。《现代文学史料探微》由陈子善老师、陈建军老师作序,止庵老师作跋,感谢他们这四五年来在现代文学研究领域对我的指点、帮助。我能取得这一点点所谓的成绩,都有他们的影响在鼓舞和鞭策着。

俱往矣!我所关注的那一群人,他们的精神气质,是我所向往和追慕的,可惜环顾左右,再也找不到他们的影子了。他们属于最后的文人,而我只不过是在寻觅他们曾经留下的一串串脚印和一个个影子而已!

2009 年 6 月 12 日,时 25 周岁生日

《竹林的故事》前言

　　废名(1901—1967)，原名冯文炳，湖北黄梅人。他成长于五四时期，在二十世纪二三十年代的中国文坛，有着重要的影响，启发过沈从文、汪曾祺、何其芳、卞之琳、阿城、贾平凹、曹文轩、何立伟等一大批现当代作家。他的风格被称为"废名风"，至今依然能够在文学界闻到这种清新、飘逸、古拙的文风。这便是废名的文学价值依然长存的表现。

　　在人民文学出版社出版的《废名小说选》的序言中，废名对于自己的语言艺术风格有如此自白："就表现的手法说，我分明地受了中国诗词的影响，我写小说同唐人写绝句一样，绝句二十个字，或二十八个字，成功一首诗，我的一篇小说，篇幅当然长得多，实在用写绝句的方法写的，不肯浪费语言。这有没有可取的地方呢？我认为有。运用语言不是轻易的劳动，我当时付的劳动实在是顽强。读者看我的《浣衣母》，那是最早期写的，一支笔简直就拿不动，吃力的痕迹可以看得出来了。到了《桃园》，就写得熟些了。到了《菱荡》，真有唐人绝句的特点，虽然它是五四以后的小说。"

　　现在，我们从曹文轩的《青铜葵花》、董宏猷的《一百个中国孩子的梦》、林彦的栖镇系列校园小说里，也能读出这种诗化小说的味道。由此可见，废名的文学风格已经渗透到当代儿童文学里去了。

　　不过，严格说来，废名本身不是一个儿童文学作家，而是一个有童心的作家。关于这一点，许多作家、学者都曾指出过。周作人曾写了一篇以《桥》为名的短文，点出了废名的"儿童心态"："《桥》的文章仿佛是一首一首温李的诗，又像是一幅一幅淡彩的白描画,诗不大懂,画是喜看的,只是恨册页太少一点,虽然这贪多难免有点孩子气,必将为真会诗画的人所笑。可是我所最爱的也就是《桥》里的儿童,上下篇同样的有些仙境的,非人间的空气,而上篇觉得尤为可爱,……中国写幼年的文章真是太缺乏了。"

著名儿童文学理论家刘绪源先生在《废名的儿童心态》一文中说:"废名的作品有不少直接以农村的儿童或少年人为主角,如《柚子》《阿妹》《桃园》等篇都是;更有不少是从童年视角,通过儿童的眼与心来表现农村生活的,《小五放牛》和《毛儿的爸爸》就是这样的作品。废名最重要的代表作是长篇小说《桥》,《桥》里最引人注目的就正是几位单纯可爱的农村孩子。"

在蒋风先生主编的《儿童文学事典》中,对废名的一些适合少年、儿童阅读的作品有过这样的评价:"废名还写有一些儿童诗和儿童小说:《洋车夫的儿子》《洲》《万寿宫》《芭茅》《送路灯》《碑》等。废名的儿童小说以散文化的笔法描写乡镇特有的风土人情,活脱脱的孩子神韵,带有浓郁的乡土味。他的儿童小说为二十年代的儿童小说作了开拓,具有划时代的意义。"

既然这么多儿童文学理论大家对废名的作品都如此推崇,看来把废名的一些描写少儿生活、适合少儿阅读的作品,编成一本儿童文学作品集出版,对于现在的中小学生有着很大的意义。

《竹林的故事》是废名的成名作,但废名最重要的作品是《桥》。《桥》是废名的传世之作,也是他的诗化风格的集大成之作。这部小说非常富于童真、童趣。为了方便读者起见,不妨在这里向读者简单地介绍它的美丽故事:

程小林与史琴子在一次游玩中偶然相逢。在一个小小的村镇里,他们的父母又何曾不相识呢?既然有了通家之谊,两人在一起玩耍起来也毫无顾忌。他们一起掐金银花,"送牛",习字,作诗,在棕榈树下披发……一切都发生在略带寂寞、伤感的气氛中。一种看不见的忧伤飘逸于小说之中,在几个小孩子的嬉闹中,体现了人生的美好与无奈……

《桥》里的生活图景非常地安逸、静美,里边的人物也似不食人间烟火,一切行事都在平静而忧伤的氛围中展开,折射出了人生的"泪与笑"。我曾想,如果把《桥》拍摄成一部动画片,或者制作成系列的连环画册,一定是非常具有中国风格的艺术精品。

希望小读者们能为这种风格深深地吸引住,轻松而大胆地走进废名的文学世界。

关于《小卒过河》

最近读了唐弢先生的《小卒过河》一文，颇有些意见，却没有深谈的学力，只好作罢。但此文牵涉到静远（潘齐亮）先生《关于废名》，则不妨一说。

在《小卒过河》中，起首唐先生即讽刺了复刊的《论语》，接着才入正题——从胡适的《述怀诗》开始，转入十年前胡适的一件演讲旧事，"得程仪五千元"，借以讽刺胡博士"搔首弄姿，意在卖'俏'"。紧接着，唐先生在文末引用静远先生的《关于废名》中的材料，以废名、周作人为胡适的陪衬，一并讽刺、贬低。也以作偈的方式，回应胡适的《述怀诗》，最终点出主旨："廉耻卖尽，阿赖耶识？"

具体来说，我们也不知道胡适、废名、周作人是哪里"得罪"了唐弢，让他如此地看三人不顺眼。从他反驳的一个论据来看，胡适演讲得酬的事，鲁迅在自己的文章中已经提到过几次，唐弢十余年后重提不会是步鲁迅之后尘吧！因此，这种认识不过由来已久，此时《述怀诗》又让唐弢找到一个机会，让他们重申了以前的观点，表明了自己的立场。

翻读静远的《关于废名》，涉及"渡河"的原文是这样的：

> 他的"道"，是由周作人的道再发展为周作人不懂的东西，现在他又要转过来"渡"周作人了。他对一个来访者谈，他读到周作人寄来的诗之后，觉到周很痛苦，所以很想去"渡"周作人，这恐怕不仅我们难以明了，即在南京狱中"躬行君子"的周作人也有点莫名其妙罢。

当时,黄伯思(黄裳)先生也写过一篇《关于废名》,却不涉及观念上的偏见,只谈废名的文,相较《老虎桥边访知堂》和《小卒过河》要"客气"多了。值得一提的是,黄裳还曾请废名为其题签,即李商隐咏月诗手迹。其实,在黄裳致陈建军先生信中,他说他当时并不认识废名,而是通过静远介绍才认识的。由此可见,废名并不因"已中西洋魔道"的"来访者"(记者)静远先生对其不解,甚至"立场不一致",而拒绝认识他的文友黄裳。

被遗忘的文学大师废名先生

鄂东奇人废名，在中国文学史上的地位沉浮较大，这除了政治因素以外，与废名的独特文风和个人脾性都不无关系。卞之琳就曾说废名是"偏将""僻才"，许多读者又反映他的作品难懂，一些国内外研究者称他是"怪人"，什么"魔道怪人""新诗怪"诸如此类。他的至交师兄俞平伯在致胡适信中说："废名畸形独往，斯世所罕。"于是废名其人其文在一般读者看来是陷入神秘不可解一路。京派批评家李健吾干脆说他的作品是"孤绝的海岛"。因此，废名生前亦不是大红大紫的作家，热闹不是他的本色，但他的作品影响了一批著名作者，形成一代文风（有人誉为"废名风"或毁为"废名气"）。这不能不令人称奇赞叹。王风先生称废名是"作家之作家"，这是很好的概括。废名的作品曲高和寡，普通读者难以接近，但就有那么一些大胆的作家敢于品尝。他的作品也许生来就不是写给普通读者的，而是写给与他有近似审美观和文学趣味的"同一基调"的作家。

正是这样一个"作家之作家"，开一代文风的文学大师，曾一度名不见经传，在文坛上销声匿迹。曾几何时，我们提到废名，对他知之甚少，一些人竟然拿李健吾、卞之琳等人来抬举废名，殊不知他们与废名谊兼师友。卞之琳喜读废名的小说，在艺术上受其影响。而李健吾当年评论废名时，是采取仰视的态度，至少在他心目中废名与巴金、俞平伯、沈从文等是一个级别的文学大师。只要我们翻开他的《咀华集》，细心比较阅读就可以明白。关于李健吾评说废名的文字，有一段往往被忽视："用同一的尺度观察废名先生和巴金先生，我必须牺牲其中之一,因为废名先生单自成为一个境界,犹如巴金先生单自成为一种力量。人世应当有废名先生那样的隐士,更应当有巴金先生那样的战士。一个把哲理给我们,一个把青春给我们。二者全在人性之中,一方是物极必反的冷,一方是物极必反的热,然而同样合于人性。"

新时期以后,我们又开始提这个作家了。八十年代,汪曾祺说:"废名的影响并未消失,它像一股泉水,在地下流动着。也许有一天,会汩汩地流到地面上来的。"当代作家贾平凹说:"我学习废名,主要学习他的个性,他是有个性的作家,我写作上个性受废名的影响大……"在学术界,也常有这样的感喟:"1949年后对废名的研究是不够的。为了总结五四以来的文学创作的历史经验,以利于今天文化事业的发展,在现代文学研究领域,对于废名研究给予应有的重视,是必要的。"诗人柏桦甚至认为:"废名需要真正意义上的被重新发现、被彻底的发现,需要一大笔基金成立专门的'废名研究所'吸引为数不多的坚贞的废名研究者用毕生心血写出一本又一本关于他的学术专著。"

那么,废名到底是什么样的一个人呢?

废名早年进湖北第一师范读书时,章黄学派嫡系传人刘赜(博平)自北大毕业到第一师范任教,课堂上他用鄙夷的语气告诉学生北京有个胡适在倡导新文学。从此,废名开始接触《新青年》等刊物,陶醉于新文学,并尝试白话诗文创作。据废名哲嗣冯思纯先生回忆,废名在武昌曾与共产党早期领导人陈潭秋办过进步刊物,并结识董必武、熊十力等激进人物。可惜今已无详细资料可以考察和佐证废名在武昌的文学活动和思想蜕变过程,但这一时期的文学训练、文化熏陶,必然为废名日后走上文坛打下良好基础。值得一提的是,废名至迟在1921年11月即与周作人取得联系,并将自己的诗文稿寄给周作人审阅。在废名进入北大前,二人已通信多次。

废名最初是以发表新诗与世人见面的,但他在北大求学时主要是创作小说。初进文坛的废名主要参与了"浅草社"的文学活动,并与冯至、杨晦、鹤西等交往甚笃。废名在武昌时,就非常喜欢鲁迅的小说,到北大后又在课堂上受到鲁迅的言传身教,于是废名早期小说很自然地受到鲁迅影响,最具有代表性的一篇是《浣衣母》。有意思的是,同为封建礼教的牺牲品,"浣衣母"形象的产生要早于"祥林嫂"。不过废名的乡土小说又有自己的特质，他始终朝着平淡朴讷的作风发展，充分在白话中运用方言，文笔纤细朴素，展示了普通百姓健康的人性美，废名最终脱离鲁迅的园囿而自成一派（早期乡土文学旁宗）。乡土小说的出现是二十世纪二十年代文学艺术多样化发展的例证，而废名的"田园小说"在艺术追求上走向了极端，更好地证明了这一点。废名自《竹林的故事》出版后，开始潜心"造桥"。废名在他的艺术探索上更深了，并走向奇僻之路。《桥》上篇还有《竹林的故事》《桃园》《菱荡》《河上柳》等的影子，愈到后面愈脱离现实，人物形象更加模糊不清，而艺术性愈纯粹，同时也就渐渐失去了有限的读者。当时除了沈从文、芦焚受废名田园小说影响外，还有青岛小说家李同愈、上海的朱雯（笔名王坟，现代女作家罗洪的丈夫）、东北的李辉英（原名李连萃，1949 年后移居香港）等。废名的小说成就在三十年代即被认可，无论是风格评价还是影响都已得到充分认识，废名成为现代小说史上赫赫有名的京派小说创始人，无愧于"一代宗师"之誉。四十年代后期，废名重出文坛，写出《莫须有先生坐飞机以后》，与钱钟书、师陀成为当时上海文坛最受瞩目的小说家。但此后废名再未创作小说，虽两度于 1951 年和 1957 年欲创作三部长篇小说，终未遂愿。废名生前是以小说家身份名世，小说搜集得也很完好，逝世后最完备的小说集子是 1997 年安徽文艺出版社出版的《废名小说》和 2003 年广西师范大学出版社出版的"废名小说全编"。

废名毕业后留在北大任教，自《桥》和《莫须有先生传》两本重要著作出版后，渐渐转入散文、诗歌创作和新诗研究。无论是与俞平伯、冰心作为周作人三大得意弟子，还是与俞平伯、江绍原、沈启无作为周作人四大门人，真正得周作人真传的只是废名一人。这已经越来越得到学界的普遍认同。周作人认为好的散文应当有"简单味与涩味"，废名实现得最彻底。废名的散文生前不曾收集，逝世后由冯健男 1990 年编选的《废名散文选集》流传甚广，迄今已重印两次。而前几年止庵编选的《废名文集》影响甚巨，且观点新颖透彻而显得更加纯粹。在废名散文的认识上，冯健男的研究可作为一家之说，但毕竟不是真正研究本义的废名散文，关于废名散文意义的真正认识还是到止庵、孙郁等人手里才完成的。

废名是为数不多的因发表少量诗歌而受到关注的诗人之一。废名的诗深受中国传统文化影响，显得颇有"古风"。他的主要贡献是在中国文化传统基础之上阐发出"现代主义"，实现他一贯主张的"真正的新文学，与西洋文学不相干"，这多少也代表了林庚等诗人的观点。有意思的是，他又称梁遇春散文是"六朝文"，而他自己的小说岂不是具有中华民族特色的"诗化小说""玄想小说""意识流小说"？废名一直在寻找新文学的真正源头，并身体力行，实现新文学的"现代化"（应受到周作人《新文学的源流》影响）。废名的诗在当时视为"不可解"，但并不是丝毫没有影响。在废名诗近于"古典"的一路上，尚有沈启无（开元）、朱英诞等仿继之。特别是朱英诞（1913—1983），作为废名、林庚的传人，在三十年代中期跻身京派，受到前辈作家良好的教育和熏陶，抗战后成为留在北京的重要诗人之一。他将废名、林庚二人的诗风延续到四十年代中期，成为三十年代现代派诗的一支重要遗脉，深深影响了北方沦陷区的诗歌创作，以他和年轻诗人黄雨、吴兴华、南星为代表的一股充满古典气息的诗潮与当时的九叶诗派大有并立之势。而沈启无（1902—1969）是在废名鼓励和指导下进行诗歌创作，1945年4月沈启无在《〈思念集〉题记》中还不无感激地说："从前我印《水边》，是纪念废名，因为他是第一个认识我的诗的。"废名南下后，沈启无在沦陷区主要刊物发表废名的诗和《谈新诗》重要章节，并印行废名诗集，使废名诗及其诗论继续发挥引导性、纲领性的作用，在沦陷区受到广泛关注（见《吴兴华诗文集》附录一）。一般学者常将废名与"道兄卞之琳"并称（也有人将他与李金发并称），其实卞之琳并非真正懂得他的诗，倒是沈启无是诗人废名的"活知音"，二人作诗常有共赏之趣。这些都体现了诗人废名的深远影响力。长期以来，学术界流行"废名诗大约仅存30首"，1997年周作人儿媳张琰芳女士偶然的发现，打破这一惯有的说法。

作为学者的废名，往往是最被忽视。废名作为一名诗论家，以前也受到过一些关注，承认他的诗学观点"为突出的一家之言"。但近十年来，研究废名诗论的专家越来越多，大有形成"废名诗学"之势。其实，废名也是一名佛学研究专家、杜甫研究专家、鲁迅研究专家、美学研究专家和新民歌研究专家。这些都是被严重忽视掉了的。目前真正涉足作为学者的废名研究，国内尚无几人，可能武汉大学的陈建军教授用力最深。笔者深信，随着时间的推移，会有越来越多的专家走进作为学者的废名研究领域的。另外值得一提的是，废名早年赞同新文化运动，后又进行反思，并反对进化论，这种论调很有些类似文化保守主义者。如果有人以文化保守主义、新人文主义的视角研究废名，怕也会很有意思。

晚年的废名甚是凄惨，早已停止创作，成为一名纯粹的教授、学者。他在讲台上的风采不妨引录当年学生的追忆："小庞老师说，她们学校的老先生们讲当年废名先生在学校讲课时，讲到某古诗时激动得用手敲黑板，喊'这诗……写得好哇'，然后他的手不停地哆嗦，激动得难以言表。下面坐着几十个学生，有一些见老先生激动，也跟着一起激动，一起哆嗦，还有一些只是在想他们为什么哆嗦，剩下的那些觉得挺好玩，偷偷地笑了。此后，凡是跟着老先生一起哆嗦的，都成了当今的大学者。"

废名的意义

——黄州纪事之一

2011年11月2—5日，笔者有幸应邀参加在黄州举行的废名诞辰110周年纪念暨首届全国废名学术研讨会，并随同大家奔赴废名故乡黄梅县城和五祖寺做了一次文化考察。屈指一算，作为废名的小同乡，我研究、宣传废名也已经十年了，出版过关于废名的专著，能参加这样一个学术活动，感到十分荣幸。

这次一共来了四十余位专家、学者，例如清华大学格非（刘勇）教授、北京大学吴晓东教授、吉林大学校长刘中树教授、武汉大学陈建军教授、香港大学方星霞博士等。黄冈师范学院副校长李金奇、黄冈师范学院新闻与传播学院院长沈嘉达、文学院院长胡立新等师院领导也参加了会议。此外，废名的儿子冯思纯、侄孙冯荣光（健男之子）、侄孙女冯俊君（奇男之女），以及废名远在美国的外孙女文静也都参加了会议。文静嫁给一个外国人，为废名长女冯止慈（原名改男）之女。

在3日上午的开幕式上，北京大学吴晓东教授提出废名的"未来性"，认为我们不能用现在的文学史眼光来看废名，应该用未来五百年文学史观来看待废名。他认为在未来五百年的中国文学史上，废名的文学成就超过了六朝时的辞赋大家庾信，可以和晚唐大诗人李商隐一较高下。当天下午，专家考察团一行参观了黄州东坡赤壁。游览完毕，下午三点多开始了专家分组讨论会。我有幸与格非先生一组。格非教授又提出废名作品的"未完成性"。 格非指出，废名通过采取创作晦涩难懂的小说《莫须有先生坐飞机》和《桥》等方式创作一种新的文体，对新文体进行最深入地探索，在对废名的思想解读上，格非认为废名在思想上存在诸多矛盾，表现在他对待民众和读书人的观点上。格非还认为废名的思想在许多方面比沈从文深刻得多！

废名的学生、吉林大学校长刘中树教授总结本次研讨会，他高度肯定了会议所取得的成绩，本次研讨会时间短、收效高，是一次真正的、全国性的废名研究的学术交流，是一次废名研究活动的大总结、大检阅。刘中树高度评价了吴晓东提出的"废名的未来性"和格非提出的"废名的未完成性"，认为它们在内涵上是相通的，废名之所以是废名，就是因为他是未完成的、具有未来性的。同时，他也指出废名研究工作中产生的新问题，并鼓励大家要深入系统地研究，提高研究水平和历史使命感。

笔者深受吴晓东、格非、刘中树的鼓舞，在听取了三位的阐发之后，对"废名的未来性"和"废名的未完成性"也进行了思索。在人类的文学、艺术、思想史上，真正流传下来的，被记录在历史上的大人物，往往具有未来性和未完成性，并不在乎一时一地之名，而由未来的知音者为其进行"续命"，这个过程恰恰构成了历史，构成了文学作品的"经典化"过程。或许，这就是废名的意义所在。

我的废名研究之路

一、废名在黄梅几乎被遗忘

二十世纪九十年代,废名在现代文学史上的地位还不高,这时他已经逝世三十年左右了。1994年,废名归葬黄梅,冷冷清清。墓地在废名祖居地苦竹乡后山铺,简陋得不能再简陋了,跟黄梅乡间农民的坟墓毫无二致。经过二十多年的风吹雨淋,墓碑上的文字已经模糊不清,无法辨认,几乎快成了无字碑。2004年,我曾陪同陈建军、张吉兵二位老师第一次访寻废名墓,这时的墓碑还能看清一些文字。到了2011年,格非、吴晓东等学者来黄冈参加全国首届废名研讨会,我又有幸陪同与会专家一行四十多人重访废名墓,大家无不为废名墓的简陋而发出感叹。这时的废名墓已经看不清碑文。2015年,我又陪友人第三次造访废名墓,沿途询问,竟然没人知道,百度地图也没有显示,路上更无标识,如果没有熟人带路,怕是不容易找到的。好在当地百姓知道哪里有名人墓,指了指,我们试着摸过去,还真是废名的墓。在几棵大树的掩映下,两座孤坟,并排而立,当地鲜有人知道这是冯文炳或废名之墓。

2003年,祖父梅岭春先生介绍我认识了黄梅党史办主任黄石远先生。在很长一段时间内,各县的党史办主任兼任文史委或方志办主任,至少在业务上是一肩双挑的。我跟此人有一星半点的血缘关系,且他与我祖父很熟。他的外祖父梅远志还很可能即是为莫须有先生买飞机票之人。梅远志与我的曾祖父守海公是同一房的近支族兄弟,1946年正担任国民党某部军需处少将,冯健男曾有回忆,却未点出姓名,但在一个县能担任将军的没几个人,唯有此人符合。废名在黄梅的学生翟一民还为此查过家谱,废名确有姑奶奶嫁到我们下乡新开镇梅家,废名或由此与梅远志为亲戚关系(当为第二代表兄弟)。当时,知道点儿废名的,也仅限于黄石远、翟一民这样的亲友、学生等老人了。要说废名在黄梅文化界、教育界尽人皆知是远不可能的,即便到了2011年格非到黄梅还诧异于当地的高中生、大学生没听说过废名。十几年前,黄石远先生说了一句可能要让我终生感慨的话,他说:"年轻人,你要研究废名?废名不是革命作家,在黄梅还不算一号人物呢。我们黄梅出的将军、革命烈士,政府十分重视,废名嘛,领导恐怕都不知道呢!"他的话,或许有几分夸张,但在当时,县里不重视废名是显而易见的,即使在今天,县里也没有为废名做多少事,还把小南门街的废名故居拆了。不但如此,废名外家岳家湾,也就是史家庄的原型,去年友人开车带我去了,并告诉我,你肯定很失望,前几年这里因为城中村改造,已经全部拆迁了,现在只能看到那棵大枫树。当外地人啧啧于黄梅新县城一河两岸的繁华市容时,我却陷入深深的矛盾:是一河两岸的高楼有文化,还是废名笔下的岳家湾更有文化呢?

好几年前,我就从网上看到黄梅县政府的一些规划,废名纪念馆、废名广场等都有列入,然而多少年过去了都不曾实现,废名在黄梅最值得保留的故居以及岳家湾却消失了。废名留在黄梅唯一供后人瞻仰之处,怕也就只有废名墓了。当然,废名曾经在黄梅行走过的土地,仍然存在,比如五祖寺、后山铺、水磨冲等山区景物,甚至废名笔下的鸡鸣寺、多云山也陆续被挖掘出来,探访的游人也有一些了。

随着经济的发展,网络传播的高效与便捷,今天废名在黄梅的知名度不说家喻户晓,但至少当地领导、教育界、文化界还是知道他的。最近十几年,黄梅政协、黄梅文联各为废名出了一本书,新出的是连环画版《废名先生》,虽然有一些史识错误,但绘画不错,可以一看。

二、废名研究道路上的引路人

（一）我的祖父梅岭春先生

在我最初的废名研究道路上，有四位引路人不得不提。首先要提到的便是我的祖父梅岭春先生。我的祖父毕生从事教育工作，担任过小学、初中和高中的校长。我家世居黄梅，耕读传家，到爷爷这一代书香不曾断绝。我和爷爷之间，有一些文化的交流，就是从交流家事史、乡史开始的。爷爷的性格完全受到儒家中庸之道的影响，说话、做事不紧不慢，张弛顺其自然，而能在历史的动乱、危难岁月中安稳度过。这种人生境界，我常自佩不如。我把这种状态视为废名形容周作人的"渐进自然"，相比保守和激进，貌似和近于保守，实是一种大智慧，不到老年，似乎很难领略其中的道理吧！所以我的祖父政治上是一名共产党员，究其本质实为传统乡儒。他的这种人生底色、精神追求，深深感染了我。我初中时代知道废名，也是他最早告诉我的，那时他发现我爱读文学作品，于是随口说了句"我们黄梅也有个作家叫废名的"。于他而言，是无心之举，然而言者无心、听者有意，我是记下这个名字了。

2000年入读废名母校，也是废名任教过的黄梅一中，这时我才开始真正关注废名起来。当时黄梅一中有一个废名文学社，成立了有四五年，当时加入的废名文学社的同学有好几个，但我颇清高，见此数人并非文学爱好者，便誓不加入。高中三年，我不曾参加废名文学社的活动。当时的黄梅一中，虽然师生们或多或少知道废名这个人物，但我总觉出一股异样的氛围，大家似乎并不推崇废名，不少师生认为他只是一个小有名气的不大入流的作家，所以很多人宁可说他是北大教师，也不说他是著名作家。黄梅一中的认识尚且如此，对黄石远一类人的评价也就丝毫不感到奇怪了。

2001年，废名诞辰一百周年，对于一个历史人物而言，这是个重要的日子，然而举国上下，丝毫没有任何纪念活动。我此时仍然没有见到一本废名的书，只是在一些选本里，发现过零星的散文、诗歌或小说，那时常见的是《竹林的故事》《十一月十九日夜》《五祖寺》等名篇，但我从介绍中，以及与他等量齐观的同时代著名作家的评价中，断定他是一位著名的文学家，称得上是历史人物。废名诞辰一百周年的当天，也就是 11 月 9 日，我特意在领导办公区来回走动，想看看有没有活动。那天中午，当我走过校团委会议室，赫然见到"纪念废名诞辰一百周年座谈会"字样，并第一次见到悬挂着的废名照片，现在回忆起来，是废名晚年的那张照片。可惜，这种会议是封闭式的，校内没几个人知道，只是校方的一个小型会议，其影响可想而知。

这时的我已经是一名理科班的学生了，但我那时已经熟读何其芳、郁达夫的著作，并开始涉猎废名的作品。2001 年元旦，我在一个笔记本上写着："从今天起，我要成为一名作家。"从那时起，我的文学梦在生长，而我的现实却是被家人逼迫读了理科，也就从这一年开始，我的现实与我的理想开始撕裂。在当时所有人的意识里，读理科好找工作，可以挣大钱，读了文科考不上大学，毕业就下岗，所以无论是家长，还是老师，死活不让读文科的。尤其像我这种正规考取黄梅一中，且排名靠前的，正是学校的重点关注对象，他们说就你这入校成绩上个武汉大学不是问题，一旦读了文科，只能上普通本科。就这样，他们为了自己的政绩和他们认为的所谓成功，要牺牲我的个人前途。这种矛盾贯穿于整个的 2001 年。

我喜欢废名的消息也不胫而走，时常可以听闻同学的嘲讽声，顺带也嘲讽了废名。从郁达夫的小说《沉沦》，我获得了启发，我当时就认为这一年是我的沉沦之年。郁达夫又在另外一篇作品里说："沉索性沉到底吧！我不入地狱，哪见佛性，人生原是一个复杂的迷宫！"这句话让我知道，要见"佛性"得自己拼个鱼死网破。废名诞辰一百周年纪念日之后不久，我为了转到文科班，去找班主任，班主任叫我去找年级主任。我怕年级主任不搭理我，就告诉他班主任是我姑父，他这才听了我一番陈述。接下来，我又对家里说了非文科不读，甚至说出休学到五祖寺读书的话来。经过一番折腾，学校终于答应我转到文科班，此前有几名要求转班的理科生，也因为我的成功转入，他们也就从这个缺口转入文科。2001 年 12 月 30 日晨七时，在同学们诧异的目光中，我将自己的课桌搬到了高二(13)班，开始了我的从文生涯。

对于我从理科转入文科，对于我的研究废名，尤其在入读文科以后，依然继续沉沦，直至以荒废高考为代价来搜集有关废名的资料，祖父从未厉声斥责，总是一副和善、慈祥的样子。然而，我又何尝不知在其他亲人的眼里，我已不可能有出息了（黄梅话叫"废了"）。祖父对我的宽容，也让我感到压力，因为我会觉得我对不起他。真正让我感受到祖父对我的鼓励，是 2003 年高中毕业，他带我去见黄石远先生，他觉得黄先生能帮我找到废名的亲友，或许对我有帮助。结果，黄先生把废名在黄梅的学生翟一民老先生介绍给了我。

（二）废名的学生翟一民老先生

2001 年，不仅黄梅一中举办了废名诞辰一百周年座谈会，北京大学提议黄梅当地也要召开，于是废名在黄梅的学生们以北京大学的名义召开纪念废名的座谈会，但北京大学没有派人参加。当时北京大学的王风老师正在主编《冯文炳全集》，后改名《废名全集》，他还提议黄梅当地抓紧编出《怀废名》，这其中的组织者正是废名的学生翟一民先生。用废名儿子冯思纯先生的话说，翟老是废名在黄梅的得意门生，由他担任组稿人是合适的。所以黄石远先生叫我来找他不是没有道理的。关于我与翟老的交往过程，曾遵陈建军老师之嘱，写过一篇《翟一民先生印象记》，这里不妨念一段：

> 我因爱好废名的缘故，写了一点浅薄的文字，六月里，在祖父的介绍下，去拜访黄石远先生。然而，黄先生并不怎么了解废名，他却向我指引了一个人，说他是废名研究在黄梅的中心人物，这个人便是翟一民先生。那是第一次拜访他，我很拘谨的样子，只是听，不敢多说话。我尊他为"乡之先达"、长者，我岂能不认真地听？更何况他那热忱认真的样子，也不能教我感到厌烦。他边说，还时常叫我坐，我只能唯唯，终究没有坐下来。就是那一次谈话，我才知道学术界兴起了"废名热"，我们家乡也要出版关于废名的书了。北京大学王风先生正在编《废名（全）集》，黄梅文史委员会在编《废名先生》，都是为了纪念废名诞辰 100 周年。他还告诉我，武汉大学的陈建军先生对废名也很有研究。而我，早就觉得自己的文章捏在手里汗颜了，他却说这是他在黄梅一中发现的最早的废名研究的文章，并且说我作为一个垦荒者不容易，要我继续努力，好好地学。

　　这里提到的一点浅薄的文字,是指我在读文科班期间,写的一篇赏读废名的新诗,以及废名诗歌、小说的仿作。这些作品在毕业时已经收入废名文学社自印的《废名文苑精粹》里,作为我的专辑呈现,只是当时还没有印出来,我是带着打印稿给翟老看的。这就是我最初的废名研究文字,或许没有什么新意,但在当时的那种历史条件下,在我力所能及的情况下,能够写出的文字。2002年我买到安徽文艺出版社出版的《废名小说》、沈阳出版社出版的《禅悟五人集:废名集》,这才第一次见到废名的著作。高中毕业的那个暑假,我熟读安徽文艺版《废名小说》,写下了一篇读后感,又拿给翟一民先生审阅,《翟一民先生印象记》里这样写道:

　　　　暑假的两个月,我除读了朱光潜的美学、弗洛伊德的心理学,还有古典田园诗歌,再就是通读了废名的小说。那些读书经历的产物便是一篇心得《一个风格卓异的小说家》,约有四五千字的样子,在一个深夜里,独自摸索写完的。第二天就打印了出来,顺便给相关人士看了。翟一民先生自然在这"相关人士"之列,只是我已经担心他早把我忘了,有点犹豫,就先去找文史委员会的负责人石雪峰先生。结果我见到了《废名先生》一书,里面有翟先生的一篇文字,大略看了看,唏嘘不已,——文章做得这么好!

　　　　走进城关原农业局的旧门,往左走,上二楼,靠右就是翟先生的住处了。我不敢无礼,在敞开的门口连喊几声"翟先生在家吗"。先生抬了抬头,又抬了抬头,似乎听到了,原来翟先生有点耳背。不一会听到翟先生的笑声,起身叫我进来,还拉我坐下。那一次谈话,很舒适,我是大声说话,先生是边说边扼要写在纸上给我看,再就是大家一起会意地笑了。一切拘谨和严肃的气氛都消失得无影无踪了。他还说,他很理解我的心情,已经和冯奇男先生一起向冯思纯先生专门提到我,说我是年轻的好学者,应该帮帮的。我听后,惊诧不已,原来他最能体谅人,并不是简单的不顾别人感受的"直来直去"的人。先生还说,你在武汉,应该拜访武汉大学的陈建军先生,虚心向他学习,并说此是"近水楼台先得月"。就在这时,我真真觉得翟先生是个通情达理的热忱的仁者。

去武汉上学后，曾在一段时期我郁闷过，彷徨过，在精神上没有着落，就在那时我给先生写了一封信，文辞含蓄委婉，担心他老人家不会回信。其实我也没有打算他回信，真的，我把写信的事都忘了。突然一天，我收到一封信了！一惊，熟悉的信封，陌生的笔迹，落款是"翟寄"。我迫不及待地打开信封，拿出来就读。我仿佛看到一个身材魁伟、声音洪亮的长者在对我说话，我的大脑嗡嗡地响，信是看了又看。原来他一直在等待思纯先生的回复，好给我一个满意的答复。其实我哪里要什么答复！他给我的信大意是，他总算做了一个搭桥人，勉励我继续前进！

当年翟老花了很大气力来做《怀废名》一书的组稿工作，联系了多年的老同学，为研究废名在黄梅积累了不少素材。然而可惜的是，这些文字的不少作者，在创作完后两三年，甚至一两年就去世了。就连翟老，都未见到这本书的出版。幸运的是，当时黄梅政协文史委正在编选《废名先生》一书，把一些文章先用在了里面。

（三）陈建军先生

当时我作为一名高中毕业生，可以说是懵懂无知，纯粹凭着一腔热血在关注废名。如果不是《废名先生》一书，如果不是翟老先生，我哪里知道武汉大学陈建军先生、北京大学王风先生呢？

2003年9月，到武汉上大学后，当然这是一所普通院校，一种自卑的心理很快地涌上心头。所以即使有了翟老写信给陈建军老师，我仍然不敢给陈建军老师写信。直至2003年12月，一次我坐车去华中师范大学北门口的利群书社，见到一本署名"陈建军编著"的《废名年谱》，我才在这年的最后一天给陈老师写了一封信。然而，陈建军老师的回信却在来年春天才收到。这中间有地址不详的原因，也有春节的耽搁，我至今还记得当时收到陈建军老师回信的那种兴奋劲儿！

关于我和陈建军老师取得联系，由此开启了十多年情同师徒的学术关系，我至今十分珍视这段交往。在当时，翟老也把此事看得很重，我在《翟一民先生印象记》中这样回忆道：

后来,我和陈建军先生通信了,他给我的感觉也是那么的严谨热忱,若想起翟先生的热忱,是能够使人感动的。后来我连忙回信告诉先生,陈先生回信了。最近我又知道,他后来回信思纯先生,说我已经和陈建军先生联系上了。做事是那么地追求圆满,在有些人看来后来的回信是多此一举的。他们怎么能了解一个老人的心,又怎么知道翟先生就是那么一个思想境界已经很圆满的人。

今年五一,陈建军先生托我向翟先生问好,表达心意,以后有机会一定到黄梅看他。我得到先生的回复是:趁着我和奇男老还健在,我可以带着陈建军先生走走当年废名先生在黄梅走过的路。说得多么的直爽,听后简直看到一个倔强的老人在前面蹒跚。

自与陈建军老师认识后,他成了我人生中第一位学术导师,他开始给我布置作业了,陈老师先让我赏析废名的诗《妆台》,当天晚上我就去网吧包夜,赶写出一篇《妆台及其他》,那天是 2004 年 3 月 17 日,三天后发表在《武汉科技大学报》上。我一直把这篇文字视为我的处女作,这也确实是我第一次发表文章。4 月,陈老师又命我写一篇关于翟老的文章,文章写成后,陈老师为我修改多次,从三千多字压缩到两千多字。不久,我又给《废名年谱》写了一篇书评,发表在当年 9 月的《中国图书评论》上。从 2004 年 3 月到 2004 年 7 月,陈建军老师与我通的几十封邮件,我都打印了出来,至今保存完好。7 月底,陈建军先生与张吉兵老师走访黄梅,我们一起拜访了翟一民老先生,以及废名在黄梅的侄子冯奇男先生。在这次走访黄梅之旅中,陈老师郑重提议由我来写《废名在黄梅》。我觉得这是陈老师对我的栽培,因为在我看来,这是一个重大学术课题,应该是一个填补废名研究空白的项目。那年 9 月,我又从陈建军老师家借阅了一份废名诗集打印稿,写出一篇《浮出水面的诗人废名》,陈老师依然是第一位读者。认识陈建军老师的那一年,我真正开始了废名研究,先后写下《〈妆台〉及其他》《〈废名年谱〉的特色》《姑妄言之姑听之》《浮出水面的诗人废名》《读〈五祖寺〉》等。从 2004 年至 2008 年,五年中我总共写了关于废名的 21 篇文章,第一年我就写了 6 篇。

2004年至2008年，是我最集中写废名研究文章的时代，也基本是我的大学本科时代。在这几年中，陈老师对我最大的帮助是能够登堂入室，每年都有多次当面聆听教诲的机会，他从研究方向的角度为我指引，不少文章题目都是陈老师定的。同时，陈老师还对我的人生道路起着指引作用，他深知我不是中文科班，学校又不好，毕业后怕难找到工作，所以也总是劝导我不可忘了安身立命之本。在我整个的大学时代，法学专业学习与废名研究的矛盾是日益加深的，我时常也会在废名研究之余，陷入深深的惶恐、困惑、忧虑之中。如同高中一样，这种一沉再沉的感觉，从未消失，我本能地对抗着一般人的想法、做法。当时，我做的最坏的打算是，只要我能养活自己就可以，另外就是我可以走上图书出版的道路，这条路总是需要读书人的。后来，我也确实是从编辑角度寻找工作，一直到现在。

（四）冯思纯先生

其实，在以上三位之外，对我的废名研究起着积极作用的还有冯思纯老先生。翟一民老把我推荐给冯思纯先生、陈建军老师之后，我才开始主动给他们写信。当时有一种憧憬与向往的感觉，所以都是很贸然、很冲动，但又并非草率地给他们写信，写信的目的也并非是满足一种初步交往的欲望，而是真切地带着学术疑问去的。我还记得第一次给陈建军老师写信，在简单自我介绍之后，全部是疑问，将近十条，陈建军老师一一作答，供我参考。同样地，我给冯思纯先生写信，也只是为了让他对我于2004年七八月间的《废名在黄梅》加以补正。这篇文章创作时的情景，我至今未忘，不少是先写在稿纸上，再打印出来。不少素材都是用纸条记好，再予以通盘考虑是否征引，这篇文章代表了我当时对废名与黄梅的关系的一种全面考查，翟一民先生、陈建军老师、冯思纯先生是最早的读者，他们对我的文章非常满意，认为填补了废名生平研究的空白。当我把这篇文章寄给冯老的时候，他也很受鼓舞，立即向《新文学史料》的编辑徐广琴老师推荐这篇文章，一年以后，这篇文章就发表在了2005年第三期上。《废名在黄梅》的质量是一方面，但如果没有冯老的推荐，我想这篇文章怕也是难以发表的，至少在《新文学史料》是有难度的。后来王风先生告诉我，钱理群教授兴奋地找到他，说有人写《废名在黄梅》了，新史料很多！

2005年10月和2006年10月，冯老两次来武汉，都邀请我到他的二哥冯康男先生家中小坐，当他回到黄梅三哥冯奇男先生家时，也喊我过去。这些都给我留下了美好的记忆。学术研究不是孤立的、单向的一种行为，并需要投入自己的情感，而情感又需要交流，经过交流之后的情感将升华为一种精神力量，促使你持久地进行下去。我想，我与冯老的这些交往，将成为我的学术记忆，我的学术生涯将不再只是留下几篇文章，而这些记忆将可能显得更加珍贵、重要。2011年11月，冯老已经更加衰老，依然抱着老迈之躯参加全国首届废名研讨会，我又跟冯老见面了。此次冯老话语不多，也成为我的永恒记忆。今天，是废名诞辰115周年的日子，我又将见到冯老。我想，这四次会面，将是我个人废名研究生涯中的宝贵记忆，也加深了我对废名的深情，使得废名永远成为我的一个精神所系之处。

2008年，台湾一家出版公司打算出版我的废名研究文集，我也第一时间想到请冯老作序，冯老那时已经许久不写文字，但他把出书看得很重，依然勉力为我写了一篇短序。我想，这些会面，这篇短序，它们都是我日后思念之资。

三、我是如何研究废名的

作为一名非学院派学人，我从一开始就知道，从文艺理论的角度研究废名绝非我之所长，而做学问也要扬长避短，不与人争，得做出自己独有的特色来，或能开辟出一片天地。再说，我本身也不想成为一个学院派学者，我想让自己的学术文章写出散文、随笔的味道。刚好那时有一位散文家型的学者止庵，我特别喜欢读他的文字，在一定程度上我甚至认为，他是散文家废名的当代传人。止庵的文章最初就是我师法的对象，我至今还记得2004年，大一的时候，我从网上下载了一些止庵的文章，打印出来，时时拿在手上，坐在学校体育场的台阶上反复咀嚼，直至天黑。这种苦读的经历，让我揣摩遣词造句，谋篇布局，并希望自己的文章能够时时透露出新奇之处。我当时读废名和止庵的文字，明白为文的一个道理是，写文章前要找到一个点，深挖下去，写作时要切己，忌抒情，以平实、真切出之。

把握了文章的奥妙，还得写出学术见解呀！一方面陈建军老师给我开题目，另一方面我自己也在琢磨方向。结合自身实际，我择定了两个为文方向，一是文本细读，二是史料考证。当然后来发展的情形是，史料文越来越多，赏析文渐渐没有，其中的客观原因是史料文容易发表，赏析文很难找到地方刊发。像我早期写的赏析文有《〈妆台〉及其他》《〈废名年谱〉的特色》《读〈五祖寺〉》《废名诗的儿童味》等，都是着眼于文本细读，写出了自己的读后感，不乏真知灼见。当然，在一定程度上，赏析文也可以夹着史料，至少是自己某一时阅读的新发现要巧妙植入。

关于我的赏析文，下面想以我赏读《妆台》和《五祖寺》为例稍作说明：

《〈妆台〉及其他》云：我读第一句时，很为废名感到高兴，这样的句子真见他的性情了！"梦里梦见我是个镜子"，该是如何的新奇活泼。废名自云"梦之使者"镜里偷生，"梦"与"镜"是废名诗文里最美的背景，这样的句子实在也只有废名才写得出来。但我读到"沉在海里他将也是个镜子"时，我便觉着隔膜了。我没有沉在海里的经验，废名也应该没有——尽管他是爱海的，还在青岛待着不愿回来。但这"隔膜"又是让我感到喜悦的，它给我带来新的感觉。前面还用了"因为"，于是我做了这样的推测：沉在梦里与沉在海里当是一样美的感觉。现在我想起废名的《海》来，其实是想起荷花女子和她的美丽聪慧。接下来是"一位女郎拾去"了镜子，女子出现了！我感到我刚才的遐想没有白想。女子总是美的，看到镜子"她将放上她的妆台"。温庭筠词，"照花前后镜，花面交相映"，女子轻放镜子于妆台，爱美之心可见一斑。至于是否有"鬓云欲度香腮雪"之姿，是次要的。废名之喜欢温庭筠词，似乎在此也可以窥见一点。这一路写来着实自然，诗人的诗情是自然完成了。"因为此地是妆台，不可有悲哀"，据说诗人林庚觉得诗情到这里已经很悲哀了，十多年后及至废名重读此诗也觉得悲哀了。莫非"不可有悲哀"之"悲哀"也可以生出悲哀来？其实女子是美的，悲哀没有袭上她的心头，只是读诗的人心境不同吧！废名说写女子哭不好看，当时只注意到一个"美"字。"梦之使者"废名总是在冲淡悲痕，幻化些美丽来。

这是我十多年前读《妆台》的感受，十多年后我重读《妆台》，觉得它是一出悲哀与欣慰的双重奏。在我的脑海里竟然呈现这样一幅画面：一位痴情的男子，追求心上人不得，而投海自尽，他想将自己的生命化为心上人的镜子，只要她能拾取，能够放上她的妆台。有的男子因此而心满意足，有的男子可能却因女子不识得这面镜子而悲哀万分。废名是哪样的人生观呢？我觉得是心满意足的那种。诗无达诂，以上意见或想象仅供参考。

我还有一篇赏读废名的散文《五祖寺》的文章，虽然都是些小文章，但不少见解今天看来依然是新奇的，我至今没有改变我的这些认识。因为我阅读废名的散文是切己的，完全忠实于自己的感受，散文又不同于诗歌，它所表达的意思相对准确、清晰，所以一旦读懂，多半不容易产生新的理解。这篇文章我稍稍摘引一段：

废名在《五祖寺》开篇就比较了大人、小孩的心理，一方面"同情于小孩子"不得自由，另一方面又羡慕"小孩时的心境，那真是可以赞美的"，"那么的繁荣那么的廉贞"。废名如此地爱惜儿童心理，珍视儿童感受，"一个小孩子"的他乃对五祖寺感到"夜之神秘"。这个"夜之神秘"由来有三：幼稚的心灵向往五祖寺的有名，"五祖寺进香是一个奇迹"，和悬空的"一天门"。儿时的废名对五祖寺（禅宗）有一种宗教的膜拜情结，也就是所谓的"夜之神秘"。这个情结成为废名文学作品里的一种灵魂。

且看废名是怎样描写这个"夜之神秘"吧！六岁时一次五祖之行，他感到"做梦一般"，简直不敢相信自己走到了"心向往之"的五祖寺山脚下。而停坐在一天门的车上等候，他又感到有点"孤寂"了。这是多么切实的感受！望着外祖母、母亲、姊姊下山仿佛从"天上"下来到人间街上，又感到"喜悦"了。一个"始终没有说一句话"的男孩在细细品味这些奇妙的变化。这一步一步写来，是多么地细致、自由、从容、切己。而现在回味这次经历有所悟道："过门不入也是一个圆满，其圆满真是仿佛是一个人间的圆满"，"最可赞美的，他忍耐着他不觉得苦恼，忍耐又给了他许多涵养"。"一个小孩子"，在这"忍耐"里，自由联想，自己游戏，长大后也就在这忍耐里生出许多别人所没有的美丽的记忆。简单的追叙与深刻的悟道就这样自由穿梭与完美结合！废名文章的生成，是自然生长的结果，行乎当行，止乎当止，如同儵鱼出游从容。这其中感觉美的连串，曲折的思绪，值得读者细细把玩、思索、体味。马力先生说得好："废名文章约似山中野衲怀藏着秘籍，不是一眼能够看透的。"儿时的五祖寺对废名影响不可估量，以为"一天门只在我们家乡五祖寺了"，而且似乎只写在悬空的地方。这真可谓感受深深，以后游玩、读书很容易想到儿时的记忆了。而儿时的记忆又都是"夜之神秘"，真仿佛一个夜了。譬如五祖寺的归途，"其实并没有记住什么，仿佛记得天气，记得路上有许多桥，记下沙子的路"。

所以，这篇《五祖寺》其实是写"儿时的五祖寺"，通篇写一个小孩子长大后对五祖寺怀有美丽的记忆和感情，其美丽若"一天的星，一春的花"。我读了《五祖寺》，也就只留下这么一个印象："一个小孩子，坐在车上，他同大人们没有说话，他那么沉默着，喜欢过着木桥，这个桥后来乃像一个影子的桥，它那么没有缺点，永远在一个路上"。这个小孩子后来成为中国著名文学家并写下了不朽之作《桥》。

以上是用文本细读的方式来研究废名。曾有一阵子，我很想按照这个路子，写上百篇这样的文章，结集为《读废名》，我想这也是人生之至乐，这个念想至今还在心头盘桓。可惜由于人事鞅掌，劳碌奔波，始终不能下决心来做。然而，类似的文章太少了，我甚至没有发现真正有人来做，如果在座各位有兴趣，真心希望有人能做下去。

2004年很快过去了，从《废名在黄梅》之后，我就开始史料文的写作。所以基本上从《废名在黄梅》之后，我写的大都是史料文。我的史料文主要有九篇，一组是研究废名书信的三篇，一组是研究废名人际交往的三篇，一组是研究废名生平史料的三篇。这些文章大都发表在《鲁迅研究月刊》和《新文学史料》上，从一开始发表，这些文章就因为表现出它们史料发掘上的原创性，而为不少废名研究者所征引。这些文章的得来，不仅仅是因为我读书仔细，能够抠字眼，更在于我能够进行田野调查。谢泳老师在《眉睫的学术趣味和学术方法》中就曾这样评价道：

　　我感觉他对学术的热情格外强烈，而自己选择的学术路径，也切合自己的学术处境。所谓学术处境，是我自己不经意想到的一个说法，主要是指一个人在自己真实生活中所具备的可能从事学术研究的基本条件，以此观察，眉睫的学术处境确实不好。传统社会中，学术处境的第一条件是家学或者师承，而现代社会中，学术处境的初始前提是学历。眉睫的学术处境，要是在旧时代，完全没有问题，但那个时代过去了，在新时代，以学历和专业论，他不具备常态社会中从事学术工作的条件。

　　做史料工作的人，都明白一个简单道理，史料的丰富性和真实性与作家出生地和历史事件发生地成正比，也就是说，越接近研究对象出生地和历史事件发生地，越容易有新史料、新线索和新判断，以此为路径切入的学术研究，常容易出新。眉睫用地方文献和本土经验研究废名，自然会有得天独厚的感觉。他在这方面能迅速做出成绩，是因为他的学术方法，暗合了好学术的最佳道理。他由废名研究，扩展到喻血轮、梅光迪这些本籍或本姓作家，以及废名圈（如许君远、石民、沈启无、朱英诞、赵宗濂等），这个学术路径让眉睫的学术视野越来越宽。

　　近年中国现代文学研究的一个新路是学者比较自觉地意识到扩展史料的方向和对作家的深入观察，在相当大程度上要依靠地方文献和本土知识。当这个意识强烈时，学术工作可能要由以往注重书本阅读而转向田野调查，即直接深入到研究对象的生活范围中，由地方文献和本土经验结合，从而丰富研究对象的史料，同时扩大视野。我不知道眉睫是不是一开始即有这样的自觉，但他的学术实践确实是以这样的方法突进的，他能在短时间内发现如此丰富关于废名、喻血轮、梅光迪等中国现代作家的史料，完全得之于他的学术自觉，即对地方文献的熟悉和具有真实的本土生活经验。

　　以当前的学术规范判断，眉睫是一个完全没有受过中国现代文学研究系统学院训练的学者，但他在自学过程中，注意由基本史料入手观察研究对象的学术实践，远比多数学院出身的人更符合研究规则，我想这也是眉睫的学术成绩为中国现代文学研究提供的一个经验,对中国现代文学学科建设也有非常重要的借鉴作用。

　　当然,以上谢泳老师的评价有过于拔高之嫌,但他所总结的"本土文献""田野调查"等研究方法却确实为我所使用。如《废名的书信》一文,提到废名写给黄梅民政局的信,其由头就是来自黄梅民政局的搜寻。这封信竟然还提到邢家镇,他是黄梅首任中共县委书记,与废名的堂弟冯文华一起牺牲的。此人正是我的曾祖父守海公的表兄,两家自晚清至今,世代交好。因此发现这封信的时候,我十分兴奋,决定好好写一写。《新发现的一封废名佚信》从资料来源上看,并非新发现,但从指出这封信的重要性看,确属新发现。我从黄山书社1994年版《胡适遗稿及秘藏书信》中看到一封废名写给胡适的信,此前废名研究者竟无一提及,包括《废名年谱》。这篇文章创作于2006年,对于推动废名诗论研究以及废名圈的研究有很大意义。从信的本身来看,谈的是废名诗论,我在文中做了细致剖析,后半部分讲的都是废名圈,因为那时我已经敏感地知道废名在沦陷区的影响,并涉及了朱英诞研究。虽然我没有明确提出"废名圈"的概念,但对这个问题当时已经有了初步的考察。《又发现废名的三封佚信》是通过文献搜索得知废名致林语堂的信,而后又通过本土文献,查到废名写给廖秩道的两封信,各有其史料价值。

　　若说本土文献,其实又有一点新发现。去年忽然一位柳姓女子,自称是废名大哥冯力生家的亲戚,他们家祖坟因雨水冲刷而露出一块残损的墓碑来,上面有一篇署名冯文清也就是冯力生的墓志来。于是她拍照给我,十分模糊,一块碑拍了上百张才算完全连上,我费心把它给整理出来。她说她的姑祖母柳氏嫁给冯力生,而碑文则是冯力生为妻兄而写的。从墓志来看,是一篇十分地道的文言文,创作于1924年冬,题目为《故胞兄柳公秉濂、秉涧大人之墓志》,其首曰:

　　　　甲子冬,内弟柳秉权寓堂抵余,将于冬月二十七日葬其伯兄秉濂、仲兄秉涧于袁家岭之阳,嘱余志其墓碑。吾为之哀惋不已。秉权今年仅十六,宣统二年丧父，民国四年（1915）二兄惨死，今年秋母又殁矣！以髫龄历奇变，人世伤心事宁逾于此乎？兹子身谋葬其兄，几无亲属与语。呜乎，吾不暇为死者悲也。秉权二姐以民国四年（1915）九月，来归余家。伊二兄殁于是年七月，以故吾不得悉二兄生平及惨死状，伊二姐曾为余泣曰……

从这篇墓志看，废名大哥是民国四年（1915）九月成家，时年二十。九年后，写下这篇碑文。这些事貌似与废名无关，其实我们可以想象，废名大哥成家，废名岂有不知之理？冯力生写这篇碑文，废名亦岂有不知之理？我为何要去联想这个呢？因为这篇碑文，可以将我们带回历史的现场，让我们感受废名一家的文化氛围。我甚至动了心思想去查一查柳家的家谱，通过调查柳家的门第，果为书香人家，我们也就可以看出柳、冯二家为何联姻了。而冯力生的古文水平也远超我的想象，我想废名的古文功底也不会差，毕竟二人早年教育经历完全一样，甚至兄弟二人从小互相切磋过呢！所以我十分看重这篇墓志，已经推荐到黄梅县志办，希望收入《黄梅艺文志》里。

我的史料文还从人物交游角度来专门发掘废名的交际圈，已经初步得到爬梳的有废名与周作人、骆驼草三子与叶公超、废名与冯健男等。当然，这只是一个最初步、最基本的梳理，值得写一写的还有很多，比如废名与林庚、废名与卞之琳等。可惜，我都没有来得及继续写下去。除此之外，我还从民国旧报刊或者黄梅本地史料中搜寻废名的史料，写出了《废名在黄梅》《有关废名的九条新史料》《并非丑化：废名的真实一面》等文，这三篇具有较大的史料价值，都已经发表在《新文学史料》上。不过，关于废名与黄梅的关系的资料梳理，分为两个阶段，我第一次邀请陈建军、张吉兵老师到黄梅，陈老师请我写《废名在黄梅》。之后，我又因与黄梅一中老校长取得联系，知道他在整理黄梅一中百年校史，据他告诉我一中档案里有不少涉及废名的史料，于是我又第二次邀请陈建军、张吉兵老师到黄梅，这次的学术成果由陈老师和张吉兵老师完成，他们写了一篇《抗战期间废名避难黄梅生活与创作系年》。这两篇文章基本上把废名在黄梅的史迹搞清楚了。

结语

随着年龄的增长，又因为要走向社会，面临诸多现实问题，如找工作，谈对象，成家立业等许多世俗问题，而我自己又未能幸运地留在高校，所以我的废名研究受到了极大的冲击。我的废名研究终于没有完全持续下去。然而，我却总记得废名，总是关心着废名，这个习惯总是保留着。而且，因为经过废名研究的训练，我又开始了研究废名的同学许君远、学衡派创始人梅光迪、鸳鸯蝴蝶派作家喻血轮、漫画家丰子恺等。当然我研究这些人物，与废名研究也是交叉进行的，现实环境的影响也在制约和影响着我，使得某部分研究在继续，而某部分中止。但无论如何，大学毕业近十年，我未曾脱离学术，依然在写作，依然在研究。我想，能够将学术研究与出版工作结合起来，是我一生的幸事！而这一切，都源自懵懂无知之时，我所选择的废名研究。

2016 年 11 月 9 日，废名诞辰 115 周年时在山东大学的演讲

废名与佛禅之关系

——2018 年 9 月 16 日在五祖寺的演讲

我已经十年未写废名研究的文字了。但提起我,很多人都说我是废名研究专家,大概是因为我研究废名的文字还在传播吧!其实,我没有再研究废名,并不是说我不再关注和阅读废名。而是因为,我们研究废名遇到了瓶颈问题。这个问题,据我观察,过去十年并未很好地解决。我所预言的六卷本《废名集》出版以后,必将迎来一个废名研究的高潮,到目前并未真正实现。这一切都是因为废名研究的难度到了一定高度之后很难跨越。尽管废名研究的基础资料的准备工作,以及许多基础性研究工作已经大体完成,但废名研究的难点依然存在,比如废名与佛禅、废名的意识流等研究展开得很不够。

这次蒙五祖寺邀约,分享禅意废名(这是五祖寺第一次做与废名有关的事情,功德无量),我不揣浅陋,将我所知道的废名与佛禅的关系,略述如下:

一、废名与五祖寺的关系

废名幼年便对五祖寺怀有宗教般的神秘感。他曾在散文《五祖寺》里说:"五祖寺是我小时候所想去的地方,在大人从四祖、五祖带了喇叭、木鱼给我们的时候,幼稚的心灵,四祖寺、五祖寺真是心向往之,五祖寺又更是那么地有名,天气晴朗站在城上可以望得见那个庙那个山了。"又在小说里说:"很小很小的时候不知道五祖,但知道五祖寺,家在县城,天气晴朗,站在城上玩,望见五祖寺的房子，仿佛看画一样，远远的山上可以有房子了，可望而不可及……有一回父亲从五祖寺回来，父亲因为是绅士，五祖寺传戒被请去观礼的，回来带了许多小木鱼小喇叭给孩子，莫须有先生真是喜得不得了……不知道他是喜欢木鱼的声音，还是喜欢木鱼？总之有一日他能自己有一个木鱼，那便好了，木鱼归他所有了，木鱼的声音自然也归他所有了……"

我曾赏读过废名的散文《五祖寺》，并写了一篇文章《读〈五祖寺〉》，其中说道："废名如此地爱惜儿童心理，珍视儿童感受，'一个小孩子'的他乃对五祖寺感到'夜之神秘'。这个'夜之神秘'由来有三：幼稚的心灵向往五祖寺的有名，'五祖寺进香是一个奇迹'，和悬空的'一天门'。儿时的废名对五祖寺（禅宗）有一种宗教的膜拜情结，也就是所谓的'夜之神秘'。这个情结成为废名文学作品里的一种灵魂。且看废名是怎样描写这个'夜之神秘'吧！六岁时一次五祖之行，他感到'做梦一般'，简直不敢相信自己走到了'心向往之'的五祖寺山脚下。而停坐在一天门的车上等候，他又感到有点'孤寂'了。这是多么切实的感受！望着外祖母、母亲、姊姊下山仿佛从'天上'下来到人间街上，又感到'喜悦'了。一个'始终没有说一句话'的男孩在细细品味这些奇妙的变化。这一步一步写来，是多么地细致、自由、从容、切己。而现在回味这次经历有所悟道：'过门不入也是一个圆满，其圆满真是仿佛是一个人间的圆满''最可赞美的，他忍耐着他不觉得苦恼，忍耐又给了他许多涵养'。'一个小孩子'，在这'忍耐'里，自由联想，自己游戏，长大后也就在这忍耐里生出许多别人所没有的美丽的记忆。……这篇《五祖寺》其实是写'儿时的五祖寺'，通篇写一个小孩子长大后对五祖寺怀有美丽的记忆和感情，其美丽若'一天的星，一春的花'。我读了《五祖寺》，也就只留下这么一个印象：'一个小孩子，坐在车上，他同大人们没有说话，他那么沉默着，喜欢过着木桥，这个桥后来乃像一个影子的桥，它那么没有缺点，永远在一个路上。'这个小孩子后来成为中国著名文学家并写下了不朽之作《桥》。"

青年时代，废名有在寺庙读书的习惯。他曾在一篇带有自述色彩的小说《半年》里，回忆自己在多云山鸡鸣寺读书半年。《半年》里说："这半年就决定住在家。结果，在城南鸡鸣寺里打扫小小的一间屋子，我个人读书。"小说里还描写了多云山鸡鸣寺的僧侣生活,十分写实。

抗战时期,废名曾在五祖寺观音殿二楼居住、读书。当时他极力反对黄梅县中以五祖寺为校址。废名说:"五祖寺胜过一所高等学府。"他还借莫须有先生之口气愤地说:"僧人是没有势力的,县政府一纸命令去不会反抗的,这是不尊重对方。至于什么叫作'宗教',什么叫作'历史'(五祖寺有长久的历史!),什么叫作国家社会(不尊重历史便是不尊重国家社会!),甚至于什么叫法律,全不在中国读书人的意中了。"这充分说明,废名认识到了五祖寺的崇高地位,它远远胜过一所高等学府,应该是全国人仰慕、崇敬的地方。废名对五祖寺评价如此之高,我也希望五祖寺更加重视他。

二、废名接近佛禅的过程

二十世纪二十年代,废名在北京大学读书,当时胡适在北京大学教书。胡适曾向废名问有关五祖寺的问题。废名曾说:"要说五祖在黄梅的历史,除了一些传说而外,又实在没有历史可说的,只同一般书上所记载的一样。有名的五祖传道六祖的故事,很可能是五祖在东禅寺的时候,书上也都是这样说。至于五祖是不是晚年自己移居东山,则不得而知,民间则总说五祖东山。东山原来是一个私人的地方,地主姓冯,所以叫冯茂山,五祖向他借'一袈裟之地',这虽也是传说,很有是历史的可能,考证家胡适之博士有一回问莫须有先生:'你们黄梅五祖到底是在冯茂山,还是冯墓山?我在法国图书馆看见敦煌石室发现的唐人写作冯墓山。'莫须有先生不能回答,(现在姓冯的坟墓在五祖寺山后面,姓冯的有一部分人常去祭祖,坟的历史恐不能久)但听之甚喜,唐朝人已如此说,不管是冯茂山是冯墓山,山主姓冯总是真的了,即是五祖寺是历史是真的。另外五祖的真亲身是真的。那么五祖寺从唐以来为黄梅伽蓝了。"据郭济访《梦的真实与美——废名》一书的演绎,废名在北京大学读书期间,与胡适参禅论道颇多。

1931年底,胡适为废名提供学历证明,废名得以担任北京大学讲师。从这一年开始,废名写出了以诗集《镜》为代表的禅诗,并开始自称禅宗大弟子。这一时期写的传世之作《桥》也开始充满禅趣、禅境，尤其到了1936年以后写的《桥》的下卷，已经完全沉溺于禅境，普通读者几乎不能读懂。甚至，现在的研究者也很少去研究。三十年代中期，废名常与佛学大师熊十力论佛。周作人在《怀废名》中说："废名平常颇佩服其同乡熊十力翁，常与谈论儒道异同等事，等到他着手读佛书以后，却与专门学佛的熊翁意见不合，而且多有不满之意。有余君与熊翁同住在二道桥，曾告诉我说，一日废名与熊翁论僧肇，大声争论，忽而静止，则二人已扭打一处，旋见废名气哄哄地走出，但至次日，乃见废名又来，与熊翁在讨论别的问题矣。余君云系亲见，故当无错误。"除了熊十力外，雍和宫的寂照和尚也常与废名谈论佛法。废名的弟子朱英诞在《怀废名先生》中回忆说："民廿六夏秋之际，行脚僧寂照来札，称'慧心的学者'，邀我到雍和宫去晤谈，那时废名先生在西仓借住，和寂照算是再度同窗了。信片何以由寂照发来呢？信中没有说。待我造访那双枕小院时，才知道有一个非常专门的题，有待讨论。"朱英诞又在《纪念冯文炳先生——西仓清谈小记》一文中说："卢沟桥事变后不久，我收到废名先生一函，匆匆跑到雍和宫西仓后院去找他。这是一个寂静的禅房，院中只有两棵寿松。他借住的是他的少年时代的同学、行脚僧寂照的住处。"三十年代的废名深研佛法，喜读《涅槃经》《维摩诘经》等多种经书，且化入诗文创作，自成高格，迄今未能有人通释废名的诗文与佛禅之关系。即便是废名的老师周作人、学生朱英诞等知音，都说废名"耽于禅悦""神秘不可解"。

废名接近佛禅的第三阶段是在二十世纪四十年代。废名回黄梅后，继续与熊十力书信往还，谈论"种子义"等佛法，最后激起了废名撰写佛学专著《阿赖耶识论》。目前这部佛学专著，还没有人破解，专门研究的文章也十分少有，更别说研究专著了。这就是废名研究的难度。没有破解"禅宗大弟子废名"，就没法进入废名的禅意世界。这是废名研究的至高难点。废名返回北京大学任教以后，曾再度与熊十力居住在一起，两人又打了一架。这次是汤一介的回忆："大概在1948年夏日，他们两位都住在原沙滩北大校办松公府的后院，门对门。熊十力写《新唯识论》批评了佛教，而废名信仰佛教，两人常常因此辩论。他们的每次辩论都是声音越辩越高，前院的人员都可以听到，有时甚至动手动脚。

这日两人均穿单衣裤,又大辩起来,声音也是越来越大,可忽然万籁俱静,一点声音都没有了,前院人感到奇怪,忙去后院看。一看,原来熊冯二人互相卡住对方的脖子,都发不出声音了。这真是'此时无声胜有声'。我想,只有'真人'、有'真性情'的人才会作出这种有童心的真事来。"关于废名的真性情,他的侄子冯健男曾说:"废名虽然学佛参禅,但遇人间不平事或学问上争端,会火气冲天的。"这在废名一生的行事中真实例子很多。这是废名赤子之心的一面。

废名与熊十力在四十年代后期的交往,张中行也有过回忆,他说:"他(废名)同熊十力先生争论,说自己无误,举证是自己代表佛,所以反驳他就是谤佛。这由我这少信的人看来是颇为可笑的,可是看到他那种认真至于虔诚的样子,也就只好以沉默和微笑了之。其时我正编一种佛学期刊,对于这位自信代表佛的作家,当然要请写一点什么。他慨然应允,写了《孟子的性善与程子的格物》《佛教有宗说因果》《体与用》等文。这其间,他有时到我家里来。在日常交往中,他重礼,常常近于执,使人不禁想到易箦的曾子和结缨的子路。"

废名在二十世纪三四十年代成为禅宗大弟子之后,经常打坐禅定。他同时代有多人忆及,比如周作人、卞之琳、梁遇春、石民、胡兰成、张中行等,晚辈汤一介、冯健男、翟一民等人也有过回忆。周作人在《怀废名》中说:"废名自云喜静坐深思,不知何时乃忽得特殊的经验,趺坐少顷,便两手自动,作种种姿态,有如体操,不能自已,仿佛自成一套,演毕乃复能活动。鄙人少信,颇疑是一种自己催眠,而废名则不以为然。其中学同窗有为僧者,甚加赞叹,以为道行之果,自己坐禅修道若干年,尚未能至,而废名偶尔得之,可为幸矣。"这位废名的中学同窗,也是黄梅人,即前面提到的寂照和尚。

三、废名诗文中的禅意

2004年,我写过一篇关于废名诗歌的文章《浮出水面的诗人废名》,其中总结废名诗歌的特点,讲到三点,其中着重谈的便是废名以禅入诗。1927年张作霖率军进入北京,北平文人纷纷南下,北方文坛显得格外冷清寂寞,废名不能"直面惨淡的人生",心理由苦闷趋于封闭,性格更内向,思维方式侧重于内省,在急剧变化的时代洪流中废名找不到可辨清方向的思想作指导，于是躲进西山参禅悟道。汪曾祺、卞之琳都曾以此时的废名为原型刻画一个"深山隐者"形象。此时废名思想艺术的变化很明显表现在他的小说《桥》和《莫须有先生传》上，以致他的朋友温源宁教授怀疑他受英国的伍尔芙、艾略特影响，然而不单是小说，这一变化也表现在这一时期的诗歌上。至此废名诗风大变，内容颇费读者猜详。废名以禅入诗，读者应该以禅读诗。苏轼说："暂借好诗消永夜，每逢佳处辄参禅。"严羽在《沧浪诗话》中也说："大抵禅道惟在妙悟，诗道亦在妙悟。"废名的许多诗句看似半通不通，无逻辑可言，其实他的诗像李诗温词一样，表面不能完全文从字顺，但骨子里的境界却是高华的，"如空中之音，相中之色，水中之月，镜中之像"，像"沧海月明珠有泪，蓝田日暖玉生烟""小山重叠金明灭，鬓云欲度香鳃雪"，谁又能只通过字面而不借助想象和领悟去理解呢？废名是最早将禅引入新诗的诗人，1947年黄伯思（黄裳）在《关于废名》中指出："我感兴趣的还是废名在中国新诗上的功绩，他开辟了一条新路……这是中国新诗近于禅的一路。"

废名的小说《桥》也充满禅意，朱光潜说："《桥》里充满的是诗境，是画境，是禅趣。每境自成一趣，可以离开前后所写境界而独立。小林，琴子，细竹三个主要人物都没有明显的个性，他们都是参禅悟道的废名先生。……《桥》是在许多年内陆续写成的，愈写到后面，人物愈老成，戏剧的成分愈减少而抒情诗的成分愈增加，理趣也愈浓厚。'理趣'没有使《桥》倾颓，因为它幸好没有成为'理障'。它没有成为'理障'，因为它融化在美妙的意象与高华简练的文字里面。《桥》的'文章之美'，世已有定评。……我们读完《桥》，眼中充满着镜花水月。"

目前对禅意废名的研究，主要还是集中在废名禅诗和诗化小说《桥》等作品上（但亦粗浅、简略，不够深入、系统），其实两部莫须有先生，也是禅意废名的集中代表，甚至可以说真正体现了废名的参禅悟道。莫须有先生就是一个禅宗大弟子，他参禅悟道，随处可见，使得他的小说成为新文学中仅有的"玄想小说"的代表。废名是最早以禅入新诗的诗人，同时也是最早甚至是目前仅有的以禅入小说的小说家。这是废名为中国文学所作出的贡献。

四、我的呼吁

废名深爱他的家乡黄梅,家乡的田园风光、佛禅文化孕育了他的创作。田园风光、佛禅思想和废名个人的意识流是废名文学世界的三大要素。废名以黄梅为荣,黄梅亦当以废名为傲。废名曾借莫须有先生之口自豪地说:"你们有谁能像莫须有先生一样爱他的故乡呢?莫须有先生的故乡将因莫须有先生而不朽了。"可以说,废名一直与他的家乡联系那么紧,"废名"与"黄梅"将真如莫须有先生所说紧紧地连在一起了。我希望,黄梅五祖寺以废名为荣,将废名也作为五祖寺的一张名片。在此,我呼吁五祖寺组织召开一次世界性的废名与佛禅思想的研讨会,真正推动废名的研究工作。如果最终破解废名之谜,是由黄梅五祖寺完成,这将是黄梅的光荣!可谓真正让废名回归故里了。

2018 年 9 月初

废名诞辰 120 周年感想

十年前来黄冈参加全国首届废名学术研讨会，我就很惭愧，因为那时我就已经三年没有写研究废名的文章了，也没有提交论文。又十年过去了，我依然没有写废名研究的文章，这次也没有专门提交论文。虽然已经十三年没有研究废名，但我一直在关注废名研究动向，热心为废名及其家人做点微不足道的事情，比如推动黄梅官方筹备废名纪念馆、冯健男纪念馆，整修废名墓等。这十几年来，我陆陆续续研究了喻血轮、许君远、梅光迪、丰子恺、喻文鏊、邓文滨以及儿童文学史等。但回过头来想，我认为，废名研究更为重要，更有魅力，我将会迟早再次进入废名研究领域。

近二十年前，选择废名研究，我是懵懂无知的，有些误打误撞的。废名研究构成了我的起点。这个起点，既是我 18 岁以后逐渐接触社会的人生道路的起点，也是建立起我的文学价值判断标准的起点。短短四五年的废名研究经历，与我的人生已经密不可分，这些年我是愈加地感受到这一点。在我研究废名的道路上，我的祖父梅岭春、废名的学生翟一民、废名哲嗣冯思纯、废名研究专家陈建军教授等人给了我无私的鼓励和帮助。受废名和一些古代文学家的文学观影响，我把审美原则作为衡量一部文学作品价值高下的主要标准。在后来的文学研究和编辑工作中，我几乎都是以审美标准来衡量作家作品的。例如，我最近新写了一本《重写中国儿童文学史（纲要）》（中国大百科全书出版社2022 年 1 月版），就是有感于过去的中国儿童文学史，没有汇入到八九十年代重写现代文学史的思潮，属于继续以革命文学作为叙述主线的狭隘的、单一的，有失偏颇的文学史。虽然废名从未表达过捍卫文学独立性的观点，但以废名为代表的京派文学家，走的是一条最为纯正的文学之路，具有跨时代的永恒魅力。不管多少年过去，废名都可以像陶渊明、庾信、王维、李商隐等人一样，永远担当得起文学家的称号。一百年或数百年后，现代文学成为古代文学的一部分，世人将会更加清晰地看到这一点。十年前，吴晓东教授在首届全国废名学术研讨会指出，废名在中国文学史上的地位不低于李商隐。

当然，现代文学可能也有自身的特殊性。毕竟，从人的文学，到革命的文学，是一段客观历史，一定程度上也是新文学区别于旧文学的一个特征。因此，我们也不能从一个极端，走向另一个极端，不能完全否定革命文学的历史价值和某些文学价值。研究现当代文学研究，采取审美的原则与历史的原则相结合的方法，在当下这个时代，可能会比较客观。

为了更好地研究废名，近年来，我的视角又转入了对革命文学的关注，尤其对茅盾的研究开始有所涉猎，最近写了一篇长文讲"百年中国儿童文学史上的茅盾"，在这一期《出版史料》发表。而且，我注意到茅盾曾两次批评废名的作品，表示看不懂。在翻阅左翼文献资料过程中，又注意到华西里是蒋光慈的笔名，猛然想起华西里写过《评废名君的〈桃园〉》。沙汀曾借鲁迅之口（孤证存疑）毁之为废名气。那么，左翼作家对废名还有没有其他的评论呢？这些负面评论能不能构成评价废名文学价值的威胁呢？不少人指出废名某些作品晦涩，乃至存在"趣味的恶化"（沈从文语）的现象等，对这类毁誉参半的作品，是不是应该予以客观评价呢？我想，这也应该是废名研究应该正视的。我们不能因为喜欢废名，就一味拔高他所有的作品。《莫须有先生传》是不是"完全失败了的一个创作"？为何现代文学史上只注意到废名二三十年代的诗化小说和部分禅诗，而对《莫须有先生坐飞机以后》这部抗战题材的现实主义长篇小说很少提及呢？这是否因为它不合于主流抗战题材作品的写作要求？这些问题都值得我们好好思考。

在过去，我从史料挖掘、文本赏析和图书宣传三个方面，为废名写了一点文章。五年多前，受谢锡文教授的邀约，向山东大学的师生们，介绍了我的研究工作，就是这次提交的参会文章《我的废名研究之路》，我就不再专门回顾了。

　　我还没有过多的思考，为何 2008 年以后我不再研究废名，毕竟废名研究完全没有见顶。在这十几年的经历中，我也看了更多风格不同的作品，尤其这两年开始接触左翼文学，着重思考现实主义文学的问题，再回过头来看废名的作品，感受已经跟过去有一些不同，对他的优缺点有更多的理解。这让我明白，研究废名既要能入乎其中，又要能出乎其外，这样才有可能得出一个更为客观的评价。如果我再次研究废名的话，这也构成了我的新起点。毕竟二十年前我研究废名的时候，作为高中生的我还是一张白纸，以为天下之文章无有出其右者。

　　废名研究大有可为，许多问题依然没有得到很好的破解，诸如废名的意识流、废名的佛禅思想、废名的现实主义文学研究、晚年废名评价等。在此，我建议武汉大学、黄冈师范学院或者黄梅县政府成立全国性的废名研究会，把废名研究的组织性工作抓起来。从弘扬废名风的角度看，甚至有必要成立废名文学奖，我想这也应该是废名研究会应该做的工作。

2021 年 12 月 4 日于黄梅

《废名散文》前言

　　废名，原名冯文炳，1901 年生于湖北省黄梅县城东门，祖籍黄梅县苦竹乡。1922 年考入北京大学预科，从此走上文学创作道路。早年以小说名世，先后出版《竹林的故事》《桃园》《枣》《桥》《莫须有先生传》五部小说。1930 年后，主要进行诗歌、散文创作和新诗研究。1931 年底，任北京大学讲师。1937 年底，避居黄梅乡间。这一时期九年深入民间的乡居生活，让废名感受到了人民群众的伟大力量，为废名 1949 年后接受中国共产党领导的准备阶段。1946 年，重返北京大学中文系任教，先后任副教授、教授。1949 年后主要从事教学和科研工作。1952 年，院系调整，到东北人民大学（今吉林大学）中文系任教授。1956 年为东北人民大学中文系主任。1957 年，人民文学出版社出版《废名小说选》。1962 年起，任吉林省文联副主席。1967 年，在长春病逝。废名逝世以后，人民文学出版社最早出版废名的作品，包括《谈新诗》（1984 年）、《冯文炳选集》（1985 年），后又有收入"中国文库"的《废名选集》，以及《废名作品新编》《竹林的故事》。本书为人民文学出版社出版的第七种废名作品选集。废名主要作品被后人辑为六卷本《废名集》，由北京大学出版社出版，荣获第二届中国出版政府奖。

　　在现代文学史上，废名被誉为京派文学鼻祖，他的创作风格被称为"废名风"，直接影响了沈从文、何其芳、卞之琳、师陀、汪曾祺等一大批京派文学家。废名风至今仍然直接、间接或多或少地影响了不少当代作家，如阿城、贾平凹、曹文轩等。废名风的作品主要是指以《桥》为代表的诗化、散文化田园小说，主要题材为故乡黄梅的"儿女翁媪之事"。这是废名为现代文学做出的最为卓越的贡献。废名的诗歌,主要以禅诗著称,在中国文学史上也有一席之地,甚至形成了一个小有影响的诗歌流派:废名圈。废名圈的主要成员包括沈启无、林庚、朱英诞、鹤西、南星、黄雨等。

目前,世人对废名的小说、诗歌有着较为深入的了解,可惜对散文家废名却关注不够。这或与废名生前不曾将散文结集出版有关。更为尴尬的是,废名哪些作品属于散文,至今众说纷纭。这些都在一定程度上影响了对废名散文价值的估定,更不利于恢复废名在现代散文史上的地位。

最早指出废名散文的价值和地位的是周作人。1931年12月13日,周作人在《志摩纪念》中说道:

> 据我个人的愚见,中国散文中现有几派:适之、仲甫一派的文章清新明白,长于说理讲学,好像西瓜之有口皆甜;平伯、废名一派涩如青果;志摩可以与冰心女士归在一派……

这已分明指出了废名散文自成一家的事实。

同时代作家中,同样认识到废名散文价值的还有李素伯。他的《小品文研究》一书于1932年出版以后,有论者批评他遗漏了梁遇春等人。李素伯在1932年10月17日所写的《关于散文·小品》之第二节"遗珠"中辩道:

> 编者所最认为抱憾而且应该向读者抱歉的,是竟遗掉了一颗煞可宝爱的"明珠"——冯文炳(笔名废名)先生。冯先生有诗人的气质,却写了许多小说,然而他的小说当作散文读是会使你更得益的。周作人先生就说过这样的话:"我觉得废名君的著作在现代中国小说界有他独特的价值者,其第一的原因是文章之美。"(《〈枣〉和〈桥〉的序》),要问美在何处? 则可以说美在简练。冯先生的文章和俞平伯先生的同是著名难懂的,但最难懂的还要推冯先生的文章:原因是冯先生的文章太简洁、太凝炼,简炼得使无耐心的读者认为晦涩不通了,但这正是对现时专做流利脱熟的文章的青年最好

的针砭。……我是真的抱憾并向读者抱歉，竟把冯先生那样一颗大明珠遗掉了。

李素伯作为中国第一部散文研究专著的作者，在他的《小品文研究》中向读者介绍了周作人、鲁迅、朱自清、俞平伯、冰心、叶圣陶、丰子恺等十八位散文家，不为批评者认为遗掉梁遇春而感到抱歉，而独独为遗掉废名"那样一颗大明珠"而向读者道歉，可见在他的心中，废名的散文家地位不在这十八位之下。

但我们需要注意的是，1932 年，废名出版了长篇小说《桥》，此前内中不少章节在《骆驼草》等报刊发表。此时，废名主要是创作小说，并非散文和诗歌。周作人和李素伯分明都是把"他的小说当作散文读"的。"他的小说"，当时主要是指《桥》。

1935 年 8 月 24 日，周作人在给《中国新文学大系·散文一集》所作导言中，进一步延续和强化了这一认识：

> 废名所作本来是小说，但是我看这可以当小品散文读，不，不但是可以，或者这样更觉得有意味亦未可知。今从《桥》中选取六则，《枣》中也有可取的文章，因为著作年月稍后，所以只好割爱了。

被周作人选入的六则是《洲》《万寿宫》《芭茅》《"送路灯"》《碑》《茶铺》。

1943 年，苦住北平的周作人写了一篇《怀废名》，其中对废名的创作历程进行总结：

> 废名的文艺的活动大抵可以分几个段落来说。甲是《努力周报》时代，其成绩可以《竹林的故事》为代表。乙是《语丝》时代，以《桥》为代表。丙是《骆驼草》时代，以《莫须有先生》为代表。以上都是小说。丁是《人间世》时代，以《读论语》这一类文章为主。戊是《明珠》时代，所作都是短文。那时是民国二十五年（1936）冬天，大家深感到新的启蒙运动之必要，想再来办一个小刊物，恰巧《世界日报》的副刊《明珠》要改编，便接受了来，由林庚编

辑,平伯、废名和我帮助写稿,虽然不知道读者觉得如何,在写的人则以为是颇有意义的事。

周作人将废名抗战以前的15年文学生涯划分为5个阶段,前三个阶段为小说家阶段,后两个阶段为散文家阶段。此亦可以见出散文创作之于废名的重要性,其特殊意义当不在诗歌之下。废名在《人间世》《明珠》发表的散文,可谓字字珠玑,戛戛独造,显示出了一个成熟的散文家气度。周作人也认为这一时期的废名,"思想最是圆满,只可惜不曾更多所述著"。遗憾的是,在《废名文集》出版之前,这批散文长期没有得到收集和整理。

可以说,在废名生前,对废名散文范畴的指认,周作人是框定清楚了的。但在周作人和废名去世以后,对废名散文的认识出现了变化,乃至分歧。

废名逝世二十年后,他的侄子冯健男教授开始编《废名散文选集》。这是废名第一本散文集。冯健男承续了周作人的观点,认为废名的散文包括三方面内容:"散文化小说,本义的散文,谈诗说文的文章",认为这样"大致可以显示散文家废名的全貌"。弥足珍贵的是,冯健男整理了 1949 年以后废名三篇《诗经》讲义手稿,有吉光片羽之感。可惜由于篇幅单薄,所收散文仅 28 篇,尤其周作人所说的《人间世》《明珠》上的竟然一篇未收,远远不能满足嗜好废名散文的读者的需要。

1987 年,张以英、诸天寅、完颜戎在《中国现代散文一百二十家札记》中,将废名作为一家列入,题为《挥洒自如,涩如青果》,其中说道:

> 废名的散文数量虽不多,但很有特色,而且他的小说大多可以当作散文来读……废名的作品,无论诗歌、散文以及小说,都写得极有艺术个性,具有独来独往、不落窠臼的气魄。但创新有余,通俗不足,略有晦涩之嫌……其实,他的散文只有一部分写得较为难懂,多数还是写得很有真情实感,读起来也并不费力。当然如果把废名的小说也算作散文的话,那么可以认为他有意识地追求一种孤独、苦涩的美。

可以说，三人跟冯健男的认识大体一致。冯健男和他们的编选、研究工作，一定程度上开启了对散文家废名的重新研究。

2000年，止庵所编《废名文集》问世。"文集"云云，实纯为散文，并不包括小说。止庵在《序》中说："后来虽然也出过他的散文选集，所选却多为小说，严格说来，废名散文迄今尚不曾专门收集过。结果作为散文家的废名及其杰作也就难得读者的重视，说来真是遗憾。"这分明可以看出止庵不赞成冯健男的做法，试图将废名散文的范围划定在小说以外的本义的散文。《废名文集》的出版意义重大，大大推动了对散文家废名的研究，也推动了废名小说以外散篇文章的收集和整理工作。2019年10月，陈建军老师所编《废名散文》出版，承续的是止庵的做法，并不收录废名的小说，也不收录1949年以后的散文。

废名散文的特殊性，不仅体现在划定范围不清，还体现在废名的散文观、写作风格在新文学家中特立独行。从气质与风格来说，废名整体近似晚明性灵文人，周作人在《新文学的源流》中就说他"和竟陵派相似"。在《散文》中，废名说"喜欢事实，不喜欢想象。如果我写文章，我只能写散文，决不会再写小说"。又在《关于派别》中说，"散文之极致大约便是隔"。废名的散文创作，便是以重事实为底色，表达却又以"隔"为美学追求，创造出了"文生情，情生文"的"乱写"模式。喜欢废名，则认为他的散文"切己"，不喜欢，则斥之为"晦涩"。其实，"切己"正与"晦涩"一体两面。废名可能是中国最早的私人化写作的新文学作家之一。他的创作，尤其他的散文，明显呈现出自娱色彩，不求读者广泛，只求二三知己，类似我们今天写私人博客。非同道中人，不能知其在艺术上的一番苦心孤诣，甚至不知所云。

本书的编选工作，既兼顾历史事实，又充分考虑到读者的需要，重新回到冯健男的编选思路上来，并扩大篇幅，尽可能满足读者。共分为三辑：第一辑为散文化小说，收录《桥》《菱荡》《枣》《墓》；第二辑为本义的散文，收入《说梦》《知堂先生》《关于派别》等名文，其中《人间世》《明珠》《宇宙风》等报刊上的短文全收；第三辑为谈诗说文的散文，收入《谈新诗》《诗经讲义》中的篇章。惟第二辑和第三辑容易有交叉，为避免混乱，我的做法是第三辑仅收入学术著作中的谈诗说文的章节，其他单篇涉及谈诗说文的随笔一律收入第二辑。

通过本书，希望读者能真正认识到"散文家废名的全貌"。

2021 年 12 月于梅岭春草庐

（《废名散文》，梅杰编选，人民文学出版社 2023 年 1 月版）

第二辑

废名圈及其他

发掘诗人朱英诞

朱英诞（1913.4.10—1983.12.27），原名仁健，字岂梦，笔名有朱石笺、庄损衣、杞人、琯朗、净子等。祖籍安徽婺源，系朱熹后裔，寄籍江苏如皋，生于天津。家学渊源，累世仕宦，父亲朱绍谷擅长诗词，享有"神童"之誉。朱英诞曾就读于天津直指庵小学，1928年以高分考入南开中学，入学未满一年因摔伤而休学。1931年，在家自修两年后又以优异成绩考入天津汇文中学。次年考入北平民国学院，此时全家迁往北京。当时年轻诗人林庚在北平民国学院兼课，他与同学李白凤受到影响，也开始作诗，三人关系介于师友之间。抗战期间，在伪北京大学任教，主讲新诗，并编选《中国现代诗二十年集（1917—1937）》。四十年代末、五十年代初在冀东、北京一带任教。六十年代，身患重病，调到故宫博物院明清档案馆工作。晚年，自号皂石老人、魁父等，仍坚持诗歌创作，并未受时风影响。一生创作诗歌自编结集达25种之多，加上其他散篇、残稿，共计三千多首。朱英诞尚有大量遗诗、文稿有待整理出版。

朱英诞是二十世纪三十年代中期成名的一位诗人，也算是现代派诗人，也可以说是京派诗人。他的诗一开始便深受他的老师林庚的影响，处处步林老师的后尘；又因林庚的介绍与推荐，经常去北京大学旁听废名的课，并得以结识废名，乃又自称是废名的学生。朱英诞旁听废名的课，估计是听废名讲诗。其时，废名在北大开讲"现代文艺"，其中一项是"谈新诗"。废名的《谈新诗》在我国新诗诗论中独树一帜，与胡适、朱光潜、朱自清等同时代名家大师所论迥异，一时骇人听闻，成为突出的一家之言。朱英诞大概极其推崇废名的诗论，引为一己之作诗宗旨。而林庚与废名的诗论有相近似处,几成一派,于是朱英诞成为二位老师诗歌理论的忠实实践者;他也因废名、林庚的指点、提携得以顺利步入三十年代现代派诗坛。

近十几年来,研究周作人日趋成为显学,于是以其为精神领袖的京派也开始在学术界受到青睐,一时间研究京派或者京派作家的专著日见其多,周作人弟子辈的作家基本浮出水面,为世人所熟知。例如废名,其作品整理工作已发展到全集的编纂出版,传记年谱也已问世,研究专著也逐渐增多。他的《谈新诗》核心章节《新诗应该是自由诗》《已往的诗文学与新诗》最初由沈启无发表在1943年、1944年的《文学集刊》上,不久全部讲稿又由其学生黄雨整理交由新民印书馆出版。这部著名诗论在1984年又由废名侄子冯健男整理成增删本由人民文学出版社出版,其中补入的一章是《林庚同朱英诞的新诗》。这对于朱英诞是一件幸事,其人其诗得以保存下来。1998年辽宁教育出版社出版废名的《论新诗及其他》,陈子善还特地在"前言"中提到废名的《谈新诗》"发掘了鲜为人知的诗人朱英诞"。

后世学者终于在研究废名的过程中,知道有个诗人朱英诞,并知道朱英诞的诗才很高,恐怕不在林庚之下,也是新文学中真正的新诗诗人。可是这个诗人并没有他的老师废名和林庚幸运,作品整理、生平研究等情况极其糟糕,以致成为有待钩沉的诗人。直到《中国沦陷区文学大系诗歌卷》一书出版,朱英诞才作为北方沦陷区的代表诗人写进了《现代文学三十年》这部著名的断代文学史。但人们对朱英诞仍然没有较为全面的了解。新时期以来,朱英诞仅《吴宓小识》一文传世;其诗集《冬花冬叶集》在北京文津出版社自费出版,也无人关注;有关其人其诗文章仅钦鸿的《朱英诞和他的新诗》一篇[《辽宁教育学院学报(社科版)》1989年第4期],有关生平文章仅有历史学家何炳棣的回忆录《少年时代的朱英诞》(曾收入《冬花冬叶集》,最近又收入何炳棣《读史阅世六十年》一书)。

朱英诞作为一个现代诗人,是有其存在意义的。废名在《林庚同朱英诞的新诗》中说:"在新诗当中,林庚的分量或者比任何人要重要些,因为他完全与西洋文学不相干,而在新诗里很自然的,同时也是突然的,来一份晚唐的美丽了。而朱英诞也与西洋文学不相干，在新诗当中他等于南宋的词。这不但证明新诗是真正的新文学，而中国文学史上本来向有真正的新文学……真正的中国新文学，并不一定要受西洋文学的影响的。林朱二君的诗便算是证明。他们的诗比我们的更新，而且更是中国的了。"从废名、林庚一派诗论来看，朱英诞简直是一个有特殊天才的优秀诗人，他的诗与废名、林庚的诗一起构成中国新诗中一支特别的流派，而这个流派在他们看来则是中国新诗的正路。这派诗歌一般已并入现代派诗进行研究，其实他们与戴望舒等的诗还是有一定区别的。1937年，卢沟桥事变爆发，北方作家纷纷南下，诗歌中心也由北京转入昆明等大后方。于是，现代派诗几近断流，但留在北京的朱英诞仍然坚持与废名、林庚在书信中讨论新诗出路，坚持固有诗歌理想，在北方沦陷区成为一个独特的存在，延续了三十年代废名诗歌理论的生命。当时深受废名诗论影响的诗人还有沈启无、黄雨等。他们继续在北方沦陷区大量发表废名的书信、诗歌、诗论等，成为沦陷区诗歌创作的一面旗帜。新近出版的《吴兴华诗文集》中的附录文章中，有研究者也承认了废名诗论对北方沦陷区诗歌的影响。沈启无则专门最早地研究了废名诗论，他指出："废名先生及其一派，即是顾到历史的意义，并且依傍文化的，故其性质乃同时是古典的。"这里明确提到"废名先生及其一派"，可见那时废名虽然已回到黄梅乡间，但影响却极其深远，以至有成为一派的说法。弥漫在北方沦陷区诗坛的古典情调，不正是废名诗歌及其诗论阴魂不散的表现么？朱英诞在此扮演了重要的角色，他是以废名、林庚的传人的身份最有资格地宣传这一诗潮并亲自参加实践的。他一面在伪北京大学开讲现代新诗（现存有"现代诗讲稿"），一面发表大量诗作，继承了废名在三十年代未竟的新诗研究工作。四十年代末，废名重返北大还特地赞许了朱英诞这一工作。从这些意义上讲，我们可以大胆地说，诗人朱英诞是不应该被遗忘的，他的诗理所当然地应该与废名、林庚的诗受到同等关注。同样地，朱英诞、沈启无、黄雨、南星、路易士、吴兴华等北方沦陷区诗人也应该受到与大后方"九叶诗人"同等关注。

废名诗学，自潘颂德、冯健男、孙玉石等著名学者开掘以后，近几年来日益受到学界特别是新诗研究学者的关注。最近青年诗人西渡编辑出版的《经典

阅读书系 名家课堂》，其中有关新诗部分其实是以废名诗学观为准绳进行选编的。在新诗处境日益艰难的今天，废名诗学观成为一部分人的"危机时刻的诗歌选择"是不难理解的。废名密切关注传统诗歌对新诗的制约，而提出新诗要有"散文的文字，诗的内容"才能彻底获得自立。于是废名把"新诗要成功为古典"视为"千秋事业"，但这个伟大的新诗征途上，同路者究竟太少，当废名发现林庚、朱英诞二人的诗歌的时候就不免欢呼雀跃了。在《〈小园集〉序》中废名毫不掩饰地祝愿朱英诞在这个事业上有所贡献，并称朱英诞诗的存在好似"六朝晚唐诗在新诗里复活"，而在《林庚同朱英诞的新诗》又直接说"朱英诞也与西洋文学不相干，在新诗当中他等于南宋的词"。

作为"废名诗派"的一位重要诗人，朱英诞的三四十年代诗作的诗歌特色也很鲜明，概括起来大致有以下四大特点：一、用语奇崛，甚至不合文法，但比喻精巧。二、诗思飘忽，不易琢磨。废名读朱英诞的诗也说"不可解，亦不求甚解，仿佛就这样读读可以，可以引起许多憧憬似的"。三、思想深厚，气象澄清，境界新奇，自成高格。四、古典的现代田园诗。将朱英诞的诗与废名、林庚二人相比，我们会发现，在形式上朱英诞受林庚影响多些，但在境界、内容上，与废名更相近、相通。朱英诞诗的晦涩、古朴，更貌似废名，可谓神合。但朱英诞亦绝非对二位老师亦步亦趋，他是有一定创新的。《现代文学三十年》评价朱英诞道："朱英诞则是陶潜风范的渴慕者，他在想象中过着一种山水行吟诗人的生活，在'人淡如菊'的散淡闲适的日常生活背后体味自然人性的真意（《读陶集后作》）。作为林庚的弟子，朱英诞的田园化倾向比起导师来既是一种对诗歌风格化的追求，更是一种生活态度，而这种生活态度在战乱年代里具有一种代表性。"

朱英诞其人其诗未受到重视的原因是多方面的，大的背景是整个北方沦陷区的诗人受到的重视都不够，只是近年来吴兴华研究稍稍有点起色，而其他如沈启无、黄雨等均无人发掘、关注。其次是他的诗受废名、林庚影响太大，造成的局限性也就很大。此派诗风古朴、晦涩，长期不为主流诗坛接受，直到朦胧诗派崛起的时候，才作为"溯源"存在。关于朱英诞诗的晦涩朦胧，林庚有他一贯的评介和理解。还是在福建长汀的厦门大学教书的时候，林庚在致朱英诞信中说:"近来诗境进益如何,听兄年来篇什不甚开展,一旦闭目觅句,则又恐易入巧途中,此宋人终身病也。"八十年代林庚继而在《朱英诞诗选书后》中又谈道:"他似乎是一个沉默的冥想者,诗中的联想往往也很曲折,因此,有时不易为人所理解。"三是他的诗集都是自费出版的,不易公开发行拦截了一般研究者的视野。而他生前发表诗作也不多,估计不超过30首,发表他的诗作的主要报刊是《中国文艺》《风雨谈》《华北日报》等;朱英诞生前为世人所知的诗集、诗选仅仅三种:《无题之秋》《小园集》《损衣诗抄》,其中《无题之秋》出版于1935年,《小园集》却因战争原因没有出版,《损衣诗抄》刊载于1943年《风雨谈》;他在文坛交游的圈子也不大,与他谊兼师友的文人有何炳棣、蹇先艾、林庚、废名、周作人、沈启无、李蔓茵、李白凤、闻青等,他所崇敬的诗人有陶渊明、李贺、朱湘等隐逸或悲苦诗人。其中与对他影响最深的是林庚、废名,朱英诞在八十年代还对废名念念不忘。

　　朱英诞一生作诗在3000首以上,是个典型的"诗痴",这在中国新诗史上是极为罕见的。一般诗人诗作仅数百首乃至几十首,他恐怕是我国诗歌产量最高的新诗诗人之一。朱英诞的诗歌创作虽然在1949年初受到一定政治影响而诗风稍变,但他的诗歌创作道路总体倾向和发展流脉仍是"废名式"新诗一路。老诗人牛汉为《冬叶冬花集》题词时说:"诗的新或旧,主要体现在诗的审美意境与诗人的情操之中,所谓意境与情操与现实的人生是决不可分隔的;而不是学外国诗才能写出新诗,学中国诗的传统就必定成为旧的诗。不能这么绝对的论定。废名先生于半个世纪前论述《冬叶冬花》作者朱英诞的诗时,曾提出这个观点。我以为这个观点今天仍然值得我们深入地去思考。朱英诞的许多诗直到现在并没有陈旧的感觉,诵读起来还是很新很真挚的。"可以说,在废名诗学的一路上,朱英诞是坚持得最长久的一位,在革命诗歌盛行的六七十年代,朱英诞不畏寂寞,仍然坚持原有诗歌理想,创作大量现代色彩浓厚的诗歌。在废名、卞之琳、林庚与北岛、舒婷、顾城长长的诗歌史沟壑中,朱英诞无疑成为一个有意思的无意存在。

　　近年来许多现代诗人被发掘出来,就连徐迟也走进现代派诗研究者的视野;另外同为林庚学生的现代派诗人李白凤近年来也受到出版界、学术界的关注,而朱英诞的诗才并不在李白凤之下,李白凤尚未得林庚的真传。现在给予诗人朱英诞应有的关注是必要的,出版《朱英诞诗集》更是一件重要的具有基础性意义的工作,而在中国新诗地图上标识出朱英诞的位置希望也是今后研究者探讨的一个课题。

作于 2005 年

记住诗人朱英诞
——喜读《新诗评论》第六辑

　　研究现代文学史的学者恐怕都不知道朱英诞是谁，作为一个诗人，这是他的悲哀。然而，这种局面现在要被打破了。最近收到陈均先生寄来的《新诗评论》2007 年第二辑（总第六辑）以及《新文学史料》2007 年第四期。这两本书里都收录有《朱英诞专辑》——这不妨可看作是朱英诞被重新"出土"的一个重大信号。这一册《新诗评论》是由陈均主编的，其中有两个专辑，一是《林庚纪念专辑》，二是《朱英诞专辑》。这两个专辑将近占了全书的一半。在《林庚纪念专辑》中，又有一篇是林庚写给朱英诞的十封信。

　　朱英诞（1913.4.10—1983.12.27），本名仁健，字岂梦，笔名有朱石笺、庄损衣、杞人、琯朗、净子等，原籍安徽婺源，寄籍江苏如皋，生于天津。他是朱熹的后裔，朱家自南宋以来家学源远流长，累世仕宦，他的父亲朱绍谷也擅长诗词，少时享有"神童"之誉。1928 年，入南开中学，未满一年因摔伤而休学，遂居家自修。1932 年考入北平民国学院，与李白凤同学，时林庚在该校任课，三人常在一起写诗论诗。1935 年秋，在林庚的介绍下结识废名，从此在诗坛追随林庚、废名二人。不久自费出版诗集《无题之秋》，此系诗人生前唯一一部公开面世的著作。1940—1941 年在伪北大担任讲师。在沦陷区的文坛，朱英诞非常地活跃，发表大量诗文，曾与沈启无一起编辑《文学集刊》，并编选废名、沈启无的诗合集《水边》。1949 年后在贝满女中教书，直至退休。后半生一直坚持写作，留下几千首诗和大量遗文，这些饱含五四之风的著作均未出版问世。1983 年逝世前的半年里写下两万字的自传《梅花依旧》。他所补充完整的废名的《新诗讲义》即将由北京大学出版社出版。这部新诗讲义前半部分为废名的《新诗讲义》（世人误为《谈新诗》），后半部分为朱英诞所添加，并将废名的那一部分进行评点。一部完整的新诗史著作终得完稿，此真可谓现代诗坛中师生合著一部诗话的佳话，而这部独树一帜的新诗史话也必将以全面新的面貌示人。

《朱英诞文章选辑》共收录朱英诞的文章 31 篇，大多是朱英诞关于诗歌或诗人的见解，颇多独到之处，有些还起到丰富文学史料的作用，而这些文章多半未曾公开发表过。如《苦雨斋中》《废名先生所作序论》《俞平伯小识》《水边集序》等很值得关注，为以上人物提供了一些新鲜的材料。又，沈启无的学生、朱英诞之妻陈萃芬女士在《关于诗人朱英诞》的回忆中明确指出周作人被刺沈启无确实是替他挨了枪的，并不是周作人在《元旦的刺客》一文中回忆的沈启无声称"我是客"来转移刺客的注意力的，这无疑为周作人被刺事件提供了新的史料。所以，《朱英诞专辑》值得读者好好地关注，这对于"废名圈"之现代派遗脉在沦陷区的文学史研究中具有很高的史料价值，由此还可以解答许多疑案。

喜读之余，不免也有遗憾，主要是时间考证及校订还是存在一些问题：

《林庚纪念专辑》中收录了林庚写给朱英诞的十封信。首先，藏书家姜德明先生早在《信及诗》一文中介绍了废名致朱英诞、林庚致朱英诞的信，明确指出林庚致朱英诞的信发表于《辅仁文苑》第二辑，并在文中做了摘录，别人早在文中即已提及，何须今日研究者来"辑佚"？何况"辑佚者"在辑佚附记中对信的写作时间判断是有问题的。

"附记"云："这十封信中，前八封写于北平，约为 1936 年，九、十三两封，则分别写于 1938 至 1939 年。"在第三封信中，林庚说"废名先生序亦写来""今日初雪，十月阳春"，说明该信写作时间是 1936 年 10 月。查《废名年谱》："1936 年 11 月 13 日，发表《〈冬眠曲及其他〉序》。后收入林庚诗集《冬眠曲及其他》。该诗集 1936 年 12 月出版，由林庚自费印行，风雨诗社藏版。"此与信中的时间刚好相互印证，因为废名写序的时间肯定在发表之前。又第一封信提到"《冬眠曲及其他》已决定即刻木刻"，第二信提到"打算数日内便以付印"，三封信都是谈《冬眠曲及其他》出版之事的，应可推出前两信写作时间只是稍稍提前而已，但不会是 1935 年。所以第一至第三信写作时间是 1936 年。

第五封信中有言："文楷斋书尚未送来，想须过了元宵也。元旦新春无事，即问安好。"第六封信有言："象贤亦从青岛有信来。"按：象贤即朱英诞的同学李白凤，1936 年大学毕业后往青岛。在第五封信中又提到"象贤信原能面转"，说明在写第五封信时，李白凤已不在北平。以上说明第五封信是 1937 年初写的，而第六封信则稍晚。又，第四封信录有《冬之情曲》一诗，时间当在元旦之前，应为 1936 年末。

第七封信有言："苦雨斋之聚亦仍照常，惟少见废公及吾兄耳。"又以为朱英诞"或已赴津"。此信写作时间应在林庚离开北平南下福建厦门大学之前。按，林庚于 1937 年"七七事变"后往天津，再经由香港于 9 月到厦门大学。可见此信写作时间当在"七七事变"之前。

又信中云"今日午后拟视常出星先生，明日得暇盼能来一谈，当不出门也"，"常出星先生"疑为"常出屋先生"之误。废名一度卜居于西山，周作人请沈尹默为其书斋题名为"常出屋斋"，后来在周作人、俞平伯、沈启无、林庚等师友圈子中常以"常出屋""常出屋斋兄""常出屋斋居士"呼之，并时常出现在他们的书信中。而"星"又与"屋"字形相似，所以"常出星先生"疑为"常出屋先生"之误。

第九封信中提到"戴望舒诸人均在港，近来亦不作诗人了"。按：戴望舒到香港的时间是 1938 年 5 月，而信的落款时间是"十月五日"。此信写作时间是 1939 年 10 月 5 日的可能性不大，因为这组信是发表于 1939 年 12 月的。这说明此信的写作时间应是 1938 年 10 月 5 日。

第十（标题作"十三"）封信的写作时间落款是"五月二十九"，疑即 1939 年 5 月 29 日，刚好在第九封信的时间之后。

另外，在《朱英诞文章选辑》中许多文章里在行文中出现方格，不知是原刊脱落还是不可辨识。记得有一次我在《废名年谱》作者陈建军先生家中闲谈，他出示朱英诞为废名、沈启无的诗合集《水边》作的《水边集序》复印件，并无脱落之迹象，而在《新诗评论》中的《水边集序》中，"然而走后我才又沉淀的觉出不妙，无可奈何花落去矣"一句竟脱落一"淀"字。

此书的一大遗憾是没有收录朱英诞不同时期的代表作，如果另作一《朱英诞诗选辑》，让读者一睹其诗才那该多好！现在只好希望在今年废名、朱英诞合著的《新诗讲稿》出版之后，有爱好者为其出版《朱英诞诗集》了。但愿有那么一天！

作于 2008 年 1 月

我与朱英诞研究

——在北京大学《朱英诞集》座谈会上的发言

写下这个标题,并非突出我个人的研究成绩,而是强调朱英诞研究对我个人的非凡意义。朱英诞研究在我的学术生命里占有一个重要的位置。虽然2008年以后,我基本不再研究朱英诞,但我始终关注着,并努力推动着朱英诞研究与出版的进程。

我是湖北黄梅人,废名的乡党,我从中学时代开始搜集整理与废名有关的文献资料。2004年上大一的时候,我就写了一万字的史论《废名在黄梅》,不久在《新文学史料》发表。在研究废名的过程中,我发现了朱英诞,为他消失于文学史感到遗憾和不平。

当时只有两篇文章介绍朱英诞,一是钦鸿先生于二十世纪八十年代末写的《朱英诞和他的新诗》,发表于《辽宁教育学院学报》,虽然失于简略,且主要立足于介绍南通本地乡贤的角度来写,但这是朱英诞身后第一篇介绍他的文字。第二篇是书话家姜德明在研究废名时,着重谈了废名和朱英诞的通信交往,他是借助于旧报刊的资料优势,顺带也介绍了一下朱英诞。虽然这篇文章不是专门关于朱英诞的,但对推动人们认识废名和朱英诞之间的传承关系有重大帮助,我在写《废名在黄梅》时,适当采用了这一点史实。

我对这一点点研究感到很不满,既未摘引朱英诞的诗歌,又未见到诗人的文学面目,朱英诞给人的感觉依然是一片模糊。2005年夏,我想办法联系上钦鸿先生,从他那里得知朱英诞的儿子朱纯先生的联系方式。朱纯先生给我寄来在文津出版社自费出版的《冬叶冬花集》，我如饥似渴地读起来，并很快写出一篇三千多字的文章《发掘诗人朱英诞》，介绍和评价了朱英诞其人其诗。但这篇文章写完后，很长一段时间没有地方发表，大概将近过了一年，才发表于2006年6月26日的《藏书报》上。

正是这篇文章，引来陈子善先生给我的信，他请《藏书报》转寄给我。在信中，陈先生对我这篇文章评价极高，说了一些诸如填补研究空白的话，勉励我继续研究朱英诞。这篇文章开启了我跟陈子善老师长达十几年的学术交往。2009年，我第一本著作在台湾和大陆出版，都是陈子善先生作序。我编《许君远文存》请陈先生作序。2010年，我研究和整理梅光迪讲义，陈老师联系发表和出版。2012年，我的十年学术文集《文学史上的失踪者》出版，陈子善先生推荐。我们关于朱英诞的这次通信，甚至在一定程度上，也为后来陈子善先生决定出版朱英诞的《李长吉评传》埋下了伏笔。2013年，朱英诞诞辰一百周年，朱纹编了一本集子，也是我邀请陈子善老师作序。因为一篇小小的文章，能够让我结识陈子善老师，对我后来的学术道路的影响不可估量。这一切，都源自于朱英诞研究。我应该感谢朱英诞，感谢陈子善老师。

《许君远文存》出版，我还同时邀请了谢泳先生作序，当时也是冒昧之请，他满口答应，还在回信中说，早就关注过我发表在《藏书报》上研究诸如朱英诞一类的文学史上的失踪者的文章。后来，谢泳老师为我写了一篇《眉睫的学术趣味和学术方法》，不能不说，这也是早年我研究朱英诞带来的学术因缘。

从2005年到2008年，我先后写了好几篇关于朱英诞的文章。第一篇《发掘诗人朱英诞》的文章，2006年同时发表在民刊《诗评人》上。主编杨继晖十分重视，2008年又让我配合他组织了一期《朱英诞专刊》。台湾老诗人向明那篇文章就是我约的稿，并给他寄去一些包括我的文字在内的相关资料。

2006年10月，废名儿子冯思纯来武汉，当时他住在他的堂哥冯康男先生家。我又提到朱英诞，并说我已经联系上朱英诞的子女。没想到，冯康男先生说，朱英诞的爱人陈萃芬女士跟他一直有联系，年年给他寄贺卡，还寄朱英诞的诗集。我听后感到十分惊喜，连忙给朱纹老师打电话，就在这次电话里，促成了废名儿子在北京跟陈翠芬、朱纹一家见面。当我翻看陈翠芬女士寄给冯康男先生的贺卡和赠书时,为落款"学生朱英诞、陈翠芬"而动容,这个落款足见半个多世纪以后,朱英诞全家对废名一家的敬意。

还记得 2006 年前后,香港洪叶书店正在筹划出版废名诗集,我把朱英诞诗寄去,希望他们出版,未果。2008 年,我因发现沈从文的一封佚函引起数十家纸媒的报道,被台湾蔡登山先生注意到,而有了在台湾结集出书的机会。这时我又想起为朱英诞出书的事来,于是告诉陈均先生,为他牵线,秀威出版公司才把朱英诞的两本集子出版。后来朱绮女士也通过这家公司出版了《风满楼诗》。

后来陈均兄在《新文学史料》推出"朱英诞专辑",又整理出版废名与朱英诞的合著,我先后撰写两篇书评响应,都是为了希望朱英诞受到更多的重视。

现在见到十卷本《朱英诞集》,我认为我的十几年前的呼吁和期待得到了实现。主编王泽龙教授及其团队,在整理、编纂《朱英诞集》的过程中,同时研究朱英诞,这个学术过程、研究方式本身就值得研究、值得学习,这是一种建筑在出版之上的开创性、探索性的学术工作,与古人治学有异曲同工之妙。

我总认为我们不能以几十年、上百年,应该拿出数百年乃至上千年的时长来看朱英诞。废名早就评价过朱英诞的诗,等于南宋的词。这个评价应该是我们研究朱英诞的一个立足点,真正从文学史、诗歌史的高度来找出朱英诞的位置,我深信《朱英诞集》的出版一定能带来极大的推动作用。

值得注意的是,这些年朱英诞研究有大进展,但如同我上面所说要拉开时间维度观察朱英诞,不迈出这一关,如何拉得开?

现在回想起来,我之所以研究朱英诞,是因为我搞学术研究没有势利眼,这涉及我的文学史观。我认为:文学史的书写由历代中国顶级的文学家完成,而不是由研究者。研究者只能打捞、搜集、整理和基本的评述。文学史的生成的和文学作品的经典化过程需要上百年甚至上千年,而且一直处于动态过程。中国文学史上的大作家往往在他所处的时代影响不大,陶渊明在魏晋南北朝被列为中九流,宋代苏轼才推高陶渊明。杜甫直到宋代才被称为大诗人。苏轼等唐宋八大家被认为是唐宋最伟大的文豪,明末清初才完成。蒲松龄直到胡适推崇后才被认为是杰出的短篇小说家。我们今天说的唐诗宋词元曲明清小说是晚清民国才形成的见解。废名曾说，只有当读者和作者处于同一水平线才可以鉴赏。可见研究何其难，文学史的写作难上加难。

以上经历与观感，供大家批评指正。衷心祝贺《朱英诞集》的出版！

2018 年 6 月

想起被遗忘的诗人石民

今年是梁遇春诞辰一百周年的日子，使我很自然地想起这个翩翩少年；同时我也想起了石民和废名。石民恐怕一般读者都已经不知道了，他的著作现在也很难见不到了。于我而言，石民是文学史上的一个神秘人物。《叶公超传》中对身为叶公超得意门生的石民只字未提，可见石民被遗忘的程度。

石民（1901—1941），湖南邵阳人，字影清，诗人、翻译家、散文家、编辑。"石民自幼聪明好学，仪表英俊，在亲友中有才子之称。"（唐甫之：《怀念石民》）1924年，石民毕业于长沙岳麓中学，以优异成绩考入北京大学英语系，当时在英语系任教授的有林语堂、叶公超、陈西滢、温源宁、徐志摩等，同级或上下年级同学有胡风、废名、梁遇春、张友松、尚钺、游国恩、冯至、许君远等。1928年毕业，获得文学学士学位。1929年赴上海，在北新书局任编辑，曾编辑《北新月刊》《青年界》等。石民学生时代即开始诗歌创作和翻译，1930年前后，在文坛尤为活跃，不少诗歌、翻译、散文发表在《语丝》《骆驼草》《文学杂志》《北新》《青年界》《现代文学》《文艺》（武昌）《大侠魂》《民立学生》《现代学生》等报刊上，与废名、梁遇春齐名，可称作是"骆驼草三子"。1932年11月与尹蕴纬在南京结婚，二人伉俪情深。1936年到武汉大学任教，1938年随校内迁四川乐山，不久因肺病加剧告假，回原籍医治，1941年初病逝。著有诗集《良夜与噩梦》，译有《曼侬》（与张友松合译）《巴黎之烦恼》《德伯家的苔丝》《忧郁的裴德》《他人的酒杯》（诗集）等，编著有《古诗选》《北新英语文法》等多种教材，单篇译作、散文创作大约有近百篇。研究与回忆石民的文章就笔者所见有张文亮1929年发表在《语丝》

第 5 卷第 18 期上的《评石民底良夜与噩梦》、梁遇春《致石民信四十一封》、冯健男《我的叔父废名·石民》和《关于诗人石民》(原载《新文学史料》1989 年第 4 期)、梅志《有关石民情况的两封信》、唐甫之《怀念石民》(原载《新邵文史资料》第 4 辑)、石景荃《对〈怀念石民〉一文的订正与补充》、谢韵梅《湘籍第一个象征派诗人》(原载《湖南社会科学》1989 年第 6 期)等八篇。石民诗作有七首收在孙玉石所编《象征派诗选》中得以问世,《新诗鉴赏辞典》等诗选有辑录并作赏析。

在石民不长的文学生涯中,最值一提的是他与废名、梁遇春一起走上文坛,在二三十年代的文学史上留下共同前进的身影。石民、废名、梁遇春初入北大的时候,他们并没有什么的交往。他们都有梁遇春所自况的"不随和的癖气",这在石民的《〈泪与笑〉序》和冯至的《谈梁遇春》中有过回忆性的解释。

废名以小说《竹林的故事》驰名文坛之后,石民、梁遇春也开始分别以新诗和散文名世,而且他们两人还是翻译的好手,都是英美小品文的推崇者。石民成为象征诗派骁将,梁遇春成为人生派散文的青春才子型作家,就是在那时形成的。他们因相似、共通的审美观和文学趣味,再加上北大同学的关系成名后走在一起是必然的。梁遇春在上海真茹的时候,与石民通信颇多。1930 年初返回北大之后,几乎天天与废名在一起,与石民的通信也更加地多起来。这些信件成为后世文人了解他们之间的友谊的最直接和最原始的资料。世人都说梁遇春是青春才子,风度翩翩。其实这是诗人应有的气质,而石民正是这样的一个诗人。温源宁曾对废名和梁遇春说:"石民漂亮得很,生得像天使!"梁遇春也说石民具有"彻底的青春"。而一般人想象的少年公子形象的梁遇春却以暮气满面的"中年人"自居。废名则有隐士之气,梁遇春连连在致石民信中佩服废名的静坐工夫。三人的性格有些不同,各自的文体偏好也不同,而能走到一起,这真是文坛佳话。

石民和废名、梁遇春的友情在废名主编《骆驼草》时期和梁遇春逝世前后表现得最令人羡慕和感叹。废名主编《骆驼草》的时候,常催梁遇春写稿,其中有几篇关于失恋的文章是背着妻子写的,偷偷拿给废名发表。《骆驼草》是个小型周刊,由废名主编,冯至做助手,写稿的有苦雨斋、废名、俞平伯、石民、冯至、朱自清、梁遇春、徐玉诺、鹤西等。这是一个同仁刊物,著名的京派发轫于此。只可惜，不到半年就停刊了。废名对《骆驼草》颇有感情，这是他北大毕业后亲自主持筹办的刊物，但终因冯至出国和其他原因，未能维持下来。这个刊物，算是永久停了，但他们之间的友谊之花并不因此而凋谢。

1931年初，石民因与北新书局老板李小峰吵架而失业，梁遇春托叶公超和废名在暨南大学、北京大学谋教书或办公处的职务，更希望废名能够成功，让石民在北京大学办公处做事，这样兄弟三人就"大团圆"了（梁遇春语）。废名、梁遇春大概也因石民的友谊，在《北新》《青年界》上发表了几篇文章。石民失业后，愁苦了一阵子。幸亏诗人"愁闷时也愁闷得痛快，如鱼得水，不会像走投无路的样子"（废名语），若真是如此，诗人其有幸乎？！

石民、废名、梁遇春之间最能得人和的，恐怕是废名。梁遇春对石民说："雁（按：指废名）飞去后，有时就觉得人间真没有什么可以畅谈的人。雁君真是不愧为红娘，他一去，你的信就滔滔不绝地来，愁闷如我者，自己也不知道多么欢喜。"而对于事理的见解，梁遇春也常佩服废名的独到之处，他视废名如兄长。1932年6月25日，梁遇春逝世。石民和废名等发起追悼会，并收集整理他的遗著，并为《泪与笑》出版，由石民、废名亲自作序，叶公超作跋。这样四人师友的情谊在《泪与笑》中得到完整保存下来。叶公超、废名、梁遇春在北平常有相聚的机会，倒是石民与他们见得少，以致梁遇春感叹说："雁君飘然下凡，谈了一天，他面壁十年，的确有他的独到之处，你何时能北上与这班老友一话当年呢？"没想到梁遇春先走一步，他们再没有一话当年的机会了。

二十世纪二三十年代，石民与鲁迅、胡风也有过密切交往。从1928年起至1936年鲁迅逝世，《鲁迅日记》中有关石民的记载达57次之多，1930年11月至12月，短短一个月中，鲁迅曾五次陪石民在上海的日本诊所就诊。1930年、1931年胡风从日本返沪时曾经住在他家中。胡风在"左联"工作时，他们仍常往来，《青年界》发表不少左联作家的作品，就是石民经手的。

石民后来在台湾武汉大学谋得教职，他感念于他与废名的情谊，时常从武昌到汉口看望废名的大哥冯力生先生，并以弟居。当时正处少年的冯健男（废名侄子）仰慕石民是诗人，将自己的幼稚的"诗集"拿给诗人请教。石民在1937年还有信请周作人转交废名，但万想不到的是诗人竟死于抗战之初，而那时废名已避兵乡间,与文学界断了消息。他知道石民的逝世是在战后,朱光潜先生告诉他的。据废名儿子冯思纯先生对笔者讲起,废名在1949年后仍然时时提起石民和梁遇春。

石民逝世时,长女纯仪八岁,次女缦仪五岁,幼子石型三岁。石民的太太尹蕴纬女士在抗战期间抚幼遗孤,艰辛备尝,曾作诗悼念石民,表现她对夫君的怀念以及自己生活的辛酸。1949年8月尹蕴纬到台北,1964年随子女侨居美国。石民的两个女儿都在台湾大学毕业,留学哥伦比亚大学,获硕士学位。儿子石型台湾"清华大学"毕业后,留学加拿大,又留学哥伦比亚大学,获博士学位。1992年,尹蕴纬在美国逝世。1996年7月,石型博士回老家祭祖,凭吊父亲亡灵,并换上镌刻有"诗人石民之墓"的墓碑(石景荃:《对〈怀念石民〉一文的订正与补充》)。

作于 2005 年秋

关于沈启无

——并说"破门事件"

近读《苦雨斋文丛·沈启无卷》，颇感兴味。诗人、散文家、学者的身份，沈氏都沾得了一点儿，虽然未必都能真正卓然成一家。然而，沈启无也确实是有一些才华的，他的作品也是周作人一群人作品的重要组成部分。我们读着，也总是仿佛闻到了知堂先生或废名先生的一点气味。

《苦雨斋文丛·沈启无卷》所收沈启无的散文，一共二十九篇，实则不是很全。看看《沈启无自述》里提到的作品，都有没收进去的。例如：《小实报》里的《下乡》《关于瓦舍勾栏》，《文笔》里的《杂志新编》，《中华日报》里的《另一封信》，《东北日报》文史副刊里的《新文化运动与新文学》，以及《三谈古文》《龟卜通考》和《再认识，再出发》等。又据《记沈启无先生》一文说："（沈启无）还有许多很早写的小文章，多半是没有发表过的，现在也在收集中，将来也许可以和读者相见。"可见，沈启无的"小文章"还很有一些。当然世人熟悉的《〈天马诗集〉附记》也居然被遗漏了。我相信以上文章，只要编者平时详加注意，应可阑入的。

沈启无的散文主要是小引、后记、序跋、读书随笔、书信、演讲等，真正略带抒情性质的，非常少。然而，我读起来，真是感到味道十足，真见性情，亦可见沈氏真有见地。只不过，我们先读了知堂先生或废名先生的文章，现在才读沈氏散文，就难免觉得沈启无是在鹦鹉学舌了。其实，我不作如是观。假使我们回到历史现场来看，我们应认为这也代表沈启无自己的文艺观，既可以说是受了知堂先生的影响,也可以说是对他的呼应。强自认为是鹦鹉学舌,未免有意贬低沈启无。废名先生的不少文章,又何尝不是受知堂先生的影响呢?

《〈近代散文抄〉后记一》《〈近代散文抄〉后记二》《中国文学的特质》《〈大学国文〉序》以及几篇谈古文的文章,都是在宣传、呼应知堂先生的文艺史观。而《关于新诗》《闲步庵书简钞》《〈文学集刊〉后记》《关于诗的通信》等论调则与废名诗论近之。至于《闲步庵随笔》《闲步偶记》《刻印小记》《记王谑庵》《读稗小记》等读书笔记又是呼吸着知堂先生的空气。此外,略带抒情气息的《却说一个乡间市集》《关于蝙蝠》《南来随笔》等,也真见沈启无的兴趣、心境和文艺眼光了。与知堂先生相比,沈启无散文的分量很轻,连废名的散文都赶不上。但他们呼吸的是同一种气息,从语言到观点,都是相通的。

沈启无是知堂的四大弟子之一,然而在众师兄之中,他与废名的关系是最好的。所以又与废名一起谈诗,并写下不少类似废名诗作的诗歌,意象、用词、诗情十分接近,有些简直可以乱真。不过,沈启无很有自知之明,他曾将自己与废名相比较地说:"废名先生的隐逸的性分重,所以比较喜欢隐晦的诗多。同时有他的崇高哲学作背景,所以创作诗常表现其无端的深邃,我则兼爱平实,自己平常又很重视经验,所以不免流于广杂。因此在作风上与废名先生也渐有了差异。"确实如此,沈启无的诗较废名的诗为好懂。再读他的《纪行》,则见不到废名诗的感觉了,他确实是有自己独造的地方的。《沈启无卷》全收《思念集》,让我们可以饱览其诗了,这真是一种幸运。

谈沈启无,难免要谈"破门事件"。《沈启无卷》也在附录中收了相关资料文章。下面笔者也谈谈自己的浅见。沈启无早年激进,他大概与其师知堂先生一样,属于外冷内热的人。知堂附逆,牵着小弟子沈启无。二人品性类似,而力量悬殊,在那种特殊的并非正常、平等的环境下,二人难免会有摩擦,并难以用平常心态为人处世。破门事件,世人多信知堂先生所说。在沈启无的回声《另一封信》和《你也须要安静》以外,我们且来听其他"声音"。沈启无的学生、朱英诞之妻陈萃芬在《关于朱英诞》(原载《新文学史料》2007年第4期)一文中回忆说:

关于周作人遇刺那件事,我们在学校里说的是,沈启无大年初一到周作人家拜年,结果挨了枪,是怎么回事呢?周作人出来送客,送到门口,有两个人冲周作人开枪,周作人趴在地上了,我们这老师沈启无,趴周作人身上了,保护他,结果沈启无挨了两枪,到现在子弹还在里头呢!周作人没挨。别人写的不对,这事现在人人说法都不一样。当时我们上课,有时沈启无先生还说笑话,说子弹还在他身上。因为周作人这几个学生都挺忠实的,后来我就不知道了。……后来两人感情彻底掰了,利益不一样,周作人厉害着呢!

刺客的目标不是沈启无,而是周作人,沈启无原也没有为恩师挡枪的义务,但沈启无因此事而受枪伤确属真,且不管沈启无是为周作人挨枪,还是声称“我是客”转移刺客注意力。对“元旦刺客事件”,二人认识不太一致。周作人在《关于老作家》中说:

> 后来慢慢传言沈某因救我而受伤,去年夏天沈杨(启无)寄来一张南京《中报》,记其在中央大学讲演的事,有此说法。

如果,沈启无在刺客事件起了反面作用,即声称“我是客”转移刺客注意力,让刺客直指周作人,他还会寄登载救师“传言”的报纸给周作人看吗?如果他是一个正常人,他不会这样做的。因此,个人认为周作人“我是客”的说法是不太可信的片面之词,而沈启无是否救护老师,也难以找到佐证,但他自认是救护了老师的。

其实,按照周作人的脾性,如果沈启无真的声称“我是客”转移刺客注意力,这比写文“攻击老作家”还严重吧!那他应该在1939年元旦之后就把沈启无“破门”的,怎么还会等到1944年呢?再说,如果沈启无真的声称“我是客”,而外间一直认为沈启无救护了周作人,那他早应该出来辟谣,为何是到了1943年二人感情出现嫌隙之后才开始渐渐“解释”呢?

再看看周作人又是如何对待朱英诞的,陈萃芬回忆说:

周作人发现他(朱英诞),把他请去……周作人发表文章说朱英诞是"小友",说他年轻、有才华、能写……后来英诞不去周作人家了,跟我说,"我把他得罪了"。怎么回事呢? 英诞写了一篇文章,说周作人像一头大象,这篇文章不知道怎么被周作人看到了,把他给辞了。

这点小事,一点戏谈,周作人便赶走了朱英诞,断了人家的"口粮",可见"周作人厉害着呢"。至于周作人又称沈启无化名"童陀",写文攻击他这个"老作家",为片冈铁兵的"帮凶"(沈启无自称不认识片冈铁兵),而发表"破门声明",不过是如出一辙。周作人还乘势追打,提到元旦刺客旧事,作了阐发,并主动与沈启无断绝一切公私关系,不经教授评议会的正常程序开除沈启无教职等等,导致沈启无在北平实在待不下去,亦未免不近人情而显得霸道、强横。

"破门事件",我是同情沈启无的。

文学史上的失踪者
——以朱雯为例

　　我一直很关注文学史不曾提到的文学家。在古代，因为形成了不同层次的学林体系，成就不同的文人得以进不同级别的史志典籍。譬如，如果一个文人在某省有很大的影响力，那么在编撰通志的时候会将其进行详细介绍，如果影响力仅局限于乡里，则只能在县志以专文介绍，虽然在通志也可能会出现他们的名字，但只能一笔带过。这种结构对于文化的积淀、传承有很大的意义，让我们可以按图索骥，非常简便。

　　然而到了现当代，"地方文学史"没有形成什么气候，许多有较大影响力的作家很快湮没不闻，甚至一度在全国有影响的而最终还是未写进文学史。最近一二十年，一直提倡重写文学史，老作家梅娘还为自己写进《现代文学三十年》这部断代文学史而欣喜不已，连笔者关注的废名诗学传人朱英诞也以沦陷区诗人的身份写了进去。我把这些有较大影响力的现当代作家称为"文学史上的失踪者"，主流文学史很少或根本未提及，而现当代区域文学史又未形成气候，于是他们几乎没有"抛头露面"的机会，但翻阅当年的报纸杂志，你又总是能看到他们的名字，与文学史上某某作家关系密切，甚至有传承的关系，因此关注这类"文学史上的失踪者"意义非同小可，对于充实文学史、传承文化有着非常重大的意义。

　　很早以前读了沈从文作于1933年7月的《论冯文炳》一文，最后一段提及废名（即冯文炳）在当时产生的影响："在冯文炳君作风上，具同一趋向的，曾有所写作,年轻作者中,有王坟、李同愈、李明琰、李连萃四君,惟王坟有一集子,在真美善书店印行,其他三人虽未甚知名,将来成就似较前者为优。"并在前文中又承认时下评论,自己与废名的作品最有相似性,还在此前的《〈夫妇〉题记》中承认"受了废名先生的影响"。这说明,废名当时的影响非常大,不但影响了稍后的沈从文,还影响了更年轻一代的小说家,这里沈从文还将他们四人的名字罗列了出来,而他们几乎没有一人为我们所熟知。经过多方搜查,方知王坟即后来以翻译名世的朱雯,李同愈为青岛籍的作家,李连萃则为抗战期间大名鼎鼎的东北作家群之中的李辉英,而李明琰始终不知是何人。这四人,除了李辉英写进了一些文学史著作之外,其他的皆湮没不闻,或稍稍被提及,但考诸其后的文学活动,朱雯、李同愈等皆非常活跃,与现当代文人学者均有非常密切的联系,可以说他们也完全融入了现代文学史中。

朱雯(1911—1994)字皇闻,笔名王坟等,原江苏省松江县人(今属上海)。1932年毕业于苏州东吴大学,曾在江苏省立松江中学、广西省立桂林高级中学、震旦大学文学院、上海师范学院任教。二三十年代主攻创作,著有《现代作家》(1929)《旋涡中的人物》(1931)《动乱一年》(1933)《逾越节》(1939)《不愿做奴隶的人们》(1940)等短篇小说集或长篇小说,并有情书集《从文学到恋爱》(1931年,与罗洪合著)、散文集《百花洲畔》,期间还编有《当代文法》《当代应用文》《中国短篇小说年选》(1934)《中国文人日记钞》等书,并办《白华》旬刊及《中学生文艺月刊》(与施蛰存合编)。四十年代转入翻译,主要译作有托尔斯泰《苦难的历程》三部曲、《凯旋门》《流亡曲》《生死存亡的年代》《彼得大帝》《三个伙伴》《里斯本之夜》等,直至逝世。近年出版有《往事如烟》(1999年,与罗洪合著,白屋丛书之一)。

1928年,朱雯考入苏州东吴大学文学院,喜读废名的小说集《竹林的故事》《桃园》等,此时沈从文也迷恋废名的这两本风格清新的乡土田园小说,并在文坛初露头角。当时废名别具一格的文风不仅在北大校园及北方文艺界倍受赞誉,即便在江浙上海一带也产生了影响。1929年,上海的《开明》《真善美》发表拙亭、毛一波的两篇文章《关于废名〈桃园〉之批评》《〈竹林的故事〉和〈桃园〉》对废名不凡的文学趣味、审美风格进行了高度评价,这是周作人之外发现的最早的关于废名的研究文章。毛一波(1901—1996)当时非常喜欢废名的小说，并于同年出版了短篇小说集《少女之梦》，引起朱雯的注意，也撰文予以评论，毛一波将其引为文学上的知己。很快，毛一波又介绍朱雯结识巴金等知名作家。当时的朱雯沉浸在诗意小说的氛围里，禁不住给沈从文（很可能也给了废名）写起信来。半个多世纪后朱雯回顾自己的文学道路深情地说："给我影响最大的作品，是我国的鲁迅、沈从文、废名……我最初学写的几篇小说，实际上都是对他（还有废名）的作品的拙劣的模仿。"可见，朱雯晚年也坦白承认了《论冯文炳》中观点，而该文中所说的"惟王坟有一集子，在真美善书店印行"当指朱雯1929年出版的处女短篇小说集《现代作家》。

通过阅读古今中外的优秀文学作品，特别是精读鲁迅、废名、沈从文等人的乡土小说，朱雯的文学道路发展很快。在现实中，引导朱雯文学道路的师友除上面提到的毛一波之外，更重要的是曾朴、曾虚白父子及他的老师苏雪林。在东吴大学的课堂上，朱雯喜听苏雪林的"宋词研究"课，并在《东吴年刊》上发表词作，课外却向苏雪林请教新文艺创作。假期朱雯从苏州路过上海回松江老家，总是往曾朴、曾虚白父子的真善美书店看望他们，平时也在书信中交流文艺。1928年—1929年的一年多时间里，朱雯先后在《知难》《北新》《真善美》等杂志上发表《清虚法师的死》等短篇小说。1929年4月，他把已经发表和没有发表的十个短篇小说编成小说集子《现代作家》，由苏雪林作序，交由曾朴、曾虚白父子的真善美书店印行。

1929年秋，朱雯与陶亢德、邵宗汉成立了白华文艺研究社，并于当年11月11日创刊了《白华》旬刊，得到当时许多知名作家的支持，如朱自清、苏雪林、曾虚白、郑伯奇、赵景深、毛一波、汪锡鹏、崔万秋、严良才等，当然更多的还是发表一批文学青年的习作。这个旬刊无稿费，总共出了八期，1930年1月21日终刊，它如曾虚白的评价打破了苏州冷寂的新文学文坛。其实，它的更大意义是突破了"鸳鸯蝴蝶派"占据苏州文坛的藩篱，给苏州陈腐的文气带来新文学的空气。另外，它也保持了《语丝》的一些风格，是在废名1930年筹办《骆驼草》周刊之前的一个小型旬刊，可以说《白华》《骆驼草》都是在《语丝》停刊之后一些作家所作的继承工作。

《白华》的创刊,极大地提升了朱雯的知名度,与文坛作家有了更广泛更深入的交往,如结识施蛰存等新感觉派作家即是一例。更重要的是《白华》成为他与罗洪结交的一个引子。1930 年 1 月,罗洪在松江工作,在一家杂志上看到《白华》的征稿启事,便将随笔《在无聊的时候》寄过去,此时《白华》已因经费问题难以为继,所以朱雯收到稿子后转到《真善美》,将《白华》可能不再出刊的消息告诉她。不久,朱雯回松江过年,与罗洪在醉白池相会,并送一本《现代作家》给她。于是,二人更加联系密切,经常通信。1930 年 5 月《真善美》发表了《在无聊的时候》,成为罗洪的处女作,不久又发表罗洪的第一篇小说《不等边》。朱雯与罗洪在文艺道路上相互扶持,成为亲密恋人,短短一年多情书竟达 109 封,于 1931 年结集为《从文学到恋爱》(有版本名《恋人书简》)出版,与当时庐隐、李唯建的《云鸥情书集》相映成趣。

1932 年春,朱雯、罗洪结婚,前来祝贺的文艺界朋友有巴金、赵景深、陶亢德、施蛰存、穆时英,沈从文刚好赴青岛,只能发来贺信。这期间,朱雯还为洪深主编的《每日电影》写了几篇影评。不久,朱雯大学毕业,在老家松江高中教国文。1932 年—1937 年,是朱雯在文艺界最为活跃的几年,他开始作为一个知名作家的身份在文坛上活动,编纂了多种书籍,如 1934 年的《中国短篇小说年选》等。可是,朱雯的文艺创作却因工作和编书耽搁了,从 1935 年开始,朱雯又开始拾起笔,写下《逾越节》。但从此朱雯的文学道路开始走下坡路。

抗战初期,朱雯出版了短篇小说集《逾越节》《不愿做奴隶的人们》及散文集《百花洲畔》,从此基本封笔,而将主要精力投入翻译中。可以说,作为文学家的朱雯,是以 1940 年为终结时间的。但是,朱雯作为继废名、沈从文之后的一名乡土田园小说家的地位应该给予充分肯定,作为废名、沈从文的早期传人,相比四十年代成名的汪曾祺,他应算是大师兄。在一定意义上讲,回顾废名、沈从文一派乡土小说,除了联系汪曾祺,也应将朱雯等人作为一环填补进去,在二三十年代的文学史上也应写下"朱雯"的名字!

作于 2008 年 1 月

有关废名的学生赵宗濂

近读赵国忠的《聚书脞谈录》，觉得很有意思，也很有价值，引得我一口气读完。

关于此书的书名，作者在《后记》中作了说明："不久前读过《古今》杂志上何揾彭的《聚书脞谈录》一文，印象还深……现成的一个书名摆在那儿，何不借来一用？"这样"偷"得书名，真有意思，不过反观书里的文章，又真感到相得益彰了。

赵先生是一个居京藏书家，他说自己非高校研究人员，仅是一个业余爱好者而已—— 这不过是作者的谦辞。其实，《聚书脞谈录》的学术价值非常值得学院派去关注。全书一共45篇文章，大多是关于现代文学的，它们对于深入现代文学研究将有不小的贡献。这些文章，大约可以分为几类。有些是关于著名作家的佚文佚诗佚史的钩沉，如《李健吾编〈文艺周刊〉》《陈梦家的佚诗》《俞平伯的佚诗》《周黎庵编〈宇宙风社月书〉》等；有些是挖掘了一些名气不够大而能丰富文学史研究的作家及其作品，因为这些作家往往与现代文学史上的著名作家有一定的关系，如《谢冰季的〈温柔〉》（谢冰季是冰心的三弟）《林榕的〈夜书〉》《从辅仁文苑的一张合影说起》（此文对沦陷区文学的研究贡献较大）；有些是关于报刊或版本的研究，从事推动对现代文学史上一些著名文学家的研究，如《彩色版〈子恺漫画选〉》《鲜为一见的〈北京文学〉》《星社与〈星报〉》等；其他还有一些文章是作者关于淘书藏书编书的一些看法、感悟，如《错谬甚多的〈唐弢藏书〉》《家藏签名本》《冷清的旧书市》等。不过，以上是笔者粗粗的划分,许多文章未必作了如此严格的区分,有些是几点融在一起写的,这都体现了作者扎实的治学功底和不俗的学术眼光。不过,对于此书中的文章,我也想提供一点自己知道的史料或表达自己的一些观点,愿与赵先生和读者朋友交流。

《从辅仁文苑的一张合影说起》专门讲述了辅仁文苑社的文学活动,包括1938年10月创立,1939年4月创刊《文苑》(后改名《辅仁文苑》),1940年编纂《文苑丛书》,直至1943年辅仁文苑社社长赵宗濂病逝。此文对于推动沦陷区文学史的研究或许将有一些贡献,至少提供了一些宝贵的信息、线索。辅仁文苑社的文学活动是构成沦陷区文学史的一个重要组成部分。当时许多著名作家或者后来成为著名作家的,都与它有过联系,如李霁野、杨丙辰、顾随、凌叔华、吴兴华、南星、孙道临、查显琳、张秀亚、赵宗濂、林榕(李景慈)等,他们大多是在沦陷区文学史上值得大书特书的人物。但对于辅仁文苑社的核心人物之一、社长赵宗濂作者似乎提到的不多,而且现今现代文学史著作对其也几无提及。文中说:

> 上面所列各书实际未能出全,仅知有赵宗濂的《在草原上》和查显琳的《上元月》两书问世……《在草原上》惜未见到,据说是一册短篇小说集,作者赵宗濂主持辅仁文苑社工作时间较长,但英年早逝,1943年因病故去。

笔者在1942年1月5日第5卷第5期《中国文艺》上读到小说家芦沙写的自传性质《略历》,其中云:

> 我的名字叫赵宗廉(按:原文如此),现年二十八岁,我的原籍是山东半岛南面滨海的一个县日照属下的一个村落,它叫作河山店;然而我并没有生活在那儿,实际上我却是生在吉林省桦甸县……在我十七岁那年,到吉林省城考入了县立中学,恰巧那时吉林城唯一的记叙文大家沈立峰先生便在该校执教,于是我第一个导师开始领导我写作了……一直到民国二十三年(1934)(二十一岁)来到北京考入弘达中学后,才初次投稿,这时寒先艾先生在弘达教书,在我高三时,他教我国文,对文学写作上的鼓励,是有相

当关系的……我最重要的时代,是二十四年考入北京大学和废名接近以后的两年内,我得到他的指导最多。从那时起,我真正认清了我自己的路子,我便毅然地向我自己这路子上努力,据废名和寒先艾的意见,似乎我的努力没有失败,于是我便以这一种风格,制造了很多短篇,陆续发表在当时的报章杂志上;这便是我收在《在草原上》小说集里的东西……现在因为个人胃病的关系,及主编《辅仁文苑》的忙碌,故写作较少……我希望第二个集子很迅速的结成。

可见,沦陷区小说家芦沙就是辅仁文苑社社长、主编赵宗濂(1914—1943)。关于他的生平还可以增添两笔:1937 年,由伪北大历史系转入辅仁大学历史系;1942 年暑期后,接任竞成中学校长。据笔者所知,赵宗濂的短篇小说集《在草原上》出版于 1940 年,收有《雨》《过年》《彩票》《一只火枪》《一个老人》《丰收》《同行的御者》《鬻奶》《在草原上》《信》《秀儿》《在饭馆里》《离婚》《一个丈夫》《庞大哥》15 篇小说。发表以上自传之后,芦沙(赵宗濂)还在 1942 年 3 月 5 日第 6 卷第 1 期《中国文艺》上发表《关于新诗的几句话》,复述、宣传废名的诗论。真没想到的是,数月后他竟因病早逝,这与上述自传中提到自身的胃病可能有些关系吧。赵宗濂病逝后,其作品由阿茨(即李景慈)编为《逝者集》,作为“万人文库”第 45 册,由武德报社 1943 年出版。

《聚书脞谈录》是一本书话集,纯正的书话集。它的风格是散淡的、朴实的。然而,散淡、朴实丝毫不曾减少它的学术价值,只是增添了它的可读性。书中配了大量插图,既有艺术观赏性,更有史料价值。开本也是不大不小,如果你看到了它的价值,那真是一册在手,就会产生一种双手捧宝贝的感觉—— 至少我是如此,然后轻轻将它放在干净的地方,却又时时拿起来翻阅。这是一本具有藏书家的眼光,书话家的风格的著作,我愿意推荐给读者分享。

作于 2008 年

关于许君远

　　许君远(1902—1962)，河北安国人。现代作家、著名报人、翻译家。1928年毕业于北京大学英国文学系，与废名、梁遇春、石民、张友松等同学。二三十年代，在北平文艺界较为活跃，经常在《现代评论》《新月》《北平晨报》《华北日报》等发表小说、散文、文艺杂谈，深得丁西林、陈西滢、杨振声、沈从文等人赏识，被一些文学史家称为"京派代表人物"。后转入报界，深得张琴南、陈博生、张季鸾、胡政之等赏识、提携，先后在《北平晨报》《天津庸报》《大公报》《文汇报》等担任编辑、编辑主任、副总编辑，为《大公报》第二代中高层决策者之一，也是中国自由主义知识分子代表。一度在北平中国大学、上海新闻学校、暨南大学担任讲师、教授。1945年曾以《益世报》特派员身份参加联合国成立大会。1946年—1953年，担任上海《大公报》编辑主任、资料组长。1953年后在上海四联出版社、文化出版社、新文艺出版社担任编辑室副主任等职。著有小说集《消逝的春光》、散文集《美游心影》，译有《斯托沙里农庄》《老古玩店》等。主要作品后人辑为《许君远文集》(许乃玲编)、《许君远译文集》(许乃玲编)《许君远文存》(眉睫编)等。

　　许君远因他的兴趣爱好、知识背景和人生历程，而成为一个作家、报人和翻译家。在这三个方面，他都堪称自成一家。只不过，当作家是他的梦想，当报人是他的工作，而当翻译家是他的业余爱好。

　　作为作家的许君远，生前出版有小说集《消逝的春光》和散文集《美游心影》等。《消逝的春光》里的小说大多具有乡土味，反映故乡的人情、风物，极具新文学草创时期的某些深厚、朴素的味道。《美游心影》既有普通游记的艺术感，又融入了一个中国记者的观感，非常具有"通讯"的特色。同时，许君远还有不少抒情散文、游记小品，也自具一格，颇可一读。此外，许君远还有一些散文非常接近"梁遇春体"，很见他的性格、情趣。

作为报人的许君远，曾写有大量"特写""时评""通讯"等。可以说，撰写这些文章是他的本职工作。遗憾的是，许君远的这类文章，终其一生不曾结集出版。这对一个报人来说，恐怕是件遗憾的事。而许君远对他的一些新闻作品还颇为自得，他曾说："我采访表面上的社会新闻，并访问一些学术与慈善机构，写为报告式的'白描'。最初原是一种试验，不意《世界日报》《小实报》也竞起模仿。在抗战军兴以前，'特写'文章遂蔚成风气，始作俑者应该是我。"因此，收集许君远的"特写""时评""通讯"等，结成《许君远新闻作品集》出版，或许也不无是一件有意义的工作？

作为翻译家的许君远，至少翻译出版了四种著作：《印度政治领袖列传》（内中甘地、尼赫鲁的传记系许君远个人创作）、《斯托沙里农庄》《老古玩店》《莎士比亚戏剧故事》，都曾风行一时，广为流传。其中，《老古玩店》影响最为巨大，版本也最多，至今仍在印行。目前，还有学者专门写论文研究《老古玩店》的翻译特色和影响，可以说此书洵为经典译作。《斯托沙里农庄》（原版为竖排繁体本）经由笔者整理，易名为《北斗星村》，列入"中外百部儿童文学经典系列"，即将由湖北教育出版社出版。此外，许君远还有不少单篇或短篇的翻译作品，已由许君远之女许乃玲整理成《许君远译文集》（内容较为齐全）。1949 年以后，许君远的散文、小说以及新闻作品，都不曾出版或再版，然而他的翻译家身份，以及他的翻译作品却在翻译界留传了下来。于他而言，这是他的初衷吗？或者说是一件幸事吗？

以上或许属于编者"自话自说"。且从其他方面来让读者了解许君远其人其文。

1929 年春至夏，许君远在河北省立第十师范（即通县师范）担任教员，时张中行在该校读书。后来，张中行在《流年碎影》中回忆说："他是英文教员，名汝骥，安国县人。我没听过他的课，可是印象却不浅。来由还不少。其一，他长得清秀,风度翩翩,一见必惊为罕有的才子。其二,据说他写过小说出版,是鲁迅给他写的序。其三,他由南国北返,途经某地,与一妙龄比丘尼相悦,有情人竟成为眷属。还可以加个其四,是不久前听唐宝鑫同学说的,是他上课,不知怎么就扯到《西厢记》第四本第二折的'看时节只见鞋底尖儿瘦',念完,他让台下同学想象这鞋底尖儿瘦的形状,然后写真式地画出来。更有意思的是他也不甘寂寞,拿起粉笔,在黑板上也画一对。这是讲课的浪漫主义,我幸或不幸,没有听到看到,如果听到看到,以后进京入红楼,上林公铎的唐诗课,听讲陶渊明,就不会感到奇怪了吧?"

对于许君远的文学成就,有无大作家进行评定呢?且看一例。1935年11月,沈从文作《读〈中国新文学大系〉——并介绍〈诗刊〉》一文,为许君远等漏选进《中国新文学大系》鸣不平,文中说:"鲁迅选北京方面的作品,似乎因为问题比较复杂了一点,取舍之间不尽合理(王统照、许君远、项拙、胡崇轩、姜公伟、于成泽、闻国新几个人作品的遗落,狂飙社几个人作品的加入,以及把沉钟社、莽原社实在成绩估价极高,皆与印行这套书籍的本意稍稍不合)。"可见,当时许君远的文学成就,在鲁迅等人看来还不能跻身《新文学大系》,但沈从文却认为他达到了这样的层次。

不过,说许君远是作家,是报人,是翻译家,并不能概括其人。从许君远的整个一生来看,他是一个自由主义知识分子。而且,他在各种知识分子群体当中,是一个比较耐人寻味的人物。他不是一个革命斗争型的知识分子(虽然,他也有过一些抨击社会的激烈举动),也不是一个消极避世或纯粹兴趣主义的知识分子。因此,他不是很显露,也不是很保守。他的存在,可以说是自身影响力不够,也可以认为是当时的许多知识分子,采取的一种较为一般人理解、接受的存在方式。对于自己的人生和所处时代的不断变化,许君远有着非常清醒的认识。他曾两次写自传。

1947年,许君远发表自传之一章《糊里糊涂地进了新闻界》,文中说:"《晨报》是我的启蒙学校,《大公报》是我的研究院,……假定我不走这条路子,官场的逢迎丑态也许早把我窒息死,假定我不进《大公报》,则抗战期间留居故都,也许做了很煊赫的伪新闻官,今天也许被判十年八年的徒刑。便是不做伪官,也许走了李子揄兄的后尘，抱病故都，同愁苦奋斗而死。"

　　1956年，许君远又在一份上交的"自传"材料中回忆道："在北大读英国文学，成天钻在'象牙之塔'里读小说，写小说，只想成作家，做教授，除了文学以外，不知道还有另外的天地，这便是我忽视政治的原因。便是在报馆，我还是'兴趣主义'，总是注意有刺激性的社会新闻，忽视关键性的政治新闻。……一九四六年我重回《大公报》任编辑主任，因为当时恐怖笼罩上海，我对许多进步分子总是特别照顾（如方蒙），对潜伏的特务分子则竭力主张开除。不过我这种正义感是盲目的，只是不满现状的一种表现方式而已。而我本人由于不关心政治，总是站在中间偏左（即《大公报》路线）的地位上面。这种政治态度，受胡政之、张季鸾的影响最深。我是研究文学的，对政治不够关心。但也正是我不屑在国民党腐败统治下营谋职位的原因。"

　　——这是他作为一个自由主义知识分子最真诚、最具自知之明的总结。如果联系思考当时所谓左与右的选择、斗争，许君远的坦白是非常耐人寻味的。可以说，他真诚地说出了许多知识分子没有说出的真话。他没有刻意标榜自己，多么激进，多么"左"；也没有刻意"矮化"自己，多么"反动"，多么"保守"。当然，许君远在1949年之后，便立即写文章歌颂共产党，歌颂新社会，抨击资本主义制度和文明，这是他自觉、自然地"适应"新时代。

　　许君远终其一生，是一个善良、正直、勤奋的自由主义知识分子。虽然他没有磅礴的思想、一流的文学作品和能够藏之名山的学术著作，但是他作为跨几个时代的知识分子，关于知识分子与时代的关系说出许多真诚的见解，也能激发我们以新的视角、定位思索有关知识分子与时代的话题。而且，许君远还是有一定的挖掘价值的，至少可以为现代文学研究、现代报刊史研究、现代知识分子研究补充一些新史料。

许君远的北大记忆

今年是北大一百一十周年纪念日，一直很想写点什么。我虽不是北大人，却心向往之。近读许君远先生（1902—1962）的《我怎样投考北大》《记北大的教授群》《写作二十年》等文，都是回忆五四时期的北大。这些回忆文章发表于1947年的《人人周报》（许君远的大学同学万梅子主编），由于其人早已名没不彰，这类小报又难以寻觅，所以这些文章到了今天已经无多少人问津了（《许君远文集》亦不曾收录），但它们提供了许多鲜为人知的史料，读来甚是有趣。

许君远，河北安国人，小说家、散文家、翻译家。1922年考入北大预科，1928年北大英文系毕业后到天津任《庸报》编辑，1931年复任北平《晨报》编辑。1936年担任上海版《大公报》要闻编辑，兼编副刊《小公园》。抗日战争爆发后，先是担任《文汇报》编辑，后调往香港《大公报》任副总编辑。1941年香港沦陷后，转赴重庆，后在重庆美国新闻处工作。1946年出任上海《大公报》编辑主任，兼任上海暨南大学新闻系客座教授，讲授报刊编辑学。1953年调上海四联出版社任编辑，1955年任上海文化出版社编辑室主任，1962年逝世。出版有散文集小说集数种，并有译著多种，如莎士比亚的《喜剧故事选》、狄更斯的《老古玩店》等。

在《我怎样投考北大》（原载上海《人人周报》1947年一卷一期）一文中，许君远先生回忆了1922年考北大的国文、英文试题以及当年的报考录取等情况：

等到认真到北大报名，检查体格，参加考试的时候，对着那一簇簇华贵的建筑，突然改变了观念。那次报名总数一千三百多人，听说只取二百，面对着"一对六"的困难，又骤兴临渊履冰之惧……国文试题作文是《五四运动的意义》，另附一段《水经注》原文，加上新式标点，并注解几个词句……英文有翻译、文法分析，其中汉译英有一句"考试好像一个比赛"……到发榜那一天，心情忐忑着跳到沙滩红楼，仰着头，看完三分之二的纸面还没见到自己的名字，急的大汗直流。原来榜是依着报名先后而写的，我在最后一天报名，自然不会高列前茅了。录取全额仿佛是二百一十二人。现在社会上活动的韩权华、徐闿瑞、傅启学、夏涛声（葵如）、张友松（鹏）、尚钺、王寅生、钟作猷、废名（冯文炳）、万梅子（斑）、李春昱等都是"同年"。已有名气而不幸死亡的则有萧忠贞、巫启圣、梁遇春等。预科先在北河沿第三院上课，后来又迁入沙滩红楼。本科我考入英文系，于是在红楼里读了五年之久。

据笔者所知，1941 年逝世的象征派诗人、翻译家石民也是他们的"同年"，他还与梁遇春同寝室呢！

在《记北大的教授群》（原载《人人周报》1947 年一卷五期）中，许君远将当年北大教授们的讲课情况做了非常生动的回忆：

> 林公铎在课室中往往是骂人多于讲学，每当酒后耳热，把马褂脱下，挽起袖子大说某人的见解并不行，某人的学识浅陋的时候，真令听者宛然如坐在戏馆里听说书，一点儿也不感觉厌倦。

> 在预科我就旁听过崔适。那时他已经七十多岁了，入课室必须有人搀扶。我对经史的素养太浅，尤其是他那一口南方口音使我听起来吃力，上了几个月的课毫无心得。同时选他的课的人数也不多，大概都是因为畏惧其艰深之故。

> 此外我还选过张凤举的《文学概论》，他把中西文学融会贯通的编为讲义，给了我很多的灵感……沈兼士、沈尹默、钱玄同、朱希祖的课我都听过，因为太专门，浅尝辄止，不敢抱学分的奢望。鲁迅的小说史我倒不曾缺过课，实际他在课堂上同林公铎犯了同样的毛病，批评时事多于就书本的正

面发挥,而其引人入胜则在其诙谐。

　　英文系的教员最初有张歆海、陈源、温源宁、赵太侔,后来又有徐志摩、叶公超、林语堂。陈通伯博览群书,他的英文小说给我的影响极大……张歆海讲英国文学史,但不到一年他便走入仕途。温源宁担任过系主任,他的英文修养够格,他讲过文学史、莎士比亚、英国现代小说。赵太侔在北大时期很短,我上过他的戏剧,他走了以后,课程由一位英国教授毕善功接替。徐志摩讲英文诗,因为他同时主编晨报副刊,叫座率非常强。叶公超担任英文写作和英国短篇小说。

　　许君远的"同年"中,在文学史上留下了名字的有石民、废名、梁遇春等,其余张友松、尚钺等也稍稍知名。然而,石民、废名、梁遇春在北大的时候,并没有多少交往,因他们自身都有梁遇春所自况的"不随和的癖气",况且在他们的学生时代,把主要时间精力都放到阅读、写作上去了,处于"潜伏发展期"。石民在《〈泪与笑〉序》中竟说自己虽和梁遇春同寝室而多年未说过一句话,冯至也在《谈梁遇春》中有过类似的回忆,而对于他们早年在北大情况很少有文字见载。这样看来,许君远的上述回忆就显得弥足珍贵了。顺带在此提一笔逸闻:许君远在《谈梁遇春》一文中曾专门回忆说梁遇春与一江姓男子搞"同性恋"。 有兴趣的读者不妨去翻阅《许君远文集》(百花文艺出版社 2007 年 6 月出版)。

　　在《写作二十年》(原载《人人周报》1947 年一卷六期)中,许君远用春秋笔法回忆了自己的文学历程,大约也是那一时期北大学生投稿心态与经历的真实反映吧!其中小小短章如《孙伏老堆稿积土》《现代评论斗语丝》《博学钦佩陈西滢》《五福楼师友之会》尤其可观。最值得注意的是《孙伏老堆稿积土》中写道:

　　　　到了北大,发表欲望更增强了,那时晨报副刊正受着万千青年的拥护,我一心一意想地想在那里出风头。不幸孙伏园老头子选稿很严(后来在重庆报社和他同事,才知道他根本不大选稿,千万篇的书件都堆在桌子上,尘土厚积,我数次代投稿人向他请命,毫无效果)……石沉大海,此后便再无问津的勇气了(以后我提到这件事,他只是眯着眼睛笑)。

　　这段记忆透露了当年孙伏园因稿件太多而难以处置的窘境,因此大多数来稿石沉大海。1922—1924 年的时候,也有强烈发表欲望的沈从文给《晨报》副刊进行了大量投稿,可惜均无发表,直至孙伏园离开《晨报》由徐志摩接任副刊编辑,因其认识徐志摩稿件才不致遭埋没而屡有刊登的机会。而笔者最关心的倒是面对同一情形,许君远与沈从文对此有了不同的心态与做法。许君远是"此后便再无问津的勇气了",对孙伏园并无怨言,以大度心态处之,此后因同事关系问及此事而更加理解孙伏园,这在二人之间仿佛还成了一段趣事;而沈从文则不然,多次在文章中对孙伏园表示不满,怀疑孙伏园将稿件胡乱丢进垃圾桶,甚至讥刺其后不搞文学而做县长,至今许多沈从文研究者也因此替沈从文打抱不平,对孙伏园意见颇大。今观《孙伏老堆稿积土》,我们或许由此可以知道一些内在信息,对沈、孙之事似乎也有更多理解了。

作于 2008 年 8 月 12 日

周作人最早提出"儿童本位论"吗？

韩进先生在《从"儿童的发现"到"儿童的文学"——周作人儿童文学思想论纲》（现收入《幼者本位——儿童文学论集》，接力出版社 2011 年 10 月版）一文中说："周作人堪称中国研究'儿童文学'的第一人，是他首先提出了'以儿童为本位'的新儿童观。"这一观点颇具代表性，几乎已经成了儿童文学理论界的通行观点。

周作人在《玩具研究一》（1914 年）一文中提出了"以儿童趣味为本位，而又求不背于美之标准"，刘绪源先生在新近出版的《周作人论儿童文学》（海豚出版社 2012 年 1 月版）一书中注解道："此种'以儿童趣味为本位'，与后来明确提出的'儿童本位论'，相距仅毫厘了。"同年，周作人继而在《学校成绩展览会意见书》中说：

> 故今对于征集成绩品之希望，在于保存本真，以儿童为本位，而本会审查之标准，即依此而行之。勉在体会儿童之知能，予以相当之赏识。如稚儿之涂鸦，与童子之临帖，工拙有殊，而应其年龄之限制，各致其志，各尽其力，则无不同。斯其优劣不能并较，要当分期而定之。世俗或以大人眼光评儿童制作，如近来评儿童艺术展览会者，揄扬少年（十四五岁之男子或女子）所作锦绣书画，于各期幼儿优秀之作未有论道，斯乃面墙之见，本会之所欲勉为矫正者也。

刘先生注解道："……第一次明确提出了'以儿童为本位'的观念。"并指出："过去论者多以为'幼者本位''孩子本位'是鲁迅在1919年的《我们现在怎样做父亲》一文中提出的,其实周作人五年之前就已提出'以儿童为本位'了。朱自强先生认为鲁迅的这一观点还受到周作人的《人的文学》的影响,他在《中国儿童文学与现代化进程》(浙江少儿出版社2000年版)中论述甚详。"

笔者今年又细读了张心科《清末民国儿童文学教育发展史论》(北京师范大学2011年5月版)一书,作者虽未在书中明确说明"儿童本位论"谁最早提出,但以摆事实的方式揭示了"儿童本位"教育观在民国初年(1912)已经萌芽、孕育。是书第二章《儿童本位审美主义的儿童文学教育》第一节讲到"儿童本位教育思潮的孕育":

> 民国成立之初,就试图进行教育革新,蔡元培更是在"临时教育会议"上(1912年)的演讲中指出,教育不应存成人之成见,要"立于儿童之地位"……随着蔡元培去职、北洋政府推行复古主义教育,当时所施行的仍然是成人本位的教育。这期间,偶尔也有人提出实行儿童本位的教育,如曾到美国考察教育的俞子夷1915年将"学童之地位如何"列为"现今教育上应急研究之根本问题"之一,他说:"教育之对象为何? 曰为学童也。学校之设施为谁? 曰为学童也。教员之日孜孜者为谁? 曰为学童也。故学校内之问题,无一不与学童直接、间接相关者也。然而学校内学童之地位若何? 曰当为学校之中心也。"志厚还专门介绍了"儿童中心主义"的源流及特点,并认为其主要思想为"教育学之为学,当以一般儿童之性质为其根本,而由是考察之、实施之,即谓教育教授上一切问题,不可仅从规范的、理想的之要求,而当从儿童心理之所指示以为标准是也。"1916年,耕辛在《学习法之刷新》中讨论了"教师本位与儿童本位""教科书本位与儿童本位"及"教授法与学习法"等不同种类的学习法,并对当时的小学教育提出了强烈批评,他认为,当时"教授法之不良,首在以教师为本位,其次在以教科书为本位""儿童反居客位""小学校实情,既不认儿童为本位,故历代关于教授之方法,普通但称为'教授法',而不称为'学习法'……"

　　以上所列举蔡元培、俞子夷、志厚、耕辛诸人提出的儿童教育观——"立于儿童之地位""学童之地位"为"学校之中心""儿童中心主义""儿童本位",均在民国初年(1912),与周作人提出"以儿童为本位"可谓共相呼应、同在其时。张心科博士又在书中指出,早在 1915 年前后,俞子夷、吴研因等人已在江苏第一师范附属小学开展儿童本位的儿童文学教育,采用白话儿童文学作品进行国语教学。五四前后,杜威来华,在全国 14 个省市作了 200 多场演讲,他的"儿童中心主义"在"初等教育界里所感的影响最大"(丁晓先)。此时"儿童本位论"已经深入教育界、儿童文学创作与研究领域了。

　　"儿童本位论"应当既是"儿童文学观",更是一种儿童教育观。因此,民国初年(1912)从事小学语文教育的诸先生,他们反叛着成人本位的旧式教育,萌生了"儿童本位论",并实施于教学课程中,才最有实际的可能。这种新观念不可能深埋于某个大人物的脑海里,然后才公布于世。任何一种思想观点的产生,都是来源于实践。这也就可以理解周作人为什么是在学校成绩展览会的意见书中,发表了个人的"以儿童为本位"的观点,因为这样才最具有针对性。

　　当然,正如有人指出并非周作人最早向国人介绍安徒生一样(参阅郑锦怀《谁最早向中国读者介绍安徒生》,原载《博览群书》2009 年第 12 期),谁最早提出"儿童本位"论,并不知重要。重要的是,谁在大力鼓吹、实践这个学说。从整个现代儿童文学史来看,周作人无疑是立场最坚定、宣传最给力的启蒙者,而实施儿童本位教育最彻底、最长久的,或许是堪称"中国儿童文学教育大师"的吴研因了。

梅光迪与胡适

沪上两少年

胡适是安徽绩溪人，当时绩溪属于徽州，后来属于宣城。梅光迪是安徽宣城人。两位可以说是同乡。1909年前后，梅光迪在上海的复旦公学读书，与之同学的有竺可桢、陈寅恪、刘永济等。其时，胡适在中国公学。1909年秋，胡适来访宗兄胡绍庭，时梅光迪与胡绍庭"同舍而居"，乃由胡绍庭介绍，与胡适相识。这是二人的第一次见面，由此建立了友谊关系。

1910年夏，梅光迪与胡适同赴北京，参加第二届庚子赔款留美考试，结果胡适考中了，而梅光迪不中。约为胡适赴美留学之时（1910年8月16日），梅光迪作《序与胡适交谊的由来》赠给好友胡适。这是记录胡适与梅光迪交谊的最早的文字，全文如下：

自余寄迹吴淞江上，同游中颇与绩溪胡绍庭意相得。绍庭数为余言其宗友适之负异才，能文章。余心志之而未由一识其面也。去秋，适之过淞视绍庭，时与余与绍庭同舍而居，因得由绍庭以介于适之。今年仲夏，余约一二友人北上应游美之试，遇适之于舟中，彼此惊喜过望。由是，议论渐畅洽，而交益以密。每浪静月明，相与抵掌扼腕，竟夜不少休止，令余顿忘海行之苦。入都后，君尤数一过我，而我亦逾时不见君即不欢。君既被选赴美，乃谓余必以一言相赠。余惟庚子之役，吾国兀不国矣，卑辞下气而求城下之盟，国乃仅存，而吾民之呼号惨痛，岁耗巨资以应异族之需者，亦以得苟延残喘不为犹印之民之续也。则夫此累累者，即谓之吾人救国赎命之资可矣。以救国赎命之资易而为君等谋教育，在美人，好义之心固不可没，而吾国人之所责望于君等，则救国之材而四百兆同胞所赖以托命者也。君奇士，兹其行也，直驱趋共和之祖国，暇时与彼士贤豪长者游处，究其道国之详，异日学成归来，焉知事功不能与华盛顿相映？其无负于吾国人之责望也必矣。至于历涉数万里，耳目震骇乎乾坤之广大，而精神漾浴于海国之苍茫，其能发为文章，大放厥词，犹其余事也。拙序一首敬请适兄赐鉴。弟迪拜赠。

其中"余约一二友人北上应游美之试，遇适之于舟中，彼此惊喜过望。由是，议论渐畅洽，而交益以密。每浪静月明，相与抵掌扼腕，竟夜不少休止，令余顿忘海行之苦"数语，展现了志存高远的沪上两少年的风采，后世读者也可以从中想见他们彼时的深厚情谊。

胡适赴美后，梅光迪对其颇为思念，曾于 12 月 16 日致信胡适，其中说道："去国时竟未得一握手，实为憾事。两读手缄，益念故人。薪胆会之设可谓复仇雪耻之先声……康乃耳农科最称擅长，足下将欲为老农乎？……迪已离复旦，寄居环球学生会中，不久又当归去矣……明春能否入都尚不可靠。"

1911 年初，梅光迪终于入读清华留美预备学校。入校不久的 3 月 30 日，梅光迪致信胡适说："迪自正月来京，二月底始入校。……文以人重。文信国、岳忠武诸公，文章皆非至者，而人特重其文。明之严嵩，在当时文名亦甚好，然至今无人道及。……坚持为学之旨，以文、岳二公为师，不必求以文传而文自传耳……近日考试分班，至昨始毕。迪有多门不能及格，今岁西渡无望矣。"但到了当年 8 月 18 日，尚在美国的胡适见到梅光迪名列留美学生名单时，在日记中称自己"狂喜不已"。这样，堪称兄弟的胡适与梅光迪有望在美国相聚了。

留美时代：挚友、诤友

从 1911 年暑期梅光迪赴美，到 1917 年 7 月胡适回国，二人在美国交往了六年之久。记录了胡、梅交往的文字主要保存在《胡适留学日记》、梅光迪致胡适的四十六封信中（其中作于 1911 年至 1917 年 7 月以前的有 37 封）。这些书信对于研究留美时期的胡适、梅光迪，包括梅光迪启发胡适了解颜李学派、留学制度、孔教问题、文学革命、新文化运动等方面有极大的作用。余英时先生就曾在这些信函的启发下，写出了《文艺复兴乎？启蒙运动乎？——一个史学家对五四运动的反思》一文。

留美时代的梅光迪与胡适之间的交往，我们不妨以 1915 年夏，胡适、梅光迪、任鸿隽等在绮色佳旅游，胡适首倡"文学革命"为分界线分为两个阶段。前期二人多交流学业、颜李学派、留学制度、孔教问题等，后期则为"胡梅之争"的开端，也是新文化运动的源头。

胡适与梅光迪性格不同，在梅光迪致胡适的信函中也得以暴露无遗。胡适属于追求成功型人物，而梅光迪则慎言入世，追求高尚人格、君子风度。从胡适留学日记中可以看到，胡适善于演讲，以表现自己的才华，博得赞誉与声名，而留美时期的梅光迪则没有胡适那般活跃，虽然才华并不在胡适之下。可以说，留美时期的梅光迪是胡适的一位挚友兼诤友。

下面略举三信，以表明胡适与梅光迪的友谊：

1912 年 3 月 5 日，梅光迪致信胡适："来书言改科一事，迪极赞成……足下之材本非老农，实稼轩、同甫之流也。望足下就其性之所近而为之，淹贯中西文章，将来在吾国文学上开一新局面，（一国文学之进化，渐恃以他国文学之长，补己之不足）则一代作者非足下而谁？……足下之改科乃吾国学术史上的一大关键，不可不竭力赞成。"信中所说"改科"乃指胡适由农业转入哲学。另外，值得注意的是，在这封信里，梅光迪已经有了"比较文学"和"文学之进化"的思想，并预言胡适为"吾国文学上开一新局面"的"一代作者"，是"吾国学术史上的一大关键"。由此可见，梅光迪对胡适的推崇与期待了。

1912年夏,梅光迪致信胡适:"得两片感极。迪以事迁延至廿一日始赴青年会打回,廿四日乃归。此去所得颇足滋味,其中人物虽未与之细谈,其会中组织虽未细究,然耶教之精神以能窥见一斑,胜读十年书矣……今日偶与韩安君谈及此事,韩君极赞吾说,并嘱迪发起一'孔教研究会',与同志者讨论,将来发行书报,中英文并刊……迪颇信孔、耶一家,孔教兴则耶教自兴……将来孔、耶两教合一,通行世界,非徒吾国之福,亦各国之福也。足下在北田所得想极多。迪决于七月初二三左右起程东来,于起程三日前必函告知足下……近者陈焕章出一书名曰*The Economic Principles of Confucius and His School*,乃奇书。迪虽未之见,然观某报评语,其内容可知。足下曾见此书否? 陈君真豪杰之士,不愧为孔教功臣,将来'孔教研究会'成立,陈君必能为会中尽力也。"这里的"青年会"指的是北美中国基督教留学生协会,它们于1912年6月18日至23日在威斯康星的日内瓦湖举行夏令营。胡适也参加了这个夏令营活动,二人由此接触了基督教,并深受震动,梅光迪甚至由此认为"耶教与孔教真是一家"。

1912年9月30日,梅光迪致信胡适:"迪与足下回国后当开一经学研究会……在都中有邑人汪君与迪议论最合,迪之观颜、李二先生书,亦汪君启之也。迪始交足下不过仅以文士目之,今有如许议论怀抱,始愧向者所见之浅,今令我五体投地矣。甚望足下永永为我良友……今奉上《习斋先生年谱》,《李先生年谱》及《瘳忘编》再续奉上。"在此信中,可见梅光迪建议胡适重新认识颜李学派,经过将近一年的交流,胡适决定阅读颜、李的著作,乃向梅光迪借阅。

1915年夏天,胡适、梅光迪、任鸿隽等在绮色佳旅游,胡适首倡"文学革命",遭到任、梅二人的反对。9月17日,胡适作《送梅觐庄往哈佛大学》,在诗中便提到"文学革命";9月20日写了一首答任鸿隽的诗,其中两句:"诗国革命何自始? 要须作诗如作文。""文学革命""诗国革命""作诗如作文"就是从这时开始的。梅光迪辄反对说:"足下谓诗国革命始于'作诗如作文'。迪颇不以为然。诗文截然两途,诗之文字与文之文字,自有诗文以来(无论中西)已分道而驰……一言以蔽之,吾国求诗界革命,当于诗中求之,与文无涉也。若移文之文字于诗,即谓之革命,则诗界革命不成问题矣。"然而,梅光迪的反对,并非表明他一开始就是文学革命的反对者,恰恰相反,他是文学革命的建言者。

梅光迪在写给胡适的信中说道：

> 文学革命自当从"民间文学"（folklore, popular poetry, spoken language, etc）入手，此无待言；惟非经一番大战争不可，骤言俚俗文学，必为旧派文家所讪笑攻击。但我辈正欢迎其讪笑攻击耳。

> 足下言文学革命本所赞成，惟言之过激，将吾国文学之本体与其流弊混杂言之，故不敢赞同。

> 弟窃谓文学革命之法有四，试举之如下：
> 一曰摈去通用陈言腐语，如今之南社人作诗，开口燕子、流莺、曲槛、东风等已毫无意义，徒成一种文字上之俗套（Literary Convention）而已，故不可不摈去之（以上为破坏的）。
> 二曰复用古字以增加字数，如上所言。
> 三曰添入新名词，如科学、法政诸新名字，为旧文学中所无者。
> 四曰选择白话中之有来源、有意义、有美术之价值者之一部分，以加入文学，然须慎之又慎耳。（以上二、三、四三者为建设的，而以第二为最要最有效用，以第四为最轻，最少效用。）弟窃谓此数端乃吾人文学革命所必由之途，不知足下以为何如，请有以语我。

梅光迪在胡适面前，以"文学革命"的"我辈"自居，并欢迎"旧派文家"的"讪笑攻击"，并表示"文学革命本所赞成"，还积极讨论"文学革命之法"，这哪里是新文学运动反对者的所作所为？如试将梅光迪的"文学革命"之四法，与胡适在《文学改良刍议》中的"八事"主张相比较，甚至可以说此四法为其渊源之一呢！尤其难能可贵的是，梅光迪认为"文学革命自当从'民间文学'入手"，这不正是此后万千"新青年"走向"新文学"的主要途径之一吗？

由此，我们可以看出梅光迪最初也不是完全的文学革命的反对者，而是文学革命的参与者，只是路径、方法、革命程度、对文言白话的态度不同而已。难怪后来梅光迪还以"真正的新文化者"自居,而斥胡适等为"新文化之仇敌"。

1916 年,在梅光迪致胡适的两封信中,梅光迪终于道出自家态度,"弟之所恃人生观在保守的进取,而尤欲吸取先哲旧思想中之最好者为一标准,用之辨别今人之'新思想'""来书敬悉,迪前函不过自道所经历,并非藉之以按暗攻足下之'人生观',而足下来书云云,冤矣……来书所主张之实际注意与弟所恃之 Humanism(姑译之为'人学主义'可乎)似多合处……吾国之文化乃'人学主义'的,故重养成个人。吾国文化之目的,在养成君子……因弟对于人生观言'人学主义',故对文学则言 Classicism(姑译之为'古文派'可乎)……""保守的进取",可以作为日后整个学衡派的文化姿态。也从中可以看出,从那时起,梅光迪不仅从文学观上反对胡适,从文化观上也开始反对胡适——这并非一般学者所认为到了五四时期才开始从文化层面反对胡适。学衡派所主张的新人文主义,在这里就已经出现了,只是梅光迪翻译成"人学主义"。

1917 年初,胡适发表《文学改良刍议》,在国内正式发起文学革命,与此同时梅光迪在美国发表《我们这一代的任务》,其实正是在回应国内的新文化运动。至此,由于胡适与梅光迪由私人之间的争辩,而进入公开化状态,两人终于走上了渐行渐远的分歧之途。但此时还并没有从根本上影响二人的友谊。譬如梅光迪曾收到胡适的嘲讽诗,梅光迪却说道:"寄叔永'白话诗'嘲弟,读之甚喜。谢谢。"再如,胡适还请梅光迪为《尝试集》作序呢。又如,1918 年,胡适还曾请梅光迪到北京大学担任英文教授。但是,反对者毕竟是反对者,在今后日趋深入的胡梅之争中,二人的友谊也难免会受到一些影响。

胡梅之争——"反对的朋友"

梅光迪对于文学革命审慎的态度(自谓"保守的进取"),在一开始就表现得很充分,他在 1916 年写给胡适的信中说道:

> 至于文学革命,窃以为吾辈及身决不能见。欲得新文学或须俟诸百年或二百年以后耳。然以足下之奇才兼哲人、文人之长,苟努力为之,或能合

康德（因渠为哲学界革命家，故云）Wordsworth 于一人，则迪当从旁乐观其成耳。

迪初有大梦以创造新文学自期，近则有自知之明，已不作痴想，将来能稍输入西洋文学知识，而以新眼光评判固有文学，示后来者以津梁，于愿足矣。至于振起为一代作者，如"华茨华斯""嚣我"，为革命成功英雄，则非所敢望也。足下亦自愿为马前卒为先锋，然足下文才高于迪何啻千万，甚望不仅以先锋马前卒自足也。

足下来书称弟守旧，似若深惧一切"新潮流"者，妄矣。窃谓弟主持破坏及前无古人后无来者之观念，亦不让足下。弟所以对于多数之"新潮流"持怀疑态度者，正以自负过高（请恕之）不轻附和他人之故耳。为自由之奴婢与为古人之奴婢，其下流盖相等，以其均系自无所主，徒知人云亦云耳。

梅光迪认为文学革命"吾辈及身决不能见"，已不"痴想""创造新文学"，同时他还认为"为自由之奴隶"与"为古人之奴隶""其下流盖相等"。他的这两种心态，可谓坚持了一生，也成为他今后走上新文化运动对立面的思想根源。他自不会为"古人之奴婢"，然而，或许在他看来，胡适无疑已是"自由之奴隶"了。

等胡适归国发起新文学运动，爆得大名，梅光迪对他的态度发生了一些转变，在心理上开始反对胡适。这种反对随后又渐渐超出个人心理，而成为不同文化立场之争了。正当胡适在《新青年》发表《文学改良刍议》时，梅光迪在*The Chinese Students' Monthly*发表*THE TASK OF OUR GENERATION*等文，他说："我们今天所要的是世界性观念，能够仅与任一时代的精神相合，而且与一切时代的精神相合。我们必须了解与拥有通过时间考验的一切真善美的东西，然后才能应付当前与未来的生活。这样一来，历史便成为活的力量。也只有这样，我们才有希望达到某种肯定的标准，用以衡量人类的价值标准，借以判断真伪，与辨别基本的与暂时性的事物。"其立论之高，实不亚于陈独秀、胡适。

1918 年春，胡适邀请梅光迪任北京大学教授。梅光迪回信说：

嘱来北京教书，恨不能从命。一则今夏决不归国，二则向来绝无入京之望。至于明夏归去，亦不能即捉教授之职，须在里中徜徉数日或半年，再出外游览数月，始可言就事。然亦绝不作入京之想矣。……《新青年》近数号未之见。闻足下已大倡 Ibsen（易卜生）。足下所主张无弟赞一辞之余地，故年来已未敢再事哓哓。盖知无益也。……吾料十年廿年以后，经有力有识之评论家痛加鉴别，另倡新文学，则托尔斯泰之徒将无人过问矣。

与此同时，梅光迪还开始在哈佛寻找"同志"以便回国与胡适"作战"。据学衡派的主将吴宓在《自编年谱》里回忆：

八月初，遂来访宓，并邀宓至其宿舍，屡次作竟日谈。梅君慷慨流涕，极言我中国文化之可宝贵，历代圣贤、儒者思想之高深，中国旧礼俗、旧制度之优点，今彼胡适等所言所行之可痛恨。昔伍员自诩"我能覆楚"，申包胥曰："我必复之"。我辈今者但当勉为中国文化之申包胥而已，云云。……宓听后，十分感动，当即表示，宓当勉励追随，愿效驰驱，如诸葛武侯之对刘先主"鞠躬尽瘁，死后而已"云云。……彼（指梅光迪）原为胡适之同学好友，迨胡适始创其"新文学""白话文"之说，又作"新诗"，梅君即公开步步反对，驳斥胡适无遗。今胡适在国内，与陈独秀联合，提倡并推进所谓"新文化运动"，声势煊赫，不可一世。梅君正在"招兵买马"，到处搜求人才，联合同志，拟回国对胡适作一全盘之大战。按公（吴宓自称）之文学态度，正合于梅君之理想标准，彼必来求公也。……此后一年多，宓多与梅君倾谈，敬佩至深。梅君师事哈佛大学法国文学及比较文学教授白璧德先生（此名，系胡先骕君所译），受知甚深。遂为宓讲述白璧德及其知友穆尔先生之学说，立取两先生所著之书（后宓皆自购存全套）借与宓读。又引宓至白璧德先生寓所拜见白璧德先生，奉以为师。

自此，梅光迪走上了反对胡适式新文化运动的立场上了。

胡适与陈独秀等发起的新文化运动，与学衡派的反新文化运动，肇始于

1915 年的"胡梅之争"。但是,"胡梅之争"真正进入公开交锋期,还是从 1919 年 10 月梅光迪回国以后。可以说,1920 年至 1924 年,才是真正的"胡梅之争"。

1920 年,梅光迪在《民心周报》第 1 卷第 7 期发表《自觉与盲从》一文,公开表示反对新文化运动,虽未指名道姓,但圈子内的朋友都知道是在反对胡适,林语堂就曾为此文而致信胡适表示替他打抱不平。与此同时,梅光迪开始筹办《学衡》杂志,以此为阵地,以吴宓、胡先骕等盟友,正式成立了学衡派。

有一个小小的细节,似乎可以说明胡梅之争很快就掺入了一些意气之争的味道,为日后两人的友谊不能再延续埋下了种子。1919 年 6 月,朱经农致信胡适:"今有一件无味的事不得不告诉你。近来一班与足下素不相识的留美学生听了一位与足下'昔为好友,今为雠仇'的先生(指梅光迪)的胡说,大有'一犬吠形,百犬吠声'的神气,说'老胡冒充博士'。"当时"胡适博士"在国内暴得大名,梅光迪可能觉得自己知根知底,实在看不过去,乃在留学生中到处说胡适冒充博士。

但在梅光迪回国之初,两人仍然保持了亲密的关系,可见胡适的大度。梅光迪任教于南开大学的 1920 年初夏,还曾向胡适借钱,胡适也的确借给他了。当年夏天,梅光迪转任南京高师,在这一年的暑期学校上,梅光迪竟然在课堂上大骂胡适。章衣萍在《胡适先生给我的印象》一文中,回忆了当时的情形:"那时我才十九岁,在南京一个中学毕业,便在东南大学当书记。那年的夏天,东南大学办了一个暑期学校,请了胡适到南京演讲。……他那时讲的是'白话文法'与'中国哲学史'。那时梅光迪也在暑期学校讲'文学概论'。他在课堂上大骂胡适。记得有一次,梅光迪请了胡先骕,到课堂上讲了一个钟点宋诗,胡先骕也借端把胡适大骂。但那时的学生,信仰胡适的,究竟比信仰梅光迪的人多。梅光迪的崇论宏议,似乎没有几个人去听。高语罕那时也是暑期学校的学生,就在课堂上同梅光迪吵过嘴。(参看高语罕《白话书信》)"这件事是多么的有趣,更有趣的是,当时胡适与梅光迪还一起吃饭,两人的友谊到这时也还并未因文化见解的不同而受到根本的影响。

在国家图书馆所藏的梅光迪讲义中,笔者还发现,梅光迪以"真正的新文化者"自居,而斥胡适等为"新文化之仇敌"。那么,什么是梅光迪所理解的"新文化"呢？台湾学者林丽月如是认为：

> 梅光迪秉承白璧德学说，对民初以来的社会现状与学术思潮，也抱悲天悯人的忧时心情。他对五四的抨击，前期以反对胡适的文学革命为主，后期以抨击五四新文化运动为主，理论中心在文化。他强调文化不论中西，都须经过严格的批判，即须审慎地选择。梅光迪理想中的新文化，绝非以实现儒家的人文主义为满足，其终极目标在建立一个融贯中国传统与白璧德人文主义的文化。这种新文化一方面由中国传统中衍生，一方面自西方文化精髓的吸收中得来。而其基本态度就是审慎地评判。这是梅光迪始终不同意胡适派所提倡的新文化运动的关键所在，也是梅光迪理想中的新文化之精华所在。

到了 1922 年《学衡》杂志创刊，梅光迪数发名文攻击新文化运动，甚至有人身攻击的味道，胡适的态度是："东南大学梅迪生等出的《学衡》，几乎专是攻击我的。"（见 1922 年 2 月 4 日胡适日记）我想，这时的胡适或许是有一些气愤的吧！但胡适对自己充满了信心，当年 11 月 3 日，胡适作《中国五十年来之文学》，其中提到："今年南京出了一种《学衡》杂志，登出几个留学生的反对论，也只能谩骂一场，说不出什么理由来。如梅光迪说的：'彼等非思想家，乃诡辩家也……'这种议论真是无的放矢。……《学衡》的议论，大概是反对文学革命的尾声了。我可以大胆说，文学革命已过了议论的时期，反对党已破产了。"胡适宣言梅光迪等"破产"，已大有不屑与之论辩的味道了，同时也是宣布"胡梅之争"结束。但胡适与梅光迪的交往并未因之而结束，只是反对者的友谊终将难以持久，梅光迪作为胡适早年的同道、挚友、诤友，再走上"反对的朋友"的道路，终于再也走不下去了。

尾声

1924 年，梅光迪赴美任教，学衡派也濒于瓦解。学衡派反对新文化运动的高潮期就此结束了。此后梅光迪并未改变自己的文化观，可以说一生未变。例如，1926 年，梅光迪在美国《国家》月刊发表英文文章《西方在觉醒吗？》，其中说道：

> 这种势在必行的苏醒却让她（中华民族）付出了沉重的代价：不仅是国权和名誉，而且还有民族精神。如今给予青年一代熏陶的，不是儒家的经典，也不是近代本国的文学和哲学，而是西方的现代报纸及各种各样的"新思想"。于是，他们变得易怒而任性，越来越不沉稳，失掉了其传统文化中最具特色的稳重与宁静。

这可以说依然是振聋发聩之声，对于现下之中国依然如此。

胡适与梅光迪最后一次见面可能是在 1926 年。当年 9 月 1 日，两人相遇于巴黎。据《胡适日记》载："在吃饭时背后有人拍我的肩膀，我回头看时，乃是梅迪生。他自美洲来。别后两年，迪生还是那样一个顽固！"胡适时因中英庚款一事在欧洲。梅光迪即请胡适吃饭，胡适未赴约。1927 年 2 月 9 日，梅光迪在写给胡适的信中说："你近几年来对我常常的无礼，夏天在巴黎，我请你吃饭，特别办了几样好菜，你早已答应光临，却临时假装忘记，叫我大难为情。"指的正是 1926 年夏在巴黎见面的事。这封信还说："……或是孩子气，或是酸秀才气，或是江湖名士气，我也不必多说，想你早已觉得惭愧……若你始终拿世俗眼光来看我，脱不了势力观念，我只有和你断绝关系而已。你这回来，我或请你吃饭或不请，到那时看我的兴趣如何再定。"当时，胡适为领取博士学位在美国哥伦比亚大学，梅光迪已在美国教书。这是迄今为止能够发现的最后一封胡、梅通信，信中已经有了"和你断绝关系"的字眼了。此后再也找不到二人交往的记载。这说明，到了这时，"反对的朋友"的关系也就再难持续了。

胡先骕曾回忆说："胡适之尝言觐庄之病在懒，懒人不足畏，不幸乃系事实。否则旗鼓相当，未知鹿死谁手矣。"一个"懒"字就是胡适对梅光迪的评价，再就是"顽固"二字了。作为"胡梅之争"想当然的胜利者，胡适或许此时已经无意再与梅光迪做"反对的朋友"了。这可能也是中国文化史上的一个带有悲剧意味的友谊——因学术见解的不同,而最终分道扬镳,甚至在现实生活中也无法继续普通的友谊。

1930年,梅光迪又在美国《读书人》杂志发表英文文章《人文主义和现代中国》,追述了五四时期学衡派所发动的"中国的人文主义运动"。他说:

> 受其特有的各种条件和问题的限制,中国肯定不能全盘照搬美国人文主义运动的模式。因为缺乏创造性等因素,中国的运动甚至没有自己的名称和标语;但是就许多基本的思想和原则而言,美国的人文主义运动为它提供了重要的资料和灵感源泉。……中国只经过了一代人,便从极端的保守变成了极端的激进,的确令人惊叹。现在,它要算这个世界上除了苏俄之外,最无传统可言的国家了。……在像胡适这样聪明而新潮的现代派人物的领导下,不弃不馁地推进着中式生活的西方化。不过,他们已走得太远,已不再是如他们自己宣称的那样,进行着"中国的复兴",而是铸成了"中国的自取灭亡"。

1935年9月3日,胡适为《新文学大系·建设理论集》作《导言》,其中提到梅光迪:"等到你祭起了你那'最后之因'的法宝解决一切历史之后,你还得解释:同在这个'最后之因'之下,陈独秀为什么和林琴南不同?胡适为什么和梅光迪、胡先骕不同?"这可能也是胡适最后一次正式在文字中提到梅光迪了。

不管怎么说,到了二十年代中期至三四十年代,胡适主导的新文化运动已经取得了绝对的优胜了。但梅光迪这个"顽固"的新人文主义者,终其一生都行走在反对胡适领衔的"新文化运动"的道路上,直至生命的结束。

1947年12月27日,梅光迪逝世两周年,胡适与梅光迪共同的朋友竺可桢致信胡适,邀请胡适撰写纪念梅光迪的文章,全信如下:"适之学长兄道鉴:今日值迪生去世两周年,在杭迪生生前好友拟为迪生出一专刊,以迪生为吾兄久年知交,且以吾兄望重儒林,极望吾兄能赐寄一文,藉资纪念,并望能于阴历年底以内惠示,长短在所不拘。专此 顺颂 教安 并贺阖家新禧!内子允敏附笔问候。弟 竺可桢 卅六年十二月廿七日。"遗憾的是,胡适日记对此毫无记载,并未撰写纪念文字。稍微让后人感到欣慰的是,梅光迪写给胡适的四十多封信,却被胡适保存了下来,这或许带有纪念早年的朋友的意味? 是,或许又不是。因为对于胡适而言,保存这些书信主要是为研究他主导的新文化运动提供一些素材吧!

据台湾学者侯健在一篇文章中提到,晚年胡适在美国遇到梅光迪的妻子李今英,胡适对她说了句"老梅是对的"。我不知这是在宽慰李今英,还是胡适真心对自己早年发动新文化运动感到后悔。这只能供后人去玩味了——"胡梅之争"的永恒魅力或许也正在此。

"真正的新文化者"
——读《君子儒梅光迪》

2010年，在梅光迪的家乡宣城召开纪念梅光迪诞辰一百周年座谈会。会上，我大声呼吁出版《梅光迪文存》《梅光迪年谱》《梅光迪传》等书。不到十年，这三部书都出版了，而且他的演讲集在海峡两岸推出了三个版本，浙江大学出版社还刚刚推出《梅光迪学案》。九年间，有七种梅光迪的书出版，终于将胡适的反对派和盘托出。

在梅光迪研究领域，不能不提到书同先生。书同原名徐艾平，乃梅光迪先生的同乡后学，二三十年前就投身于研究梅光迪的生平史实，终以数十年之功，完成我国第一部梅光迪长篇传记《君子儒梅光迪》。

《君子儒梅光迪》虽未以《梅光迪传》之名行世，但称得上一部《梅光迪别传》。全书总共二十一章，从宣城梅氏家族写起，直至梅光迪逝世于遵义，所写梅光迪短暂的一生，实为君子儒的真实写照。梅光迪述而不作，留下文字不多，但只言片语、吉光片羽，留下一个思想者的形象。譬如，梅光迪在哈佛大学读书时，年仅二十五六岁的他，宣称"历史是人类求不变价值的记录"，这种带有反进化论意味的历史观，一经引入文学研究领域，自然会引发世人对胡适提倡的文学进化论的反思。作为思想者的梅光迪，与作为君子儒的梅光迪，是合二为一的。君子儒是其风范，思想者是其风骨。《君子儒梅光迪》避开了学术评传的做法，而以文史随笔形式叙写梅光迪的风范和风骨，给人耳目一新之感，突出了梅光迪的"君子儒"和"思想者"的形象，将一个原本印迹模糊单薄、支离破碎的人物,写得有血有肉,鲜活无比。文字细微之处,温婉动人。

在书中,书同先生重点写了梅光迪与白璧德、胡适、吴宓和竺可桢的关系。这抓住了梅光迪一生当中的关键人物。梅光迪是白璧德的第一位中国弟子,是白璧德新人文主义的弘扬者,这是他的恩师,他的思想来源。胡适与梅光迪的关系复杂曲折,从同乡,到诤友,再到充满意气之争的反对者关系,最后终于分道扬镳,不相往来。然而,"胡梅之争"恰恰成就了梅光迪在中国思想史上的地位,这是耐人寻味的。吴宓是梅光迪最重要的盟友,一起反对胡适领衔的新文化运动。竺可桢是梅光迪一生的挚友,聘请梅光迪担任浙江大学首任文学院院长,对梅光迪十分认可。书同先生从《竺可桢日记》中挖掘材料,收获极大,写出了两人不同寻常的关系,丰富了民国文人关系研究的成果。竺可桢在梅光迪逝后,认为梅光迪有"不可及者三",其中之一便是"不鹜利、不求名,一丝不苟",并认为梅光迪"陈义过高,故曲高和寡;为文落笔不苟,故著述不富",但"五十、百年而后,余知其著作必为当时人所瑰宝,是亦可称不朽矣!"竺可桢可说是梅光迪的知音。

第十一章《在传统与现代之间——婚姻与爱情》,写了梅光迪不为人知的情感往事,尤其是与原配王葆爱的一段婚姻。书同先生认为王葆爱是"没有文化的小脚女人""与一般乡村农妇无异",我对此有一些不同意见。梅光迪出身于书香门第,其父是贡生。王葆爱比梅光迪大两岁,其父王堃是太学生。在当地,两人结为连理,应该算是门当户对。说王葆爱"没有文化""不识字",我是怀疑的。梅光迪在留美前就奉父母之命、媒妁之言,与王葆爱成亲,并育有一子(后夭折)。梅光迪回国后,两人又于1924年生子燮和。此前,梅光迪还将王葆爱接到南京共同生活。这说明两人的感情还是有的。当然,王葆爱不适应都市生活,常让梅光迪在朋友面前难堪,会困扰两人的夫妻关系。这恐怕也是引发梅光迪谋划再娶的因素。书同先生判断,重娶得到了王葆爱同意,至少是默许,应该是准确的。因为梅光迪并未放弃原有家庭,也未否认王葆爱是他的妻子,他依然承担起供养王葆爱、梅燮和母子的义务。从保存至今的一封梅光迪写给长子燮和的家书来看,梅光迪对他也有殷切希望,望子成龙之意溢于言表。梅光迪将两个婚姻处理得当,没有引起太大的波澜,也是他为人处世谨慎的体现。

梅光迪毕竟是思想史中的人物,写梅光迪的传记除了要写这些生平史实,他的学术和思想不得不写。何况梅光迪自诩为"真正的新文化者",是抗击"新青年派"的中流砥柱。吴宓曾回忆说:"今胡适在国内,与陈独秀联合,提倡并推进所谓'新文化运动',声势煊赫,不可一世。梅君正在'招兵买马',到处搜求人才,联合同志,拟回国对胡适作一全盘之大战。……梅君慷慨流涕,极言我中国文化之可宝贵,历代圣贤、儒者思想之高深,中国旧礼俗、旧制度之优点,今彼胡适等所言所行之可痛恨。昔伍员自诩'我能覆楚',申包胥曰:'我必复之。'我辈今者但当勉为中国文化之申包胥而已,云云。宓十分感动,即表示,宓当勉力追随,愿效驰驱,如诸葛武侯之对刘先主'鞠躬尽瘁,死后而已',云云。此后一年中,宓多与梅君倾谈,敬佩至深。"这是梅光迪进入中国思想史之所在,也应是传记中浓墨重彩之一笔。《君子儒梅光迪》以《为新文化树一敌手》《高格之文人学者,遗世独立》两章来写胡适的反对者形象的梅光迪,稍显薄弱,且主要停留在史实梳理之上,未能彰显其思想之本义,这是本书的一大缺憾。

此外,世人都认为梅光迪没有学术著作,自 2009 年傅宏星发现、笔者整理的梅光迪讲义《文学概论》《近世欧美文学趋势》问世以后,不乏研究者。惜乎本书未专列一章,谈谈梅光迪的学术成就。此固然与作者避重就轻有关,但如果不写,自是重大遗漏。

作为梅光迪别传,《君子儒梅光迪》一书鲜活可读,但如作为《梅光迪传》或《梅光迪评传》来要求,则希望作者更进一步努力了。本书的出版具有极大象征意义,但挖掘梅光迪的过程,并没有结束,《梅光迪研究资料汇编》《梅光迪全集》《梅光迪年谱长编》《梅光迪评传》等更见学术功底的著作还有待出版问世。

(《君子儒梅光迪》,书同著,福建教育出版社 2019 年 5 月版)

梅光迪四题

前言

梅光迪是一位历史文化名人，他以反派角色进入中国思想史。然而，关于他的研究一直未有进展。笔者不才，近十年前闯入梅光迪研究的学术世界。此后关于梅光迪作品的搜集、挖掘、整理才真正启动，本人先后辑录了《梅光迪文存》(华中师范大学出版社2011年4月版)、《文学演讲集》(海豚出版社2011年6月版、台湾秀威出版公司2015年9月版)等书出版问世，并陆续撰写、出版《文学史上的失踪者》(收入梅光迪研究专题)、《梅光迪年谱初稿》等著作，积极推动梅光迪研究。关于梅光迪的研究，我还编出了《梅光迪研究资料汇编》等书，惜未出版。关于梅光迪的研究还有待深入进行，李今英的《山高水长》、梅光迪的哈佛文献、周刚的梅光迪英文日记，还有《梅光迪先生家书集》《文学概论》《近世欧美文学趋势》等，都值得深入研究。其中，《文学概论》有多个版本，个别藏家手里无由一见，限制了我们的研究。但我深信，随着文献资料的不断挖掘，我们对于梅光迪将有一个清晰而又完整的认识。他的复古面貌，也将得到改观。这一改观，虽然是一个漫长的过程，但值得后人不断地进行学术接力，直至还历史一个公正、清白。《宜宾学院学报》组织"梅光迪研究专题"，是一个创举，将有着积极的影响。蒙孙化显兄之邀，提供一篇文章。于是，我将未正式发表的文字，辑为一束，予以刊布。其中，《梅光迪的家世》首次公开了梅光迪的世系和家族情况，为我们了解梅光迪提供了原始素材。《梅光迪研究的历史与现状》则回顾了梅光迪研究的历史分期，与当下存在的不足，深深为梅光迪抱憾，期待真正的梅光迪研究专家出现，更期待《梅光迪评传》《梅光迪先生年谱长编》出版。

一、梅光迪的家世

关于梅光迪的家世，宣统二年（1910）《宛陵宦林梅氏宗谱》有着非常详细的记载，再据梅光迪的孙子梅务虚提供梅光道手写的三代简谱，整理梅光迪家世情况如下：

伯曾祖行柏，字长青，赋性刚直，尤能仗义执言，人不敢干以私驭，家人子弟亦不轻假以辞色。生于乾隆甲寅（1794）六月初一日卯时，殁于咸丰乙卯（1855）九月初五日未时。妻宋氏，生于嘉庆丁卯（1807）十月初二日，殁于咸丰辛酉（1861）六月初二日申时。子三，举钱、举木、举觳。

曾祖行登，字步青，克勤克俭，分外无营求，处贫困晏晏如，平时亦无几征怨恨之色。生于嘉庆丙寅（1806）十二月十一日酉时，殁于咸丰庚申（1860）十月十三日。妻刘氏，生于嘉庆戊辰（1808）十一月十六日，殁于咸丰庚申（1860）九月十四日。公专务农业，于家中盐米之需、往来庆吊之礼有时或不之省，孺人必预为料量，请公筹措。否则，公弗×也。儿辈入塾读书应需果饵，孺人亦必细心布置，不遗余力，洵为一时贤内助云。子四，举武、举功、举秋、举烟。

本生祖举秋，名仁安，九品，字盛庵。生于道光辛丑（1841）三月二十八日酉时，1919年逝世。妻潘氏，生于道光庚子（1840）九月十三日戌时，去世时七十多岁（且晚于梅藻逝世）。子二，孝代（过继举武）、孝杨。

梅藻过继给了伯父举武（字建安），因此举武也是梅光迪的祖父。家谱中记载的举武的生平，为梅藻所写，谱中载："先君性峭直，无城府，生平所为事，蔑不可以告人者。庚申（1860）粤贼南窜，先大父（指行登公）患痢，吾父及诸叔父被贼冲散，惟先君朝夕侍侧。深宵无火，则燃薪以取光，口燥思饮则以破缶汲水沸之以进。越一年，而先慈弃世，未几二兄亦相继殇。先君遂绝意续弦，不作成家之计矣。藻幼时先君送之入塾,老人躬自担米或负薪,口中犹自作语,呶呶不休。藻闻之泣,先君亦泣。盖皆自道其兵燹中流离奔窜事也。先君病,藻以糊口在外,不获侍疾。家中拟遣人召之,先君辄弗许。以故使者屡发辄又罢去,然犹未尝不望其旦暮回也。洎病笃,藻闻信,星夜返里门,已无及矣。痛哉! 藻无状不能阐扬先德,而其荦荦大者,又非藻之所能妄拟。爰此笔而述其崖略于此。生于道光己丑(1829)五月二十一日辰时,殁于光绪辛卯(1891)十月十八日申时。妻钟塘文氏,生于道光戊戌(1838)四月初二日子时,殁于咸丰庚申(1860)十一月十五日。"

近支祖辈仅堂叔祖举毂有科举功名,谱载:"举毂,名金鉴,字有伦。太学生。幼研书史,长与裘马少年为伍,冀以武勇显。落落不遇,其命也夫。生于道光壬寅(1842)正月二十九日亥时,殁于光绪丙申(1896)七月初七日丑时。"

梅光迪的曾祖辈、祖辈,不少都因咸丰年间的太平天国战乱而辞世。如记载梅光迪的二叔祖举功:"生于道光癸巳(1833)四月二十六日巳时,被掳。""被掳"的年代根据梅藻记录举功的生平,当是1860年,举功年仅27岁。梅光迪的曾祖父、曾祖母、伯祖母文氏等也都在这一次"被掳"的劫难中逝世。

父亲梅藻,原名孝代,字赓鱼,号漱卿。廪贡生。生于同治庚午(1870)九月十七日寅时。同邑岁进士胡成章在《梅翁品芳七十寿序》中说:"漱卿梅子,吾友也。文章道德吾弗如,与予重气谊。"可见梅藻是当地有一定名望的乡儒。妻胡氏,生于同治辛未(1871)十月十三日子时,七十九岁亡故。子三,为运(名光迪、昌运)、为后(名昌后)、为问(名光道)。女一,适太学生陈增高之子,六十八岁亡故。

叔父孝杨,号绚卿,生于同治癸酉(1873)八月初五戌时,终年六十六岁。妻刘氏,太学生刘国斌之妹,生于光绪庚辰(1880)二月二十二日未时,五十九岁逝世。子四,为绥(大寿)、为斋(光达)、大成、以宁(大彬)。

家谱中也记载了梅光迪的生平:"复旦公学毕业生,原名昌运,字子开,号觐庄,行急一。生于光绪庚寅(1890)正月初二巳时,妻绉藤树村王氏,太学生堑之女。"可见,梅光迪在宣统二年已经成家。他的原配名叫王葆爱,生于1888年,1960年病逝。两人曾于民国初年(1912)生有一子,几岁时夭折,后又于1924

年生下一子燮和。梅燮和的子女梅务虚等人至今生活在宣城。

梅光迪的兄弟辈情况大致是：二弟昌后生于光绪辛卯(1891)五月十五日巳时,患风湿病,三十九岁逝世;妻宋氏。三弟光道,字子慎,生于光绪丁未(1907)十月初七日巳时,毕业于上海大夏大学教育系;妻孙采薇,后人在北京。大堂弟为绶字子璲,生于光绪丙申(1896)十二月初九日寅时;妻黄氏,岁进士黄鹤年之孙女,与为绶同年生,宣统二年时二人已订婚。二堂弟为斋,又名哉,字子高,生于光绪乙巳(1905)八月二十五日戌时。三堂弟大成,1921年生。

其实,梅光迪的祖辈所遭遇的"被掳"事件,结合相关史实,与李秀成等进行的1859—1960年二破江南大营的战争有关。具体细节,在同邑光绪壬辰(1892)进士签分刑部主事吕志元[民国初年(1912)任安徽省议会议长]的《梅翁成莽六十寿序》中有着非常详细的记载。成莽即梅光迪的祖父仁安公(家谱载"仁安,字盛庵",疑"成""盛"有一为误,而"莽"即"庵")。全文如下:

> 岁庚子春,吾邑西乡梅子漱卿来言曰:"吾父今年六十,愧无以寿吾亲者,且吾父少遭离乱,其所以得有今日,俾藻辈以养、以教至于成人者,盖几经患难之余生。迄今承平三十载,创定之余,每念及前事,未尝不且惊且惧且幸且悲,忽不知其感喟之无从也。当咸丰季年,粤贼蹂躏吾乡,吾父年未及冠,昆季四人,父于行次居第三。是时,一家十三口被贼冲散。贼目如赖剥皮、张天福、黄老虎等,往来劫杀,烽火达旦,乡之老弱妇孺等流离奔窜,死者相枕藉。少壮者悉为贼掳掠,以供樵汲担荷之役。吾父昆季四人悉被贼尽掳以东。吾父私念家口散亡,先大父年老恐不胜颠蹶惊怖之苦,先大母又多病,存殁尚未可知,与其偕贼而东以偷旦夕之生,不如逃而之西廉大父、大母之所在,而尽吾心焉。乃黄夜自贼中出。闻南陵之千墩山稍安静,其地去吾村几三十里,潜行密访,至则先大父在焉。系被创逃出,痛楚呻吟,未遑调治,又未获见先大母。吾父莫知所为,既而大伯亦至,乃嘱大伯侍大父左右,而己乃于二鼓后趁昏黑,见贼号火则伏,贼去则疾趋,以行几数十伏始抵家,至则先大母病呆口噤不能言,血淋漓,衣尽浸,披之,起烛以火,乃知左耳被贼割去。吾父潜声淹泣,窃负以行。比晓抵千墩山,家口亦

稍稍完聚。惟仲父、季父莫知所在。此咸丰九年十二月初七日事也。其深入贼窟，潜行潜伏，一夕往返六十里，吾父每为藻辈言之。犹唏嘘惊怖而不自禁也。自以兵燹之余，所学未能卒业，遂与大伯勤力偕作，尽心于农务以治生。然每以学业未成为憾。故于藻之读书，责望尤切。忆自八九岁时，藻自塾中归必课所读何书，稍遗忘则呵斥不贷。稍长则讲解学文之事，尤口讲指画，僵僵不倦。迨藻补弟子员时，吾父已五十矣。又以大伯无后，命藻为之后。藻自忖无状，伯父亦已弃世，不获终养。差幸吾父暨吾母康强有逾往昔，吾弟务农有以尽力而服劳，孙儿辈绕膝笑语竟日，老人弄之以为乐。回忆咸同年间流离困顿之状，几不能自存，而至于今日，不可谓非幸也。自维朝夕菽水不克竭甘旨之。奉兹当六十之辰，称觞祝嘏，思所以博吾亲之欢者，愿得先生一言以为寿，庶几胜于世俗之具酒食乐、亲宾演剧歌舞以博耳目口体之娱也。"

予闻之，喟然曰："有是哉！"梅翁之寿无以异于人也，而其子之寿其亲则有以异乎世俗之所为寿也。漱卿其推此意而兢兢焉。立身扬名以求无忝于所生，则亦可无俟乎予之序矣。予不文，爰即漱卿之所欲寿其亲者以赠。

二、梅光迪研究的历史与现状

2010 年 5 月，宣城中华梅氏文化研究会正式成立，我受梅铁山、梅放、梅主进等组委会成员的委托，在会上呼吁出版《梅光迪文存》，得到了研究会的首肯。2011 年 4 月，《梅光迪文存》在华中师范大学出版社顺利出版。由于这是迄今为止最全的一部梅光迪文集，一半以上的内容在大陆属于首次问世，随即在学术界引起了巨大反响。短短几个月，有上百家媒体报道、评论，一些报刊还做了专题研究，被《中国图书评论》杂志评为中国 2011 年度最值得阅读的学术著作之一。

当时，我们即有心同时出版一册《梅光迪纪念文集》或《梅光迪研究资料汇编》，由于种种原因，未能出版。但我并没有因此而放弃对梅光迪的研究，至目前为止，我已经发现专门研究梅光迪的文章近百篇，其中写于 1991 年以前的就有四十篇左右,这些文章的学术价值非常之高,可以让我们清晰地看到各个时期的学者对梅光迪的评价。

对梅光迪的研究大概有四个时期:

(一)梅光迪逝世前后。主要有任鸿隽、杨杏佛、汪懋祖、胡适、茅盾、吴宓、胡先骕、竺可桢、茅於美等著名文化名人对梅光迪的评述、回忆。同时在梅光迪逝世之后,《思想与时代》《浙江大学校刊》分别设置梅光迪逝世纪念专号,刊载了十多篇关于梅光迪的文章。

(二)七十年代台湾学者研究时期。二十世纪八十年代以前,由于时代原因,大陆几乎都把梅光迪视为复古派,对其进行丑化、否定,而在台湾,宋晞、侯健、林丽月、张其昀、沈松侨、余英时等学者给予了梅光迪极高的评价,到今天为止,大陆对梅光迪认识才开始接近台湾那个时期。

(三)大陆八十年代的梅光迪研究。进入八十年代以后,大陆学术界开始复苏,既有一些学者因袭以往,继续全面否定梅光迪,同时也出现了一些开始肯定梅光迪、为学衡派沉冤昭雪的学者,例如乐黛云等。同时,高华、茅家琦、张君川、黄兴涛、耿云志等学者也开始研究梅光迪。

(四)九十年代后期至今。进入九十年代以后,学界兴起了"吴宓热""陈寅恪热",对于学衡派的研究开始受到学界重视。在这一热潮的带动下,学衡派的一些代表人物,如柳诒征、胡先骕等,开始被许多学者重点研究。但由于梅光迪的作品比较少,还十分难于寻找,梅光迪几乎错过了这个学术热潮。但毕竟梅光迪是学衡的创始人、主将,一些学者终于将研究视角投向了他,比如沈卫威、段怀清、杨扬、周刚、徐艾平、傅宏星等。可能由于梅光迪作品未能全部问世,至今为止,还没有真正出现以梅光迪研究为中心的专家。

在《梅光迪文存》出版以后,梅光迪研究应该会有所深入。目前获得的一个值得惊喜的消息是,硕士阶段写过《梅光迪思想研究》、现为广西工学院教师的周刚先生,称他手里有一厚册梅光迪英文日记手稿。另外,国图所藏《文学概论讲义》,由梅光迪门弟子张其昀、徐震堮所记,约三万字,比傅宏星发现的版本多一万多字,且前八章两万五千字大不相同。这本讲义,笔者已经整理完毕。同时,笔者近期又完成了三万多字的《梅光迪年表》简易稿,正准备在这个年表的基础上,扩充成《梅光迪年谱》。

我想,随着史料的披露,以及众多学者的加入,梅光迪研究会有极大的学术前景的!

三、《文学演讲集》前言

梅光迪(1890—1945),光绪十六年(1891)正月初二生于安徽宣城,字迪生,又字觐庄。少有神童之誉,早年在安徽高等学堂、上海复旦公学、清华留美预备学校读书。1911年,赴美留学,先后入读威斯康辛大学、芝加哥西北大学。1915年,入哈佛大学研究生院,师从新人文主义大师白璧德,后介绍吴宓、汤用彤等拜于白璧德门下。1919年10月,归国任南开大学英文系主任。1920年初,应刘伯明之招,在南京高等师范学校任教。1921年,任东南大学西洋文学系主任,同年发起成立《学衡》杂志社,于1922年1月出版《学衡》创刊号,此为"学衡派"成立的标志,核心成员还有吴宓、刘伯明、柳诒徵、胡先骕等。1923年初,梅光迪对吴宓自封《学衡》总编辑等事不满,声称"《学衡》内容愈来愈坏,我与此杂志早无关系矣"。同年,刘伯明病逝。1924年,赴哈佛大学任教,胡先骕亦赴美,学衡派一时风流云散,后由吴宓独立支撑。1936年至逝世,历任浙江大学英文系主任、文理学院副院长、文学院院长。有《梅光迪文录》行世。

在中国学术思想史上,梅光迪是作为新文学运动的反对派出现的,因此被不少人视为文化保守主义者,甚至有视其为复古主义者。但随着学界对学衡派研究的日趋深入,这种"定论"已有所改观。不少学者已经认识到梅光迪与胡适之间的"胡梅之争",对白话文形成的促进作用;白话文能形成一种"运动",在社会上产生影响,恰恰与学衡派诸人的反对是分不开的;此外,梅光迪并非一味反对白话文学的守旧者,他的核心观点用自己的一句话概括,即是:白话文应提倡,但文言不可废。可惜的是,世人惯以"成败论英雄",对于失败者的评价往往是以偏概全,终致误解。这在一定程度上使得梅光迪的学术思想,不为世人全面了解,且不能得到正确评价。

刘梦溪先生在主编《中国现代学术经典》丛书时,曾将拟选名单提请张舜徽、余英时、朱维铮等著名学者过目。朱维铮先生在答复中列了"似可以考虑"的一串名单,其中就有梅光迪的名字。后来,梅光迪的挚友"哈佛三杰"陈寅恪、吴宓、汤用彤都列在其中,而梅光迪并未入选。其实,并非刘梦溪故意不选梅光迪,恐怕与梅光迪生前发表文章极少,且无专著出版有关。这又是梅光迪难以进入研究者视野的一个重要原因。

由于以上两种最主要的原因,目前对于梅光迪的研究,不说跟胡适、周作人、鲁迅等新文学提倡者相比,即便相对于陈寅恪、吴宓、汤用彤等人来说,深度与广度也是远远不及的。但愿本书的出版,对梅光迪、新文学运动、比较文学,乃至整个中西文化的比较研究能提供一个新的动力。

本书所选,均为署名"梅光迪讲演"的作品。其中,《文学概论》《女子与文化》《中国文学在现在西洋之情形》《中国古典文学之重要》《英国文人生活之今昔》曾在民国的报刊图书中发表过,只是不曾收入《梅光迪文录》;而《文学概论讲义》《近世欧美文学趋势讲义》则从未刊行于世,且为专论,虽略显简单,但毕竟有一定统系,因此显得更为弥足珍贵,它们也成为本书的主干部分。另外,这两本讲义,从语言、文风、外国人译名等来看,可能是录者抄自梅光迪本人的讲义,而非笔记。不过,《文学概论》一文则明确提到"这个界说,系上课时笔记,疏漏谬误,一定不免,下次当与原文对照重译",且用白话记录,自不是梅光迪的"原文"。

编者对本书所收七篇演讲作了必要的校勘,为保持历史原貌,译名一仍其旧。由于编者水平有限,谬误在所难免,祈望方家有以教我。

四、《梅光迪年谱初稿》后记

我研究梅光迪得益于梅放先生。2009年初夏,梅放先生将傅宏星发现的梅光迪讲义交我整理,从此我开始了梅光迪研究。在梅放、梅铁山、段怀清、陈建军等老师的帮助下,顺利编出《梅光迪文存》,族人慨然付资出版。陈子善师又推荐我在海豚出版社出版梅光迪的《文学演讲集》(这本书今年又由中国文史出版社再版,纳入它们的《民国演讲典藏文库》,把我的名字抹掉,完全无视我作为点校整理者的著作权，让人心寒）。不久，我有幸来京工作，正式入职海豚出版社，或许与《文学演讲集》也多少有点关系。梅氏族人有恩于我可谓厚矣！

这两本书出版以后，我并未放弃梅光迪研究，而是借助国家图书馆的有利条件，将张其昀、徐震堮记录的梅光迪讲义《文学概论》整理出来（三万字），并撰写了一部《梅光迪年表》（近四万字）。这两篇文字都收入了我的《文学史上的失踪者》一书（2012年10月印出，版权作2013年1月）。至此，我仍然没有停止探索的脚步，2013年又将《梅光迪年表》扩充成《梅光迪年谱初稿》，并请著名学者来新夏题写书名。为备用计，一为《梅光迪年谱初稿》，一为《梅光迪先生年谱长编》，五个月后，来老溘然长逝，未及见到此书出版。与此同时，我又编了一部《梅光迪研究资料汇编》，可惜跟《梅光迪年谱初稿》一样，一搁便是四年，至今无由出版。

仍然是梅放先生，今年初夏，他忽然找到我说："你数年前提出的《中华梅氏文库》的出版方案获批了，现在是否有成熟的书稿。"我答以《梅光迪年谱》。梅放请示梅学国先生，愿意资助出版，为《中华梅氏文库》之首批著作。这是梅氏族人再次对我援手，真是"此生有幸吾姓梅"。

这便是《梅光迪年谱初稿》的渊源始末。若单论此书，当然有许多自己亦觉不尽人意之处，譬如哈佛材料挖掘得很不够，李今英的《山高水长》没有使用，对《梅光迪先生家书集》利用得也不充分，都使本书显得单薄。只能寄希望于日后，再出版《梅光迪先生年谱长编》予以补充了。

本书在最后付印之际，又得到徐艾平先生指正，在此谨表谢意。囿于识见，祈望更多方家指正，共同推动梅光迪和学衡派的研究。

缘缘人生，身后缘缘

2016年11月，千呼万唤始出来的《丰子恺全集》终于摆在了世人面前。关于丰子恺，有很多身份可以去概括。然而，若要说一个最浅显的、最直观的，莫过于漫画家这顶头衔了。其实，丰子恺还有许多世人不熟悉的世界。《丰子恺全集》的最大价值正在于，它可以完整、全面地呈现一个似曾相识而又陌生的丰子恺世界。全集出版后，他的散文、儿童文学、漫画、装帧、艺术教育、书法、诗词等诸多方面的成就将为世人所了解。

似曾相识？ 一个失落的艺术世界

在很长一段时间内，我们对于民国是陌生的。然而，随着二十世纪九十年代起，陈寅恪、周作人、胡适、张爱玲、沈从文等大热之后，许许多多的民国文人正款款而来，一个民国热的时代来临了。那么，丰子恺呢？世人却觉得似曾相识，他是漫画家呢，还是散文家呢，抑或翻译家呢，却不大那么容易说清楚。人们或仅知其名，简单地知道他在某一领域的成绩，却未能识得他的真面目。当张大千、刘海粟、徐悲鸿、黄宾虹等绘画大师，被世人捧若国宝的时候，丰子恺依然若隐若现，俨然是一个失落的不为人知的艺术世界。

幸好，喜欢丰子恺的人都不是急性子，他们等得起。丰子恺迷们对丰子恺的"缘缘人生观"，深信不疑，奉为自己的人生观。第一代丰子恺研究专家，譬如明川（卢玮銮）、丰一吟等，率先走进丰子恺的世界，挖掘出不少宝藏，让人们见到丰子恺的轮廓。第二代来了，当年还是一位年轻人，年仅二十多岁的陈星加入了丰子恺研究会，成为最年轻的学者。譬如笔者，十八九岁时研究废名，高中毕业时的2003年去拜访黄梅老专家，他惊讶道："你研究废名？废名在黄梅是不是一个人物还难说哩！有兴趣跟我研究党史吧！"而陈星投入丰子恺研究是在二十世纪八十年代，其尴尬境遇更为显而易见。然而，这个年轻人"怀抱"丰子恺不放，视为毕生研究对象，将一生献给了丰子恺和弘一大师的研究事业。十余年后，他创办了弘一大师·丰子恺研究中心，写出了《李叔同传》《丰子恺评传》《丰子恺年谱》等，并主编了这套《丰子恺全集》。又过了二十年，一位同样那么年轻的艺术生，走上了收藏丰子恺旧版著作的道路，并以"丰子恺艺术传人"自命，甚至以丰子恺漫画风格为丰子恺写画传。这种更为贴近、更为投入的精神姿态，使他在短短几年为世人熟知，并结出丰硕成果，最终成为《丰子恺全集·美术卷》的主编。此人即吴浩然，已被誉为丰子恺第三代研究者的领军人物。《丰子恺全集》以丰一吟为顾问，陈星为总主编，吴浩然等为分卷主编，浓缩了三代丰子恺研究专家的心血。可以说，这些人都是丰子恺身后的缘缘人物，然后另一位重要的缘缘人物也要出场了。

源自冲动？五年梦寻丰子恺

一个出版人，以打造书香社会为出版理念，崇奉"文化是目的，经济是手段"，他在即将退休之年执掌一家少儿出版社，本是一名资深出版人，竟把自己折腾成了民营出版兴起以后的"新锐出版人"。他没有懈怠，没有傲慢，更没有"龟缩"小楼成一统，而是十分猴急地要弄点动静出来。你认为是老树长出新芽也好，说成"老夫聊发少年狂"亦可，他就是停不住自己的脚步。此人即海豚出版社社长俞晓群。

俞晓群不只是出版人，也弄文墨，尤其喜欢写出版背后的书人书事，让你惊叹他的那支神来之笔，竟拿自己的出版史料写成另类的随笔。他的出版史料文章，在当今出版界罕有第二人来相媲美。他曾写过一篇关于《丰子恺全集》的文章，该文这样说道：

"2010年6月8日,陈子善先生来京开会。他正在主编海豚书馆红色系列,故而来海豚出版社小聚。席间谈到国家项目很多,我们做一点什么呢?编辑L问:'丰子恺的著作如何?'陈先生接话说:'丰子恺先生东西很多,大部分出过,但《丰子恺全集》还未出。我与丰家比较熟,丰家拍卖一些诗画时,经常会通知我。我可以帮助你们联系。'闻听此事,我立即请陈子善先生帮忙,联系丰家,看是否肯让我们组织出版《丰子恺全集》。十天后,陈先生来短信称,已经与丰子恺的女儿丰一吟说好,同意与我们谈一谈。7月6日,我与李忠孝专程到上海,在陈子善先生陪伴下,来到丰家,拜见了丰一吟女士。由于有陈先生举荐,我们谈得很顺利。我们按照出版规范,做了整编预算,大约需要五百万元投资。"

当时海豚出版社的账面资金还不到五百万,难道一家出版社只做一套《丰子恺全集》就准备关门吗?但是,他仍然签下了,让人觉得他很疯狂。原来,自从听了陈子善的一番话,丰子恺在他心中就成了一个"梦",不出此书,梦终不醒。真的是冲动吗?反正这个梦,一做就是五年,"五年寻梦丰子恺"成为《丰子恺全集》成书过程的缩影。

卷帙浩繁,水到渠成缘自然

《丰子恺全集》是一个国家出版基金项目,然而因为卷帙浩繁,如果没有强大的专家陈容,是很难保证学术质量,也很成书的。由于俞晓群的召集,或许"缘缘人生"的作用,这些丰子恺"身后缘缘"的人物走在了一起,形成了目前国内最强大的专家阵容。丰一吟作为丰子恺仅存的女儿,为《丰子恺全集》提供了大量珍贵的史料,是当之无愧的顾问。陈子善作为中国现代文学研究的权威人物,参加了历次《丰子恺全集》编委会,悉心指导,保证了《丰子恺全集》的学术规范。陈星研究丰子恺已达三十年,吴浩然搜集丰子恺著作的原刊本在十年以上。其他各位编委也都训练有素,准备充分。比如武汉大学陈建军教授,他负责的是《文学卷》的主编工作,从2011年起就开始校订,直至交稿,不到一百万字竟然花了四年时间,可见用心之专。刘晨研究员多年从事艺术教育研究工作,对丰子恺的艺术教育著作熟稔于心,此次整理工作可谓"水到渠成",

"花落自然熟"。

《丰子恺全集》的体例严格、精密、完备,堪称典范。总共五十册,分为文学卷(6册)、艺术理论艺术杂著卷(12册)、书信日记卷(2册)、美术卷(29册)、附卷(年谱索引1册),为目前收录丰子恺各类作品最全的作品集。文学卷的卷一至卷三收录丰子恺生前编定的集子,卷五和卷六收录集外文,卷六收入儿童文学作品集和儿童文学集外文以及其诗词等。艺术理论艺术杂著卷按美术、音乐和艺术教育分为三大类,成集者放前面,未收入各种集子者分为美术类集外文、音乐类集外文、艺术教育类集外文。书信日记卷分为两册。美术卷内容庞杂,最能体现主编独具匠心,按照黑白漫画集、黑白散画、彩色漫画集、装帧、插图等分类入书,使得丰子恺浩繁的美术作品一目了然。

书中收入了大量的佚文佚画,具有重大的文献价值,使得《丰子恺全集》不仅是丰子恺的作品集,也是浓缩各位主编研究成果的学术之作。《丰子恺全集》以原刊本或初版本为底本,仅对其中个别明显的误植、别字等作了订正,其余一仍其旧,包括标点、异体字等,都不轻易做改动。这种编校作风,使得《丰子恺全集》成为一部原汁原味的作品,让读者一饱民国味,一览民国范儿。

《丰子恺全集》还充分吸收了近二十年来的研究成果,根据丰一吟先生所提供的资料和其他研究者的发现,增添了《丰子恺自述》《个人计划》《平生自序》《我写文章的一些经验》《检查我的思想》《行路易》《〈弥陀经〉序言》《〈大乘起信论新释〉译者小序》等上百篇丰子恺集外佚文,以及日记、佚诗和上百通佚简。美术作品收录了六千多幅,远超已经出版的《丰子恺漫画全集》。据初步估计,文学卷约100万字、艺术理论卷约250万字、书信日记卷约40万字、附卷约35万字,总计420多万字,其中佚作近百万字,佚画上千幅。

这部由丰子恺身后的缘缘人物制作的大书,忠实、客观地记录了丰子恺的缘缘人生。

2017年12月

中国儿童文学史上的茅盾

茅盾一生关心儿童文学事业的发展,写了不少论述儿童文学的文章,是现实主义文学理论的一面旗帜。他从事儿童文学创作主要集中在两个时期,一是五四时期编译儿童读物,二是二十世纪三十年代进行现实主义儿童小说的创作。对儿童文学理论的思考,则贯穿于茅盾的一生。

一、五四时期茅盾的儿童文学活动

茅盾编辑儿童读物的活动始于1916年8月底进入商务印书馆。在孙毓修的指导下,先编了一本《中国寓言初编》,后接替孙毓修主编《童话》丛书。茅盾按照当时编译儿童文学的惯常手法,对外国儿童文学、中国历史、民间故事等进行改编。从1917年到1923年,茅盾一共编译了28篇,分别收入《童话》丛书第一集、第二集和第三集,当作童话出版,而实际上都不是童话。在这28篇中,除了《十二个月》1923年1月出版以外,其他作品都是1918—1920年间出版的。

这些作品主要分为两大类:

一是改编自外国儿童文学名著,如《蛙公主》《怪花园》《海斯交运》《飞行鞋》取材于格林童话,《金龟》取材于阿拉伯民间故事集《一千零一夜》。

二是改编自中国古典读物,主要取材于唐宋传奇、宋元话本,主要包括《大槐国》《千匹绢》《负骨报恩》《树中饿》《牧羊郎官》等。其中,《大槐国》是根据《南柯太守传》改编的,《千匹绢》《负骨报恩》取材于《吴保安弃官赎友》,《树中娥》取材于《今古传奇》中的《羊角哀舍命全交》,《牧羊郎官》改自《汉书》中的卜式传。

以今天的眼光来看,茅盾的编译作品,有以下几大特点:

一是缺少原创性,文学价值不高,属于普及性、探索性工作。如《大槐国》是根据史料改编的一篇历史故事,开篇道:"唐时东平县里,有个淳于梦,父母曾做边将,后兵败,投降蕃人,久无音信,存亡不知。淳于梦自幼便喜刺枪弄棒,结交朋友,专好替人排难解纷,不务正业。只因学得一身好武艺,倒也得人看重,在淮南军中做了一名裨将。"

二是缺少现代童话观念,改编自文学性的童话不多,主要是历史故事、民间故事和民间童话。例如《千匹绢》是一篇中国历史故事,末尾写道:"在下说到此处,已把吴保安弃家赎友的一段故事,交代明白。若问二人的下落,并郭仲翔让官报恩之事,在下暂且停一停,要把他另做一本童话了。"这里分明把历史故事也当作童话了。

三是行文中有文言残余。如前文引用的《千匹绢》末尾,仍然有古代白话小说文言夹杂现象。再如《金盏花与松树》开篇道:"金盏花是山上的野花,颜色如火一般红,每逢春日盛开,漫山遍野,一望皆是。金盏花得意极了,常常夸口自己族大人多,非他花所及。"

四是具有浓重的说教意识,作者时常跳入文中,与"看官"对话,甚至对"看官"进行思想上的教育。如《金盏花与松树》末尾道:"在下还有几句话道:'凡人总有一个分际,身份高的和身份低的同在一起,是合不来的。身份低的再想和身份高的强争,更是无益,须要估量着自己的力量,原谅别人的难处。若是一味倔强,终究是自己吃亏。金盏花和松树一段故事,命意只是如此,看官不要看错了才好。'"再如《寻快乐》道:"童话第三十二编到此已完,虽已说出快乐种子四字,却没有将后事交代清楚。在下知道看官们闷在心中,已历数年。特地再编这本童话,以补前书之缺。谅看官们不以画蛇添足,讥笑在下。……这个故事到此就完,看官若问青年真找到勤俭没有?在下可答道'一找就到修',再问找到了勤俭,那就有快乐了么?在下可要抄经验的话来回答道:'勤俭越久,快乐越多,那快乐的味儿也越真。'诸位不信,要清早醒来之时,把一日所做的事,彻底一想,便见得此话不错了。"

另外,1924—1925 年,茅盾在《儿童世界》发表了 16 篇编译的希腊和北欧神话,从语言上讲,更为白话化,更适合儿童阅读了。这是茅盾编译儿童读物的一大进步。

二、三十年代茅盾儿童文学思想的转向与摇摆

进入三十年代以后,茅盾在儿童文学理论层面进行了一定的研究,1935 年,正式"主张儿童文学应该有教训意味"。1935 年 2 月,茅盾在《关于"儿童文学"》一文中说:

> 从前最通行的意见是:"儿童文学"者,给儿童们一种心灵上的娱乐,并且启发了儿童们的想象力。但是现在有人把"儿童文学"的使命看得更严肃些了。我们可以引玛尔夏克(S. Marshak)的话来做代表。这位苏联的有名的儿童读物的作家以为"儿童文学"是教训儿童的,给儿童们"到生活之路"的,帮助儿童们选择职业的,发展儿童们的趣味和志向的。他以为"儿童文学"必须是很有价值的文艺的作品,文字简易而明快;是科学的技术的文学,但必须有趣而且活泼。一部"儿童文学"必须有明晰的故事(结构),使得儿童们能够清清楚楚知道怎样的人是好的,怎样的人是坏的;而这故事又必须是热闹的,因为儿童们喜欢热闹,必须有英雄色彩的,因为儿童们喜欢英雄,必须用简明而有力的文字,必须有"幽默",但这"幽默"不是"油腔",不是"说死话",而是活泼泼地天真和朴质的动作。

茅盾在后来的儿童文学思想中,进一步强化了儿童文学的教育功能,并大力宣传介绍苏联作家马尔夏克的"教育儿童的文学"的理念,诸如《儿童文学在苏联》《儿童诗人马尔夏克》《马尔夏克谈儿童文学》等。同一时期,鲁迅、胡风等都在大力译介苏联文学,包括一些儿童文学作品,表明中国儿童文学正从大力译介西方转向了苏联。

不过全面地审视茅盾的儿童文学思想，实际情形会比较复杂一些。比如，五四前后，茅盾虽然并没有自觉的儿童文学思想，更没有像鲁迅、周作人、郭沫若、郑振铎等一样提倡儿童本位论，但他很热心推广外国儿童文学，也很喜欢编译儿童读物，甚至创作了几篇科幻小说和科学文艺作品。1924 年 1 月，他在《最近的儿童文学》一文中说：

> 现代似乎还没有产生像安特生（指安徒生）那样的伟大儿童文学作家，这是无可讳言的；可是现代的儿童也很有幸，并不缺乏新颖的可读的读物，尤其是年长些的孩子常能得到从前所没有的儿童科学小说。

可见当时茅盾十分推崇西方"伟大儿童文学作家"安徒生的，这与三四十年代推崇苏联作家马尔夏克形成鲜明对比。而且，当时的茅盾并不排斥通过译介西方得来的"新颖的可读的读物"。

到了三十年代，茅盾的儿童文学思想开始转向，提倡教育儿童的文学，但当时他的意见也是有一定程度的保留。比如 1935 年 3 月，他在《几本儿童杂志》中说：

> 我们并不是无条件反对儿童读物的"教训主义"。但是我们以为儿童读物即使是"教训"的，也应当同时有浓厚的文艺性；至于"故事""戏剧"等等完全属于儿童文学范围内的作品，自然更应该注重在启发儿童的文艺趣味，刺激儿童的想象力了。儿童文学当然不能不有"教训"的目的，——事实上，无论哪一部门的儿童文学都含有"教训"，广义的或狭义的；但是这"教训"应当包含在艺术的形象中，而且亦只有如此，这儿童文学才是儿童的"文学"，而不是"故事化"的"格言"或"劝善文"。

在这里，茅盾竟然又在一定条件下"反对儿童读物的教训主义"，而且认为"教训"只能在"文学"之中，不能凌驾于"文学"之上。并且，茅盾对于"完全属于儿童文学范围内的作品"，则又主张"启发儿童的文艺趣味，刺激儿童的想象力"，可见茅盾对"教育儿童的文学"的主张有所保留，他不认为这种创作理论适用于全部儿童文学作品。这看出了茅盾在"教育儿童的文学"思想上的摇摆，这与郑振铎在"儿童本位论"上的摇摆，有一定类似性。当然，这种摇摆，只是暂时的，到了四十年代茅盾就彻底转向了。尤其 1960 年在批评陈伯吹的"童心论"时，可能碍于身份或迫于政治压力，已经完全不按自己二三十年代的儿童文学思想表达意见了。

茅盾对"教训主义"儿童文学思想的态度摇摆不定，还体现在他对凌叔华《小哥儿俩》的评价上。1936 年 1 月，他在《再谈儿童文学》一文中说：

> 作者《自序》中说："书里的小人儿都是常在我心窝上的安琪儿，有两三个可以说是我追忆儿时的写意画。"这是凌女士这几篇"写小孩子的作品"和别的儿童文学的作家如叶圣陶、张天翼他们的作品不相同之处。叶张两位先生的给小孩看的作品似乎都是观察儿童生活的结果；而且似乎下笔时"有所为而为"，所以决不是"写意画"……我是主张儿童文学应该有教训意味。儿童文学不但要满足儿童的求知欲，满足儿童的好奇好活动的心情，不但要启发儿童的想象力、思考力、并且应当助长儿童本性上的美质：天真纯洁，爱护动物，憎恨强暴与同情弱小，爱美爱真……所谓教训的作用就是指这样地"助长"和"满足"和"启发"而言的。凌女士这几篇并没有正面的说教的姿态，然而竭力描写着儿童的天真等等，这在小读者方面自会发生好的道德的作用。她这一"写意画"的形式，在我们这文坛上尚不多见。我以为这形式未始不可以再加以改进和发展，使得我们的儿童文学更加活泼丰富。

茅盾敏锐地指出了凌叔华与叶圣陶、张天翼的"不同之处"，这标志着三十年代中国儿童文学已经明显出现两种不同的发展路向，即一种是"有所为而为"的作品，一种是"写意画"形式的作品。前者可能正是茅盾所指出的"正面的说教的姿态"（至少一定程度上），而后者也能"自会发生好的道德的作用"，这与他在前面提到的"教训应当包含在艺术的形象中""儿童文学是儿童的文学"等观念相一致。可惜的是，如茅盾所说，当年类似凌叔华这种作品"尚不多见"，他所期望的"改进和发展"，"更加活泼丰富"，长期以来并没有实现。茅盾指出的这两种不同的创作范式，前者可以说是非儿童本位的儿童文学道路，后者可以说是儿童本位的儿童文学道路。这两种创作方向，茅盾没有明确表明自己的态度，哪种作品更好，但我们似乎能感觉出，当时的茅盾更喜欢后者。在对萧红《呼兰河传》的评价上，也能看出类似消息来。《呼兰河传》不是自觉的儿童文学作品，但也算一部泛儿童文学作品。在《呼兰河传》不太符合社会主义现实主义创作理念下，茅盾虽然指出了作者"思想的弱点""不能投身到农工劳苦大众的群中"，却又指出《呼兰河传》有"比像一部小说更为诱人些的东西：它是一篇叙事诗，一幅多彩的风土画，一串凄婉的歌谣"。《呼兰河传》无疑已经成为一部现代文学经典，它的高度更能代表优秀文学作品所应努力的方向。茅盾对它的高度评价，是耐人寻味的。

茅盾一生都在关注儿童文学，是左翼作家中影响最大的儿童文学理论家。考察他一生的儿童文学思想的演变过程，可以看出他有某种程度上自我调整的能力。在儿童文学是"儿童的文学"，还是"教育儿童的文学"这个问题上，三十年代的茅盾其实已经给出了自己的答案。我认为，这一时期茅盾的儿童文学思想，更能代表他的真实意见，达到了他一生儿童文学思想所能抵达的高度。

三、茅盾的儿童文学力作《少年印刷工》

茅盾原创的儿童文学作品并不多，但在三十年代，他写了几篇小说，如短篇小说《阿四的故事》《儿子开会去了》《大鼻子的故事》，以及中长篇现实主义儿童小说《少年印刷工》。这些作品，尤其是《少年印刷工》堪称代表他的儿童文学创作实绩。可惜，茅盾却认为《少年印刷工》"写的并不好"。

据茅盾研究专家孙中田在《我见到的沈老》一文中回忆："谈到他未曾出版的两个长篇，沈老告诉我，一个是《少年印刷工》，一个是《走上岗位》，前者是开明书店点名让写的，这篇东西是给儿童看的通俗读物，通过故事情节讲述了拣字、排版、印刷的过程，目的是想给少年儿童一点科学知识。我说：'这篇东西似乎还没有引起人们的注意。'沈老说：'这东西写得并不好。'这时候，沈霜同志从外间里拿来了《新少年》的创刊号，出版于 1936 年 1 月 10 日，版本是大 32 开本的样子。《少年印刷工》从这一期起连载，文章的标题是用黑体字标的，以示重要。"

不管怎么说，这篇茅盾认为"并不好"的作品，在当时是被认作"重要"的。在同一时期，现实主义长篇儿童小说并不多的情况下，这篇作品就成了中国儿童文学的重要收获，也是研究中国现实主义儿童文学的一部重要参考作品。可能由于茅盾记忆失误，他说这部作品是"给儿童看的通俗读物""给少年儿童一点科学知识"，这未免有些低估了这部小说的水准。

茅盾晚年在回忆录《我走过的道理》中如此回忆创作缘起："（1935 年）何不再尝试一次，探索一下儿童文学这陌生的花圃？但是写什么呢？颇费踌躇。最后决定写一个失学少年通过劳动成长为一个印刷工的故事。……引导这些尚跳跃着一颗童心的少年走上健康成长的道路，实是一个严重的社会问题。而且从改造社会的意义上讲，还应该使这些年青的劳动后备军懂得劳动的神圣，了解工人阶级之被剥削和被压迫以及工人阶级的力量所在。因此，我决定在小说中表现这样的主题。"

《少年印刷工》讲述十五岁失学少年赵元生走向社会谋生的曲折经历。通过他的经历，反映了当时社会普通平民生存的艰辛。如开头出现的，三年前失踪的妹妹被送回家，父亲不敢相认的情节，足以让读者掉眼泪。

茅盾是共产主义者，有着鲜明的阶级意识和民族意识，这个身份影响了他的文学思想，也自然会反映到他的文学创作中去。茅盾一直没有明确的儿童文学观，到了这一时期才开始真正思考儿童文学的问题。如前所分析，他是一个"教育儿童的文学"的摇摆者。这种"摇摆"，恰好为他的创作提供了施展空间。与《阿四的故事》《大鼻子的故事》等相比，《少年印刷工》反而没有把现实写得那么残酷，也没有直接用口号的形式给读者以思想教育，而是尽量藏在文字底下，让读者去感受赵元生所生活的环境。这种手法，使得《少年印刷工》具有一定的文学感染力。

少年印刷工赵元生的少年形象，不是孤立的，光秃秃的，而是与当时中国社会和他个人的人生遭际紧密结合。他本是一个"少爷"，结果因为日本人的炮火，把家庭给毁灭了。他本是一个"中学生"，却因为家道中落，不得不辍学务工。这是当时中国社会的一大悲剧。赵元生勤劳、朴实，有自己的职业方向，甚至有自己的"大计划，大理想"，经过艰难的努力，一步步走上社会。与其他少年相比，他有自己的闪光点。他在纸厂的同事李阿根，在他眼里，是"倦怠，麻木，像一匹将死的野兽"，于是他想改变自己的命运，不希望自己的"生命的活力"被卷了去。最后的结局，还算让人欣慰，赵元生进入印刷厂当了印刷工，很快胜任"改样""装版"等工作。

后文由于热衷于"给少年儿童一点科学知识"，破坏了对人物形象进一步刻画和描写。茅盾在《我走过的道理》中不无后悔地说道：

> 这是一种新尝试，即在儿童文学中把文学和传授科学知识结合起来。然而我的尝试失败了，从而也影响到整篇小说的失败。在小说的前半部，我写得还比较顺利，故事的开展，人物的塑造，环境的烘托，都还"搭配"适宜。然而到下半部，由于夏丏尊交代的"要求"紧紧钉在我的脑海中，从而犯了大忌，没有把主要笔墨放在人物的塑造上，而且割断了与前半部中出现的众多人物和情节的联系，专注于技术知识的介绍。这个毛病，我愈往下写愈感觉明显……这是我写儿童的一次不成功的尝试。

赵元生的命运，是当时无数旧中国穷苦孩子的命运的缩影，他的勤劳、朴实、力求上进的少年形象，给读者留下深刻印象，成为中国儿童文学史上的一个经典。

四、晚年茅盾的儿童文学影响力

四十年代以后，茅盾虽然不再创作儿童文学作品，但他始终关注、关心儿童文学的成长，一直是中国儿童文学事业的最高领导。他对新中国儿童文学事业始终保持着敏锐的洞察力。

1960 年，中国儿童文学的"新生期"结束，提前进入"断裂期"，是从 1960 年儿童文学的"歉收"开始的。最早指出"歉收"现象的是茅盾。1961 年，茅盾写了一篇长文《六〇年少年儿童文学漫谈》，其中说道："一九六〇年是少年儿童文学理论斗争最激烈的一年，然而，恕我直言，也是少年儿童文学歉收的一年。"他还用五句话概括当时的创作现象："政治挂了帅，艺术脱了班，故事公式化，人物概念化，文字干巴巴。"由茅盾来宣告中国儿童文学新生期于 1960 年因"歉收"而谢幕是耐人寻味的，他作为当事人，无疑更有说服力。此后漫长的一段时间，中国儿童文学几乎是"颗粒无收"的空白期，没有多少拿得出手的作品。

直至进入改革开放时代，八十岁的茅盾仍然在关心儿童文学事业的发展。1978 年 12 月 17 日，茅盾对儿童文学创作学习会全体会员作了题为"中国儿童文学是大有希望的"的谈话，他说："中华人民共和国成立以后，从事儿童文学者都特别注重于作品的教育意义，而又把所谓'教育意义'者看得太狭太窄，把政治性和教育意义等同起来，于是就觉得可写的东西不多了，这真是作茧自缚。我以为繁荣儿童文学之道，首先还是解放思想。这才能使儿童文学园地来个百花齐放。关于儿童文学的理论建设也要来个百家争鸣。过去对于'童心论'的批评也该以争鸣的方法进一步深入探索。要看资产阶级学者的儿童心理学是否还有合理的核心，不要一棍子打倒。"

茅盾的这番话打开了许多儿童文学作家的心结，一个创作儿童文学的春天俨然到来。

八十年代的中国儿童文学呈现出满天星斗、流派纷呈、佳作迭出的可喜景象，而且不少作家在艺术探索上走得很远，有着深长的生命力。诚如茅盾所预言的——"中国儿童文学是大有希望的"！而茅盾，在新时期又回到了重评"童心论"的道路上来，也为此后的儿童文学理论研究事业指明了方向。

第三辑

——　·　··　——

黄梅文化及其他

翟一民先生印象记

我最早知道翟一民先生是先前读过一本书，里面收录了他的一首诗。那本书名叫《一代师表》，是纪念著名教育家廖居仁的，编者是诗人李华白。那首诗的内容我早忘了，感情大概离不了怀念吧！只是作者的名字我觉得很有古朴之风，口里念着，心里高兴，仿佛有所得，然而又实在不知得了什么。反正我记住那个名字了。

后来一个偶然的机会，我竟然认识了翟一民先生，并且对我后来的人生道路产生了一点影响，我实在是很感激他的，他这个热忱认真的老人。

去年，我因爱好废名的缘故，写了一点浅薄的文字，六月里，在祖父的介绍下，去拜访黄石远先生。然而，黄先生并不怎么了解废名，他却向我指引了一个人，说他是废名研究在黄梅的中心人物，这个人便是翟一民先生。那是第一次拜访他，我很拘谨的样子，只是听，不敢多说话。我尊他为"乡之先达"、长者，我岂能不认真地听？更何况他那热忱认真的样子，也不能叫我感到厌烦。他边说，还时常叫我坐，我只能唯唯，终究没有坐下来。就是那一次谈话，我才知道学术界兴起了"废名热"，我们家乡也要出版关于废名的书了。北京大学王风先生正在编《废名（全）集》，黄梅文史委员会在编《废名先生》，都是为了纪念废名诞辰100周年。他还告诉我，武汉大学的陈建军先生对废名也很有研究。而我，早就觉得自己的文章捏在手里汗颜了，他却说这是他在黄梅一中发现的最早的废名研究的文章，并且说我作为一个垦荒者不容易，要我继续努力，好好地学。

　　就在当天晚上，我写好了一封给北大王风先生的信。第三天，我再去翟家，托他作为推荐人将此信交给王风先生。翟先生却指出这封信有三处毛病，说这样的信怎么能够寄给北大的王风先生呢？他还一一地指出来，极为仔细，我被他那认真的样子惊吓坏了，就打消了给学界人士写信的念头。这才觉得自己还不够格呢！连一封信都写不好。最后，翟先生叫我修身，要向废名先生学习。我知道，他只是这样建议我去做，并没有命令的意思，虽然我觉得他的话已经重了一点，毕竟我和他才是第二次见面，但是我从中看出他的性情来，是那么地率直、认真，就是让你受不了，又能怎样呢？

　　暑假的两个月，我除读了朱光潜的美学、弗洛伊德的心理学，还有古典田园诗歌，再就是通读了废名的小说。那些读书经历的产物便是一篇心得《一个风格卓异的小说家》，有四五千字的样子，在一个深夜里，独自摸索写完的。第二天就打印了出来，顺便给相关人士看了。翟一民先生自然在这"相关人士"之列，只是我已经担心他早把我忘了，有点犹豫，就先去找文史委员会的负责人石雪峰先生。结果我见到了《废名先生》一书，里面有翟先生的一篇文字，大略看了看，唏嘘不已——文章做得这么好！能够写出这样好的老人文章，在文末还对自己的人生道路做了很好的回忆和总结，简直达到了孔子所说的"知天命"的境界，这样的人是智者，我怎么能不去看看呢？

　　走进城关原农业局的旧门，往左走，上二楼，靠右就是翟先生的住处了。我不敢无礼，在敞开的门口连喊几声"翟先生在家吗"。先生抬了抬头，又抬了抬头，似乎听到了，原来翟先生有点耳背。不一会听到翟先生的笑声，起身叫我进来，还拉我坐下。那一次谈话，很舒适，我是大声说话，先生是边说边扼要写在纸上给我看，再就是大家一起会意地笑了。一切拘谨和严肃的气氛都消失得无影无踪了。他还说，他很理解我的心情，已经和冯奇男先生一起向冯思纯先生专门提到我，说我是年轻的好学者，应该帮帮的。我听后，惊诧不已，原来他最能体谅人，并不是简单的不顾别人感受的"直来直去"的人。先生还说，你在武汉，应该拜访武汉大学的陈建军先生，虚心向他学习，并说此是"近水楼台先得月"。就在这时，我真真觉得翟先生是个通情达理的热忱的仁者。

　　后来我花四天时间细心地读了《废名先生》一书，觉得里面的黄梅老先生们的文章数李华白和翟一民二位先生的文章写得最好最有阅读价值，简直为我们勾勒出废名抗战期间在黄梅的大致影子。我想以后倘若编"怀废名"一类的书出版，把这两篇文字和废名的其他师友学生的纪念文字放在一起，刚好可以弥补废名在黄梅这一时期的回忆的空白。读翟先生的《永不消逝的"声音"》，单看标题，就有很强的文学色彩，更不用谈里面大量的古典诗词和引文了。我想他可能读过好些书，记得刚进他家，朝右就是他的书架，而且他自己那时也"着实要努力学做一个文学家"，结果没有实现，最终做了一个农艺师，颇有点像废名的"小朋友"鹤西。另外，我还很怀疑先生在写这篇文字之前，细心地读了废名先生的书，所以行文上有意无意地走着废名的路子。但绝不是单纯地亦步亦趋，而是以表达自己的感情为度，还配合黄梅方言和废名、泰戈尔的诗文，所以很耐读，自有一番风味。我不知道他有多久没有写文章了，如果他早年能够坚持下来，说不定能够成为一个大器晚成的散文家。只是终究不能够，而废名哲嗣冯思纯先生说翟先生是废名在黄梅最受赏识的学生，我不知道这算不算得一个遗憾。当我读黄梅文史资料中有这么一段关乎先生的文字：（1955年冬）黄梅戏剧团诞生后，县委县政府给予了高度重视，派县文化科副科长翟一民兼任剧团团长。我才知道他搞过戏剧，而不是散文。

去武汉上学后，曾在一段时期我郁闷过，彷徨过，在精神上没有着落，就在那时我给先生写了一封信，文辞含蓄委婉，担心他老人家不会回信。其实我也没有打算他回信，真的，我把写信的事都忘了。突然一天，我收到一封信了！一惊，熟悉的信封，陌生的笔迹，落款是"翟寄"。我迫不及待地打开信封，拿出来就读。我仿佛看到一个身材魁伟、声音洪亮的长者在对我说话，我的大脑嗡嗡地响，信是看了又看。原来他一直在等待思纯先生的回复，好给我一个满意的答复。其实我哪里要什么答复！他给我的信大意是，他总算做了一个搭桥人，勉励我继续前进！

后来，我和陈建军先生通信了，他给我的感觉也是那么的严谨热忱，若想起翟先生的热忱，是能够使人感动的。后来我连忙回信告诉先生，陈先生回信了。最近我又知道，他后来回信思纯先生，说我已经和陈建军先生联系上了。做事是那么地追求圆满，在有些人看来后来的回信是多此一举的。他们怎么能了解一个老人的心，又怎么知道翟先生就是那么一个思想境界已经很圆满的人。

今年五一，陈建军先生托我向翟先生问好，表达心意，以后有机会一定到黄梅看他。我得到先生的回复是：趁着我和奇男老还健在，我可以带着陈建军先生走走当年废名先生在黄梅走过的路。说得多么的直爽，听后简直看到一个倔强的老人在前面蹒跚。

后来，我听陈建军先生说，翟老先生对他的《废名年谱》评价很高云云，看来他也是很认真地读了那本书的，一个年约八旬的老人，我似乎总在他身上感受到力量来，无论是他的认真、热忱，还是直爽，都可以读出使人感动的生机来，促我生长和自新。他真正称得上一个长者、智者和仁者。

"废名热"兴起后，许许多多著名的废名爱好者和研究者是值得提起的，还有一个人，似乎我们也应该有时提起，那就是翟一民先生。我不是说，他有很深的学术造诣，我的意思是他是很容易令人想起的！因为有一个老人也参与其中，他在晚年做了一件很有意义的工作。再说，单凭那本《废名先生》，我们不也看到了他的努力吗？正如主编石雪峰先生在《后记》中所说："《废名先生》之能付梓"，"成书还得益于废名的广大爱戴者和景仰者"，而翟一民先生正是这"广大爱戴者和景仰者"中的一个老人和中心人物，为这本书的出版鼓足了力量，也付出了个人巨大努力。

作于 2004 年 5 月

古"九江""浔阳"在黄梅

"浔阳江头夜送客,枫叶荻花秋瑟瑟。"这是著名诗人白居易《琵琶行》的首二句。白居易时任"江州司马",于是,人们也就顺理成章地认为"浔阳"即江州,而江州就是现在的九江市。因此,大多数人也就以为古代的"九江"就是现在的九江市以北的长江。其实,这是一种误解。从历史地理学的角度来看,主要是因为人们对古代长江与今天的长江的位置关系不了解。

在《尚书·禹贡》"荆州"篇中,有"九江孔殷""九江纳锡大龟"的记载。这是中国现存的古籍中最早提到的"九江"。到了西汉,司马迁又在《史记·河渠书》中说:"余南登庐山,观禹疏九江。"在这里,再次提到了"九江"这个地名,并且明确指出是在庐山附近。在司马迁之后,东汉的班固又在《汉书·地理志》中对"寻阳"一条进行注解:"九江在(寻阳)南,皆东合为大江。"这就是说,古长江在寻阳县以南派分为九(这个"九"是极数,意思是"多"),东注入彭蠡泽后形成一条大江。在这个注解中,班固又明确指出"九江"在寻阳县以南(这也说明寻阳县在汉末以前位于江北)。

那么,汉朝的寻阳县在哪里呢?据史书记载,秦置九江郡,治所在寿春(今安徽寿县)。辖境约今安徽、河南淮河以南,湖北黄冈以东和江西全省,以"九江"在境内而得名,与今天的江西九江市毫无关系。汉文帝十六年(公元前164年),又分淮南置庐江国,领县十二,寻阳为其一。这个寻阳县就是《汉书·地理志》中的"寻阳",其实,也就是现在的湖北省黄梅县西南部和北部。在南朝以前的古史书中,"寻阳"是一个经常被提及的县。既然"九江"在寻阳以南,那么,应该正是今天的九江市以北的长江啊!其实,在寻阳以南与在九江市以北,是两码事。因为在上古之时,直至近代以前,黄梅下乡(指黄梅县南部)并非平原,正是古"九江"和江心的洲。古九江一直在演变,在现在的黄梅南部还存在着演变的遗迹。后长江逐步南移,才形成今天的沿江平原。现在,黄梅下乡一带的平原地名多带"洲"字(例如古封郭洲、团牌洲、新洲、边洲、白沙洲等),且多湖,就是这个缘故。最典型的就是"江心洲",蔡山镇的蔡山曾经在"九江"中,立于江心洲,洲中有古寺,名为"江心寺"。李白的《江心寺》即作于此,表明在唐朝时,江心洲仍然存在,蔡山仍孤峰矗立于江心。随着江北的洲日益淤塞,形成沿江平原,"九江"终于渐渐消失了,而只有今天的一条大江,穿九江市北部向东流入大海。"九江"虽然消失了,这个地名却又被现在的九江市继承了。九江市为何能够继承这个地名,这要先从九江市继承"寻阳"这个地名说起。

据《中国古今地名大辞典》记载:"浔本水名,在江北,南流入大江。汉因以名县,而江遂得浔阳之称。"古寻阳城又名浔水城。东汉建安十三年(208年),孙权分江夏郡置蕲春郡,领寻阳隶荆州。建安十四年(209年),吕蒙为寻阳令;280年,吴臣服于晋,陶渊明曾祖陶侃乃由鄱阳迁往江北寻阳,也曾任寻阳令。西晋惠帝永兴元年(304年),因军事需要划庐江之寻阳、武昌之柴桑二县立寻阳郡,郡治柴桑,隶江州。永嘉三年(309年),寻阳县治南迁,江北故地北部划归蕲春,南部仍属寻阳县(大概以今太白湖、龙感湖一线的古长江为界)。《资治通鉴》《读史方舆纪要》等又记载:313年,琅琊王司马睿使周颛镇江州,屯浔水城,为贼杜弢所困,武昌太守陶侃遣兵救之,周颛出浔水投王敦于豫章。这个历史事件相当重要,之所以史书记载为"浔水城",而非"寻阳城",是因为此时寻阳已于309年南迁,所以称江北的寻阳老城为"浔水城",以示区别。而且,此时的陶侃已离任寻阳令,举家迁到江南的柴桑,所以陶渊明生于江南,落籍柴桑。东晋咸和中(326~335年),温峤移江州治寻阳,从此"江南之寻阳著,江北之寻阳益晦,后遂废汉寻阳县入柴桑县,自是以后皆以寻阳郡城为寻阳城矣。"(见《读史方舆纪要》)寻阳之名由江北移到江南,在晋朝南迁时完成。隋唐又在寻阳地立寻阳县,隶江州(今九江市),江州乃因袭寻阳(浔阳)之名。唐朝以后,史书将"寻阳"写作"浔阳",又名浔阳一带的长江为浔阳江,后又建浔阳楼。"浔阳"在唐朝时声名大振,彻底压倒江北的古寻阳。五代南唐末,改浔阳县为德化县;1912年,又改为九江县;1936年,把古寻阳地"封郭洲"(今黄梅分路、小池一带)、"团牌洲"(今新开、蔡山附近)等洲划归江北的黄梅县。至此,今天的九江市彻底完成了因袭寻阳、浔阳、九江地名的过程。

值得一提的是,寻阳县治南迁以后,江北的寻阳故城当时并未废掉。东晋大兴元年(318年),又在江北寻阳旧城置侨新蔡郡,辖蕲阳(即蕲春)及侨置四县(西晋末年北人南渡,东晋设侨置县来安抚南渡北人,即在南渡北人聚居地设立与北方同名的县),东晋孝武帝太元三年(378年)改名为南新蔡郡。南新蔡郡只是郡治寻阳古城,主要是辖侨置县,并不辖寻阳县,寻阳县仍为寻阳郡辖。南朝宋大明八年(464年),侨置苞信县,治寻阳古城。南齐武帝永明四年(486年)新建永兴县(598年改名黄梅县),县治未设在寻阳古城。此后未见史书记载,估计汉晋时期的江北古寻阳城在南朝宋齐易代之际因混战被毁弃。

另外,黄梅县蔡山传说产大龟,蔡龟是黄梅特产,东汉末年何晏曾说:"蔡,国君之守龟,出蔡地,因以为名焉。长尺有二寸。"《通典》载:"蔡山出大龟。"光绪《黄梅县志》载:"以蔡山名者,缘地产大龟。"新编《辞源》"蔡山"条:"蔡山在湖北黄梅西南江滨。"根据上述各书所载,黄梅蔡山自古产大龟,古长江在蔡山脚下流淌。《左传》等古书中"问蔡"即"问龟",古人迷信用龟卜卦,认为所用之龟越大越灵,故有"大蔡神龟"之说。据说战国时鲁国大夫臧文仲藏的就是这种龟。古代黄梅人曾以蔡龟作贡品。这些与前文提到《尚书·禹贡》中记载"九江纳锡大龟"不谋而合。《禹贡》下文"导山""导水"二章都提到过"九江",其地望即在大江北岸。

作于2006年初

文坛"剑"客刘任涛

其人其文

刘任涛,1912年生,湖北黄梅王埠乡刘畈村人,现当代剧作家、眼科专家。1917年开始在黄梅文昌阁第二高等小学堂读书,其间在表哥王文安家认识青年胡风。诗人王文安与胡风是黄冈启黄中学同学,二人引为知己,喜好新文学。1922年王文安病逝时,胡风去他家拿走王文安的新诗集《朝露集》,给刘任涛以深刻印象。

1926年,年仅14岁的刘任涛因一时的激情与好奇到江西九江参加北伐战争。1928年到省城武汉考取某师少尉医官,到南昌就任,在一个青年中尉医官的推荐下阅读温州作家叶永蓁的小说《小小十年》,从此更加爱好文学。1931年读了《西线无战事》(夏衍导演)后产生反战心理,借母病重回到黄梅。

居家未久,转赴南京。1932年秋,由南京到上海办理留学日本的手续,后在暨南大学王学文教授的引导下留在上海,师从著名眼科专家张锡祺,学习一年后考入南京国立陆军军医学校。1935年军校毕业后到福建泉州开办个人诊所。其间,酷爱文学,并在某师任军医,参与社会实践。

抗日战争爆发后,刘任涛目睹国土沦陷、人民陷于水深火热之中,激于爱国热情,立即投入救死扶伤工作。1937年冬,在浙江龙泉先后结识石凌鹤、何家槐、邵荃麟、葛琴、王朝闻等著名革命文艺家,并接触他们主编的《龙泉快报》

《大家看》《龙泉画报》等,受革命思想影响接受中国共产党的领导,并参与开展革命戏剧活动。1938年白求恩来华,撰长文表示欢迎,号召全国医护人员向白求恩和南丁格尔学习,发扬人道主义,积极开展抗日救死扶伤工作。1939年冬,为纪念白求恩之死,创作戏剧处女作《血十字》(独幕话剧),邵荃麟大为激赏,推荐金华中心话剧团演出。石凌鹤介绍到洪深在重庆主编的综合性杂志《抗建艺术》发表,旋即编入《抗战独幕剧选集》,作为常演剧目,由石凌鹤作《〈血十字〉演出说明》。同时喜读邵荃麟的四幕话剧《麒麟寨》,决定当剧作家。此时任南昌109兵站医院院长,在留日作家徐先兆的介绍下结识革命家黄道。黄道请美国记者史沫特莱女士采访报道刘任涛的救伤贡献,称他为"中国的白求恩"。1942年任上饶医院院长,在抗日反细菌战中发挥重大作用,受到政府嘉奖。同年在《前线日报》副刊连载散文《飘烟集》和报告文学《信江呜咽记》,揭露日寇占领上饶的系列暴行。1945年冬,三幕话剧本《生命是我们的》(初版由许杰作序)由上海图书公司出版,上海儿童读物出版单位还出版了该剧的连环画,一个日本人将它翻译到国外出版,郭沫若读后为再版本作序。《生命是我们的》曾在上海公演,胡导导演,冯喆主演。

1946年在上海虹口开办眼科诊所,与邵荃麟、葛琴夫妇住在一起。胡风也经常来讨论文艺理论问题,并提到王文安,说他若不英年早逝会是我国优秀诗人。上海解放前夕,因策划"重庆号起义"被捕入狱,后因朋友援助安全脱险。不久创作电影剧本《生命交响乐》,上海国泰电影公司开拍,徐苏灵导演,乔奇、张莺、魏鹤龄主演。

1950年创作纪录性电影剧本《健康之路》,由北京新闻纪录片厂拍摄,沙丹导演。同年创作四幕话剧《祖国在召唤》,后改名《当祖国需要的时候》,由人民出版社出版,此剧由朱端均、胡导导演,在上海公演,演员有乔奇、魏鹤龄、林默予等,反响重大,赞誉一片。同年加入上海作家协会。1951年春,陶金、顾而已决定将《当祖国需要的时候》拍摄成电影,即《和平鸽》,陶金导演,主要演员有周璇、陶金、顾而已。《和平鸽》是周璇演出的最后一部电影。不久,在《华东卫生杂志》发表科教剧本《防治血吸虫病》,后由上海科影厂拍摄,郑小秋导演,为我国第一代血防科教片。1952年,受夏衍委托为反映大学生毕业统一分配问题创作电影剧本《磨炼》。1953 年春，夏衍因欣赏他的优秀才华将其调入上海电影剧本创作所任专业编剧，其余编剧有著名作家、学者柯灵、马国亮、黄裳、唐振常、师陀等。其间创作电影剧本《生命摇篮》和动画片剧本《松鹤老人》。1957 年上海新文艺出版社出版中篇小说《生命摇篮》。1958 年回家乡湖北黄梅作眼科医生，培养大量眼科医学人才。1958 年调任为武汉电影制片厂编剧，创作有《天堑飞渡》（与辛雷合作）、《没有马的马戏团》《晚霞》。1962 年到广州珠影厂，先后创作《04 号渔船》《光耀山村》《在海洋上》等反特、科研电影剧本。1972 年退休回到珠影。

改革开放初，创作《和平鸽》下集《手术刀就是剑》和《南海渔歌》。晚年仍笔耕不辍，转入小说创作，花城出版社出版长篇小说《光明使者》，另有短篇小说《眼睛》《收藏家的故事》《宁"左"毋"右"》《名医之死》以及剧本《山鹰电影队》。近年出版有《刘任涛文集》《刘任涛剧作选集》。

据笔者回忆，画家余绍青先生曾说："刘任涛大半生在文学与医学之间徘徊，张锡祺、夏衍对他的人生道路影响（左右）极大，可惜也因此未能跻身医坛、文坛。"此话令人深思。至今任何一本研究中国现当代医学史、戏剧史的专著都没有提到刘任涛。但是，作为"中国的白求恩"、人道主义民主战士以及现当代剧作家的刘任涛仍然有其值得发掘的价值。如：在一本关于周璇的书里，提到刘任涛；在陶金的传记中，也可以看到刘任涛的事迹；当代著名诗人李士非为刘任涛写下一本长诗《逍遥游》；中国电影百年，珠影把刘任涛作为发展史上代表性人物。其实，单凭作为著名剧本《和平鸽》的作者，刘任涛的名字也将永远被记住，也应当在中国现当代戏剧史上写上"刘任涛"的名字。

文坛"剑"客

刘任涛的女儿、著名园林艺术家刘血花女士前不久对笔者说："我父亲是一个很善良的人，性格十分好，他之所以认识这么多政坛、军界、文坛的著名人物，这些人都愿意与他接触，很大程度上都是因为他天真，只做好事。"我完全相信她的话。作为一个职业医生，他最初甚至可以说只是文学门外汉，而能认识邵荃麟、葛琴、石凌鹤、黄道、史沫特莱、柳亚子、郭沫若、周璇、夏衍、胡风、梅白、迟珂、黄苗子、章西厓、陈荒煤、陶金、秦牧、李士非等一大批一流的文艺家，在他们的书信、日记、文字中都能见到刘任涛的身影，我想这绝不是他作为一个戏剧家就能够做到的。

刘任涛初入社会，是作为一名军医。当时他的同乡、桂系领袖之一、时督办湖北军政的胡宗铎对他说："你是将相才，不应当学医，应当学带兵打仗，当军官。"然而，年轻的刘任涛并不为所动，他很快就厌倦了战争，开始拿起手中的笔反映战争的残酷，并开办个人诊所，救病扶伤。从这里，我们可以看出刘任涛不为军官前途所诱惑，毅然走上一边行医、一边从文的道路。如果不是有着一颗天真、善良的心，他如何能够做到？

"手术刀就是剑"（刘任涛语），就这样，文坛上多一位"剑"客，医学界多了一位作家。他说："我是医生，我的服务武器是刀（手术刀）；我是作家，服务武器是笔。医生的任务是治病救人，目的是保卫人的健康和生命；作家的任务是写人的真善美，批判假丑恶，促进人的思想进步和社会文明。"

早在1937年邵荃麟、葛琴也对他说："你热爱生活，热爱人民，这是从事文艺工作的首要条件。医学是人学，文学也是人学，两者是相通的。我们希望你利用业余时间写些文艺作品。"就这样，《血十字》《飘烟集》《信江呜咽记》《生命是我们的》等著作在抗战期间纷纷出炉。1949年初，他创作了一生最负盛名的《和平鸽》，著名演员周璇情不自禁地说："《和平鸽》，你写的题材好，女护士这角色，我喜欢演。"终于，当时的中国文坛大领导夏衍看中了刘任涛，对他说："我现在兼任上影厂厂长，等米下锅，没有自己的编剧不行，你一定要支持我。"于是，一名医生正式进入了中国文坛——他于当年调任上海电影剧本创作所任专业编剧，与他同事的十几名作家中，柯灵、马国亮、黄裳、唐振常、师陀等都是现当代文学史上如雷贯耳的文豪。

当然，对于这个"剑"客的到来，也有人表示担忧和不解。1953年，刘任涛到北京参加全国第二次文代会。他这次分明就是以一位中国著名作家的身份与会的。刘任涛利用空闲时间，再次拜访了少年时的偶像胡风先生。胡风很惊讶地说："放弃眼科专业走进中国文艺圈？将来你要后悔的！"只是这时的刘任涛因受夏衍、郭沫若等文坛领袖的提携,正步步高升,并未听进这些乡贤的忠言逆耳。

二十世纪五六十年代,刘任涛迎来了他一生中最辉煌的创作期。他真正成了一名中国著名剧作家了。然而,他不可能不清楚1955年"胡风反革命集团"事件,以及此后胡风及胡风分子的受难史,但这些都没有改变刘任涛的文艺道路,他先后担任为武汉电影制片厂编剧、珠江电影厂编剧。

刘任涛在武汉电影厂最大的收获是《天堑飞渡》。一位知情人回忆说:"在武汉厂的主要工作就是同辛雷合作写一部反映武汉长江大桥建设的故事片剧本《天堑飞渡》。而拍摄电影的任务是周总理下达的。为了写好剧本,他前往重庆和广州,到正在建设的长江和珠江大桥工地体验生活,又赴往南京,跟踪采访正在勘察大桥桥址的大桥局局长彭敏,获得了不少珍贵的素材。一年之后,执笔写出了剧本初稿,经审查又做过多次修改,并到南京大桥工地补充体验生活,不幸跌断了右腿膝盖骨,治疗养伤时又继续修改形成第四稿送呈文化部审查被认可。可惜因中苏关系的恶化,电影未能拍成。从剧本来看,线条清晰,故事紧凑,人物形象也比较鲜明。"通过这段回忆,可以想见刘任涛当时以文艺反映社会主义建设的热情。

人道主义者

早在抗战期间,刘任涛先后担任南昌109兵站医院院长、上饶医院院长,其间做了大量人道主义工作。美国作家、记者史沫特莱女士当年采访了他,向全世界报道了兵站医院的实况,评价他"这是我见过的国民党中最好的医生","他是中国的白求恩!"刘任涛任上饶医院院长后,及时发现并指挥迅速扑灭了日寇制造的鼠疫,粉碎了日寇企图通过交通要道上饶把鼠疫传到大后方的罪恶阴谋。

人们都知道外国医生为刘伯承元帅治疗眼睛的故事,这个故事富有传奇色彩,然而刘任涛为刘伯承元帅治疗眼睛并安装假眼绝对是真实的历史。1949年6月底,第二野战军后勤部长刘逸峰专程找到刘任涛,要求刘任涛为刘伯承元帅安装义眼。刘任涛当即表示同意。见面后，刘伯承元帅还笑称与刘任涛是本家。刘任涛检查过刘伯承元帅的眼睛后，从张锡祺老师处挑选了一对适合刘伯承元帅的义眼，很快地安好了。刘伯承元帅对着眼镜很满意地说："谢谢刘医生。"不久，中华人民共和国成立，刘伯承元帅就是戴着刘任涛安装的义眼，以中央人民军事委员会委员长的身份，与毛泽东主席、周恩来总理等人一起登上了天安门。

1949后，刘任涛一边创作，一边义务为人民群众治病。1958年5月19日人民日报第7版发表曾文治写的以"刘任涛深入实际为群众治疗眼疾"为题的报道："作家协会上海分会会员、中华全国医学会眼科学会会员、眼科专家刘任涛，1949后为祖国人民写出了数部为群众欢迎的'生命交响曲''当祖国需要的时候'和'生命的摇篮'等影片，这次他体验生活，从上海回到故乡湖北黄梅县。为了响应作协'实际工作第一'的号召，他带了眼科器械，住在黄梅国营龙感湖农场，计划一年诊疗眼病一万人次，各种眼科无菌手术一千个，并培养三十个县和区一级的眼科专业人员。他在2月25日开始工作，到4月24日共看眼科门诊四千一百二十九人次；3月7日开始手术，到4月29日已完成眼科无菌手术（包括沙眼性的内翻倒睫、翼状胬肉、造瞳等）四百二十六名，平均每日门诊六十八名，手术八名，仅手术量已超过九江专区人民医院眼科手术的十一倍。"并附有"刘任涛在看病"的照片（曾文治摄）。

晚年的刘任涛曾说："我这一生到底是一个怎样的人？我想，我是一个彻底的人道主义者！"我想这不啻是他的夫子自道。

我的爷爷

我的爷爷出生于民国二十三年（1934），快满75周岁了，一直想提笔写点什么。

爷爷讳梅岭春先生，终生从事中小学教育工作，桃李满天下。可是，在我读小学的时候，爷爷退出讲堂了，我从未在课堂上领略过他的教师风采。哥哥曾告诉我，他读小学时听过爷爷的课，我很是向往，以至有点儿妒忌——长孙的这点好处他也沾了。

我在小学，是深受爷爷教导的。每年暑寒假，作业本上到处是爷爷批改的痕迹。印象中，爷爷还要我练字，写过毛笔字，可是任性的我，从未认真写下去，到现在写出的还是鬼画符，真是愧对爷爷了。说实话，爷爷主要是教导我做作业而已，此外并没有真正主动对我们进行文化启蒙，这也是符合他的不保守不激进的为人处世观的。起初我总不能理解，为什么爷爷不逼我写一手好字，为什么不主动对我进行文化熏陶？现在追想起来，只恨当初自己不努力啊！还能要求爷爷什么呢？

小时候，我非常崇敬爷爷。我经常在爷爷的书桌里翻阅陈年的笔记本、书信、档案资料以及一大摞获奖证书，还有许多书，大多是马列主义的经典著作以及一些教育学图书，从中我了解了爷爷的生平履历以及我的一些家世信息。这些爷爷大多不对我们讲，尤其是他的生平，很少主动对我们讲，可能也是一时不知从何讲起吧！只有当我问到时，才简单地说一点。每当春秋佳日，唠家常的时候，尤其是谈家史，爷爷也说得少，倒是奶奶最喜欢絮叨，只有当奶奶说错了的时候，爷爷才接过话头，慢慢地讲下去……这时我才仿佛是进了历史，感到无比的快慰和沉重感。关于我们的家史，爷爷可以往上口述三代。我家世居黄梅，耕读传家，到爷爷这一代书香不曾断绝。我和爷爷之间，有一些文化的交流，就是从交流家事史、乡史开始的。

　　爷爷的性格完全受到儒家中庸之道的影响，说话、做事不紧不慢，张弛顺其自然，而能在历史的动乱危难岁月中安稳度过。这种人生境界，我常自佩不如。我把这种状态视为"渐进自然"，相比保守和激进，貌似保守，实是一种大智慧，不到老年，似乎很难领略其中的智性吧！现在想想，这种心态有点儿类似张中行先生的"顺生"思想。在和平盛世，这也是我今后为人处世需要学习和自警、自惕、自励的。如果说爷爷给我们留下什么，我倒觉得这笔精神财富是最可宝贵的！

作于 2008 年夏

看旧照，念爷爷

去年春节，不满二十六岁的我，在老家黄梅与红儿成婚了。这时爷爷七十六，奶奶七十七。在我们家三代以内，甚至四至六代以内，平辈中我是第一个结婚的。然而，爷爷、奶奶都觉得太迟了。年近八旬的老人，还没有抱上曾孙。不是他们思想上的守旧，而是晚境的他们也需要慰藉。

爷爷对我和红儿说："我跟你奶奶在老屋至少还可以独住五年，等生活实在不能自理了，再考虑到街上跟你们的爸爸、妈妈同住。你们要尽早生孩子，我们不老，还可以带带，再迟几年，就不行了！"这当中的道理与深情，我们自然懂得。然而，两三个月后，爷爷被送到了省肿瘤医院，并检查出肺癌。医生说，可能只有半年到一年的生命期限了。这时，我不禁想起春节时爷爷的话来……

爷爷口中的"老屋"，始建于民国二十年(1931)，由爷爷的父亲梅守海(1906—1979)一手完成。三年后，爷爷便生于这个迁居的"新家"里。老宅后来也翻修、重建多次，但地基仍存，到今天也有八十年的光景了。关于我们的家史，往往也是从迁居这个老屋开始说起，它是我们这个大家庭共同的生活场所，也是我们堂兄弟这一辈的共同记忆。爷爷能够口述祖上三代的生活，然而，真正能够勾起我对祖先想象的是爷爷年轻时的一张照片。它拍摄于1959年，爷爷时年二十五岁，正任柴子湖小学校长（柴子湖为吾梅主要祖居地之一，邑志中多有记载）。我时常端详着它，从它透露的形象气质，似乎可以想象爷爷当年的精神追求。这一点太重要了，因为它可能既得于祖先遗传，将来又可能对子孙后代产生影响。我也不由得从中想象起爷爷的祖上来。

爷爷的曾祖父名梅文炳（谱名立镜，字必照，号朗山），生于道光廿三年（1843），逝于民国四年（1915），为光绪年间（1875—1908）庠生。关于立镜公，爷爷最喜欢讲立镜公考秀才的故事。赶考途中，立镜公偶遇同邑孔垄大族邢氏子，名传满。他是明朝正德年间大清官邢寰（明武宗戏称他"邢酸子"，见于清文学家喻文鏊《明给事中邢寰传》，《明史》亦有传）的后人。二人相谈甚欢，立镜公遂将小女许配，后生下邢家镇（1906 年生），曾任中共黄梅第一任县委书记。邢家镇是革命烈士，1927 年与文学家废名之弟冯文华一起遇害。这在废名先生的《冯文华烈士传略》一文中有记载。一段颇富传奇色彩的姻缘，一个铁骨铮铮的英雄男儿！这段姻缘，这个英雄，成为梅、邢两家后代永远的共同记忆。

我想，这个故事，爷爷的爷爷和父亲也一定绘声绘色地讲给他听过，也一定激励过爷爷奋发向上、力争上进。我还想，爷爷把这个故事讲给他的儿孙听，也一定在无形中启发、鼓舞了他们。爷爷还说立镜公长孙柏林（1896 年生）少年时曾随立镜公读书，这也令我神往不已。为什么要记住家史中的一些往事？我想往事的魅力或许就在于它有精神生命。虽然它已经成为过往，不可追回，但它的精神生命却能够一代代不断地传递下去。

这张照片是我们家最旧的一张照片，它能够牵引着我们遥望或想象家庭的过去和未来。1950 年，爷爷的爷爷梅志桂逝世（1878 年生，七十二岁殁，与立镜公同寿）。当时，爷爷已经成为一名教师。过了几年，爷爷有了自己的家庭。再过几年，也就是 1959 年，爷爷拍下了这张照片。我想此时年方廿五的爷爷，正值青春年华，一定意气风发，希望有一番作为。此后，爷爷在教育的园地上辛勤地劳作近半个世纪，先后担任六咀中学、团洲中学等中小学校长。1979 年，爷爷的父亲梅守海逝世。2006 年，爷爷、细爷一起在祖坟处为志桂公、守海公等先人重新立了三块大墓碑。这当中追念先祖的深情，我想我们堂兄弟每一个人都懂得的！

爷爷谱名端炉，学名梅岭春。这也是夏衍《上海屋檐下》中的主人公的名字，它还让我常常想起《梅岭之春》这部作品。现在，爷爷的病情并没有恶化，我衷心祝愿他战胜病魔，真正地安度自己的晚年。而我们，也从忙碌的生活中被惊醒。有时,我总在想,身为现代人的我们,是不是应该抱愧于先人呢?先人给了我们恩泽,我们却总不能回馈,忽略、漠视是经常的。端视着这张老照片,我想了许多、许多,我不知道现代人的子孙是否能够懂得呢?

作于 2010 年秋

外家家乘略记

久闻外公黄华德(1918—1996)为吾邑大地主,并知外公三十年代在武昌读启黄中学(即今黄冈中学),更不知其为书香门第之世家子。问舅舅、母亲、表哥,更不知其先世为何许人也。或偶作一玩笑,问于舅舅曰:"汝吃尽一生苦,幼实为地主儿,尚记其乐否?"众人皆笑,舅亦苦笑:"不记得、不记得……"

今年清明节祖父梅岭春公仙逝,舅舅来奠,乃托其带来《黄氏宗谱》,近得闲暇,略加翻阅,得外公之祖父炳球(附兄弟辈七人)、曾祖森书(附胞兄森春)、高祖道济、太高祖寿锦简历如下。谱中所藏外公直系祖先的传记、墓志、序言,姑俟来日再详加整理。值得注意的是,谱中还收录了喻血轮的先祖喻化鹊等文学家的文章,若有研究价值,或可作佚文观也。

寿锦(1746—1807),号敬斋。葬五祖寺一天门附近,有祀产。姻侄庠生胡增璧作《黄公敬斋大人传》,收入道光丙午(1846)版《黄氏宗谱》。侄孙森华为作《叔祖敬斋大人传》,收入道光丙午(1846)版《黄氏宗谱》。传中记其言:"家无论丰约,子无问智愚,经书不可不读。惟书声乃可振家声。"姚路氏(1751—1840),葬广济骆家垴。子道济。

道济(1786—1852),字齐惠,号大川,太学生。葬广济花桥竹林湾。道光丙午(1846),主修《黄氏宗谱》,并为《黄氏宗谱》作序。长子森春,次子森书。

森春(1806—1849),字凤鸣,号晓亭。道光九年(1829),拔取批首,学政贺熙龄[云贵总督贺长龄之弟,左宗棠自道光十一年(1831)随贺熙龄"十年从学"]训取入文学生。道光十一年(1831),湖北学政许应藻准以岁试一等一名食饩(享受廪生才有的廪膳补贴）。［注：《清道光实录》记载"道光十年（1830），湖北学政贺熙龄以亲老乞养。允之，命翰林院编修许应藻提督湖北学政"，与家谱记载相符合。］道光丁酉己亥癸卯三科房荐（指考举人时房官推荐试卷），庚子（1841）堂备（指录取举人时，在正额之外的备补试卷），江汉书院肄业，屡取超等。著有《五经辨疑》《经解》。葬广济花桥竹林湾。有四子。长子炳瑶（1830—1898），太学生。次子炳璋（1840—1869），积学未售，姚胡氏（1839—1910），光绪十五年（1889），蒙湖北学政赵尚辅（1849—1900）奏请，旌表节孝，奖题"操凛冰霜"匾额；子起孟，庠生。三子炳琳（1848—1869），同治四年（1865）将军穆×保举把总（百总，正七品）尽先拔补。四子炳璜（1853—1912），号啸如，晚号安掘山人，乡谥文端公，主修光绪三十一年（1905）《黄氏宗谱》，璜长子起证（1879—1917），光绪丙午三十二年（1906），蒙福建台湾部院奏请奖蓝翎顶戴，尽先拔补千总（正六品）并加守备衔；次子起琴（1879—1935），张之洞选送黄州府师范学堂毕业，后任蕲水、罗田、黄梅等县农业学校校长。

森书（1809—1880），庠名森洪，字凤楼，号均堂。道光十八年（1838），湖北学政方×准取入泮。1863年捐附贡生。同治十三年（1874）主修《黄氏宗谱》，并为之作序，又请同治六年（1867）举人洪联芳作序。洪联芳为道济先生外甥、女婿，即森书之表弟、妹夫。有四子。长子炳昆（1835—1883），太学生，姚程氏（1835—1922），子起正（1863—1932），前清伏莽未靖，得员参谋有力，蒙刚勇巴图鲁赏给五品顶戴。次子炳圭（1839—1876），以办理团防得办，保奖遇缺即选从九品。三子炳球（1845—1903），子起敦（1874—1924，即外公黄华德之父），业儒。四子炳明（1851—1888），同治十三年（1874），岁试调覆未售，勉就国学，姚王氏，宣统元年（1909），蒙礼部员外郎方×，奏请奉旨照准该氏守节查与符，例敕原籍官邸领建坊银两，敕赠宜人，旌表"节比松筠"匾额。

外公家有修宗谱的传统。黄梅黄氏自元朝以来即有修谱传统，但第一次正是大范围收族修谱在乾隆十一年（1746），由道济公的堂伯祖贞柏、文元（号纯庵，与寿锦之父素庵同为采公之孙）主修，乾隆五十六年（1791）年又由道济的堂伯父岑览、丹山主修。而道光、同治、光绪年间三次修谱，则由道济、森洪、炳璜祖孙三代完成。民国年间（1912—1949）修谱两次，民国十四年（1925）由嘉庆探花、浙江巡抚帅承瀛的侄曾孙、光绪举人、启黄中学校长帅培寅作序；1945年由黄梅名士、光绪举人王镜海作序。这两次均由外公的堂叔祖黄强予（祥儒）主修。1989年第八次修谱，外公为纂修者之一。

关于黄道济（齐惠、大川）主修道光宗谱，黄森书（森洪、均堂）主修同治宗谱，黄炳璜主修光绪宗谱，岁贡候选训导梅庆墀在光绪三十一年（1905）《黄氏宗谱》序中说："道光丙午年（1846）承修则大川公，同治甲戌（1874）均堂公继之。均堂，川公子也。本届啸如兄继之。啸如，川公孙也。祖孙父子累世相承，如迁谈之代……世济其美，此盛以继述见也。"将祖孙三代修谱，与司马谈、司马迁共修《史记》相提并论未免不妥，但其内在文化传承的共通性不言而喻。

古人重视修谱，既有敬宗收族的意义，也有文化传承的意义。外家虽不是什么豪门巨族，但宗谱中的序文的一些文字也能体现这一点文化意义。

举人洪联芳在《黄氏宗谱》[同治十三年（1874）版]序中说："……黄齐惠公，邑人尝面询其为何时人，而未知即芳大舅父也。咸丰壬子春，芳登堂拜舅，得侍大舅父侧。一日，语芳曰：'人道亲亲为大，尊祖敬宗收族……是故家谱续修，稍慰素怀。独建祠一事尚未举行，吾老矣，望尔舅及族人克承吾志。'是岁，大舅父捐馆。迨后戎马倥偬，其事遂寝。越十有三年，始鸠工饬材。又十年，始告成焉。阿舅均堂（联芳为齐惠公之外甥兼女婿，是以又称表哥均堂为阿舅）暨云乡……诸君子属老者而商之曰：'……我族濒江筑舍，崩塌靡常，今岁徙南，明年迁北，历数传必有相遇不识为谁何者。今寝庙建矣，家乘不可以不修。……稿既具，嘱芳为序。芳忝门下婿，虽谫陋，不敢辞。'"

森洪公（即森书）在同治十三年（1874）《黄氏宗谱》序中说："道光丙午（1846）春，续修宗谱。洪于谱局见体式悉遵伯祖岑览、丹山二公之旧，益知先大人孝悌在念，而承先启后之意殷也。惜乎其有志未逮，尚有创建宗祠一事，待我后人焉。迄今严君见背，忽已廿二载矣！慨日月之递迁，悲仪型之既远，过庭之训如昨日事。儿顽弗克承迪于庭训，耿耿于怀。同治甲子（1864）冬，聚族议建宗祠，时有或难之者，洪力劝，乃得请陶子云峰相地势、选基址。众悉踊跃从事，鸠工饬材，越数年告成。而堂，而室，而廊庑，而亭台，无不如制。瞻仰之下，先人之幽灵其宛在也。"

作于2011年夏

我是怎样走上学术道路的

家世的影响

我的祖上也是读过书的。孩提之时，就常听奶奶和妈妈对我们叮嘱："你曾祖母说'一字值千金'，就是要你们好好读书。"这句话听得倒是多了，但那时还小，不曾仔细调查和理解。又常听家人为我们讲述太高祖朗山公于光绪年间（1875—1908）中秀才的故事，自此知道祖父岭春公为秀才之后。还听说外公、外婆皆出自书香世家。这些都对我产生过一些影响，它们如同一颗种子早已深植于我的灵魂之中。

近年来，又因闲暇得翻各种族谱，乃对祖上的应试求学之路有了更为清楚的了解。譬如，我家自晚明以来已是耕读传家，儒士辈出，近支之中，贡生、太学生、庠生不少。曾祖母出身于地主之家，却早在二十年代初期加入中国共产党，为黄梅最早的女党员之一。

外公祖上自道光以后冠缨不绝，他的高祖、曾祖、祖辈、父辈四代之中，举人、贡生、太学生、国学生、文学生不下十余人，其中五人担任过朝廷命官。从政者如外公的伯父起正公（1863—1932），官拜五品，从文者如外公的伯曾祖森春公（1806—1849），早岁求学于省城江汉书院，著有《五经辨疑》等学术著作。

外公的太高祖敬斋公，谱中有二传，其一记其言："家无论丰约，子无问智愚，经书不可不读。惟书声乃可振家声。"由此可见，外公祖上四代能够在晚清形成黄梅的一个科举世家不是偶然的。

至于外婆一支,早闻其为大地主梅守思之侄女、梅守宪之女。据说,他们家占地一千多亩,为黄梅最大的地主之一。

然而,真正给我以潜移默化的教育的,是我的祖父岭春公。祖父为朗山公之曾孙,少读于私塾。1949 年初即从事中小学的教育工作,担任过六咀、团洲中学校长。关于我们的家史,祖父可以自他往上口述三代。我和祖父之间最初的交流,就是从家史、乡史开始的。

祖父的性格完全受到儒家中庸之道的影响,说话、做事不紧不慢,张弛顺其自然,而能在历史的动乱危难岁月中安稳度过。这种人生境界,我常自佩不如。我把这种状态视为"渐进自然",相比保守和激进,貌似保守,实是一种大智慧,不到老年,似乎很难领略其中的智性吧! 现在想想,这种心态有点儿类似张中行先生的"顺生"思想。在当今世上,这也是我需要学习和自警、自惕、自励的。如果说祖父给我们留下什么,我觉得这笔精神财富是最可宝贵的,对我的影响也是最深远的。

立志为中华文化事业尽绵薄之力

早在中学时代,我就已经立下志愿要为接续中国的文化传统尽一绵薄之力。2001 年 12 月 30 日晨,我正式从黄梅一中理科班转入文科班。自此,我开始了从文生涯。2001 年元旦,我曾在习作本上写着:"从今日起,我要做一名作家。"现在,这个本子或许还在黄梅祖宅的书箱里吧! 然而,作家梦是早就破灭了的,从文却是真的。

我上学期间曾有写日记、作笔记的习惯,后于 2006 年底根据这些笔记材料,对于高中至大学时期的求学经历,作过一次简单的整理,如下:

2001 年初春,在哥哥梅瑜的影响下,阅读萧红的散文和小说《生死场》《寂寞花》等、梁实秋的《槐园梦》。自此练习散文、诗歌、小说创作,常常浸淫于图书馆中。夏,读何其芳散文。创作积成一个小本子,并尝试投稿(大约三次)。暑假,读郁达夫散文。开始撰写《日知录》,多记每日所思、灵感所得、佳句妙语、自作诗词,以半文半白语言记之。曾携黄梅地图,探访县城各处古迹胜地及附近山水,多次独自彷徨行吟于护城河、马尾山一带,是以染上神经衰弱之症。本年12月30日晨七时,转入文科班。

2002年,刻苦阅读文学、历史、哲学、美学、地理书籍,熟悉了黄梅县城所有的书店、地摊,经常去新华书店、旧书店,时自嘲曰:一新一旧,余之慰也!亲置书箱一个,至年底已满,大约购买200本以上。开始搜集废名书籍和相关资料,并广泛关注黄梅文史资料。此年初涉尼采、叔本华哲学等。本年集中阅读的作家有朱自清、冰心、朱光潜、老舍、梁遇春、庐隐、余秋雨等。本年秋冬喜作诗词,偶作散文小说;投稿多次,皆无音讯。至本年底,《日知录》一本完稿,十万字,不久毁弃,以示告别。本年暑假曾到武汉求医于心理医生,就抑郁、郁闷、颓废之症状问之,医生谓之为"情感性精神障碍",余半信半疑,在家人督促与约束下,日夜服药。余后以为是书生多疑所思造成,读书人多患此病,实非病也,乃一笑置之。

2003年将前两年所作新旧诗词汇成《卯有集》,工整誊抄,手稿本。"卯有"者,方言也,意为"无",以彰自嘲之意。本年创作欲望极盛,小说散文篇目抄写在稿本上不下十个,并开始写中篇小说《小城故事》,约完成一万余字,未果。本年作小说《她是一个弱女子》、散文《我的精神小屋》等。结识废名文学社主编胡巨刚,后将研究废名之文稿及模拟之小说散文诗歌,尽付之收入《废名文苑精粹》一书。暑假,在祖父梅岭春的介绍下,认识黄梅文史、党史研究者黄石远先生,在其引荐下得识废名在黄梅的得意门生翟一民先生。

2004年初,与武汉大学陈建军先生订交,此后学术活动多赖先生提携和指点,所为文,先生必亲改之。3月20日,在《武汉科技大学报》正式发表第一篇作品《〈妆台〉及其他》。时陈建军师《废名年谱》问世,余作书评《〈废名年谱〉的特色》,发表于《中国图书评论》当年第9期。暑期,陪同陈建军师及张吉兵先生拜访废名学生翟一民老、废名侄子冯奇男先生,后作长篇史论《废名在黄梅》。本年,结识同乡儿童文学作家萧袤先生,受其影响,关注儿童文学。

2005年,认识一些儿童文学作家,如杨鹏大哥、谢鑫哥哥、郝天晓姐姐等,并为他们索要稿费。事迹由《武汉科技大学报》《武汉晨报》等报道,被称为"书界王海"。5月27日,认识田涯。夏,到"儿童文学圣地"金华,拜师于蒋风先生门下。10月，在黄梅见废名哲嗣冯思纯先生，又复见冯思纯先生于武汉。下半年，开始认真对待法学，并反思知识分子之命运，作《关于文人自杀》《一场对抗庸人的文化战争》诸文，并将余与张安乐、董燕玲、仙道彰的聊天记录编辑整理，以示思想转型之痕迹。法学博士后吴丹红（注：即现在的网络名人吴法天）又整理余与之聊天记录，亦对余之思想造成冲击。本年获湖北省高校第21届一二·九诗歌散文大奖。同时，思想渐趋活跃。

2006年年初，仍徜徉于文学学术之间，将本年及陈年积稿作大量投稿，先后在《中国国土资源报》《读书时报》《开卷》《藏书报》《博览群书》《书屋》《译林书评》发表。10月，去北京一趟，见诗人冯昭一面，理想受到极大冲击，迅速返回武汉。本年，思想大变，渐渐面对现实问题，并力图作解决。2004至2006三年中，获赠书、买书、报刊等将近一千册，与文人、作家、学者互通信函约百封。

职业编辑，业余学者

自《废名在黄梅》发表于《新文学史料》2005年第3期之后，我从事学术研究有了更大的信心。读本科时，我在陈建军教授的指导与帮助下，陆续写出一系列文章。后又与止庵、陈子善、谢泳诸位老师取得联系，他们对我也进行了指导。

2007至2008年，先后在《鲁迅研究月刊》《博览群书》《中华读书报》《新文学史料》《粤海风》等刊物上发表了一百多篇文章。2009年初，又在海峡两岸出版了《朗山笔记》《关于废名》《现代文学史料》三书。同时，我又开始进行了个人图书策划事业，从2009年至今，先后出版了《许君远文存》《蒋风文坛回忆录》《现代文人的背影》《绮情楼杂记》《梅光迪文存》《文学演讲集》《中华梅氏当代散文选》等十余种。

谢泳老师曾为《文学史上的失踪者》写有序言，序中他说道："所谓学术处境，是我自己不经意想到的一个说法，主要是指一个人在自己真实生活中所具备的可能从事学术研究的基本条件，以此观察，眉睫的学术处境确实不好。传统社会中，学术处境的第一条件是家学或者师承，而现代社会中，学术处境的初始前提是学历。眉睫的学术处境，要是在旧时代，完全没有问题，但那个时代过去了，在现代，以学历和专业论，他不具备常态社会中从事学术工作的条件。……眉睫用地方文献和本土经验研究废名，自然会有得天独厚的感觉。他在这方面能迅速做出成绩，是因为他的学术方法，暗合了好学术的最佳道理。他由废名研究，扩展到喻血轮、梅光迪这些本籍或本姓作家，以及废名圈（如许君远、石民、沈启无、朱英诞、赵宗濂等），这个学术路径让眉睫的学术视野越来越宽。……我不知道眉睫是不是一开始即有这样的自觉，但他的学术实践确实是以这样的方法突进的，他能在短时间内发现如此丰富关于废名、喻血轮、梅光迪等中国现代作家的史料，完全得之于他的学术自觉，即对地方文献的熟悉和具有真实的本土生活经验。以当前的学术规范判断，眉睫是一个完全没有受过中国现代文学研究系统学院训练的学者，但他在自学过程中，注意由基本史料入手观察研究对象的学术实践，远比多数学院出身的人更符合研究规则，我想这也是眉睫的学术成绩为中国现代文学研究提供的一个经验，对中国现代文学学科建设也有非常重要的借鉴作用。"

在这篇序言中，谢老师为我指明了我的学术处境："不具备常态社会中从事学术工作的条件。"这是非常客观的，同时他又认为"我的学术方法，暗合了好学术的最佳道理""有学术自觉"。我自认为我确实是有这个"学术自觉"的。这篇文章实际上为我廓清了认识，指明了方向。我应该在编辑工作的基础上，在力所能及的条件下，积极开展我的学术研究工作。所以，就目前来看，我应该是"职业编辑，业余学者"。这个"职业"，我理解成"现实中"；这个"业余"，我理解成"精神上"。

在工作上，我要感谢的是著名出版家俞晓群先生。2011年初，他将我视作人才引进到海豚出版社，让我担任文学馆总监，并在工作上给予了我极大的信任与支持。可以说，我在工作上取得的所有成绩，都与他的鼓励、扶持、帮助和信任分不开，应该全都归功于他。我的十年学术文集《文学史上的失踪者》出版后，俞社又鼓励我说道："路子要走正。"这一句话可能饱含了他一生的经验和教训，跟谢泳老师序言中提到的不谋而合，我应该好好地记取。

作于 2012 年底

《大地斯文》编后记

或许是冥冥中的安排，抑或是张雨生老师有了先知，在他于2010年患上脑溢血之前的几个月里，他把自己最近十年的杂文编成《民意闲谈时》，又把近几年在全国各地旅游的散文编成了《大地斯文》。

最近四五年，张老一直在不太清醒，甚至半昏迷的状态中活着。自来京工作的第一个月，我就去看望了他，后又两度到他家里探望，虽然他的身体一次强过一次，但他几乎已经忘记了一切，只是不时地将自己的著作拿在手中反复摩挲着，指着自己的名字微笑着。虽然这些在中国杂文史上熠熠生辉的著作已显得如此简陋，但我看出了他知道是自己的作品。仅此，就足以告慰所有关心他、爱惜他的读者了。

在《民意闲谈时》《大地斯文》之前，张老师已经出版过的杂文集、散文集有《坞城札记》《槛外人语》《察风虑雨》《痴人说梦》《张雨生随笔选集》和《山水文脉》。他早期的成名作《虎皮鹦鹉之死》，几十年来广为传诵，并长期保留于全国统编中学语文课本和部分中专、师范、高校语文教材。凭此，我想一定还有许多读者记得他的！

承蒙张业宏兄看重，这本《大地斯文》终于在作者编成之后的五年得以出版，读者们又可以读到他的书了。需要说明的是，由于原书近三十万字，篇幅宏大，而"蜜蜂文库"的容量又有不成文的规定，我只好根据自己的理解和判断，删掉了一些篇目，形成这本十二万字规模的小书，书名一仍其旧，以彰纪念之意。

至于《民意闲谈时》，只望杂文界的朋友们多多关心，以便早日付梓！而在我的内心深处，又自然而然地升起了出版"张雨生文集"乃至全集的念头，我不知道谁可以帮助我们实现。但作为同乡后学，作为曾经被张老师指教过的晚辈，我觉得自己有这个义务来做好这个工作，算是给他一个交代。

是为记。

2014 年 3 月 4 日作于京城朗山轩

时值访张老归来之第四日

记端灿公

　　端灿公长余祖父六岁，既为族兄弟，又为连襟。我呼公为大爷。祖父逝时，公痛哭，亲撰挽联，就族中父老一叙平生交谊，竟至涕泗并流，至今思之，令人动容。讵料公竟于半载后无疾而终，寿八十有五。

　　公幼时负笈县中，后升至九江同文高中，为族中一读书种子。尝为余数忆求学时，其母宰杀一猪，为购《康熙字典》。先生珍藏数十载，后于"文革"中失之。公每每念及此事，无不太息连连。

　　公毕生从教，寡言语，乡间能与之语者亦鲜。盖公胸中自有丘壑，不足为外人道也。我之亲近于公，盖为好读书之故也。公亦以非俗子待之。

　　公有藏书若干，多地方史志谱牒。余年十三四时，在其家中一睹李华白之《北枝集》，集内论古雷池即今龙感湖一文令我痴迷。以至每一放假，辄至先生处翻阅。本欲纳为私有，终不敢启口。《北枝集》影响余至深，吾之从事黄梅文史研究，此书启蒙之功不可小视。月前回黄梅，过旧书店，觅得《北枝新集》（增订本），遂纳入彀中，亦为思公也。

　　公将殁时，临近国庆，殁前尝问我之叔父"杰儿回否"。叔父乃转达吾母，吾母悟得个中情意，催我早返，我因私事未得及早回家，当归家之日，惊闻公殁矣！亲友有知者，曰"杰若早归，公不得卒"。吾亦因之内疚不已。大父归于道山且五载，思大父，亦思公也。

　　　　　　　乙未年腊月廿五日，书于武昌至北京车中，
　　　　　　　因友人提及雷池与龙感湖而念及公也。

《此生快意书天堂》序

2008年，在古城襄阳出版了一本民刊《民间书声》。这本杂志里发表了一篇《书生梁萧》的文章，我当时读了很敬佩此人。后来又听说梁先生是黄梅人，与我是同乡，自此便有了结交梁先生的念头。

只是彼此各自忙碌，并没有很快取得联系。大约2009年，我的《关于废名》在台湾出版，梁先生给我打来电话，一起交流废名。于是闻得其声，口音介于普通话与黄梅话之间。我素有乡土情怀，虽知梁先生早早离开黄梅，但还是问了家乡是否有亲人。他说亲人都在老家呢，我始心安。看来，梁先生并非无根无家的游子，只是身在异乡而已。

此后，偶与先生有联系，但毕竟不在一城，且各自忙碌，是以未能相切磋。在此之时，亦偶见先生在报刊发表文章。一日，他竟在《斜阳系缆说吴方》一文里这样说道："前段时间与青年作家眉睫闲聊读书，谈到已故文化学者吴方，眉睫感叹：吴方已渐渐被世人淡忘。是的，吴方现已慢慢淡出处人们的视线，但他的几本著作，还放在枕边，偶尔翻翻……"是的，我确实曾在梁萧面前慨叹吴方之死，但称我为才俊，则愧不敢当。我关注吴方，是因为他曾以"孟实"之笔名在《读书》杂志发表关于废名的文章。文字老练，且颇知废名之文之人，因此世人多认为此即废名之好友朱光潜。我则从文中提到凌叔华逝世，推断作者必另有其人，因为朱光潜比凌叔华先逝世。后来从吴方的集子里读到这篇文章，才恍然大悟。梁先生也慨叹吴方之自杀，喜读吴方之文，我们又因吴方进一步了解了彼此之兴趣。

然而,忙碌的我们,生于此世,总是朝着不同的生活轨迹。他当他的医生,我做我的编辑。他写他的文章,我写我的文章。在凡尘中,我们无由过从。但在我们的文章世界里,我们则很可能终将再有生命的交集。在我们不再联系的几年里,虽也偶尔听得他的消息,但并不知他已在研读陈寅恪、汤用彤,并与汤一介先生取得联系。我亦于 2010 年从汤用彤早年《谈助》一文知汤用彤以黄梅人自居,于是写了篇《汤用彤与〈青灯泪〉》。我不知梁先生当时是否读过此文。2011 年,我转赴北京工作,并与汤一介、乐黛云老师有了更多的接触。在北京的这几年里,我有一个重要的收获,便是能够登门拜访汤老,并由此启发,打算研究"汤用彤与黄梅"这个学术课题。在此四年间,我一直不知道梁先生也在研究汤用彤。直至 2014 年的 9 月,我们终于再见面了。其中的缘由是我们的家乡要在我的母校建汤用彤纪念馆,我们分别应邀出席会议。

在这次会议上,我与梁萧先生共同从学术上发布了一个铁的事实:汤用彤是黄梅人,汤用彤以黄梅人自居,汤用彤会说黄梅话,汤用彤回过黄梅多次……我的发言稿虽然一直是在力图证明"汤用彤是黄梅人,汤用彤以黄梅人自居,汤用彤回过黄梅多次",然而我一直拿不出较为铁的证据证明"汤用彤会说黄梅话"。当我与梁萧见面的时候,这当然是第一次,他告诉我汤用彤的母亲是孔垄梁大墩人时,我十分兴奋,认为这对于研究汤用彤与黄梅有重大意义。在汤用彤纪念馆落成当天的学术座谈会上,我们俩纷纷表达这个观念,这是当着汤老的家人、家乡的领导和亲人,以及汤用彤的学生、研究者说出的,所以具有不小的学术反响。会后,好几位找我们交流,提供更多的信息。可以说,这是第一次有人从学术的角度研究汤用彤与黄梅的关系,并明确公布汤用彤是黄梅人,汤用彤祖籍黄梅、从未回过黄梅、不会说黄梅话的说法也由此被打破了。

关于汤用彤与黄梅的关系,我后来写有专文《汤氏父子与黄梅》。这篇文章,近由乐黛云老师相告,拟收入汤老遗著《我们三代人》,作为附录,这是对此文学术价值的莫大认可。在我与梁萧的交往中,这是最有意义的一次会面,因为我们共同发布了一个有意义的学术发现。

梁萧是医生,具有医生应该具备的严谨性格特征。同时,梁萧读书仔细,为人质朴,是容易亲近的书生。我为有这样的乡友感到高兴。今年夏,因回家乡小住,恰逢梁萧陪友人走访黄梅名胜古迹,遂得同往。我们一起拜谒废名墓,上四祖寺,登五祖山,又到老祖寺一游,真是大快人心。屈指算来,又近两个月了,却感恍如隔世。盖因生此忙碌之世,相遇之后又不得不回到各自生命的轨道。假如没有书本,我们恐怕不会相遇。感谢书本,感谢家乡,让我们在干渴的人生旅途中,能够因书结缘,此亦是解渴一法。

梁先生早有结集成书的念头,而今终于出版。先生又嘱我作序,再三推辞不可得,遂叙述交往如上,权当序也。

2015 年 10 月 23 日于京城朗山轩

温暖书缘

那是十五年前的事了，我还在念高中。当时的我，如高尔基所说："扑在书上，就像饥饿的人扑在面包上。"只不过我所喜欢的书，都跟高考没有任何关系，也就是家长认为的闲书，譬如《古文观止》一类。在应试教育下，我不是一个好学生。一再下滑的名次，竟然让我产生了自卑与自负并存的心理。老师对我不支持，父母、亲戚更有恨铁不成钢的愤慨。在这些重压之下，我几乎无处可逃，总有一种无人理解的孤愤。我是愈加地内向，于是转入文学创作。其中一篇小说《她是一个弱女子》，很好地表达了我苦闷、孤寂的心理。

一个瘦弱的学生，畏缩得如同一只流浪猫，没有安全感、信任感，生怕在看书时被人大声呵斥："又看乱七八糟的书！"于是，我越加内向，对现实无欲无求，无视高考的存在，虽然明明感觉到它紧箍咒般地折磨我。我的精神小屋，是那么封闭。我脆弱的心，是那么敏感。我时常习惯性地游走于小城的每个角落，感受它的人杰地灵、钟灵毓秀。到了黄商，我知道这里曾是北门。到了邮局，我知道这里曾是南门。到了鲍照墓，我知道这里靠近西门。走到一中侧门，我知道这里离东门不远，附近有天后宫。我的个人世界几乎与这片土地上早已不存在的古城融为一体，可惜无人与语。

我时常光顾的是这座小城唯一的新华书店，但我更多的是把它当作公共图书馆，甚至是我的心灵避难处。这里的书品种不算多，但在一个中学生的眼里，它是书的海洋，是我的天堂。我总是反复摩挲着我想看的书，希望它能够为我所有，哪怕看了一遍又一遍。虽然家境并不困难，但家人最担心我买"闲书"，没有多余的钱给我，我只能省吃俭用，攒够了买。但经常会出现下一次来时，心爱的书已经被别人买走，于是懊丧不已。

或许由于我是常客，一个年轻的女店员注意到了我。我们开始攀谈。我是一个学生，她是一名工作人员，然而我丝毫没有感到我是消费者，她是营业者。我们只是聊一些关于书的话题。我的封闭、孤寂的心灵世界，终于打开了一扇门，我感受到了父母、老师和同学诧异的眼神之外的温暖。她分明觉察出我喜欢的都是课外书，曾规劝过我，对于她的不能理解，也只能是尴尬了。她知道我爱书，却又没有足够的钱，于是帮我囤书，给我打折，这样我的书就不会溜走，还可以买更多的书。我很感激她。

就这样简单地交往，她肯定不知道她已经给了我别人没有的温暖。我偷偷地把她写进了我的小说《孤独的时候》，却没有告诉她。她告诉我，她把我写进了她的工作报告，我粲然一笑。

终于快要毕业了，我有一单书留在她那里，却迟迟没能兑现。我至今还记得书单里有《饮冰室文集》《基督山伯爵》……我略带愧意和遗憾，就毕业了。

上大学后，这家书店在我看来是那么小，远远不能满足我了，但我仍然一回家乡，就来看看，也是怀念流逝的岁月。遇到她了，我们还会像往常一样，嘘寒问暖。那种淡淡的人情味，仍然让我感到温馨。我最后一次去这家书店，是大学毕业后不久，那时我加入了湖北省作家协会，我高兴地告诉她，她也为我感到高兴。

后来我走上了编辑出版之路，又远赴北京工作，回家越来越少，更没时间去这家书店了。然而，她跟这家书店却常驻于我的心头。

也许，这只是微不足道的一段往事，然而正是这一点人性中朴素的温暖，成了我记忆的理由。心中多一分温暖，世界多一分尘缘。

附记：

昨晚与她联系上了。当别人说北京一个有名的黄梅籍作家想跟您联系时，她马上冲口说出我的名字。可见，她也记得我。其实，她根本不知道我到了北京，当然我也不是著名作家，这只能用缘来解释了。

"吾楚诗人之冠冕"

——喻文鏊研究初探

清代文学、学术至乾隆时而大盛，各地出现不同的流派。以湖北而言，自清初逐渐失去文坛中心的地位之后，一直未得风气之先，鲜有大文人，直到乾隆时期，"蕲州陈愚谷先生，与汉阳叶云素先生（讳继雯、志诜之父、名琛之祖）暨先石农公为至交，同以诗文负重望，时称汉上三杰"[喻的痴:《樗园漫识》)，黄梅喻氏家藏民国未刊稿（喻的痴孙子喻本力藏）]，以"汉上三杰"为代表的湖北文人重新崛起于清代文坛，成为一支颇受关注的文学群落。"汉上三杰"之中，论诗文成就，以喻文鏊（1746—1816）最高，有《红蕉山馆诗钞》《红蕉山馆文钞》《考田诗话》《湖北先贤学行略》传世；论学术成就，以陈诗最高，著有方志巨作《湖北通志》《湖北旧闻录》；论官职大小、资产实力，以叶云素（1755—1830）为大，他利用自己在京师的地位、人脉，积极向朝中名流、重臣推许喻文鏊、陈诗的诗文，终使三人在文坛占据了一席之地（《清史稿》即以三人并列入传）。"汉上三杰"之间还互结秦晋之好。叶云素之子志诜娶喻文鏊之女，生子叶名琛、叶名沣；陈诗之子守仕娶喻文鏊之孙女，生子陈道喻。喻文鏊曾就三人的关系有过现身说法，《考田诗话》卷二云："后余客汉上，陈虞部愚谷假归，就云素为教授其子，余过从甚密，丽泽之益良多。往来汉上者，无不知余三人之交最笃。厥后，云素次子为余季女委禽，愚谷媒焉。"

喻文鏊"十八入学籍，十九饩于学"，但此后科举道路不顺，其亦不以为意，直至乾隆甲辰，年近四十方充恩贡。嘉庆乙亥年始选授竹溪教谕，以老病辞不赴。喻文鏊"自弱冠负乡曲之誉,三十后声望日隆,名流翕然倾心,大吏之慕其名争延致者,无不钦其榘范"[喻元鸿、喻元沿:《修职郎授竹溪县教谕先考石农府君行述》,收入《红蕉山馆诗钞》,清嘉庆九年(1804)黄梅喻氏刻本]。当时的朝中重臣、封疆大吏或文坛领袖,有初彭龄、毕沅、法式善、曾燠、许兆椿、刘凤诰等对喻文鏊极为推崇。喻文鏊在当时的文坛,以武汉和黄梅为中心,形成了一个卓有影响的文学群落,像程大中(拳时)、熊两溟、彭栋堂、王鸿典(西园)、曹麟开(云澜)、南豆滕、陈诗、叶云素、王根石、王瑜(石华)、王銮(徒洲)、王岱(次岳)、赵帅(伟堂)、傅垣(野园)、刘之棠、潘绍经、潘绍观、周兆基、李钧简、秦瀛、张菊坡等都是喻文鏊的知交诗友。在喻文鏊的努力下,由其伯祖父喻化鹄开创的黄梅文派,到他这一代已经大成,而其子元鸿、孙同模嗣响。李祖陶评曰:"匏园(化鹄)文和雅似欧,石农(文鏊)奇崛似韩,铁仙(元鸿)文敷畅似苏,祖孙父子一脉相承,而面目各异,文之所以真也。"[见《黄梅县志》卷二十五《喻元鸿传》,光绪二年(1876)黄梅县署刻本]这是对黄梅文派最为精当的概括。与此同时,喻文鏊又以不立宗派的形式,但客观上与弟弟喻文銮、喻文鏴开创了地域性诗歌流派——"黄梅诗派",这是他为清代诗坛做出的最大贡献。

清代有数首诗吟咏喻文鏊,一为"独立苍茫万仞峰,直教云海荡心胸。长枪大戟谁能敌,除是黄州喻石农"[喻文鏊:《考田诗话》卷二,道光四年(1824)蕲水掣笔山房王容生校刊本。又见《红蕉山馆诗钞》之《古今体诗卷五》,清嘉庆九年(1804)黄梅喻氏刻本](佚名),二为"淡烟疏柳句堪夸,一集红蕉是大家。似唐似宋都错了,石农诗瘦似梅花"(方廷楷),可见喻文鏊之影响。喻文鏊"为文必求心得,不规规于唐宋人窠臼。尤善为诗,年三十以后,诗鸣吴楚、东南,海内称诗之家,无不合口同词,推为一时巨手"[喻元鸿、喻元沿:《修职郎授竹溪县教谕先考石农府君行述》,收入《红蕉山馆诗钞》,清嘉庆九年(1804)黄梅喻氏刻本],徐世昌、秦瀛也将喻文鏊与顾景星、杜濬这样的大诗人相提并论,认为喻文鏊"足为嗣响",有清一代"光黄一大家"。而欧阳予倩外祖父刘人熙[同治六年(1867)湖南解元、光绪三年(1877)进士,曾任湖南督军兼省长]在所著《楚宝》一书中甚至称喻文鏊为"吾楚诗人之冠冕",这比徐世昌在《晚晴簃诗汇》中的"在楚人中足为杜于皇、顾黄公诸家嗣响"的评价更高。

笔者追踪喻文鏊及黄梅喻氏文献近二十年,已点校部分成果问世,曾就喻文鏊与袁枚等学术话题进行论述,现辑为《"吾楚诗人之冠冕"——喻文鏊研究初探》发表,以就教于方家。

一、喻文鏊与袁枚

作为乾嘉诗坛的"大家""巨手",将喻文鏊与同时代的袁枚进行比较十分有必要,还有一个原因是喻文鏊也主张"性灵",蒋寅等当代学者将喻文鏊引为性灵派的同调。那么喻文鏊与袁枚到底有何关系、确实同属性灵派吗?

翻遍喻文鏊、袁枚的著作发现,袁枚对喻文鏊几无提及,但喻文鏊却对袁枚有多处直接提及。《考田诗话》的卷三、六、七、八各提袁枚一次,卷四提两次,卷五提三次,一共九次。除此之外,《考田诗话》与《随园诗话》共同摘引的诗句也有多则,喻文鏊熟读《随园诗话》必定无疑,甚至有一两则内容几乎差不多。至于《随园诗话》中提到的许多人亦为喻文鏊之师友,两人还有一些都晤面过的诗友(如《考田诗话》卷六载:潜山诗友丁珠为喻文鏊世交,曾"谒袁简斋",又如下文重点提及的王次岳),喻文鏊更不会不知。从这些材料来看,袁枚、喻文鏊二人应当彼此互知,但似无交谊。从喻文鏊提到袁枚处来看,除几处指摘袁枚的谬误外(如卷四指出袁枚将于襄阳与于清端误认为族兄弟关系,为"相沿通谱之陋",又指袁枚引汉乐府"月穆穆,以金波"为王禹偁《月波楼》一诗之出处,其"自矜得出处"实为误读),其他多为顺带提及,但有两则指涉喻文鏊对袁枚的隐性评价,却不可不重视。

《考田诗话》卷五云:"次岳来为黄梅山长,……其来梅,为毕制军沅所属。……其论诗则推袁简斋,故余赠诗有'骚坛近日主风趣,买丝都欲绣袁丝'之语。"次岳即王岱,其人颇活跃于乾嘉诗坛,《随园诗话》关于他的记载有多条,其中一条明确提到王次岳曾留宿随园,可见王、袁二人关系非同一般。王次岳与袁枚首席弟子、性灵派后劲孙原湘十分投契,两人时常诗酒唱酬,而且孙原湘妻席佩兰、王次岳妻席筠同为常熟席氏女诗人,袁枚对二人亦多有提及。可见王次岳与袁枚主导的性灵派走得较近,当属袁枚一派。

喻文鏊与王次岳亦为挚交,《红蕉山馆诗钞》中有关王次岳的诗达七首之多。虽然喻文鏊与袁枚都有共同的好友王次岳,喻文鏊也主性灵,为何王次岳甘为性灵派,而喻文鏊却不愿走近袁枚一派呢?让人生疑的是,喻文鏊这首《赠次岳》的诗,似含有调侃、微讽袁枚之意。"买丝都欲绣袁丝"脱胎于袁枚的首席女弟子席佩兰赠他的"愿买杭州丝五色,丝丝亲自绣袁丝",喻文鏊貌似调侃王次岳,实为调侃袁枚及其一派。

何以至此呢?这需要了解喻文鏊本人的诗论。喻文鏊的主要诗论观点集中在《考田诗话》卷一,他认为:"诗能感人,愈浅而愈深,愈澹而愈腴、愈质而愈雅、愈近而愈远,脱口自然不可凑拍,故能标举兴会,发引性灵。"又说"诗以陶写性情""直固美德,过激亦是一病,真则无往不宜矣。如得其心,则粗处皆精、拙处皆老、浅处皆深、率处皆真。情真也,动人处正不必在多",可见在对诗歌抒发"真性情"方面,喻文鏊与袁枚是相一致的。喻文鏊尤其强调"真"的重要性,多次指出"愈琐屑愈见真挚""立言不烦,字字真挚""语浅言真""情真语挚,不愧古人立言"等,都是强调诗以"真"为核心。

然而,袁枚一派除了"主真",为了扫荡诗坛其他流派,他们还"主新"。喻文鏊对此则持一定的保留意见,他认为:"诗真则新,真外无新也。诗中有人在,又有作诗之时与其地,总之其人也,无不真矣,即无不新。人心不同如其面,子肖其父,甥似其舅。审视之,则各有其面目,无一同者,便已出奇无穷。有意求新,吾恐其堕入鬼趣矣。"喻文鏊的"真外无新""有意求新,堕入鬼趣"直接击中了袁枚及其追随者的病灶。喻文鏊还进一步指出,"不戒绮语,而戒理语,此近来求新者之所为,吾不信其然也","近人诗为应酬而作,牵率附会之语,岂有佳诗?""提唱宗门主风趣,恐多绮语亦粗才""近三十年来,诸贤务炫新奇,非不新奇也,恐滋流弊耳!"这就简直是在抨击,而要跟袁枚"提唱宗门主风趣"的性灵派划清界限了。袁枚逝后,随园弟子多倒戈,殊不知早在袁枚逝世之前,与他同时代的喻文鏊早已指出了性灵派的流弊。

此外,在对待格调派的态度上,喻文鏊与袁枚也不相同。袁枚主性灵,起初是对沈德潜格调派的反拨,反对诗歌的教化功能,而喻文鏊则认为:"诗以立教,不外日用伦常之理,发之于喜怒哀乐之情,托之于风云月露之词,傍花随柳、云影天光。道学语未尝不具有风致。"这与沈德潜主诗"必关系人伦日用"同调，而袁枚曾专门针对这一观点进行了大力抨击。

在对待同时期翁方纲主导的肌理派的态度上，喻、袁二人态度大同小异。喻文鏊曾作诗讽刺考据派说："近来考据家，动与紫阳畔。竟似所看书，紫阳未曾看。""近代诸贤精考据，劳渠辛苦注虫鱼。不愁破坏文章体，翻笑欧阳少读书。"这也可看作是喻文鏊作为主真性情的诗人对肌理派的调侃。而喻文鏊所说的"道学语"，包括翁方纲主张的"考据入诗"，他竟然认为"道学语未尝不具有风致"，可见喻文鏊对肌理派的全盘批评也有所保留。他反而对袁枚一派的"戒理语，不戒绮语"，表示极大的不赞同。

在《考田诗话》卷七中，喻文鏊谈到挚友张菊坡与袁枚的一段故事："张菊坡观察书法学子昂，得其神似。蒋心余又称其善画梅，诗不多作。余偶见其诗，亦清稳。守广州时，袁简斋来游，索其诗入《随园诗话》，菊笑曰：'谁不知予贳郎，而以诗见，毋乃累先生盛名？吾不为也。'"或许，张菊坡"吾不为也"的态度亦正是喻文鏊的态度，他为何没有主动结交袁枚，以跻身性灵派也就在情理之中了。这是喻文鏊作为一代大诗人的风骨所在，所以将喻文鏊说成"性灵派诗人"，似乎欠妥，因为他只是一位不立宗派、独树一帜的"性灵诗人"。

二、喻文鏊诗歌创作系年与分期

乾隆五十四年（1789）探花、嘉庆年间太子太保刘凤诰在《清诗人喻石农先生墓表》中称喻文鏊"年三十，以诗鸣"。喻文鏊长子喻元鸿亦在《修职郎授竹溪县教谕先考石农府君行述》中说："自弱冠负乡曲之誉，三十后声望日隆，名流翕然倾心，大吏之慕其名争延致者，无不钦其榘范。"可见喻文鏊是少年得志，以诗名世。而且，喻文鏊为此过早地放弃了科考应举之路，虽然他"十八入学籍，十九饫于学"。喻文鏊既以诗人自命，就会对自己所作诗歌十分珍惜，他的诗作在生前就得以完整保存下来。甚至正当盛年之时，就开始为自己的诗集进行编定、刊刻。现存《红蕉山馆诗钞》《红蕉山馆诗续钞》就收录他亲自择定的所有诗作 979 首。其中，"诗钞"（918 首）分为十卷，曾于嘉庆九年（1804）年先行问世；"续钞"（61 首）分为二卷，由侄子喻元沆于道光三年（1823）刊刻，与"诗钞"一起印行。

喻文鏊的诗歌得以完整留存，这对于一位诗人是一件幸事。可惜的是，此诗钞未在目录里标注作品的创作年代。喻文鏊诗系年的谜题给读者的研究带来不小的障碍。为了搞清楚喻文鏊的作品系年及分期问题，我根据诗歌里的蛛丝马迹，进行大致的系年并予以分期。

在《红蕉山馆诗钞》之末，有一段喻元鸿、喻元沿的附识，云："家大人诗，未及匄人作叙，小岘先生见丙午以前诗于云素先生京邸，乃允其请而为之。又十余年，元冲等钞自辛卯，迄癸亥，都为一集，即用以弁首，仍请家大人自跋其后焉。嘉庆甲子夏五男（元冲、元沿）谨识。"按，丙午为乾隆五十一年（1786），辛卯为乾隆三十六年（1771），癸亥为嘉庆八年（1803 年）。甲子为嘉庆九年（1804），诗集刊刻年份亦由此来。

《红蕉山馆诗续钞》之末有喻元沆一段跋文："溥以嘉庆丁卯岁再赴礼闱，讫于丙子先伯父捐馆舍，其不获亲先伯父笑者十年，去夏先慈弃养，匍匐南旋，则距伯父捐馆岁又七年。于兹既抱春晖之悲、益增典宗之感。伯父诗前集十卷久版行，续集二卷，铁仙兄暨过庭弟屡思授梓，因事迁延未果。溥于周期后，从铁仙兄处乞取读之，时滥竽江汉讲习，即携至书院。每一展读，回思当年随侍红蕉山馆课读时，先伯父每一诗成，至意得处，必呼兄弟辈环侍左右，津津讲说，此等光景不可复得也。因为逐字校阅一遍付剞劂，与前集合为一编。道光癸未（1823）长至侄溥（士藩更名）谨识。"喻元沆称自己在嘉庆丁卯年（1807）后，一直忙于考进士，考中后又踏上仕途（元沆于 1809 年中进士，后任翰林院编修，充国史馆纂修），直至嘉庆丙子（1816）年喻文鏊逝世，与其伯父十年未见一面。道光癸未（1823）年的前一年，因母逝世，喻元沆才回黄梅，这时距离喻文鏊逝世已经六七年了。喻元沆于周年后到江汉书院充当讲习，于是借此机会将《红蕉山馆诗续钞》与《红蕉山馆诗钞》合刊于世。

由以上信息看来，《红蕉山馆诗钞》为喻文鏊父子刊刻，《红蕉山馆诗续钞》由喻元沆刊刻。前十卷收录作品时间范围是 1771—1803 年，续钞二卷收录作品范围是 1804—1816 年。前十卷还有一个关键的时间节点即秦瀛作序的 1786 年。据该序云："石农虽不得志，跧伏乡曲，亦尝浮江而上，登大别、溯荆门，既又下彭蠡、过小孤山，以达乎皖江金陵、北渡淮、经齐鲁故墟抵析津而止。所至登临、怀古、凭吊、唏嘘，发而为诗，或峍崿而激壮；或寥邈以荒忽，不名一家。"据检阅诗钞，卷一二三多为有关黄梅、黄冈、武昌之诗，卷四五涉及天门、潜江、荆门，卷六才涉及江淮齐鲁，并有关天津的诗歌。从卷七开始，诗歌涉及河南、山西、陕西一带。这说明，诗钞的前六卷收录 1771—1786 年的作品。从卷七开始的游历之作，秦瀛在 1786 年时尚未得读。后四卷创作于 1787—1803 年至此应亦无疑义。

从卷二开始，喻文鏊与时任黄梅知县王鸿典（西园）、曹麟开（云澜）唱酬颇多，并与安徽泾县举人赵帅（举人）交往频繁。王鸿典于 1772 年 8 月来任，次年即丁忧回籍。曹麟开于 1773 年来任。曹麟开又于 1774 年延请赵帅掌教黄梅书院。根据以上信息，基本可以推断卷一收录作品的年代为 1771—1772 年，卷二收录作品年代为 1773—1774 年。后面亦可得到补证。

卷三有《哭外舅李冶人（本质）先生》《陈母行》《送陈愚谷（诗）之蒲圻》等诗。喻文鏊岳父李本质逝世于 1775 年农历十月二十七日辰时。《考田诗话》载："愚谷于乾隆甲午中乡试第一，与余季弟同出蒲圻县知县何公光晟之门。乙未（1775）冬，来拜先君子于葆光堂。遂与余订交曰：'仆识君久矣，君今始识仆耳。'晨夕商榷古今，手把一卷，饮食坐卧不辍，客至不罢，嗔之如故。弥月，与季弟同去，之蒲圻。"陈诗于 1775 年冬到黄梅拜访喻文鏊，住了一个月后，又与喻文鏊的弟弟喻文銮一起去了蒲圻，当为 1776 年初。说明卷三收录作品的年代为 1775—1776 年。卷三还有一诗《示诸弟侄》，云："我生尚辄轲，三十倏加一。娇女始扶床，但解觅梨栗。阿冲五岁余，登案索纸笔。"此诗作于喻文鏊 31 岁时，恰为 1776 年，又说"阿冲（喻元鸿）五岁余"，与元鸿生于 1771 年亦相符。

从卷四开始，有关黄陂的诗歌陡增，这是因为喻文鏊的二弟喻文鏐（1748—1831）于乾隆丁酉科（1777）成为拔贡，朝考一等，铨选教谕，借补汉阳府黄陂县训导。集中如《黄陂道中》《雪后去黄陂示舍弟》《闻西园过舍弟黄陂学舍》等皆是。这都说明卷四的诗不可能早于 1777 年，最多起始于该年，但止于何年，则不可知。但卷五《乾隆甲辰，甘肃田五扰通渭，在籍知县李南晖率子思沅、侄师沅守城，城陷死之》体现出新的时间线索，乾隆甲辰即 1784 年，距离秦瀛作序的 1786 年才两年。这就说明第六卷收录作品的时间年代是 1785—1786 年，多为有关江淮齐鲁的登临怀古之作。那么卷四、卷五的创作年代即为 1778—1784 年了。至于 1777 年的作品可能收入卷三，也可能收入卷四，但收入卷四的可能性略大，因为卷四开始的几首诗都提到"秋夜怀云澜刺史""禀秋坐寂寞""秋夜别吴云衣（森）"，不大可能是 1778 年秋。后面的诗又提到"愚谷假还携秋岩书由汉上见寄"，是指陈诗 1778 年中进士后即告假回乡，亦可佐证卷四早于陈诗告假的深秋之诗作于 1777 年，而非 1778 年。

弄清楚了喻文鏊诗歌的创作系年，这对于研究喻文鏊诗歌的分期就大有帮助了。根据喻文鏊诗歌的题材、内容，再结合喻文鏊诗歌系年，我把喻文鏊的诗歌分为四个时期：

1771—1776 年为第一期（卷一、二、三），可视作为初登文坛、闻名鄂东。"年三十，以诗鸣"亦源于此。其中卷一的早期作品多为拟古之作，带有浓厚的模仿气息。同时，这一时期的喻文鏊堪称乡土诗人，其知名诗篇如《雪霁东禅寺寻六祖能大师舂米遗迹》《对酒行为南讷斋》《黄州江上望武昌县》《登赤壁放歌》《武昌行》《黄鹤楼》《镇沅太守行》《邑令曹云澜（麟开）自画楚江揽胜图》《江心寺望匡庐歌》《登白莲峰顶望匡庐山云气》《题唐六如春夜宴桃李园图》《夜》《观怡亭石刻》等，为喻文鏊赢得了诗名。如《夜》："明月一林霜，西风薜荔墙。何人调玉笛，流韵满银床。"被张维屏视为杰作，体现了喻文鏊初登文坛就出手不凡的大家气象。

1777—1786 年，为第二期（卷四、五、六）。这时的喻文鏊已经在湖北文坛与汉阳叶云素、蕲春陈诗齐名为"汉上三杰"，初步奠定了他继张开东于 1780 年逝世之后，与叶云素、陈诗齐掌湖北诗坛的地位。其实，这一时期的诗歌创作又可分作前期和后期，前期为喻文鏊游历湖北境内之作，后期为喻文鏊游历江淮齐鲁之作。

1787—1803 年为第三期（卷七、八、九、十），可视为创作鼎盛期，多为脍炙人口之作。如果说，喻文鏊能在清代文学史留下一笔，这一时期的诗歌真正成就了喻文鏊的大家之尊。

1804—1816年为第四期（续钞二卷），可视为创作晚期。这一时期的喻文鏊不得不面对白莲教起义的社会现实，写下诸如《流民叹》《秋不雨》等关注现实的诗歌，诗风为之一变，惜不多耳！

三、喻文鏊的性灵诗论

作为一代性灵大家，喻文鏊是继张开东、彭棟塘、程拳时之后，主盟湖北乾隆后期及嘉庆诗坛的主要领袖之一。这种地位，不仅是由其诗歌成就奠定的，也不仅仅是由刘凤诰、叶云素、初彭龄、陈诗等人的鼓吹而奠定的，还在于他有自己一整套完整的诗歌理论。喻文鏊的诗论主要集中在《考田诗话》里，同时也散见于他的诗钞。

然而，《考田诗话》的创作年代却极其模糊。蒋寅在《清诗话考》中，仅根据"余于嘉庆十三年戊辰买得王姓鼓角镇双塘坳印坡山，将为吾母卜吉"，推断《考田诗话》创作于1808年前后，这大抵不差，但仍失于宽泛。其实，《考田诗话》并非作于一时，而是贯穿了喻文鏊整个一生。《考田诗话》卷二云："南征君昌龄樗野先生，讷斋之尊人，尝次余《寄讷斋》诗韵云：'金昆玉友妙谁侔，的的人闲薛贾流。却寄新诗当酷暑，恍如冰叚照寒秋。珠囊挈得倾三岛，宝鼎扛来铸九州。为属过庭应问我，更生岁月总担愁。'征君前年八月呕血几绝，故云。"《寄讷斋》应为《别讷斋》，诗云："十年话忆穷交旧，五月人逢客路秋。"两诗正押韵。前诗又云："忆初定交时，我年甫十七。汝更少于我，气力堪比匹。我始见君面，眼光似点漆。继復见君心，一云一龙如恐失。潦倒如今已十年，倚门刺绣何纷然。"可见此诗作喻文鏊27岁时，为1772年。次韵之诗亦当作于时年，为此则诗话写作时之"前年"，时南昌龄已有"呕血"之征。则此诗话当作于1774年。《红蕉山馆诗钞》卷二则有《闻南樗野（昌龄）征君谢世》一诗，前后多有喻文鏊与时任黄梅知县曹麟开（云澜）的唱和诗，而曹知县正于1773年来任。诗钞卷三又有《哭外舅李冶人（本质）先生》，而其外舅逝世于1775年十月二十七日辰时（商宏志兄依李氏家谱获知）。两首诗未收入同一卷，亦可佐证南昌龄逝世于1774年。恐怕这是《考田诗话》最早的一则。卷八又云："秋岩凶闻至，余哭之以诗,有云:'于我为吟友,公忠实荩臣。几能筹国是,不为哭诗人。'"秋岩即许兆椿,逝世于1814年,可见此则作于此时。同卷提及法式善编选《及见集》收录其诗,又云:"惜今已宿草,不知此选本,犹可长留天地间否也。"法式善逝世于1813年,可见此则作于1813年。喻文鏊所提《及见集》,即《朋旧及见录》,今存稿本,未梓,尚留天地间。至于其他各则,提及白莲教等事,均可判断大致的年代,主要集中于乾隆末期至嘉庆一朝。喻文鏊的《考田诗话》准备早,毕生书写不辍,略晚于他的诗歌创作,是对他和友朋诗作的一种注解,并借此阐明了自己的诗论。

下面谈谈喻文鏊的性灵诗论的主要观点。

喻文鏊的诗论首先是主"性灵"。在《考田诗话》卷一中,他说:"诗能感人,愈浅而愈深,愈澹而愈腴、愈质而愈雅、愈近而愈远,脱口自然不可凑拍,故能标举兴会,发引性灵。所谓文章本天成,妙手偶得之者。"并指出"诗以陶写性情"。在晚年赠钱竹西一诗中,他明确指出"诗世界,自性灵",可见喻文鏊的性灵主张到了嘉庆末期仍未改变。正因为他主性灵,故而对考据入诗尤其反感,在诗话中批评说:"遁而考据,则性灵愈汩。"并以"露筋祠"为例,说"此等题一落考据家,便索然寡味矣"。

其次,喻文鏊诗论主"真"。《考田诗话》卷一云:"直固美德,过激亦是一病,真则无往不宜矣。少陵云:'不爱入州府,畏人嫌我真。'是不独直可嫌,真亦可嫌。若但云:'畏人嫌我直。'常语耳! 嫌真,则必喜伪,率天下而伪成何世界? 下接云:'及乎归茅宇,旁舍未曾嗔。'幸乡间之不然也。少陵性情无一处不真,不觉于此处逗露出来。世教沦夷,日渐浇薄。至真,有不可行于至亲者,此世变也。"可见,喻文鏊不但主真,还将"直"与"真"区分开来。在他的诗话中,主真之处甚多,如"愈琐屑愈见真挚""立言不烦,字字真挚""语浅言真""情真也,动人处正不必在多""如得其心,则粗处皆精、拙处皆老、浅处皆深、率处皆真"。他甚至以"真"作为衡量诗人的标准,认为陶渊明之所以"独有千古",正是在此。卷一云:"余于唐人诗李、杜外,最爱元道州、韦左司、白太傅,谓其情真语挚,不愧古人立言。陶诗之所以独有千古,非三谢之所能及在此。韦诗犹从陶出,道州、太傅则自辟畦径。"

　　第三，喻文认为"真外无新"。《考田诗话》卷一云："诗真则新，真外无新也。诗中有人在，又有作诗之时与其地，总之其人也，无不真矣，即无不新。人心不同如其面，子肖其父，甥似其舅。审视之，则各有其面目，无一同者，便已出奇无穷。有意求新，吾恐其堕入鬼趣矣。彼陈陈相因，如富家子乞人腴墓、装裱匠货行乐图、雇衣店借万民衣伞，只因未尝真耳。"为了突出"真"的重要性，针对"近三十年来，诸贤务炫新奇"，喻文鏊提出了"真外无新"的诗歌理论，可谓针砭时弊，对症下药。喻文鏊的担忧是"非不新奇也，恐流弊滋甚耳"！在性灵诗潮的时代，全国提倡性灵的诗人颇多，尤以袁枚一派为多。然其末流，则是标新立异，惯作绮语。喻文鏊对此深不以为然，表示了自己的担忧。他在诗话中指出："不戒绮语，而戒理语，此近来求新者之所为，吾不信其然也。词章不足为道学病，道学又岂足为词章病哉？"可见，主真性情是喻文鏊最核心的诗论，但为了主真性情，而攻击肌理派以理语入诗，自己则"务炫新奇"，也不是真正的诗人之所为。喻文鏊的论诗绝句云："提唱宗门主风趣，恐多绮语亦粗才。"则明显是针对袁枚一派的末流渐趋低级、粗浅，发出自己的抗议之声了。他还认为"近人诗为应酬而作，牵率附会之语，岂有佳诗"，可见喻文鏊对乾嘉诗坛性灵诗潮的粗疏、泛滥有自己深刻而理性的认识。

　　除以上三点外，喻文鏊对"方言、谚语"入诗也有自己的心得。在乾嘉诗坛上，不少诗人对方言入诗以及香奁艳体极为反感，认为不登大雅之堂，除了袁枚公开为之辩护外，喻文鏊也在诗论和创作实践上支持了方言入诗，且没有完全反对香奁艳体。喻文鏊说："方言、谚语非不可入诗，总在命意超卓，一经炉鞴，自尔风雅。若类于俳优打诨，取办阅者发笑而已，乌足为诗？或以为活法，或以为风趣。'云山经用始鲜明'，用之者，能使之鲜明，云山犹是也。"对于香奁艳体，他说："未必尽当弃置，亦顾其命意何如耳。果能寄托遥深，皆诗人兴、比之义。义山'无题'不碍为出入老杜，同一忠君爱国之心也。"在当时普遍攻击方言入诗、香奁艳体的时代，喻文鏊敢冒天下之大不韪，公然为之张目，说明喻文鏊是一个特立独行、不受他人摆布的诗人。他的诗论的核心在一"真"字，性灵、性情也须在"真"的前提之下，只要"命意超卓"，方言、谚语、香奁亦可入诗，甚至"自尔风雅"。

乾嘉诗坛,是沈德潜的格调派、翁方纲的肌理派和袁枚的性灵派争雄的时代,袁枚对沈德潜、翁方纲均有很多驳斥,几乎全盘否定,有极强的门派意识。然而,喻文鏊却保持极大的清醒,对格调派、肌理派既有批评,也有回护。可见,喻文鏊不是从一个极端走向另一个极端的诗人,他对诗歌一直持有清醒、审慎的态度。这种不随波逐流、目光如炬的态度值得今人学习。对于当时的诗坛,流派纷纭,喻文鏊持淡定的态度,他说:"作诗以性情为主,各抒胸臆,不必以某为某派。"亦可看出喻文鏊的清醒。

喻文鏊的存在,也让我们看到当时的性灵诗潮的复杂性,性灵派不应该等同于袁枚一派,也就是说,"性灵"不该为袁枚所专有。当时整个诗坛弥漫的性灵诗潮,是一个时代的症候,体现了古诗在走向近代化的痛苦挣扎。袁枚固然作出了极大贡献,类似喻文鏊这种诗人也不应该忽视他们的存在价值。正是由于喻文鏊们的存在,让我们看到了多姿多彩的性灵诗潮,同时也就对郑板桥、赵翼是否属于袁枚主导性灵派有了更深刻的认识。

如果治清诗史者注意到了性灵派不等同于袁枚一派,也就不必为郑板桥、赵翼到底是性灵派的主将还是副将、偏将感到苦恼和纠结了。研究整个性灵诗潮,将袁枚一派看作另一个整体,郑板桥、赵翼、喻文鏊完全可以不入此派,文学史完全可以是另外一个面目。性灵诗潮也将得到更完整的体现,至于郑板桥、赵翼、喻文鏊这些诗人在性灵诗潮中的地位和意义,史家完全可以给出不同的答案。

四、喻文鏊论湖北诗人

喻文鏊被誉为"光黄一大家",在楚人中,足为杜茶村、顾黄公嗣响,海内称诗之家无不推为巨手。作为乾嘉诗坛颇负盛名的性灵诗人,堪称执湖北诗坛之牛耳。他以一布衣之身,自傲于督抚之间,以文学为职志,不失文人本色。更难能可贵的是,他自觉地挑起了总结数百年来湖北文学史的重任,为延续、传承湖北文学作出了自己的贡献。他论述、研究湖北文人的文字主要集中在《湖北先贤学行略》和《考田诗话》里。

据《湖北艺文志》记载，《湖北先贤学行略》所述人物，上自清初刘子壮，下逮其祖喻于智，可以说清初百余年湖北文人尽入书内。惜乎此书是否存世已莫可知，但清末民国时尚有人提及。吾邑梅雨田（1818—1893）在《廪生喻润畦墓志铭》中云："石农先生（即喻文鏊）别著有《湖北先贤学行略》，版毁于兵，其伯祖铁仙（喻文鏊长子喻元鸿）亦手著有《喻子触书》二十卷，未梓。君日虑此二书之或亡佚。暇辄端楷录存，盖志承先绪也，无时弛。"［梅雨田：《廪生喻润畦墓志铭》《慎自爱轩录存杂文外篇》卷三，清道光十四年（1834）黄梅梅氏慎自爱轩刻本。］喻润畦即为喻文鏊之曾孙、喻血轮之祖父，谱名焕烈，殁于1883年，享年五十。由此可知《湖北先贤学行略》光绪年间（1875—1908）尚存。民国间（1912—1949），卢靖、卢弼兄弟亦曾在著述中有所提及。今人阳海清先生早年曾于文内引过此书，笔者为此十年前就想跟阳老联系，不果。今又见阳老所撰《现存湖北古籍总录》于黄利通《石亭稿》项下批注云："《湖北先贤学行略》对其人其学作了评介"，却又没有该书的条目，不知何所据。近与阳老通话，无奈其已患病在身，对于此书竟又毫无印象。

《考田诗话》于清道光四年（1824）由蕲水掣笔山房梓行，盖因其主人王寿榕（容生）"刻先生诗话以娱家先生"。"家先生"即其父王根石（云），为浠水著名藏书家、金石收藏家。王根石的祖父王国英（心斋）曾任广东转运使，为知名书法家。蕲水王氏之家世渊源由此可知。喻文鏊次孙鼎模之夫人即王根石之孙女、王寿榕之女。《考田诗话》已为张寅彭、蒋寅等学者所论及，并作为词条收入《清代学术辞典》，殊堪可贵。全书亦将收入《清诗话全编》，又将收入《喻文鏊集》，其价值将日益得到体现。《考田诗话》卷一论列作者的性灵诗论，及唐宋元各名家。自卷二起，多论湖北诗人及外省同时代之诗人，是一部较有特色的诗话。现今我们研究喻文鏊论述湖北诗人，亦从此书中而来。

先谈喻文鏊论前辈湖北诗人。

《考田诗话》卷一中有两条涉及清初诗人，一为杜濬，二为王渔洋。其中，杜濬为黄冈人，此则彰显杜濬之遗民诗人本色，不可不记。其文曰："杜于皇以胜国遗民流寓白门，龚芝麓宗伯招饮。演项羽故事，扮虞姬者固楚伶。坐客曰：'楚人演楚事，先生楚人，请以一语赠之。'遂提笔书绝句云：'年少当场秋思深，座中楚客最知音。八千子弟封侯去,唯有虞兮不负心。'语关名教,不得以骂坐少之。"此一杜茶村"骂座"龚鼎孳之故实,盖为杜濬对龚鼎孳出仕清朝的一种讽刺。喻文鏊认为有关名教,不能因"骂座"而降低对杜濬的评价。可见,喻文鏊很看重诗人的气节。

《考田诗话》卷八云:"国初,广济多诗人。刘醇骥,字千里;张仁熙,字长人;舒逢吉,字康伯;峻极,字渐鸿;王衍治,字恂度;金德嘉,字会公。皆工吟咏。有名杨晋,字子马,名逊之。余尝见其悲高山诗,雄伟悲壮。……诗云:"杀气障天天不雨,中原白昼驱豺虎。无赖少年好英武,拥尉登坛建旗鼓。""百金市马如人高,马上结束青丝绦。左右驰击双宝刀,搴旗斩将不足数。渺视秦寇同鸿毛,军中昨夜传飞箭。铁骑西来乱如霰,不闻犄角有何营。独引乡兵当一面,健儿身手等闲强。矢石未交先怯战,众寡相持大不如。支吾日久情形见,尉也胆气真绝人。夜叩罍门惟一身,归来笑掷人头卧。不知祸福如转轮,乱流马嘶侵晓渡。山高遥望宁知数,竹筒一吹已会围。塞断孤军归去路。此时拔剑怒冲冠,翻身上马据危鞍。黄巾赤眉有羽翼,有将无兵势难测。兜牟脱处战欲酣,靮带断时死不得。可怜壮士在垓心,援师望绝无消息。高牙大纛坐城中,薄禄微官死山侧。疆圉有事须将材,岂复下僚多屈仰。高山燐火绕忠魂,为尔悲歌泪沾臆。"杨晋的两首诗得因《考田诗话》而留存,研究广济文学者不可不关注。即以喻文鏊一句"国初,广济多诗人",研治清初湖北文学史者,亦不可不关注此现象。

除杜濬、杨晋外,喻文鏊还论述了晚明至乾隆以前的湖北诗人,如古渊(黄梅诗僧)、王启茂(天庚)、顾景星、释晦山(王瀚)、叶封(慕庐)、王泽宏(昊庐)、王材任(西涧)、陈大章(仲夔)、程光钜(蔚亭)、李冶人(本质)、程正揆(青溪道人)、夏力恕、田舜年、赵士泰(雪亭)、黄利通、刘醇骥、张仁熙、金德嘉、徐元象等,皆可补清代文学史之不足。

再谈喻文鏊论乾嘉时湖北诗人。

喻文鏊对乾嘉时湖北诗人的论说,对于研究乾嘉诗坛具有一定的学术价值,可以拓展今人的学术视野,还对书写湖北文学史有一定的启示意义。

《考田诗话》卷五第二则云:"吾楚近时称诗者,南樗野、彭栋塘、段寒香(嘉梅)、程拳时、吴鹤关、李立夫、胡晓山、李蓼滩。至于才高调逸,俊爽无前,最推白莼。……白莼豪于诗，又豪于游。盖其语有兴会，而助以山川奇伟之气。朱石君珪、毕弇山沅、胡牧亭绍鼎诸公，为其诗序推挹甚至。"从以上名单可以看出，乾隆前期诗坛能入喻文鏊法眼者，有近十人之多，可见皆为彪炳一世之名家。喻文鏊最推蒲圻张开东（白莼、白尊），《考田诗话》对张开东的赞赏比比皆是，如卷二云："楚人吟咏之富，无如蒲圻张白莼开东，天才敏赡，所历名胜，莫不有诗，当路贵人慕其名，争相接引，以故应酬牵率之作，亦所不免。诗逾万首，钟祥某，删存二千余首。余尝甄录其尤，亦四百余首，而其兴会所至，天然不可凑拍，但觉满纸性灵，一片天籁，有不可以绳尺拘者或以为谪仙人，或以为广大教主，无不可也。"卷六云："人每宽于论今，刻于论古，且喜信古人之知，由俗不长厚故也。朱文正公珪谓：'白尊独身，闲关载书数千卷，屈折走数万里，其爱古悱恻出于至诚，表章幽逸。尚论忠厚，至谓明妃必不二节，足征性情之挚。'……白尊坐只轮车，遍游五岳，北踰朔漠，东眺沧溟，宿蓬莱宫者四十日，客岱山之顶四越月而后下。毕秋帆中丞抚陕时，题'海岳游人'四字赠之。白尊因自署一帜竖于车上，夜度潼关……"喻文鏊对比他略早的张开东如许推崇，或许正由于张开东也是标举性灵的真性情诗人。无疑地，喻文鏊也是把张开东视作乾隆诗坛上的性灵诗人，可此人亦未与袁枚有何关联，也足以说明当时存在一个性灵诗潮，其内部具有一些复杂性，却未被今天的学者洞悉。

对于汉阳的彭栋塘，《考田诗话》卷二云："彭丈湘怀，字念堂，一字栋塘，亦汉阳人，事母孝。诗清和润泽，古文亦有家法。汉阳诗人自王孟谷戬后，无有与之齐轨者。"卷七云："栋塘丈诗境静穆。惜余所抄全编已失，兹检其吴越游览之作录之，以见豹斑。李客山果所谓'绪密而思，深辞微婉而不激者'也。"可见彭栋塘亦是湖北文坛大家。

卷二又云："应城程是庵先生大中，字拳时，乾隆丁丑进士。余十三岁见之于黄州先七伯父座上。学有根柢，古文出入于欧、曾，诗以清旷绝俗为工。如《对月》云：山寺月初出，窅然秋气深。空江明独鸟，落叶响疏林。群动有时息，故人同此心。何当具尊酒，乘兴坐梧阴。……皆能不坠王、孟宗风。"卷六云："江汉间近来称诗者，以冲澹为宗，精求五律，风旨几欲由昌谷、子业，上追青莲、摩诘、襄阳诸公。野园、林庵、白畦皆然，故其诗境超旷，脱去尘坱，皆程丈拳时启之也。今天门熊两溟,寄来《鹄山小隐诗集》,宗法大抵相同,而稍加矜炼,不落活套,七律并佳。"这两条充分指出了程大中在湖北诗坛的地位和重要性,喻文鏊同辈的大诗人傅野园、孙偕鹿(林庵)、谭蔚龄(白畦)皆为其及门弟子,程大中堪称一代宗师。

综观整部《考田诗话》,喻文鏊论列的乾隆年间湖北诗人有:陈诗、喻文鉴、南讷斋(豆塍,樗野之子)、南樗野(王泽宏外孙)、王根石、许秋岩(兆椿)、叶云素(继雯)、叶松亭、彭楝堂(湘怀)、程大中(拳时)、张开东(白莼)、傅野园(垣)、曙山上人(黄梅诗僧)、李竹溪、喻文璐、徐愈达、潘绍经、潘绍观、闵贞、喻钟、李小松(均简)、孙偕鹿、王銮(徒洲)、叶恩纶、傅均(成叔)、谭蔚龄(白畦)、熊两溟(士鹏)、李太初(元)、彭秋潭、李丈佐(螺峰)等三十余人。这些人应该是湖北乾嘉诗坛的风云人物,都值得今人研究。

除此之外,《考田诗话》还论列了大量外籍诗人,且主要为乾嘉诗坛名宿,如曹麟开(云澜)、赵伟堂(帅)、张云塍(凯)、王少林(嵩高)、吴森(云衣)、袁枚、王瑜(石华)、王岱(次岳)、陆飞(筱饮)、赵琴士(绍祖)、张道源(菊坡)、张道渥(水屋)、钱竹西、钱以垲(竹西祖父)、秦瀛、徐朗斋、沈德潜、丁珠(星树)、曾燠(宾谷)、赵翼、杨揆(荔裳)、方苞、法式善、杨芳灿(蓉裳)、顾敏恒、吴镇、吴梅村、翟晴江(灏)、李文藻、高密三李、张九钺、王芑孙(惕夫)等,亦多达三十余人,研治乾嘉诗史者可不关注乎?

作于 2016 年,喻文鏊逝世二百周年之时

《邓文滨集》前言

邓文滨及其所处的时代

邓文滨（1811—1893），字渭卿，号南阳布衣，湖北黄梅人，是晚清的一位不第秀才，后以增贡终老。如同当时大部分士子一样，邓文滨也是半生蹉跎于科考途中。道光十三年（1833），邓文滨与伯父邓士芹暨同邑世家子帅远燡（文毅）同补博士弟子员，时年二十二岁。后十八年乡试不第，咸丰辛亥科（1851）始被批中，恰遇当年"九月初三日正考官卒于闱，副考官始遗之"；己未科（1859）参与北闱顺天乡试时，题名时再次以额满见遗。此时邓文滨年近五旬，已是半百之身。

对于这段半生的科举经历，同邑进士帅培寅（畏斋）在《南阳布衣邓渭卿公传》中总结道："公讳文滨，字渭清，蕲黄之名宿也。幼颖慧，读书有神勇，于古今载籍，一经寓目，皆能甄差派系，探索本源。为文万言立就。年二十与家伯文毅公同补博士弟子员。以优行，后晋增广生。累应乡试，为南北主司所激赏，而辛亥、己未两科文艺尤为士林传诵。及下第时，人皆为扼腕。公转欣然，谓：'科名为利禄阶梯，余之志趣本不在是。今而后可以谢亲族矣！'遂弃去，专究心经世之学。"

同邑举人洪联芳亦在《醒睡录》序中云："先生为邑知名士，天才宿构，困诸生累年，值粤贼跳梁，郁郁适燕赵，战北闱，不捷。遂绝意进取，留心著作，以维风教而翼纲常。"

在这段"郁郁适燕赵"的人生经历中，邓文滨曾短期担任过候补詹事府主簿这样的虚衔，但不久亦失望而去。这似又与他的性格刚直有关。帅畏斋在《南阳布衣邓渭卿公传》中这样描写他的性格："公性抗直，笃于至行。生平喜游历，舟车南北，所至必交其贤豪英俊。然遇有言行不能相顾者，辄当面挥斥，不稍假易。以故海内外闻公名者，靡不争相接纳，思一见为幸。公之德量服人有如此者。"洪联芳在《醒睡录》序中也对邓文滨的性格、形象做过类似的描绘："芳耳其名最久，岁戊辰，始亲光霁，每谈事时，目如炬，声如洪钟，不作嗫嚅态，洵所谓铁中铮铮者。今览是图，意态宛然，而顾名思义，与易用晦而明之道，适有合焉；独清独醒，不意三闾氏犹在人间也。《离骚》而后，先生其嗣响乎？"

洪联芳是邓文滨的子侄辈，帅畏斋为其孙辈，可见自晚清以来，邓文滨不但在同辈，而且也在子孙辈中形成了一个刚正不阿、关切时事的民间士子形象。

邓文滨之所以由汲汲于仕途，一转为伤时骂世、愤世嫉俗，这与他所处的时代是密不可分的。邓文滨所成长的道光、咸丰年间，已是中国急剧走下坡路的时代。邓文滨的悲剧命运，表面是个人运气不好所致，更深层的原因是时代所致。在他的朋友中，即使有运气好、出身好的，最终也不幸成为时代的殉葬者。比如与他同一年中秀才的挚友帅远燡，他为嘉庆探花、浙江巡抚帅承瀛的长孙，自幼聪明，又出身显贵，二十成拔贡，二十四岁由道光帝亲赐举人，三十岁即中进士，同年曾国藩的另三位门生郭嵩焘、李鸿章、陈鼐一起高中，被时人誉为"丁未四君子"。咸丰初即位，太平军挥师长江，后帅远燡徒步到湖南力请曾国藩出山，自募千人投效，不幸于咸丰七年（1857）被石达开斩杀。邓文滨痛定思痛，为挚友写下挽联："白简奏彤廷，数千言字挟风霜，今日实践躬行，所谓不负吾君不负吾学；缟衣濡碧血，一个臣身骑箕尾，后人读书论世，如此可以教孝可以教忠。"（商宏志提供）然而，此时的邓文滨还未对清廷绝望，仍"郁郁适燕赵"，徘徊于京城，以图有所效力。

直至太平军"骚乱长江，梅土受害较邻邑为甚"，邓文滨才怀着满腔怒愤回到黄梅。帅畏斋在《南阳布衣邓渭卿公传》中说："公留心桑梓，不肯听其崩溃，因采古之兵法，建议修砦，与公之介弟达甫等创筑万家堡于邑西北大山中，垒石为城，诛茅为室，以杜皖赣游匪之后。"邓文滨的另一位挚友喻同模在《万家堡略》序中说："咸丰初，贼窜黄梅，寸土蹂躏。邓子渭卿与其兄弟居垄坪山中，出私山筑堡，曰万家堡。以号召一村一乡使各为其财谷妻孥守，而他乡村之愿附者听。于是一人之自为守，而不啻为一村一乡守，即邓氏兄弟之能为一村一乡守。而适所以自为守。负嵎乘势，力虽弱而强也；死生相依，情虽涣而聚也。使贼进无所掠，退无所据，坚壁清野之法莫善于此。"

万家堡既救了族人和家眷，又救了一批朋友，比如同邑同治元年（1862）进士梅雨田就曾携眷到万家堡避难，今留下石刻之避难诗："古芳（即梅雨田）携眷避乱处，渭卿（即邓文滨）摩崖万仞颠。清风明月联知己，终古两人互为缘。"保卫桑梓是邓文滨朴素的家国情怀，但他没有找到时代巨变的深层次原因，只能一味地痛骂太平军。回到黄梅后，邓文滨除了构筑万家堡，还开始了"维风教而翼纲常"的教化活动。他在五祖寺、老祖喷雪崖、南山南乌崖、西山碧玉流、万家堡火焰洞等处，留下了摩崖石刻大小共百余字。其中五祖寺的"福""德"二字为巨型石刻，约两米见方，至今为文人骚客流连之地。与此同时，邓文滨又催促时任知县覃瀚元纂修《黄梅县志》，并"助其编纂"，于是给后人留下了一部堪称"古代黄梅百科全书"的光绪丙子县志。帅畏斋赞曰："吾邑士民犹能擅研志乘，稽考文献者，要非公之幸劝不能得此。"

邓文滨著述颇富，除《醒睡录》外尚有《万家堡略》二卷、《余园古文》六卷、《南阳家言》一卷、《楹联触书》一卷、《示儿草》前后篇各两卷、《蚕桑辑要》两卷、《坚壁清野略》一卷、《平原堡基式》两卷、《水守事宜》一卷、《粤逆樜闻》四卷（以上书名均据商宏志兄文，采自黄梅邓氏宗谱），惜乎今已不存。即便是《醒睡录》已经出版的也只是初集十卷，其实尚有余集二十卷、续集八十卷，也已不存于世了。从留下的这些书名来看，在时代的激荡下，邓文滨也确实"遂弃去，专究心经世之学"了。

邓文滨生于嘉庆辛未年（1811年）五月二十日，殁于光绪十八年（1892）腊月二日晨，享年八十二岁。他的祖父邓朋是岁贡生，候补训导。父亲邓士藻也是岁贡生。二弟文焕同治元年（1862）中举，其他兄弟、子侄也多为秀才、贡生。他的家族是一个典型的下级科举世家。

《醒睡录》的价值与影响

《醒睡录》作为一部晚清的笔记体实录,具有极重要的史料价值,并在一定的历史时期产生过影响。这种影响还将继续扩大,它的价值正渐渐为人所知。其史料保存之功,不胜枚举。

首先,在《醒睡录》里可以找到大量村镇的名字,尤其是作者所在的黄梅的各村镇。邓文滨将目光投向了底层百姓,写出了他们在时代巨变中的困顿与苦痛。这在古代文人笔记中是极其罕见的。这是《醒睡录》作为一部文人笔记最闪光的地方,也与作者的底层乡绅身份相契合,因为他具备了与底层百姓接触的生活基础。

其次,《醒睡录》对于研究晚清历史尤其是太平天国史具有一定的史料价值。目前学术界在研究太平天国时,虽对《醒睡录》还不够重视,但亦有学者从中择取史料。邓文滨为一乡绅,曾筑万家堡以抵制太平军,在书中处处都称太平军为"粤逆",但他的记载却从另一个侧面为我们研究太平天国提供了一些史实。

如《哭不以济事》:"咸丰三年(1853)冬,粤逆由扬州两淮至大河南北,扰山东山西界,回窜天津卫,有窃窥宸垣意,炮声如雷,京师震动,都中大员家眷,及官绅商民,无不各鸟兽散。正阳门外,大市若荒郊,无人迹。时上初服,英武明断,召王公四辅六部九卿等会议,皆涕泣丧胆,眼眶肿若胡桃。上曰:'哭不足以济事,要备长策。'"结合太平天国史实,当为咸丰三年林凤祥、李开芳率军北伐一事。薛福成《庸庵笔记》中《讷相临洺关之败》也载:"仓皇失措,车驰卒奔,万余人溃散略尽。"从这些史料中,我们可以见出北伐之初的强劲锋芒。如果太平天国支持北伐,林凤祥等或不至于早早战死。太平天国建都南京后,是固守南京,还是挥师北伐,这一关键的决策,领导层内部没有达成一致,最终龟缩于南京,其日后的失败命运由此似可见一斑。

再如《卖脱父亲能抵课》:"吾乡自粤逆猖獗,贫民多挟贼凌富,而佃风大坏,舞弊名色多……是区区者能有几何? ……此种佃风,除山业外,阖邑皆然,而西北乡尤甚。西北之中，而金陵、元角、什村、茶儿等镇尤甚。"另一则笔记显示太平军驻守黄梅时，百姓皆抗缴租税，此一作风甚至延续至光绪初年（1875）。这种现象与太平天国颁布《天朝田亩制度》或有极大关系。《天朝田亩制度》提出"耕者有其田"，试图建立一个"有田同耕，有饭同食，有衣同穿，有钱同使，无处不均匀，无人不饱暖"的绝对平均主义的理想社会。从《醒睡录》反映的民间种种现象来看，太平天国提出的平分土地虽然并未实行，但自《天朝田亩制度》颁布以后，一些农民却夺得了部分土地，并敢于少交或不再向地主交粮纳租。

　　《醒睡录》中也有直接反映太平天国的史料。如有关太平天国的纪事诗《独秀峰壁题三十首》之后录有湘军大将李元度《招石逆降书四千言》一文。单从保存这一篇文章而言，就功莫大焉。何况此文对于研究石达开具有极大的价值。此文虽也曾在光绪十三年（1887）《金陵兵事汇略》（李圭著）中有所收录，但邓文滨的文本更翔实、可靠，且早于《金陵兵事汇略》二十年。邓文滨记录此招降书，离招降书的创作时间不到十年，更为接近历史现场。招降书内提到"天京事变"，清廷洞悉天国内讧，石达开出走，招降书就在此背景下应运而生。历史证明，石达开终究不为所动，体现了一代名将的风范。《招石逆降书》成为"天京事变"余波的重要证据，也成为太平天国史上一段重要的史料。如果没有《醒睡录》如此详细的记载，中国战争史上将少了这一份招降书。

　　再次，《醒睡录》具有一定的诗话特征，为我们研究文学史提供一些史料。比如，《霰雪》载："道光二十一年（1841）仲冬月初一至初十大雪十昼夜。先三日狂风暴烈，积霰五寸许，地面坚凝如铁。后七日，积雪厚者盈丈，浅亦五六尺，摧民房无算。间有存者，不得其门出入。缺薪菜盐米，缶釜皆凝裂粉碎，饿毙无算。邑万家山农夫李某亲迎与夫及新郎夫妇，雪拥宿于路。其父持火迎接，没雪中，逾数日，始寻其尸。城内罢市，邑令雇人挑挖，冰雪中尸骸枕藉，皆行人冻僵而自殒于雪中者也。邑孝廉蒋酉泉（恩澂）有《挑雪辞》数百言，辛酸令人不忍卒读。湖濱渡船，始为冰隔，继为雪拥，人遥望不能设法救解，冻饿压沉而死者，不知凡几。阅月余而冰雪始泮，鸟兽死者山积，一奇灾也。然自后屡得丰年。"文后即附黄梅举人蒋恩澂的长诗《挑雪辞》，其中有云："挑雪雪已冻，挖雪声砰轰。一儿忽叫呼，弃鉏走且奔。拉众前往视，鉏下雪深乃有冻死人。"

的确感人至深，不禁泪下。蒋恩瀡着有传世名作《青灯泪》，对吴宓、汤用彤影响很大，汤用彤自谓一家人皆可背诵。如若不是《醒睡录》记下《挑雪辞》，吾人更将何处找寻？

世人皆知一副名联："有志者，事竟成，破釜沉舟，百二秦关终属楚；苦心人，天不负，卧薪尝胆，三千越甲可吞吴。"它的作者是谁却说法不一，一般都公认为是蒲松龄所作。而《醒睡录》中《掇取科名要志坚》却说："吾邑前明孝廉胡寄垣初入学，试下等，愤甚，即登楼读书，不下梯者三年。自题云：'有志者，事竟成，破釜沉舟，百二秦关终属汉；苦心人，天不负，卧薪尝胆，三千越甲遂吞吴。'后数年遂中。楚北广济金会公嘉德居龙坪市，未第时，门前春联云：'龙坪千数家，富过我，穷莫过我；鹏程九万里，时让人，志不让人。'年六十，中会元，为名太史。"胡寄垣为明代人，而蒲松龄为清代人，如为胡寄垣所作，则肯定早于蒲松龄。这一则不经意的史料，又为我们解开名联的作者之谜。

如果要说《醒睡录》的影响，这里可举钱钟书曾引用该书为例。钱钟书在《谈艺录》中说："换句话说，他们用到 fleshy，bony（多肉的，多骨的）等等，都是指文章的变态说，不是指文章的常态说，不仅说文章有肉有骨，还说文章肉肥如豕或骨瘦如豺，不但是存在判断，并且是价值判断，是善恶美丑的批评，不是有无是非的描写。"然后，钱钟书在"骨瘦如豺"下自注道："依照《醒睡录》中故事，改柴作豺，与豕相配。"让人忍俊不禁。据查阅《醒睡录》，《有眼难分黑白地》一则当首即云："某中丞，年逾六旬瘦如豺，须髭旁出，若猫虎状。"可见钱钟书所引不假。另外，民国学者王伯祥在其所著《庋榢偶识》一书也对《醒睡录》进行了专文介绍。

《中国丛书综录》曾将《醒睡录》列于小说家类，认为它是一本清末传奇小说集，并称"是书分十卷，卷一为序文、题词、例言、总目等，卷二起为正文，分天地、世运、人事、人物、鬼神五类。……序文有同治七年（1868）自记，称本书系忆儿时所记可泣、可歌、可惊、可愕、可嬉笑怒骂、可痛哭太息之事而为"。可见在一些目录学著作里，也未将《醒睡录》遗漏。

从黄梅一邑的文献角度看，笔记体著作最富价值且负盛名的当属喻文鏊之《考田诗话》、邓文滨之《醒睡录》和喻血轮之《绮情楼杂记》。此三书皆能将时代与地域相结合,成为可读性极强的笔记体著作。

《醒睡录》的版本情况

《醒睡录》自问世以来,公开印行出版有四五次。按馆藏信息,初印本似为同治七年(1868)刻本,上海申报馆版。光绪初年(1875)仍由上海申报馆推出铅印仿聚珍版。目前在某旧书网查得两种申报馆本,一为"申报馆仿聚珍板印",一为"申报馆仿聚珍版式重印",此两种版本内文版式相同,均为一函六册十卷。入民国后,1935年大达图书供应社又推出新版,由周去病配以新式标点。1970年,台湾广文书局又将此书影印再版,使用的底本即为大达图书供应社版。综以上情况看来,《醒睡录》其实只有两种版本,一为晚清之申报馆本,一为民国之大达图书供应社版。

然而还有一点值得注意的是,《醒睡录》有作者自记作于同治七年(1868)夏,又有同邑举人洪联芳所作序言,据序言云"岁戊辰,始亲光霁","戊辰"当为同治七年(1868),而洪联芳则于同治六年(1867)中举。由此可以看出《醒睡录》初刻本不会早于同治七年(1868)。但据现存《醒睡录》却有几则提及光绪年间(1875—1908)之事,最晚至光绪七年(1882)。

如《迅雷频击天有眼》:"某县令署梅三年,倚当路声势,门丁用事,无政不苛。光绪六年(1881),邑东北乡,蛟水陡起,城地几成泽国。士民呈灾,视为儿戏。上岸天怒,雷击衙署者三,本官须发俱焚,蛟水甫退,虎入城市,闻者无不骇栗。"

再如《数月不毙地无皮》:"光绪六年(1881)冬,梅令某,江西万载人,贪酷异常,每听一狱,未运动者,两造皆责惩。士民有善辩者,令叱曰:'天下只有蛮官府,哪有蛮百姓?赶下去!'其子在侧云:'衙门八字开,有理无钱莫进来!'此语敢明目张胆言之,可想见矣。次年元旦,行香朝贺,某门斗家猪一口,奔随此公舆下,隶役叱逐不退,直入衙。饲猪者乞领,欲重罚,不果,竟宰之。阅数月,因前署某县得赃数千事觉,檄提甚急,遂自毙。忆咸丰初,莅梅者某,有猪随舆故事,后为邻匪戕,此公得保首领,亦幸矣哉!"

　　据笔者检索国家图书馆等各大图书馆的馆藏信息,确有"同治刻本",亦是一函六册,或为馆藏记录有误。据湛如渊题词提到"同治癸酉",即为同治十二年(1873),刘世德题词提到"乙亥",当为光绪元年(1875),李钟秀题词提到"丙子",当为光绪二年(1876),而申报亦于同治十一年(1872)才成立,以此观之,《醒睡录》似不可能在同治年间(1861—1875)刊印成书。笔者虽未曾亲见"同治刻本",但从以上史料来看,同治版或系馆藏信息记录有误。申报馆版自光绪以来至少梓行两次,则毫无疑问。

　　本书名为《邓文滨集》,以《醒睡录》为主体,集外收入邓文滨《挽帅逸斋联》及《黄梅邓氏宗谱》收录的序言、传记数篇(集外文字为挚友商宏志提供邓氏家谱而得),附录收入数篇有关邓文滨的文字,或对研究邓文滨有益。本书所收《醒睡录》以大达图书供应社版为底本,少量标点、字词显有讹误即予以改动,并改为繁体横排,个别人、事予以作注,其余一仍其旧。因才疏学浅,祈望方家指正为盼。

丙申年作于黄梅朗山轩

《喻血轮集》前言

· · ·

喻血轮与鸳鸯蝴蝶派

吾邑民国作家有三，若论影响之大，首推废名。在废名之前，还有一文学家即喻血轮。废名之后有剧作家刘任涛。此三人恰好代表民国三个时期的文学潮流，即喻血轮为民国初年（1912）的鸳鸯蝴蝶派作家，废名为二三十年代的新文学作家，而刘任涛则为四十年代的革命作家。

喻血轮比废名年长九岁，起步甚早。先是宣统年间就读黄州府中，受大哥喻的痴、宛思演、方觉慧、詹大悲、何亚新等人的影响，接触了革命思想。后宛思演变卖祖产，创办《汉口商务报》，作为革命团体群治学社的机关报，革命党人拥有机关报自此开始。喻圭田（喻血轮三叔）、邢伯谦、詹大悲，何海鸣、梅宝玑（喻血轮堂舅）、查光佛、刘复基等亦与其事。后《汉口商务报》被清廷查封，何海鸣、刘尧澄到黄梅拜见喻圭田、梅宝玑，商议继续办报，梅宝玑立即说服同邑富家子胡为霖投资办报。于是喻圭田、梅宝玑、胡为霖、詹大悲、何海鸣等办起《大江白话报》。《大江白话报》及其后身《大江报》是辛亥革命时期最有影响的报纸。喻血轮亦耳濡目染，以致革命爆发时，孤身前往武汉，投身学生军，成为辛亥革命的参与者。

民国二年（1913），《汉口中西报》成立，喻血轮与喻的痴、喻耕屑、聂醉仁、邓瘦秋等黄梅亲友暨贡少芹、何海鸣、管雪斋等担任主笔。不久，在李涵秋介绍下,贡少芹赴上海进步书局担任编辑。此时,喻血轮、何海鸣也开始动笔写作,跻身鸳鸯蝴蝶派。

何海鸣、喻血轮以辛亥志士的身份转而从事小说写作,表面看来殊不可解,但从他们的小说中可略窥一斑。以《蕙芳日记》而论,喻血轮把自己在辛亥革命失败后的失落、不满、痛苦,投射到闺阁女子的哀情里,体现了一个世家子弟在北洋军阀时代的落寞、伤感和彷徨。也说明他的精神思想日趋消沉,在时代的洪流中辨不清社会前进的方向,而未能参与即将到来的五四新文化运动。喻血轮也就此裹足不前,无论文学成就,还是个人思想都未能更进一步。何海鸣也是类似的情形,如严芙孙在何海鸣小传中写道:"自后息影燕京,专以小说自娱。"在鸳鸯蝴蝶派最鼎盛期,何海鸣成为一个比较核心的人物,而喻血轮则与这一派若即若离。当时,"鸳鸯蝴蝶派"一说尚未确立,喻血轮也未以此派自居。迨五四退潮以后,喻血轮渐渐不再写作,与此派再无瓜葛。

民国初年(1912),喻血轮出版了大量畅销言情小说,如《悲红悼翠录》(进步书局)、《情战》(进步书局)、《名花劫》(进步书局初版,同年中华书局再版)、《菊儿惨史》(进步书局)、《苦海鸳》(发表于《小说海》)、《生死情魔》(进步书局)、《双薄幸》(文明书局)、《西厢记演义》(世界书局)、《芸兰泪史》(清华书局)、《蕙芳秘密日记》(世界书局)、《林黛玉笔记》(世界书局)、《女学生日记》(广明书局)、《情海风波》(文明书局)、《惧内趣史》(大东书局)、《杏花春雨记》(文明书局)、《孤鸾遗恨》(与妻子喻玉铎合着,文明书局)等。这些书都广泛流传,一版再版。在魏绍昌所编的《鸳鸯蝴蝶派小说书目索引》里,"言情"项下,《悲红悼翠录》《情战》《名花劫》《林黛玉笔记》《双溺记》赫然在目。他的妻子喻玉铎(蓝玉莲)的《芸兰日记》也记录在案。需要说明的是,该索引还收录了张子和的《芸兰泪史》,据笔者买到此书,其实即喻血轮所著之《芸兰泪史》。

现在,我们从喻血轮的文字里几乎找不到任何关于鸳鸯蝴蝶派的记载,而鸳鸯蝴蝶派作家也很少提到喻血轮。我们只能从出版物的角度来揣测他们彼此之间的关联。比如,郑逸梅在《民国旧派文艺期刊丛话》里回忆说《小说海》:"短篇有……喻血轮《苦海鸳》、刘半农《女侦探》、徐卓呆《名马》、许廑父《娟娘》……"《小说海》创刊于1915年元旦,中国图书公司发行,编辑者黄山民,为早期鸳鸯蝴蝶派的发轫地之一,喻血轮的《苦海鸳》即发表于此,同刊作者皆一时之选。

又如,1915 年,喻血轮初入文坛是在进步书局出书,而进步书局由鸳鸯蝴蝶派文人王均卿(文濡)主持,由沈知方侄子沈骏声领导,喻血轮的前同事、好友贡少芹由李涵秋介绍在里面做编辑。或许,喻血轮与王均卿等联系,正是由贡少芹介绍。

再如,1918 年,喻血轮最重要的三部小说《蕙芳日记》《林黛玉笔记》《芸兰泪史》出版,其中《蕙芳日记》《林黛玉笔记》在世界书局,《芸兰泪史》在清华书局,而清华书局刚刚创办,其主事者即"哀情巨子"、最早的鸳鸯蝴蝶派作家徐枕亚。当时,清华书局作品不多,后来更是稀少,徐枕亚能够看重喻血轮的作品,只怕因二人文学趣味十分相投。喻血轮受徐枕亚影响亦未可知,两人共同开启了日记体小说创作的风气,几乎让哀情小说成了早期鸳鸯蝴蝶派的主流。

五四以后,喻血轮到上海担任《四民报》总编辑,总经理为林泽丰、史允之。据云创办之初的规模可与《申报》相抗衡,全国和上海的新闻都有报道。此时,在沈知方、沈骏声的支持下,大东书局于 1921 年创办《游戏世界》,由鸳鸯蝴蝶派代表人物周瘦鹃、赵苕狂主编。这时寓居上海的喻血轮在上面发表了若干小说,并设置"绮情楼杂记"专栏,作小说、奇闻连载,其中《忆凤楼情史》专门记述他的好友、鸳鸯蝴蝶派主要代表赵苕狂的感情经历。此可见"绮情楼杂记"得名之早。此后,喻血轮几无作品,而是投靠小学同学、时任国民革命军第三十七军政治部主任吴醒亚,充当他的秘书,从此参与了北伐工作,并在陈立夫的支持下,与吴醒亚、石信嘉等创办了《新京日报》(1931 年,《现代文学评论》曾发布文坛消息"冯文炳将来京",称废名即将到任《新京日报》副刊编辑。此或即废名与喻血轮有关系之间接证据。惟废名与喻血轮在黄梅故乡,两家距离只有数百米,二人是否相识无确证)。喻血轮自此彻底脱离文坛,转投宦海。但他的小说却一版再版,甚至到了三十年代后期,东北沦陷区伪满洲国的几家出版社还以康德年号出版了《林黛玉笔记》《芸兰日记》。而上海也出现大量冒名喻血轮,或将他的作品改名予以出版。如 1923 年上海世界书局出版《芸兰泪史》,版权页署名"湖北张子和"。再如,1929 年上海华新书局出版《江湖铁血记》

（两册），版权署名编辑者"倚情楼主喻血轮"，增批者"天笑"，似以擦边球的方式盗用喻血轮、包天笑之名。而他被鲁迅点名批评的《林黛玉笔记》，甚至还有书商改名为《恨海情天》出了盗版。可见，二三十年代，喻血轮虽不再从事创作，但他早年的英名、著作还在传播。

"夏双刃"在《民国以来旧派小说家点将录》一帖中，如是感叹喻血轮："可怜黛玉黄泉下，任他鲁迅评焦大。"并叙其生平、创作云："绮情生以林黛玉唯一知己自诩，目空贾宝玉之流。《林黛玉笔记》当时轰动三界，而周树人妒非之，直言看一页则不舒服小半天。渠不解风情，真焦大之语也。复有《芸兰泪史》《西厢记演义》等，皆本寨绝世武艺，舞于仙雾之间。其人出身黄梅文学世家，成名极早，盖开山功臣级。惜忽焉从政，不辞而别，待归来时，人面皆已替尽，是以不闻名之如是哉。"这是关于绮情楼主喻血轮作为一名鸳鸯蝴蝶派文学家的评论，虽简洁，亦甚中肯，点出了喻血轮为鸳鸯蝴蝶派的先驱，但其后与该派几无关系的客观事实。

对于早年的文学生涯，喻血轮在《沈知方与世界书局》中曾有过提及与回顾，他说："顾沈雄心勃勃，决非久于雌伏，因于民国六年（1917）在苏州组织学术研究会，由其侄骏声出面。骏声时方在沪经营大东书局，文艺界旧友甚多，乃约予及其他十余人至苏州，为学术研究会任事。既至苏，始知学术研究会，实一雏形书局编辑部，其工作为著作小说及注解旧书。沈生平读书无多，而独能透悉社会潮流及读者心理，经其计划编出之书，无不营销。予所著《芸兰日记》《林黛玉笔记》《蕙芳秘密日记》诸小说，即成于是时，一年中皆销至二十余版，其他各书，亦风行一时，当时系用广文书局名义出版，由大东书局代为发行。"从这一回顾来看，喻血轮离鸳鸯蝴蝶派核心最近的一次，也莫过于1917年前后参与书局编辑部工作。此时也正是喻血轮创作的鼎盛时期。

笔者也试图在《绮情楼杂记》中，仔细翻检他与鸳鸯蝴蝶派的关联，勉强沾边的除以上所引《沈知方与世界书局》一则之外，其余仅稍稍提到"海鸣以'衡阳孤雁'笔名，撰时评小说，尤有精彩"，以及还珠楼主、刘云若参与《天风报》。可见，喻血轮虽写下该派的名作《蕙芳日记》《林黛玉日记》《芸兰泪史》，也被后人视为鸳鸯蝴蝶派，但实与该派渊源不深，也侧面证明了鸳鸯蝴蝶派是一个松散的流派。

作为一名鸳鸯蝴蝶派小说家，也可以说是哀情小说大家的喻血轮，他的全部小说有十余种，不足百万字，但在鼎盛期不足十年的时光，写下这么多作品也不算少了。

喻血轮的发掘与研究

喻血轮是一位被遗忘的作家。无论在中国文学史，还是在他的故乡，他的名字都是陌生的，鲜有记载。幸运的是，喻血轮有一部附骥尾于《红楼梦》的《林黛玉日记》（又名《林黛玉笔记》），因之传于后世。连当时的鲁迅也曾注意到此书，虽然是持批评意见。1927年10月，鲁迅在《怎么写》一文（后收入《三闲集》）中说："我宁看《红楼梦》，却不愿看新出版的《林黛玉日记》，它一页能够使我不舒服小半天。"查《鲁迅全集》（1981年版），下注："《林黛玉日记》，一部假托《红楼梦》中人物林黛玉口吻的日记体小说，喻血轮作，内容庸俗拙劣，一九一八年上海广文书局出版。"2005年新版《鲁迅全集》也有注释，只是把"内容庸俗拙劣"一句删去。喻血轮之名反而因之被人所知，这真令人哭笑不得。《林黛玉笔记》作为喻血轮的传世之作，版本甚多。直至2007年，上海古籍出版社还推出了精美插图版。可以说，此书为喻血轮赢得了身后名。

五四新文化运动之后，喻血轮很少有新的创作，逐渐退出了文坛。然而，他的小说则一版再版，风行数十年，而且盗版多，甚至在伪满洲国、越南都有他的作品翻印。可见，在民国时期（1912—1949），由于封建礼教和包办婚姻并未得到根除，喻血轮的这些哀情小说依然拥有读者。1949年以后，很长一段时间内，喻血轮在内地仅再版了由他改写的《林黛玉日记》和《西厢记演义》（收入《中华善本珍藏文库》，2001年中国致公出版社出版），而个人独创的作品却从未一见。倒是在海峡彼岸的台湾，已经播迁过去的广文书局，将喻血轮的《名花劫》《西厢记演义》《蕙芳秘密日记》等于1980年影印再版（收入《中国近代小说史料汇编》）。与此同时，台湾启明书局和文海出版社还将《绮情楼杂记》多次出版。这为喻血轮在台湾赢得了身后名，也自然使得台湾有研究生以专题论文的形式研究他的哀情小说。

但就整体而言,喻血轮作品的传播与研究是没有真正开始的,其人也成了"文学史上的失踪者"。

笔者身为黄梅人,与喻血轮同乡,且立志研究黄梅文学史,于黄梅一中就读之时(约2002年),从一册《黄梅文史资料》中读到喻血轮的小传。虽仅为流于表面粗浅介绍,但这篇人物小传却开启了我决定发掘与研究喻血轮的大门,希望喻血轮能够重见天日。其至,这也开启了我对整个黄梅喻氏的研究,那时就想写《黄梅喻氏家传》《黄梅喻氏年谱》一类的著作。

任何一个文学家,举凡他的作品能够传世,总有一定的挖掘价值。本着这一点精神,我开始研究喻血轮。2005年至2006年,我先后写出《黄梅喻氏家族考略》《喻血轮和他的〈林黛玉日记〉》《再谈〈林黛玉日记〉的作者喻血轮及其家族》等文,先后在《藏书报》《书屋》《开卷》等报刊发表。其中,影响最大一篇是《喻血轮和他的〈林黛玉日记〉》,这篇文章也被中国人大复印资料存目,可见它的学术价值被得到认可。这也是第一篇喻血轮研究的文章,其意义不可小觑。

喻血轮的作品分为两类,一类具有文学价值的哀情小说,一类是具有史料价值的《绮情楼杂记》。就一般读者而言,史料的影响大于文本,于是我决定先整理出版《绮情楼杂记》。在整理过程中,我顺便写下《喻血轮年表》,把目前能够搜集到的喻血轮史料全部浓缩到这篇年表中。《喻血轮年表》收入了2011年版的节选本《绮情楼杂记》中,还发表于《黄冈师范学院学报》,并被人公布到了网上,成为读者了解喻血轮的第一手资料。《绮情楼杂记》出版后,反响不小,报刊和网络的宣传不少,关注喻血轮的研究者也越来越多。在这期间,为了坐实"辛亥报人"一说,我又到国家图书馆查阅数据,写下《喻血轮忆辛亥》一文,发表于《中国社科报》上。不少研究民国史的人,都从《绮情楼杂记》中获取史料。这本书为辛亥革命研究也提供了不少新史料,说明它的生命力所在。

喻血轮的哀情小说我早就搜到,并时时翻阅,在阅读中,我得出了一个认识:除了《林黛玉日记》和《西厢记演义》外,喻血轮个人独创的小说以《芸兰泪史》《芸兰日记》和《蕙芳日记》的成就为最高。可惜,这三种小说1949年后内地都没有再版,不能让读者领略他的才华。于是,我打算先整理出版这三种小说。

后来在蜜蜂书店的支持下,《芸兰日记》和《蕙芳日记》合订一册于2014年问世,由金城出版社出版。在这本书的封面上,印着"中国最早的日记体长篇小说"的字样,也有人质疑过。其实,需要解释的是,这样的说法是没有问题的。有人以徐枕亚的《雪鸿泪史》作为反证,但须知《雪鸿泪史》并未以日记命名,亦未按日记述,更非长篇小说。准确地说,中国第一部以日记命名的长篇日记体小说当非《蕙芳日记》莫属。这也是喻血轮对中国文学史所作出的贡献。

《绮情楼杂记》《芸兰日记》和《蕙芳日记》出版以后,喻血轮的作品整理算是告一段落,我也为之释怀。但《喻血轮全集》的种子早已埋进我的心间,不可能遽尔放弃。我在《蕙芳日记·芸兰日记》后记中曾说:"喻血轮非一凡人,他的才华涵盖小说、诗词、杂记、书法等诸多领域。我想,继《绮情楼杂记》和本书出版以后,假以时日肯定会有人出版《喻血轮全集》的。我将拭目以待!"我没想到,这个理想的实现会这么快就要到来。

关于《喻血轮集》

2016年春,华中师范大学出版社找到我,邀请我整理出版《荆楚文库·喻血轮集》,作品收录范围为1949年以前的全部作品。我欣然接受,并把足本《绮情楼杂记》一起整理,也打算在2017年于喻血轮逝世五十周年之际出版。《喻血轮集》收入了喻血轮创作于民国时期的能够找到的全部作品。《绮情楼杂记》为喻血轮在1949年以后创作的作品,不在《荆楚文库》的收录范围里。《喻血轮集》与足本《绮情楼杂记》合起来就十分接近《喻血轮全集》了。

《喻血轮集》分为上下两卷,上卷收入《悲红悼翠录》(1915)、《情战》(1916)、《名花劫》(1916)、《菊儿惨史》(1916)、《苦海鸳》(1917)、《生死情魔》(1917)、《双薄幸》(1917)、《西厢记演义》(1918)、《芸兰泪史》(1918),下卷收入《蕙芳日记》(1918)、《芸兰日记》(1918)、《林黛玉笔记》(1918)、《绮情楼杂记》(小说连载,1922年)、《情海风波》(1924)、《杏花春雨记》(1924)、《秋月独明室诗选》和集外文等。另附录收入《喻血轮年表》等相关数据,供研究者使用。

至于《女学生日记》(广明书局)、《情海风波》(文明书局)则为改名之作(即

《蕙芳日记》），一书两名而已，不必重复收入。《惧内趣史》（大东书局）则可能是托名之作。《孤鸾遗恨》为喻血轮原配蓝玉莲（笔名喻玉铎）之作品，由喻血轮润色完成。《芸兰日记》或亦为喻玉铎之作，由喻血轮批校，但喻血轮又曾在《沈知方与世界书局》中称："予所著《芸兰日记》《林黛玉笔记》《蕙芳秘密日记》诸小说，即成于是时，一年中皆销至二十余版，其他各书，亦风行一时。"由此可见，《芸兰日记》为喻血轮所作，或者与《孤鸾遗恨》的情形类似，为夫妇二人共同创作，于是本书亦行收入。

1922年，喻血轮曾在鸳鸯蝴蝶派重要阵地《游戏世界》（周瘦鹃、赵苕狂主编）连载短篇小说，以《绮情楼杂记》为专栏名称。于是，我将这些作品辑为《绮情楼杂记》收入下卷。读者请勿误会成晚年回忆性的《绮情楼杂记》。

喻血轮尚有古诗文集《秋月独明室诗文集》，惜乎无由得见。我于《绮情楼杂记》等处辑得数首，姑名为"秋月独明室诗选"，收入下卷。

鸳鸯蝴蝶派素为史家斥为中国文言小说之末流，喻血轮亦未能脱离时代局限，虽欲效仿《红楼梦》，却仅承其哀情遗绪，并未展示出广阔的社会现实，且对封建礼教的批判不够彻底，流露出自相矛盾、无能为力的思想特征。然而，喻血轮毕竟不同于该派之文字游戏者，他由辛亥志士一转为哀情小说家，辛亥革命失败后的悲观情绪于小说中一览无余，盖借主人公之哀情一浇心中之块垒也。喻血轮对自由爱情的憧憬，对包办婚姻的揭露，提高了小说的思想高度。也正因此，喻血轮的作品在民初小说中，无论思想内涵，还是文字造诣，均可称上品，依然有一定的传世价值。喻血轮亦堪称"哀情巨子"。

喻血轮创作哀情小说除了因辛亥革命失败之痛外，还与他跟原配蓝玉莲的爱情和婚姻有关。《苦海鸳》是一篇自传体小说，甚至可以说基本是符合事实的，连小说中的人名都未改。这篇小说忠实记录了喻血轮与蓝玉莲从自由恋爱到结婚的艰难过程，连对他的人生具有牵引作用的大哥喻的痴起初都极力反对。蓝玉莲未过门时，抱着病重的躯体，到喻家疗养，喻血轮的叔叔喻肖畦（圭田）身为黄梅名医，以不合礼数为由见死不救，多赖舅舅梅东举（即小说里的"东公"）数次救治方得以痊愈。在《苦海鸳》里，喻血轮亦调侃喻肖畦、梅东举误诊，难免有庸医之诮。喻血轮爱妻如是，竟公然在小说中不尊舅叔，由此可见喻血轮的抗争有多激烈了。或许也只有喻血轮这样的痴情才子，才能救蓝玉莲于水火之中，二人终成眷属。正是因为喻血轮的这段爱情与婚姻经历，让他深刻地感受到封建礼教和包办婚姻对自由爱情的摧残。可惜，在喻血轮其他小说里，没有一个男子能够像喻血轮夫妇一样抗争到底，最终女主人公以香消玉殒告终。我们也只能哀其不幸、怒其不争了。不过，与其说喻血轮小说里的男主人公懦弱无能，毋宁说他们早已被封建礼教阉割掉了抗争精神。

本书以民国原刊本为底本，严格按照原书点校。如发现原书有误，即予以改正，并做注说明原文为何。在整理过程中，内子张红多有帮助。她在双女入睡之后，承担了本书上卷九种小说及下卷中《绮情楼杂记》的初步整理工作，我再予以校点。可以说如果没有她的参与，我是不能按时交稿的。在此谨致谢意。

如有不当之处，祈望方家教我，尤其是本书的阙如之处，更望海内外学者加以补全。2017 年为喻血轮逝世五十周年，足本《绮情楼杂记》和《喻血轮集》都将出版，这是对喻血轮最好的纪念。《喻血轮全集》亦离我们更近，我对此饱含信心！

2017 年 3 月 27 日

我与黄梅喻氏研究

带着学术假设到武汉

少时喜阅《黄梅县志》，对于喻氏文人格外关注。及至上了黄梅一中，又搜集了不少黄梅文史资料，从而对喻血轮极感兴趣。忽有一天，脑海里心生一个念头，乾隆年间的文学家喻文鏊是不是民国报人喻血轮的先人呢？我先主观上假定是的，然后去找材料证实。我带着这个学术假设到武汉上大学。

2003年的秋天，我在省出版城读到《中国文化世家》，其中的荆楚卷收录了研究黄梅喻氏的一篇文章。这篇文章堪称研究黄梅喻氏的开山之作。十年后，我才知道作者卢世华也是我们黄梅人，当时他还只是研究生，现在我们已经是学友。不过，后来又发现罗福惠作于二十世纪九十年代初的一篇研究喻文鏊的专论，恐怕这才是1949年后第一篇研究喻文鏊的学术文章，但没涉及整个喻氏。

卢世华的文章将我带进了黄梅喻氏的迷人世界。这时，我又想起"喻文鏊是喻血轮的先人"这个学术假设。从这个假设开始，我彻底进入研究黄梅喻氏的迷宫而不能自拔。我沉迷于研究黄梅喻氏，比研究废名持续的时间还长，用的心血还多，可惜因为古典文学和家族文化已经在现代社会找不到"市场"，吃力不讨好，花费了时间、精力和金钱，却难以出成果。然而，我始终没有放弃。由于我2003年曾在黄梅一中网站发布关于黄梅喻氏的帖子，喻峰找到了我，才知道他是喻血钟的孙子（喻的痴、喻血轮的侄孙）。经过他提供联系方式，我先后与喻本伐、喻弗河取得联系，最后与喻本力保持密切交往。起初，这些喻氏族人对家世了解不多，且对外人持有某种程度的戒心，或不愿意将家史告诉外人，我没有获得多少支持（只有当时年近八十的喻弗河老人，还到网吧跟我通邮件，表示也想搞清楚家史）。但经过我当时搜集的资料，终于写出《黄梅喻氏家族考略》，发表在黄梅当地的报纸上。这篇文章在卢世华的基础上，将黄梅文化世家由六代打通至十代，第一次理顺了清初至民国的黄梅喻氏的流变发展过程。它在武汉和黄梅的喻氏后人里产生了影响，不少喻氏后人表示春节聚会的时候，大家都拿着这篇文章品头论足，甚至一些人表示了愧意。其中喻本力先生表示了一定的兴趣，于是开启了我们长达十年的交往。2006年，我又写出了第一篇喻血轮研究的文章《喻血轮和他的〈林黛玉笔记〉》，发表在当年的《书屋》杂志上，后来还被人大复印资料存目。这时的喻血轮才开始进入学界的视野，我也由此结识了喻氏研究专家喻几凡教授，从而知道他首倡"黄梅文派"，这个文学流派的代表人物则是喻化鹄、喻文鳌、喻元鸿和喻同模等。

从2006年至2008年，我与喻本力相互支持，互通有无，长期从事喻氏文献的搜集与整理工作。2008年初，终于在他的支持下，我写出了更大篇幅的《黄梅喻氏家传》。在黄梅喻氏的研究史上，《黄梅喻氏家传》具有标志性的意义，它既是对数百年黄梅喻氏家族史的一个总结，又为让更多人加入黄梅喻氏的研究提供了可能性。也正是这篇文章首度揭开了吴仪的籍贯之谜，后来《长江日报》还就此采访了我，从此吴仪的身世大白于世。

遇到"战友"商宏志

2008年，《黄梅喻氏家传》我只发给喻氏后人阅读，其中包括最初的搭桥人喻峰。他把这篇文章放到了网上。后来不知被谁转发到网上，引起了一些人关注。其中最倾心的便是网友"风草堂"。2009年，他在黄梅乱石塔网站转载了《黄梅喻氏家传》，但由于没有署名，只是文中提到我的名字，引起了我的反感。我跟商兄是不打不相识，没想到我们后来成为一起研究黄梅喻氏的"战友"。大约从那时起，他也开始搜集有关黄梅喻氏的史料。

2009 年,在台湾学者蔡登山的帮助下,我获得了喻血轮《绮情楼杂记》的全本,并找到了出版机会,终于在 2011 年 1 月出版了它的删节本。在这前后,我又先后写出了《再谈〈林黛玉笔记〉及其作者》《〈林黛玉笔记〉的作者喻血轮及其家族》,以及专为《绮情楼杂记》撰写的编后记和《喻血轮年表》等文章。《绮情楼杂记》出版后,我又撰写了《喻血轮忆辛亥》《关于喻血轮》,发表于《中国社科报》《博览群书》。

2011 年,喻血轮终于被揭开神秘的面纱,重新走到了世人面前,越来越多的人开始关注、评说喻血轮。2012 至 2013 年,我又利用闲暇时间整理了喻血轮夫妇的《蕙芳日记·芸兰日记》,并于 2014 年夏出版,进一步扩大了喻血轮的影响力。喻本力对此书出版十分感激,连连说道:"该书能再度问世,全靠你一己之力!装帧十分精美、漂亮,得好好谢谢你!"这是喻氏后人给我最大的鼓舞。

就在 2011 年春夏间,黄梅喻氏研究开始进入了一个新的发展阶段。那时,商宏志兄告诉我,他在黄梅旧书店买到民国的黄梅喻氏家谱。这个发现,对于黄梅喻氏研究具有"划时代"的意义。此后,越来越多的人开始关注黄梅喻氏,最终形成了重修黄梅喻氏家谱的局面。这时,我又与东南大学喻学才教授取得联系,他写过研究喻元鸿教育思想的文章,还无偿地将他整理的《喻氏艺文志》中的黄梅喻氏文献发给了我。他的校点工作,触动了我,让我再度萌生整理出版喻氏文献的想法。

《喻文鏊集》的整理

2011 年,我借助在京工作的便利,经常到国家图书馆翻阅黄梅地方古籍,包括喻文鏊的《考田诗话》《红蕉山馆诗钞》等,也帮一些地方人士复印了资料,可是我大都没有整理出电子版。当时,我频频将我在国家图书馆的发现告诉喻本力、商宏志,大家都有些怦然心动,毕竟以前大都是借助二手资料搞研究,还从未真正见过原书。一个偶然的事件促成了我们三位下定决心整理喻文鏊的著作。2013 年冬,商宏志告诉我在黄梅民间发现了《考田诗话》残本。这个消息让我怔住了好久!于是我赶紧动手,在国家图书馆复印了《考田诗话》,又于 2014 年春复印了《红蕉山馆诗钞》,并与喻本力、商宏志相约一起整理。其中，喻本力先生作为喻文鏊的直系后人，出力尤多，《红蕉山馆诗钞》的初次整理本大多出于他一人之手，我与商兄主要是做了一些校对工作。《考田诗话》初稿则由喻本力和商兄分头整理而成，我全盘校对一遍，予以重新断读。后又听商兄说邀请胡越老人通校了一遍。

2016 年是喻文鏊逝世二百周年的日子，我们仨都希望这一年顺利出版《喻文鏊集》，于是快马加鞭地往前赶。喻本力先生在这最后一年多时间里，尤其让我们动容。先前他整理家藏的《汉口中西报》，后又整理商兄发给他的民国版黄梅喻氏家谱，虽然辛苦，倒也不紧不慢。但现在整理喻文鏊的著作，他拿出了我们年轻人都没有的勇气，真是拼了老命。我时常感到不安。2015 年 3 月11 日下午 4 点多，他把大致整理好的《红蕉山馆诗钞》电子版发给我。遽料一周多后，竟然听闻他仙逝的消息。每每我打开我们的聊天记录，看到最后一次竟然是他发给我《红蕉山馆诗钞》电子版，我几乎感动得要落泪了！难道这是他预感时日无多，将这份初稿给我吗？

这两年，为了出版喻文鏊的著作，我几乎动用了所有的出版资源，所询问的出版社或出版公司至少五家。虽然都是好友，但都因为市场的原因，不能出版。其实，我自己也是知道的，这几乎是不可能的事情，只能走自费一条路。我从事出版多年，个人著作也有十种了，主编的图书则有数百种，但从未自费出过书，但面对这样一本古籍，真是无能为力。但我深深知道，喻文鏊是黄梅古代文人中最杰出的代表，也是湖北乾嘉文坛的领袖之一，出版他的诗文可以起到抛砖引玉的作用，激发更多的学者关注地方文化。

正当愁眉苦展之际，"柳暗花明又一村"。今年开春，华中师范大学出版社的冯会平老师找到我，请我校点《喻血轮集》，这是荆楚文库之一。在不断地交流和接触中，我跟荆楚文库的领导也取得了联系，我把出版整个黄梅喻氏作品集构想拿出来，得到了他们的支持。就这样，在《喻血轮集》之后，《喻文鏊集》等又提上了日程。

黄梅喻氏著作不仅是重要的地方古籍，也是湖北乃至全国的学术文化宝藏。黄梅喻氏自明中叶起家，晚明发迹，至清中叶而鼎盛，代不乏人，著作如林，泽被后世，这种家族精神代表了优秀、先进的中国文化。我想，这是我们今天研究喻氏的一个最朴素的理由。

守本真心

　　我是一个有着深重的历史情结的人,甚至对许多细枝末节的小事也能熟记于心。这一切可能源自我少时的经历。童年,是一个人的人生起点,一个人的精神家园。少时的所见所闻,所读所悟,对一个人影响至深。后来,我从事童书出版工作,从事文学史研究,都与这个密切相关。一切都是为了追求一个"真"字,也希望影响更多的有缘人,让他们也保住"本真心"。

　　我的家乡黄梅是中国禅宗发源地,中国禅宗的创始人便是五祖弘忍。他说过一句话,"守本真心"。中学时代的我,因为翻阅《五祖寺志》,而接触了一些佛经,对"守本真心"这句话大有触动。文人学者求真相,科学家求真理,都是为了一个"真"字。若要求真,皆须"守本真心"。这句话,一直在教诲着我。

　　高二时,我开始接触佛经。或许由于高考的压力,理科读不进去,名次越来越靠后,我有一沉再沉之感,于是读了郁达夫的《沉沦》等作品,感觉十分对我的胃口。从郁达夫的文字里,我体味出一种浑浊却又不失追求清醒的挣扎精神。那时,我觉得郁达夫最合我的脾性。后来我终于从理科班转入文科班,但一种幻灭感从未消失。这时,我接触到了五祖弘忍、六祖慧能的一些作品。他们提出的"明心见性""守本真心""见性成佛"等观点影响了我。从那时起,我就固执地认为,我应该成为一名读书人,而不是追求分数的考生。那一时期,我经历了阅读何其芳、郁达夫、废名和佛经的过程,它们所对应的关键词应该是梦想、沉沦、童真和佛心。经过三年,我完成了从天真的少年到手执佛经的书生的转变。《最上乘论》和《坛经》成为我的必读书,潜心探究之后,我甚至经常不由自主地在玻璃窗上手书"佛"字而去,留给同学的是一脸诧异,乃至笑声。

　　十多年过去了,回首前尘,很庆幸我较早地发现了自我,知道我是什么样的人,适合做什么,应该做什么,于是一头扎进去,再没有任何人和事能够左右我的选择。一个十八岁的少年,能够不随波逐流,拥有了无比强大的内心,这一切都源自我读了《最上乘论》和《坛经》。因此,我郑重向有缘人推荐这两部书,尤其是《坛经》。

在《开卷书坊》第七辑座谈会上的发言

关于民间读书人

一个人在成长的过程中,遇到什么人,读过什么书,对他的人生走向起着十分重要的作用。我成为一个读书人,传统意义上的读书人,大概是在我的高中时代。当时,我就已经基本放弃了高考,以纯粹的阅读为目的,开始行走于黄梅县城的书店、书摊,搜集了不少闲书。比如李健吾的《咀华集》、朱光潜的《谈读书》等。上大学以后,这种生活状态没有改变。总之,书是我的精神家园,书店是我长期徘徊之所。

然而我并非没有困惑。在很长一段时间内,我发现自己不能进行文学创作,也写不出学院派的论文。我所能写的是随笔,是书话。当然在很长一段时间内,我甚至不知道我写的是随笔,是书话。我爱读废名,爱读止庵,爱读黄裳,爱读周作人,爱读孙犁……但周围找不到我这样的人,甚至写作的朋友也不写这类文字。我在想,世上有我这样的人吗?

庆幸的是,我赶上了网络时代。论坛成为一个交友平台,诸多的网站仿佛成了"星际平台",通过它们,地球人找到了"外星人",原来真有跟自己一样的读书人。2006年初夏,我在论坛通过阿滢先生联系上了董宁文老师和《开卷》。2006年6月,《开卷》第六期发表我的《读书人的精神家园》一文。这篇文章原是评价阿滢先生的《寻找精神家园》,现在回想起来,我觉得"读书人的精神家园"也指的是《开卷》。董先生则是家园的守护者。

通过《开卷》，我认识了很多跟我类似的书友，他们成了我的良师益友。十多年前，我曾提出民间读书人的概念，并以民间读书人自居。在《开卷》八周年的时候，我写过一篇《读〈开卷〉，说民刊》的文章，集中表达了我对民间读书人和民刊的意见。

我认为民间的读书态度，首先是对文化保持一份敬畏之心。其次，"民间读书"应是建立在个人兴趣和爱好的基础上。第三，"民间读书人"也应有一种学术担当的精神。敢于在自己爱好的某一个领域深钻，提出一己之见，做出自己的学术文化贡献。其实，还应该加上一点，即读书是一种生活方式。这是民间读书人最本质的特征。我想以"启蒙精神""文人气""学术味"三点来概括《开卷》的定位与追求，这也正是民间读书人的精神追求。

民间读书人的阅读与写作，不为名利，不为职称，不为地位，也不为金钱，是真正的阅读与写作，有着古代士人精神。无论从生活方式，还是从精神命脉来看，今天的民间读书人都是古代士人的孑遗。

关于我的《文人感旧录》

2014年，我三十而立，于是张罗出版《而立小集》，原由蜜蜂书店出版。本已排版制作好，后因蜜蜂书店经营问题，没有付印。这本书的序言作者是我敬佩的羽戈兄，他之前还为《绮情楼杂记》作序，赢得董桥赞誉。这本书直到2015年，我自印了八十册，分赠师友。羽戈兄在网上贴出序文，引起福建教育出版社徐建新兄的注意，他有心促成《而立小集》出版。不过根据他的要求，撤换了一部分文章，只用偏重史料的文章，并将书名改为《大时代的小人物》。本已签约，可惜两年过去未能问世。徐兄只好让我另出，或者他自知将去职，更不会有人接手。果真，今年春，徐兄已经离开福建，到了上海工作。这是这本小书的前缘。

最后，我想到了董宁文老师。有一本小书纳入《开卷书坊》，是我的一个小小梦想。作为《开卷》读者和作者，已经十二年了，也在《开卷》发表了二三十篇文章,这是《开卷》对我的栽培。现在,能有一本集子纳入《开卷书坊》,更是《开卷》和董老师对我的厚爱。这种书缘,已经是我的生命的一分子,我想这是毕生值得珍视的！我在后记中说:"在《废名先生》和《梅光迪年谱初稿》等专书之外,我的作品主要是《文学史上的失踪者》和这本《文人感旧录》,说它是《文学史上的失踪者》的姊妹篇亦无不可。新书名是子聪先生定的,我十分喜欢,比《文学史上的失踪者》少却一分庄严,但从文字的史料价值看,又是同等重要的,希望读者不要误会,以为这只是我的边角料。"

《文学史上的失踪者》出版以后,我在北京又写了不少新作,却未入集。编选《而立小集》和《大时代的小人物》时,就专门收入了这些新作。至于旧作,大都是没有收入《文学史上的失踪者》的。而我十年前出版的第一本书《现代文学史料探微》已难得一见,旧作主要取自这里。这么看来,这本新旧参半的《文人感旧录》,真的可以称作《文学史上的失踪者》的姊妹篇了。不想看专著,但又想集中了解我的现代文学研究的读者,看看这两部书就差不多了。

《文人感旧录》里的文章,其写法大体是陈子善式。不是论文,也很难说是书话,以史料钩沉为主,从一本书,甚至一篇文章,一封信,或者一件小事,反映旧时人物的风范。这种文章往往切入口小,且多关注一般人没有注意到的小角落,却又能小中见大,言之有物,余味悠长。陈子善式的文章,不以文笔取胜,不彰显收藏价值,也不是学术论文,却又好像三者的味道兼而有之。即讲究文字、立足史料,却还有一点学术追求。古人说的辞章、考据、义理具在。很难归入随笔性的书话,也很难归入学术性的论文,是一种介于书话和论文之间的综合性文体。

2018 年 8 月 18 日

地名文化是一面文化自信的旗帜

——在《黄梅县地名志》专家评审会上的发言

党的十八大以来，习近平总书记围绕"文化自信"作出一系列重要论述，强调坚定中国特色社会主义道路自信、理论自信、制度自信、文化自信，说到底是要坚定文化自信，并指出文化自信是更基础、更广泛、更深厚的自信，是更基本、更深沉、更持久的力量。

怎样做到坚定文化自信，文化自信是不是离普通公民很遥远，是不是只有文化学者才有资格谈文化自信？在我看来，文化自信包括文化风俗、文化自尊和文化信仰三个层次。每一个族群，都有自己长期以来形成的生活习惯、历史传说、文化习俗。对这种习惯、习俗的坚持，渴望得到不同族群的尊重和理解，就形成了文化自尊。文化自尊，不是一个族群的画地为牢、故步自封，而是在长期的文化交流中，更加深刻、清晰地认识到自己的个性、特性，对于它的优点予以发扬光大，对于不足和缺陷予以修正。文化自尊成为一种坚固的力量之后，经过不断地传承，成为族群里每一个个体的文化信仰。当人人树立了文化信仰，便成就了文化自信。

前不久，我写了一篇文章，叫作《守住乡土文化之根脉》，其中说道："我的家乡黄梅，是一个与禅宗、黄梅戏、挑花艺术等文化紧密相连的地方。盛唐时期，它是中国的思想中心，是王维等大诗人的精神向往之地，'黄梅'成为唐诗里一颗耀眼璀璨的明珠，为千万人吟咏。此后一千三百年黄梅佛教史，也是历代黄梅人不断修炼的历史，深深影响了黄梅人的思想和性格。晚近数百年，勤劳、朴素、聪慧、灵巧的黄梅人，又创造了黄梅戏、黄梅挑花两种人民的艺术。这两种艺术，深深影响了黄梅人的情趣和审美。……黄梅，是一个有着巨大文化含量的词语。"古代黄梅人民，创造了伟大、灿烂、光辉的黄梅文化，让黄梅这个词语熠熠生辉，让当代每一个黄梅人为之自豪、为之骄傲，从心底涌现出继续奋斗、继续革新、继续创造的精神力量。什么是文化自信，这就是文化自信。

做好乡土文化的研究、继承和宣传工作，是重建文化自信的题中应有之义。民国思想家梅光迪曾说："每念乡贤，不觉神驰。予常谓爱人类必先爱国，爱国必先爱乡，爱乡必先爱家，爱家必先爱身。由小及大，由近及远，而后一事乃有所着手。"古代知识分子总在名字前加上籍贯，如漫画家丰子恺，刻章叫"石门丰氏"，石门不过他出生的小镇。熊十力给废名的父亲冯楚池作墓志铭，写作《黄梅冯府君墓志》，落款作"黄冈熊十力"。黄梅籍嘉庆举人蒋镛，曾在台湾担任澎湖通判多年，去任后台湾人祀于文石书院，直至民国年间（1912—1949）。连横在《台湾通史》中称其为"蒋黄梅"。禅宗五祖弘忍是黄梅人，当时人以"黄梅"称之，王维作《黄梅出山图》，即五祖与六祖影像。清代文学家喻文鏊，热爱乡土，吟咏黄梅山水，在乾嘉诗坛大放异彩，汉阳叶云素为画《黄梅出山图》，亦称其为"黄梅"。一个人应以自己的家乡为荣，如他做了好事，外地人对他的家乡也会肃然起敬，甚至以家乡为之敬称。这就是文化自信的魅力。

要坚定文化自信，首先要做到文化自知。如果不了解自己的文化，尤其不了解乡土文化，容易陷入文化自卑、崇洋媚外或者盲目自大的境地，长此以往，必将形成文化断层，陷入麻木而不自知。

以黄梅的地名文化为例，我就曾生发出许多感慨。唐代邑人李批是一代文宗，历代黄梅人追慕不已。喻文鏊曾凭吊李批故宅，作诗《访麻林洼李批宅遗址》："昌黎不出谁返醇，我模其文重其人……庐山碑字缩龙蛇，至今人吊麻林洼。"今天却无从探寻。喻文鏊逝世亦仅两百年，墓地在考田山太平庄，民国年间（1912—1949）他的子孙肯定年年祭扫，但今天的喻氏子孙却不知太平庄所在。

韩愈在《曹成王碑》说："舰步二万人，以与贼遌，嘬锋蔡山，蹄之，刬薙之黄梅，大鞣长平。"这是讲唐代淮西节度使李希烈僭越称帝，屯兵蔡山，后被曹王李皋击败的一段史实,史称"蔡山之战"。蔡山之战是平叛李希烈的转折点,不久李希烈兵败被杀。蔡山之战是关系到大唐王朝政治安全的一大军事行动,也是中国军事史上的一次重大战役。但长期以来,人们对韩愈说的"大鞔长平"的"长平"所指何处并不清楚。喻文鏊在《考田诗话》中说:"《舆地碑目》:'《曹成王出师碑》,戴叔伦撰,在黄梅众造寺中,不著书人名氏。'《宝刻丛编》:'《江西节度出师记碑》,戴叔伦撰、邓宴书,建中四年三月十四日立。'皋时迁御史大夫,授节江西,而奉遣为先锋,收黄梅、次长平、拔蔡山,遂下蕲州,……长平,地名不详何处,俟再考。"为了纪念蔡山之战的丰功伟绩,唐王朝在黄梅众造寺树立了《曹成王出师碑》,由著名诗人戴叔伦撰写。韩愈和戴叔伦的曹成王碑文,为历代黄梅人传诵,也引起了黄梅文人考证"长平"的兴趣。喻文鏊没有来得及考证出来,比他稍晚的黄梅道光举人余锡椿专门写成了一篇《记长平》的文章,指出长平即黄梅元角镇长平村。后来余锡椿又撰写了《黄梅兵事考》一书,体现了黄梅在中国军事史上的地位。然而,过了一百多年,我们现在很难指出大河镇(元角镇为今大河镇一部分)哪里是长平村(我猜测大概是大河镇义丰村一带)。原本古人千辛万苦考证清楚的历史,因为地名变更,又蒙上了重重迷雾。

我所举的几个例子,无非是说明地名文化是乡土文化的重要组成部分,如果没有对地名文化进行系统地、科学地挖掘和考察,作为文化基因保存和传承下去,我们将哪里有历史,没有历史,何谈文化自信的重建?

黄梅县政府重修《黄梅县地名志》既是编修地方志工作的需要,更是响应国家重建文化自信的内在要求。全书体例严格,内容翔实,可圈可点,是一部黄梅地名的大百科全书,具体编校意见已在送审稿中圈出,以下是我的几点个人想法,谨供参考:

一、黄梅地名大事记及体例问题。黄梅大事记应该体现历史大事件、重要名人出生于某地、重要官员到任。如新发现的《唐故隋黄梅县尉韩政墓志铭》《唐立山郡司马权知军州事清河崔公墓志铭并序》等,让我知道黄梅建县不久,县尉为韩政。著名诗人崔融玄孙崔师蒙初入仕曾担任黄梅县尉,元代以前,史料匮乏,只言片语,均弥足珍贵,理当收入。另,体例上建议孔垄、小池放入下卷,柳林、杉木、苦竹等放入上卷,整体实现上卷上乡,下卷下乡。艺文部门不宜单独成篇,宜作附录。另应制订《黄梅古今地名对照表》《消失地名名录》《地名索引》等附件。

二、材料来自家谱的宜慎重。家谱是私修,县志是官修。私修难免夸大其词,且无根据,多系传说。如第一页,讲秦末於安避战乱落籍黄梅,始有於家楼村落。431 页许月塘村,说许姓祖先于东汉时期避战乱迁入黄梅,故得名。我对此深表怀疑。黄梅最古之姓梅姓,周代初年迁入,但今天的梅姓最早也是宋末迁入的,虽然宋代梅姓也是周代梅姓后裔,但两者中间隔了两千年,所以不敢说自己三千年不挪窝。黄梅於姓、许姓历经两千年不挪窝,可能性也不大。从整个国家来看,现在很少有中古以前迁入某地,两千年不挪地方的。一般以唐朝为最古。近古一千年,相对稳定,是可信的。现今黄梅人,70%也是近古元明清三朝迁入的。官修志书在采纳家谱传说时,宜慎重,可加据说云云。有些加据说也不妥当,如村名介绍经常提及村里某某中进士、中举人,如冯举人墩、陈旗屋、什么旗杆一类,一定要核查历代科举表,如无此人,只能作当地误传、戏称。

三、黄梅地名志应采纳黄梅姓氏志、黄梅名人录等名人信息。自古有所谓“人杰地灵”,弘扬地名文化,也是弘扬人杰。人杰与地灵密不可分。《黄梅姓氏志》已出版,但好多未指出名人为某村人,大多数只到乡镇为止。《黄梅地名志》已经深入到村、墩,乃至户,此时应该与姓氏志打通,以少量篇幅适当体现地方名人,哪怕点到为止。比如剧作家刘任涛为王埠乡刘畈村人,杂文家、散文家张雨生为小池镇唐司月村人,民国金融学家梅远谋为新开镇细扁担埒村人,台湾乡土文学作家王默人为新开镇陆咀村人。不清楚名人为哪村的,可在乡镇概说里体现。

四、农民起义慎提。黄梅是有革命传统的红色土地,多弘扬民国时期(1912—1949)的革命烈士是有必要的,也值得专修革命烈士名录。但对于古代的农民起义应慎提,更不宜做出评价。

重建文化自信,是长期的历史过程,需要人人参与进来,需要脚踏实地做好一点一滴的工作。地名文化是一面文化自信的旗帜,为乡土重建助力,修地名志是千秋大工程。预祝《黄梅县地名志》早日出版!

2019 年 7 月 12 日

守住乡土文化之根脉
——为《黄梅雨竹轩》作序

中国自古有所谓"文脉"一说，何谓文脉？是文学史的另一种表达吗？我看是，又不是。我认为，"文脉"即"人脉"，是沟通古今之人的根脉，也是乡土之根脉。

我的故乡黄梅，是一个与禅宗、黄梅戏、挑花艺术等文化紧密相连的地方。盛唐时期，它是中国的思想中心之一，是王维等大诗人的精神向往之地，"黄梅"成为唐诗里一个耀眼璀璨的明珠，为千万人吟咏。此后一千三百年黄梅佛教史，也是历代黄梅人不断修炼的历史，深深影响了黄梅人的思想和性格。晚近数百年，勤劳、朴素、聪慧、灵巧的黄梅人，又创造了黄梅戏、黄梅挑花两种人民的艺术。这两种艺术，深深影响了黄梅人的情趣和审美。

还有黄梅岳家拳，还有瞿九思、喻文鏊、喻血轮、汤用彤、废名等一个个彪炳史册的黄梅儿女，它们统统都是黄梅的产物，为黄梅添光加彩，垂范后世。

黄梅，是一个有着巨大文化含量的词语。追寻黄梅文脉，与司马迁的"究天人之际，通古今之变"本无二致，古为今用，更是复活历史，赓续文脉，是大功德。

一方水土养一方人，大家彼此血脉相连、文脉相连，都是黄梅这棵大树上的一分子。由于历史原因，曾经老死不相往来，甚至剑拔弩张，一度又无处表达，然而彼此内心真诚的呼唤却从未停息过。应该感谢互联网时代，尤其感谢智能互联网时代，让许许多多的人冒了出来。因为互联网，大家又都走在了一起,共同加入守住乡土文化之根脉的大家庭里来,互相感受着彼此的呼吸、彼此的体温、彼此的心灵,才发现大家有共同的历史、共同的命运、共同的未来……因为我们都是黄梅人,都是中国的华夏儿女。

黄梅雨竹轩,一个草根得不能再草根的黄梅公众号。然而,越是草根的,越是民族的,也就越是中国的,越是世界的。黄梅文化自古具有草根性。至于黄梅戏、黄梅挑花,更不用说了,这是草根黄梅人创造出来的奇迹。文明只有姹紫嫣红之别,但绝无高低优劣贵贱之分。黄梅人是聪明的,早就参透了这个道理。

雨竹轩里,有人回忆民间大历史,有人想着凡人小事,有人看风花雪月,有人追寻先贤遗迹,有人沉入情感世界……所有的这一切,都让你恍惚觉得"黄梅"如在眼前,如在身边,如在心里,历史、现时与未来浑然一体。

二十一世纪,现代生活越来越好了,但黄梅人却在为守住乡土文化之根脉而奋斗,物质世界归物质世界,精神世界却依然在坚守。我希望,并深信,大都市里的人们,总有一天,也会认识到乡土的文化要义,毕竟都是中国人,中国人离不了乡土和乡土文化。

为黄梅骄傲,为黄梅人骄傲,为黄梅雨竹轩骄傲!

2019 年 5 月 20 日

于汉上朗山轩

老河口张方军小传

公讳方军,世居老河口竹林桥。父讳某,母李氏,生六子一女,公行三。伯父讳某,无子,公兼祧之。生于某年某月某日,殁于某年某月某日,寿六十有六。

公行伍出身。年十九,赴河南确山,服役于中国人民解放军炮兵某师,生性勇猛,立功颇多,屡受嘉奖,遂光荣入党,一时为亲族之翘楚。年三十五,以上尉衔转业,入鄂省物资厅。公不忘学,暇时读书,乃获天津运输技术学校本科。

公廉于财,乐振施。不忘所自出,每每念及乡中父老。其乡人有难者,出手相助,不犹疑。待侄辈,视若己出,无问女男,亲疏一也。教其成人,解其所忧,一如家事。

公为人磊落明白,和蔼可亲,声语爽朗,军人本色,不稍改。

公事亲至孝。年三十,父病,延至省城救之。又至豫求医,终无力回天,而孝心天地可鉴!母孀居卅年有余,乃与诸兄弟养于省城,悉心调养,跪叩床前,洗衣喂饭,数年如一日,不敢稍歇。母先公卒八月,无疾而终,享年九十有五,诚可谓寿在孝中。伯父母无子,公慨然兼祧,侄以子居之,奉养送终,如生父母,其孝义如此!惜天不永年,为后人痛。

夫人刘氏,讳某,与公有一女,讳某。念公不忘故土,女受母命,与诸父、从兄弟姊妹十余人,不畏千里之遥,扶榇北还,于某年某月某日,葬公于某村祖墓,以不忘先人云云。母女大义若此,垂范子孙,后人踵继。公地下有知,当亦慰然!

出版家是如何炼成的
——读周百义《我的出版实践与观察》

徐特立在《教育讲座》中说:"社会科学同自然科学一样,有它的学科和术科。"出版学无疑也是社会科学的一种。关于出版学到底是学科,还是术科,以及是一级学科,还是二级学科,一直以来都有不小的分歧与争议,这也正是出版学的魅力所在。在华中师范大学出版社出版的《出版学建设丛书》里,就新推出了一部周百义的《我的出版实践与观察》。从书名可以看出,这本书立足于出版实践,浸透着作者在长期的出版实践中的思考与观察。

出版学是行业之学,属于应用科学,不是基础科学。从这个意义上讲,出版是偏向于实务的,由实务人员讲述一己的出版实践与观察,对同行更容易产生共鸣,激发他们借鉴,乃至效仿。周百义长期担任出版社社长、出版集团总编辑,曾荣获国韬奋出版奖,是湖北首屈一指同时又在国内产生重大影响的出版家。将周百义作为一个出版家的个案,通过考察他的"出版实践与观察",我们可以得知一代出版家是如何炼成的。这对于正在从事编辑出版工作的同行们,无疑有着励志般的启示意义。这或许也是《出版学建设丛书》的出版宗旨所在。

《出版学建设丛书》倡议与策划者范军说:"出版本质上是理想主义者的事业。"周百义无疑是一个理想主义者。理想主义者往往有深重的历史情结,既要继承历史,又要开创历史,有一种舍我其谁、时不我待、勇立潮头的英雄气概。他们努力追求自身的不朽。为了实现这种不朽,他们比常人更有膜拜经典意识、精品意识、创新意识、开拓意识和人才意识。在《编辑的不朽》中,周百义说:"对身后不朽之名的追求,是先贤超越个体生命而追求永生不朽,超越物质欲求而追求精神满足的独特形式。……追求不朽,将会激发出你更大的生命能量。"周百义将编辑作为安身立命之本,将编辑视为不朽的事业,将编辑作为实现不朽的一种方式。因为周百义深信:"书比人长寿,编辑亲手编定的图书能够流传于世,其名附骥于上,岂不快哉!"正是这种编辑可以不朽的信念,成为一代出版家的强大成长动力。

　　然而,编辑不可能坐等不朽。任何真正的理想主义者,都不是一个空想者,而是毕生都奋斗在追逐理想的道路上。周百义在《出版在经典建构中的重要作用》《文学经典化、普及化过程中媒介传播的效应研究》《编辑在打造出版精品中的主体作用》《精品打造过程中的价值》等文中,以自己打造二月河《雍正皇帝》,珀金斯打造沃尔夫、海明威、菲茨杰拉德等作家为例,说明了编辑在创造经典中的重要作用。编辑没有参与创作作品,然而编辑创造了图书产品。这种种创造,最后成就了编辑的不朽,是出版家的一座座丰碑。

　　尤其难得的是,在出版事业上,周百义不是一个个人英雄主义者,作为一名出版家,他非常重视人才建设问题,其实也是团队建设问题。在《出版领军人与领军人才》《构建出版社编辑人才队伍成长的机制》等文中,他向读者揭秘了调侃之说"长江系"的影响所在,他以此为案例,思考了推动人才成长的方法与路径。能够重视人才,任人所长,这是出版家才有的胸襟与格局,也是出版家的最高境界。

　　有人可能认为本书一二辑"厚重",三四辑"轻飘",这怕是口味不同。古人云:"功夫在诗外"。出版也是如此。要做好出版,没有出版之外的功力一样很难做好。通过阅读三四辑的书评、影评和序跋等出版评论,大致可以一窥作者的评判标准,这怕是一个编辑的真本领所在。毕竟厉害的编辑,其实都是厉害的评论家,学者型编辑更容易成为出版家,因为他们"对出版的景仰与热爱,对文字的渴望与拥抱"(《出版六家开张序语》)比其他人来得更强烈。

　　当然,要真正了解周百义的出版世界,他的个人回忆录《长江十年》不可不读,若与此书相参阅,读者对于"出版家是如何炼成的"一定有更深的体悟。一个人的事业的成长,更是一个人的精神成长,人与事业不可能相分离。在这种意义上说,要研究一代出版家是如何炼成的,光去研究他不朽的业绩是不够的,也要研究背后的生平故事。此外,周百义的三卷本《周百义文存》也可以作为辅助读物,尤其应该思考的是作为作家的周百义,对于周百义成为出版家的意义何在。

总之,《我的出版实践与观察》一书没有枯燥的理论,所有的心得与观察,都紧密结合于出版实践中的鲜活案例,具有一定的可模仿性,诚如"内容简介"所云,"本书熔出版理论与出版实务于一炉,对编辑出版从业人员,包括社长、总编辑在内,尤其青年编辑有重要的参考价值。"本书不会让人大失所望。

在出版六家四周年座谈会上的发言

尊敬的各位师友,各位同仁:

很高兴与大家再次见面。至今我还清晰记得,四年前的这个时候,接到周总的电话,说倡议成立出版六家公众号。周总是一个非常严谨、谨慎的人,当时就对出版六家的发展做过最基本的预估,我记得当时讨论过影响力和持续发展的问题,大致意思是说,做这个事情,不求经济回报,也不一定要求产生多大社会影响,也不设定持续多长时间,但一定不能虎头蛇尾,更不能过于草率,如果这样不如不做。经过大家讨论后,一致认为可行,于是赶了一回新媒体的潮流,出版六家应运而生。可以说,出版六家诞生之初,就已经对它进行过历史化的考量,也就是说,这绝不是一个自生自灭的儿戏。

出版六家成立至今四年,我认为影响力超出了当年的想象。当时可能觉得只要能坚持,不出大问题,有一定点击率,同人自娱自乐即可。而现在,从时间上看,已经四年,不算长,当然也不算短。从行业影响看,从四个指标可以看出不同凡响:一是粉丝数量达到一万四千人,有些文章点击率数千到一万多不等,一般至少也有数百点击率。对于一个出版类研究性质的媒体,这已经不错了。要知道,我国真正在一线工作的编辑数量能有多少?二是有行业媒体报道"出版六家",比如 c 刊《中国编辑》就曾免费发布整版广告,这都是宝贵的历史文献。三是行业报刊选摘出版六家里的文章,我就是受益者之一。四是行业报刊通过出版六家对我们进行约稿,比如《出版史料》等行业杂志就通过出版六家对我进行约稿。新媒体的特征是速朽的,大多是泡沫化的,而出版六家却真正成为一个交流窗口,一个交际平台。我认为出版六家已经迈出了坚实的一步!

　　从我个人看,今天的出版六家,已经不同于成立之初的出版六家,而具有一定的行业平台效应,有一定关注度,值得继续推广,继续运营,发挥更大作用。今后出版六家的发展,可以有以下发展考虑:第一,出版六家如果要在行业内留下一点文化印记,在编辑中留下一点阅读记忆,可能至少应坚持十年。从这个角度看,目前四年偏短,如果不坚持,也就是过眼烟云。坚持十年,可能也还是过眼烟云,但可能有那么一点痕迹。一个年轻编辑,如果他坚持订阅了十年,那在他的职业生涯中肯定是美好的阅读记忆。第二,叶新老师曾经考虑分年推出六家文集,我认为一旦成功,这是出版六家由网络媒体变成纸质出版的一个标志,也就真正推动了出版六家的历史化。无论成功与否,对于这种转变,我们可以想办法创造条件,哪怕先出一本合集也行。条件具备时,再按年度作品集出版。第三,出版六家可能需要再加强一点广告运营工作。出版六家是有广告业务的,但目前这个广告多是随机的,且与出版关系不大,我认为我们可以增设书讯广告业务,不定期发布一篇新书介绍。一开始可以是公益广告。但要我们先主动做起来。我看不少公号都有学术著作的书讯发布,效果不错,可以借鉴,牵涉精力并不多。第四,出版六家经过四年发展,也有了一定行业知名度,是否应该在未来,结合媒体的特征,搞一点主题策划?无论对某一本书、某一个人、某一话题、某一研究主题,进行不少于三篇原创文章的持续发文?这类文章可以不是专业性特别强的学术论文,而是学术性质的杂文、随笔,有真知灼见的短文,不必担心网络发布影响在纸媒的首发。第五,持续推动和开展对"编辑学者化"问题的研究。出版六家的成立,一定程度上是编辑学者化现象的产物。在今天,这个传统已经岌岌可危,很多出版社甚至排斥编辑学者化、作家化,认为这是不务正业、沽名钓誉,不觉得就编辑工作本身来说,学者和作家的水平在职业编辑之上,这是出版社转企以后经济指标考核至上的结果,也是编辑职业的狭隘表现,当然也存在更为复杂的内部原因。但无论如何,编辑学者化在过去,尤其在民国时期(1912—1949),是一个普遍的行业现象,值得专题研究,我认为出版六家的同仁们,可以也应该进行较为系统的研究。希望吴永贵老师发挥主要作用,带队攻关。范老师和范门弟子也有条件。我也一定积极参与,把这个作为课题研究好。第六,依托华师、武大的师生资源,组建出版六家读书会,不定期分享学术经典名著,或出版研究著作,或六家新书,类似今天的《桂子山语丝》分享。

我的检讨:在很大程度上,因为我初回武汉,工作繁忙,琐事又多,对出版六家的事务参与过少,甚至暂时辜负了范老师的一个嘱托。作为年轻人,这是不应该的!对出版六家有过历史价值思考的还有范军老师。范老师曾说过要搜集整理"出版六家史料",包括群聊中有意思的记录等,其实当时主要是对我讲的。范老师说完,徐鲁老师马上接话,说我类似叶灵凤,一开始是创造社的小伙计,但日后要发挥大作用。言者无心,听者有意。我后来没有去刻意搜集,但这句话却一直记在我的心头。好在这几年我手机没换,大多记录都在。我说这个,也是表达我的歉意,我对出版六家付出太少了!

对出版六家进行历史性的回顾,今后肯定越来越有必要。这是随着出版六家的价值不断凸现随之而来的。我们今天召开这次座谈会,就已是历史回顾,大家的发言,都是很好的历史材料。两年以后,四年以后,当我们再来展开座谈会时,我相信出版六家一定取得了更大的影响,参与者也一定有更大的成长和进步!

让我们共同努力!

在《瞿九思传》研讨会上的发言

．．．

欣闻家乡召开《瞿九思传》研讨会，我因故未能与会，错失学习机会，深感遗憾。特委托商宏志兄代我汇报一点心得，以求方家指教。

首先热烈祝贺王唤柳老师的新作《瞿九思传》出版。王唤柳老师毕生从事黄梅名人研究，厥功至伟，是黄梅名人研究事业的探索者、拓荒者。先生以八十高龄，而为一位乡贤立传，可感可佩！值得我辈终身学习，我视之为精神楷模。

黄梅名人很少，古代没有出过真正的大名人。皇皇二十四史中，唯一正式有传的黄梅名人唯瞿九思一人。第二十五史《清史稿》和《清史列传》中有传的黄梅名人，也只有两人，一是嘉庆探花、浙江巡抚帅承瀛，二是文学家喻文鏊。也就是说，载入中国正史的历史名人只有此三人。从这个意义上讲，瞿九思、帅承瀛、喻文鏊就值得我们格外珍惜。

黄梅古代最有影响的名人是弘忍大师，只是在正史中影响有限，后来经过挖掘和正名，成为黄梅最大的名人。除此之外，宋代高僧昙华、明代石昆玉、汪可受，再加上民国时期（1912—1949）的汤用彤、废名、梅龚彬（或喻血轮），我认为他们是黄梅十大历史名人，是黄梅名人中的瑰宝。瞿九思在十人中的地位，还要高于担任过督抚或封疆大吏的石昆玉、汪可受和帅承瀛。黄梅籍的王侯将相，也有不少，但大都没有资格成为能够树碑立传的历史人物，而瞿九思却以被褫夺功名的布衣之身进入二十四史，这是耐人寻味的。这说明，历史是公平的，任何做出贡献的人，最后都不会被历史忘记。瞿九思的形象，只会越来越丰满、高大，他的价值将会越来越得到凸现，这正是历史人物的魅力。

瞿九思是晚明王学传人。王阳明作为近代启蒙思潮的先驱者,曾促进了日本明治维新,至今散发着思想光芒。习近平总书记就十分钦佩王阳明,多次谈到过,他说:王阳明的心学是中国传统文化中的精华,也是增强中国人文化自信的切入点之一。值得自豪的是,我们今天流传的王阳明全本《传习录》是在蕲春编定,而在黄梅出版的,由黄梅知县张九一刊刻。同样值得自豪的是,黄梅出现了王学传人瞿九思。弘扬瞿九思,也就是在弘扬中华优秀传统文化。

瞿九思作为一名理学家、历史学家、文学家,已经得到学术界越来越多的关注,既有硕士论文,又有博士论文研究。最早研究瞿九思的学者名叫邓嗣禹,是一名海外汉学家,将在华中师范大学出版《邓嗣禹文集》(国家出版基金项目)。内蒙古学者薄音湖、孟凡云整理和研究了瞿九思的《万历武功录》,出版过两本专著,推动了瞿九思研究。现在王唤柳老师完成了一部可读性强、史料充实的《瞿九思传》,将再次推动瞿九思研究。我想在这么多学者的努力下,《瞿九思年谱》《瞿九思全集》等典籍,也一定能够早日得到出版。我们作为黄梅人,也应该贡献力量,发挥自己的作用。向王唤柳老师致敬,他已经迈出了坚实的一步!

谢谢大家!

2022 年 4 月 2 日

在《黄梅梅氏》座谈会上的发言

黄梅是中华梅氏的发源地、祖居地。梅姓是黄梅的四大土著古姓之一，人口众多，英杰辈出，在黄梅乃至全国都有一定的影响。《黄梅梅氏》一书将黄梅梅氏放在中华文明、黄梅文化的宏大视野之下，对黄梅梅氏的世系与字辈、主要村落、祖训家规、风俗礼仪、历代名人等展开了深入研究，并收入了大量颇具史料价值的文艺作品和谱牒文献。本书的创作具有学术原创性，集方志研究、姓氏研究、民俗研究于一体，弘扬优秀传统文化，弘扬杰出人物，堪称黄梅梅姓的《史记》，是中华姓氏文化研究的典范性、普及性读物。

以上是我作为《黄梅梅氏》一书的策划人和责任编辑，为本书撰写的内容简介。我想再次引申、发挥，详细论述。

黄梅梅氏在黄梅有着一定的影响，是值得研究和弘扬的家族个案。《黄梅县姓氏志》指出，梅姓与项姓、於姓、王姓为黄梅四大土著古姓，充分肯定了梅姓进入黄梅之早。黄梅梅姓人口有八万多人，这在百万人口的黄梅县，属于排在前列的人口大姓。黄梅梅氏除了少数住在大河等上乡之地，其他绝大多数住在黄梅下乡的新开、蔡山、孔垄、小池等乡镇。黄梅下乡为古九江、古浔阳所在地，历史上为三省交界之处，多为滩涂、洲渚、荒地，生存条件非常恶劣，当地百姓长年在生死线上挣扎。但是，梅家人敢于向大自然抗争，不断开垦土地，筑坝抗洪，为开发黄梅下半县作出了极大的贡献，书写了一部可歌可泣的人类改造大自然的生命史。尤其难得的是，在如此艰难困苦的环境下，黄梅梅氏成为黄梅戏、黄梅挑花这两项国家非物质文化遗产的主要创造者、参与者和传承者。

黄梅梅氏有代表性的历史文化名人，在黄梅所诞生的主要历史文化名人中，梅龚彬可以进入前十名，理所当然地成为宣传黄梅的一张名片。黄梅梅氏的各大支系中发展、进化出了代表性的大家族，如新开镇君卿公支系的梅雨田家族。以梅雨田进士、辛亥功臣梅宝玑、政治家梅龚彬、数学家梅向明等为代表的五代人，在中国近现代史上留下了自己的印记。论影响之大，贡献之巨，人才之多，在黄梅几无出其右。梅雨田家族还与国学大师黄侃家族、文学家喻血轮家族联姻，具体说来，即梅龚彬为黄侃之外甥，梅龚彬之姑母为喻血轮之母。在晚清，梅雨田为黄梅最有影响的政治和文学人物，以他为中心，所建立起的文化圈层，就书写了一部晚清黄梅文化史。除此之外，君卿公支系金融学家梅远谋、国民党抗日名将十八军副军长兼参谋长梅春华、国民党抗日少将梅远志、著名光学家梅遂生（梅远谋之子、李四光外甥）、海军中将梅文、中国工程院候选院士梅雪松，受九公支系著名作家梅白，法章公支系国民党抗日将士梅作楫、梅乐三、著名画家梅肖青、黄梅挑花艺术传承人梅意清，荣四公支系国民党抗日少将梅时贵、黄梅戏演员梅少堂、梅金玉、梅重喜等，都是黄梅人的骄傲，值得进一步挖掘与弘扬。

随着时代进步，人们越来越深刻认识到，家谱、方志、国史是构成中华民族历史的三大支柱，是我国珍贵的历史文化遗产。但对这三者的态度，却迥然有别，尤其是在过去某个历史时期，很多人无视家谱的文化价值，甚至认为其荒谬，属于封建糟粕，大肆焚毁，导致很多人已不知其祖先为谁何。即使在当下，依然有一些人认为编修家谱是无聊之举、敛财之举，这其实都是文化断层的后遗症。在民国及古代，修家谱者往往是家族中最优秀的读书人主持，编修家谱是家族中最盛大、最隆重的事情，是一项学术工作，对敬宗收祖、团结社会、记录历史、教育后人有着极大的意义。这种良好传统，应该予以延续，发挥民间社会的自我修复、自我传承的功能。目前由于种种条件的不足，很难发动政府拨款，甚至也很难发动社会人士来资助这些研究工作，只是怀有一种旁观心态，没有认识到编修家谱、研究家谱的重大意义。我黄梅梅氏，何其有幸，有梅学书先生敢于破除陋见，以一人之力，创作并出版了一部梅氏家族的"史记"，具有启蒙意义、示范意义。我深信，未来一定会有越来越多的人认识到这本书的价值,一定会带动更多的人投身其中,而不再怀抱偏见。

《黄梅梅氏》一书的作者梅学书先生,退休前身为湖北省委政策研究室主任,正厅级官员。但是,他其实只是以一个普通的梅家后人的身份来撰写这本书。他并不因为自己的身份、地位,而鄙视家谱文化的研究工作,反而认为这是一项可以流传后世的功德。这种认识,所抵达的人生境界,更值得今天的人们去思索人生的价值到底在哪里。《左传》中所说的“太上有立德、其次有立功、其次有立言”三不朽,宋代张载所说的“为天地立心,为生民立命,为往圣继绝学,为万世开太平”,已经给出了很好的解答。作为一般人,我们很难做到“为天地立心”“为万世开太平”,也就是立德、立功,但是,立言却是可以努力做到的。梅学书先生编著《黄梅梅氏》一书,就是很好的立言之举,一定能够穿透历史,影响后人。书比人长寿,当一切权力、财富、名誉都化作烟云之时,后人却发现了这本书,至于作者生前的身份,却不过是一句无足轻重的生平简介,而书里的内容却成了子孙的宝贵财富。梅学书先生的这种人生境界,同样具有垂范世人的意义(梅雨田晚年正是如此,成为一名出版家,推出了《清芬堂丛书》四十九种和个人诗文集《慎自爱轩录存》,这说明我梅氏先人有这种精神传统)。

对于《黄梅梅氏》一书的定位,梅学书先生有清醒的认识,他说这是“一本与志书相似,又不相同,与谱牒相近又有区别的著作”。这种认识,是符合客观实际的。如果说,志书、谱牒是纵向的著作,那么《黄梅梅氏》则是一部横向著作。从《黄梅梅氏》的主要参考资料来看,它就取材于大量的志书、族谱和地方民俗方面的著作。这说明,《黄梅梅氏》是一部融会贯通之作,而非凭空之作。融会贯通,一定要有中华文化和黄梅文化的知识背景作为依托,这样才能成就一部有创见、有深度的学术著作。

《黄梅梅氏》的问世,既是作者梅学书个人创造的结晶,更是黄梅文化研究事业发展到一定阶段的产物。早在七八年前,在陈峰同志的带领下,组织专班搜集黄梅各种族谱,地方文人著作,编修新版黄梅县志、黄梅年鉴,校点整理古代黄梅县志,推出黄梅风物丛书,包括《黄梅县姓氏志》《黄梅县历代入志诗文辑录》等,大大推动了黄梅文化的研究进程。这一系列著作的出版,代表了黄梅县政府在文化事业上的高度。在黄梅的历史上，编修以上著作的历史意义，不低于晚明时期瞿九思父子编修万历黄梅县志，晚清时期黄梅知县覃翰元带领宛名昌、邓文滨、喻同模等人编修光绪丙子县志的意义。稍后，黄梅县民政局又主持编修新版《黄梅地名志》。目前，这些志书的编修工作，并未结束，还有大量的文化遗产有待挖掘和整理。这一批志书的出版，为《黄梅梅氏》奠定了材料基础。除了"读万卷书"，梅学书先生又拿出太史公司马迁"行万里路"的精神，实地考察有代表性的梅氏村落，走访耆老，将口述史材料熔铸于书中，提高了《黄梅梅氏》的可信度，深化了它的历史内涵。

我认为，《黄梅梅氏》的问世，在黄梅文化史上有一定的标志意义，它标志着黄梅文化的研究事业，将朝着志书编修与谱牒研究相辅相成的纵深方向进行高质量发展。它必将成为黄梅姓氏文化研究的范本，真正具有了标杆意义，对于今后的族谱编修、名人研究、民俗研究、地名文化研究等，都有极大的启示意义，也将进一步推动黄梅志书编修事业的发展。

2022 年 6 月 11 日于黄梅

我为何要重写中国儿童文学史

重写文学史是一股有影响、有生命力的学术思潮，从二十世纪八十年代兴起以来，在古代文学史、近代文学史、现代文学乃至当代文学史领域都产生了极大的冲击波，进一步解放了思想，丰富了现代人的认知，至今方兴未艾。但令人遗憾的是，它在中国儿童文学史的研究中却没有产生多大影响，至少不是那么突出。中国儿童文学史不但品种少，且多为主编型、教材型著作，个人独著的中国儿童文学史寥寥无几。我之所以要重写中国儿童文学史，初衷即有感于此。中国太需要从重写文学史的学术思潮中吸收丰富营养，结合中国儿童文学的实际发展情况，包括儿童文学教育的思想，诞生一部类似钱理群版现代文学史、洪子诚版当代文学史这种充满经典气象之作。

当然，重写中国儿童文学史，并非没有先行的探索者，已故学者、我的恩师刘绪源先生的《中国儿童文学史略》就是一部可读性极强、充满真知灼见的著作。笔者受教十年，获益良多。这部堪称突出的一家之言的中国儿童文学史，对文本的精辟解读是其最大长处，但儿童文学史实则不够丰富，从中难以见出中国儿童文学史的基本经脉，且这部著作并未写完。受恩师刘绪源先生的启发，我不揣浅陋，斗胆"重写中国儿童文学史"。这算是近缘。

其实，为何重写中国儿童文学史，并不重要。重要的是，如何重写中国儿童文学史。要说如何重写，先说重写的立场在哪里，这将直接决定了重写话语的姿态。我是站在个人立场，站在儿童文学本身的层面来重写中国儿童文学史。我长期从事梅光迪与学衡派的研究，他们信奉的新人文主义学说和文化保守主义的姿态,对我产生了极大的影响,让我明白对历史的言说,完全可以采用个人化的立场,这种方式可能更能揭示历史的真相,而在未来产生影响。例如,梅光迪在他的中国第一部《文学概论》中宣称的文学是"非进化"的观念,就给了我一个全新的视角。关于梅光迪与胡适之间的"胡梅之争",在不同的史家那里也有不同的描述。个人化的真实表达,无论偏颇与否,都显得弥足珍贵。"不以成败论英雄",历史研究没有势利眼,站在个人立场言说历史,是我一直所主张的,它们也诱发了我研究现代文学史的冲动。二十年来,我长期研究废名、梅光迪、喻血轮、许君远、朱英诞等人,他们原本在现代文学史上若隐若现,最后终被拭去历史的尘埃,大放异彩。这些应该都属于二十世纪八九十年代以来"重写现代文学史"工作的一部分。这些努力,算是为我重写中国儿童文学史,提前做了一番学术训练,这个经历也让我深深明白史料挖掘的重要性。

采用史料来言说历史,这只是一种呈现方式,不能称作历史观。史料本身就是证据,由它来叙述真相,比用自己的话来论述更有力。这是我治文学史的一点心得。当我于2008年进入儿童文学出版领域后,我秉持打造"人文童书"的出版理念,有意将儿童文学出版工作与文学史的重写相互结合起来。以《中国儿童文学经典怀旧系列》为例,我在台湾版编后记中说道:"……深入突出两点:一是以儿童文学作品为主,尤其是以民国老版本为底本,二是深入挖掘现有中国儿童文学史没有提及或提到不多,但比较重要的儿童文学作品。所以这套'大家小书',颇有一些《中国现代儿童文学史参考资料丛书》的味道。"这套书体现了我在钩沉辑佚和版本选择方面的努力。其中,我下力最大的是推出了丰子恺、林海音、老舍、凌叔华、谢六逸、废名、郑振铎、吕伯攸、俞平伯、黎锦晖、苏苏、范泉、一叶(叶刚)等作家作品。他们现在大都也成了我重写中国儿童文学史着重需要展现的作家。

在注重儿童文学史料的挖掘之外,我还尤其注重儿童观、儿童文学观、儿童文学教育观的一以贯之。换言之,重写中国儿童文学史,不只是挖掘作家作品,还原历史原貌,还要赋予文学史以无形的精神风骨。在十多年编选、出版儿童文学作品的生涯中,我的儿童文学观也更加成熟,并经历了从坚持儿童本位论,到在此基础上提出了"泛儿童文学论"的发展过程。在"编学相长"的过程中,无论是对儿童文学史上的作品的挖掘,还是对儿童文学理论文献的整理,都进行了比较充分的、系统的爬梳,让我对中国儿童文学形成了一个整体观。儿童本位论让我拥有了重要的文本评价标准,泛儿童文学论则让我能够包容和理解更多作家作品。这两种略有差异的儿童文学观,后者以前者为基础、依托,共同形成了符合马克思的文艺理论——审美的与历史的原则相结合,二者不可偏废。既要突出文本的审美价值,又要兼顾和尊重客观历史,才能写成一部立得住、信得过、经得起考验的文学史著作。

儿童本位论的命运,是中国儿童文学命运的一面镜子,也是评判中国儿童文学的一个重要标准。中国儿童文学史的无数事实证明,坚持和弘扬儿童本位的时代,儿童文学就容易出现佳作。而批判、背弃儿童本位论的时代,儿童文学就佳作寥寥。疏离、背弃儿童本位论,就不容易产生健康的儿童文学思潮,更不利于建立多样化的儿童文学范式,儿童文学就有可能"歉收"。可以说,儿童本位论是我重写中国儿童文学史的一大核心思想。

此外,我还从将中国儿童文学史与现代文学史、当代文学史相结合的角度,进行打通式探索,这在过去是从未有过的。儿童文学固然自己的特殊性和独立性,但它毕竟是现代文学和当代文学的一部分,适当结合起来,在现代文学和当代文学的背景和视野下,观照中国儿童文学的发展,应当是非常有必要的。比如,现代文学何以是"现代文学"和"新文学",这不仅仅因为它是"人的文学""平民的文学""革命的文学",更因为它出现了"儿童的文学",这种古代所没有的新的文学。儿童文学的诞生,丰富和深化了"新文学"的深刻内涵。

在重写中国儿童文学史时,我还紧紧抓住儿童文学的内在矛盾:儿童性与文学性的矛盾,可以说,对这一矛盾的观察,贯穿在整个重写脉络中。比如,指出茅盾、郑振铎为何没有走上艺术的儿童文学创作之路。又如,指出沈从文、巴金、老舍三大文豪为何在儿童文学门槛前败下阵来,而不得入其门?

这些只是我重写中国儿童文学史的一些粗浅感受和想法,所做的也只是初步的探索和尝试,肯定有很多不足和有待完善之处,希望更多关心中国儿童文学史的读者来批评指正。

黄梅文脉永流传
——校注本《青灯泪传奇》代序

　　我曾在家乡的一部作品集的序言中说道:"黄梅,是一个有着巨大文化含量的词语。"黄梅作为中华千年古县,自建县一千四百多年以来,总共形成过三次文化高峰。第一次为盛唐时期,"(黄梅)是中国的思想中心,是王维等大诗人的精神向往之地,'黄梅'成为唐诗里一颗耀眼璀璨的明珠,为千万人吟诵"。作为盛唐时期的余波,宋代五祖寺法演、圆悟克勤师徒与昙华等黄梅高僧,又进一步推动了黄梅文化的发展(有"禅门第一书"之称、与《坛经》齐名的《碧岩录》即为圆悟克勤所著)。第二次为晚明时期,黄梅名人辈出,形成众多文化世家,与当时阳明心学、李贽、公安派、东林党、复社等都有密切关联。比如王阳明的传世之作《传习录》最早的足本,即由黄梅知县张九一刊刻付印。黄梅成为足本《传习录》的出版地,这也是黄梅的贡献。石昆玉、瞿九思、汪可受堪称黄梅"晚明三杰",成为最优秀的代表,影响至今。第三次为晚清民国时期,黄梅梅氏、汤氏、冯氏崛起,梅龚彬、汤用彤、废名等人,一扫科举时代残存的世家迷梦,走出了一条更为宽阔、高远的家国天下之路。

　　此后,全球化浪潮席卷世界,人人都向外走,甚至人在乡土,心在乡外。在这种局势下,地方文化的存在岌岌可危。黄梅文化,作为一种不局限于黄梅一县的地方性文化,原本有特色、有影响,曾在鄂赣皖三省广泛传播,甚至走向全国、走向世界,最后也渐渐式微。这种文化宿命,真的不能改变吗?有没有系千年黄梅文化于一身的黄梅之子,逆历史潮流而动,"为往圣继绝学",而为其赓续命脉呢？欣喜的是，总有一些类似出家人的"呆子"，甘愿如此。他们愿意用尽一生，守卫黄梅文化，让黄梅文脉永流传。比如九十高龄的李学文老人，他与《青灯泪传奇》的故事，足以让后人动容。《青灯泪传奇》的传播故事，就是黄梅文脉代代相传的历史见证。

晚明以来，黄梅形成了颇具规模和影响的世家文化。论黄梅的文化世家，以下十家，当无争议，即邢、石、瞿、汪、蒋、喻、帅、梅、汤、冯。其他诸如於、桂、邓、黄、宛、余、岳等，虽不及上述十家，但也自成一体，各有影响，各有功德。在这十大文化世家中，黄梅蒋氏早为我所关注，原因有二，一是举人数量最多，共有十多位举人（另有进士两名）；二是代不乏人，发展均衡、稳定，且相对集中，绵延时间长久。这在黄梅的文化世家中，非常少见，非常难得，非常有特色。其中，黄梅蒋氏的名进士蒋镛（台湾人称"蒋黄梅"）、名举人蒋恩澍（酉泉），最值得关注和研究。

我最早知道蒋恩澍及其《青灯泪传奇》，是在二十世纪九十年代读小学时。在一位族祖父家中，我读到了李华白先生的《北枝集》，书中提到他小时候读过黄梅乡间流传的《青灯泪传奇》手抄本。自此以后，李老先生一直想重读此书，《青灯泪传奇》成了他心中梦回萦绕、念兹在兹的奇书。可以说，我之所以心系黄梅文化，《北枝集》是我的启蒙之书。后来，我也走上了追寻黄梅文脉之路。及今回想，我是否最后一代在传统乡土读物熏陶下成长起来的黄梅之子？同时，我是否又是第一代利用大数据，并将黄梅文化事业从地方文史工作转化为学术研究工作的黄梅之子？后来在我与李学文老人的交流中，就分明可以比较得出答案来。

将近二十年前，在我上大学时，我全网摸排黄梅古籍，大概知道了黄梅古籍在各大图书馆的分布情况（2011年我到北京工作后，又从国家图书馆见到大部分黄梅古籍真书或影印电子版）。一个偶然的机会，我从网上得到了同治九年（1870）版《青灯泪传奇》的电子版，如获至宝。四五年后的2010年，我根据这个电子版和汤用彤、吴宓的有关文字，写了一篇《汤用彤与〈青灯泪传奇〉》的文章，主要旁证了汤用彤以黄梅人自居的事实。这篇文章于2011年发表于中国社会科学院主办的《中国社会科学报》上，被汤一介先生读到，他特地剪辑下来，交付赵建永博士收藏,作为撰写《汤用彤年谱》的参考资料。这是赵兄后来告诉我的。正是这篇文章,开启了我与汤一介、乐黛云先生的交往。也正是这篇文章,让我在黄梅汤氏的研究上迈开了第一步,后来我与梁萧老师共同还原了汤用彤在黄梅长大(幼时有六年在孔垄)、能说黄梅话、以黄梅人自居的客观事实(2014年汤用彤纪念馆落成大会上发布了这一见解)。《青灯泪传奇》在同治九年(1870)问世以后,在黄梅广为流传,汤用彤说他们家人"能背诵其一部",并称其"亦仅吾乡人得而知之,得而读之,得而赉之",但他把《青灯泪传奇》转给吴宓欣赏,吴宓写入他的《吴宓诗话》,进行了高度评价。一部《青灯泪传奇》,让我与黄梅汤氏结缘,这也是黄梅文脉流传的小小见证。《汤用彤与〈青灯泪传奇〉》发表以后,很多黄梅人找我要这个电子版,我都一一赠送,希望传播久远,就是因为我有自觉的延续黄梅文脉的意识。

更为难得的是,在黄梅,《青灯泪传奇》形成了一条自己的本土传播之路。李华白先生在二十世纪三四十年代"邂逅"《青灯泪传奇》的经历,在黄梅并非孤立的个案。在稍晚的二十世纪五十年代,李学文老人两睹《青灯泪传奇》,一为手抄本,一为光绪刻本。出于热爱,李学文老人还手抄了一部,惜毁于"文化大革命"。在"文化大革命"以前的一百年时间里,《青灯泪传奇》以刻本和抄本并存的形式,在黄梅读书人中有过未曾间断的传播史。十年"文化大革命",无疑是一场浩劫,劫后重生的李学文老人,担心此书失传,于是"以邑中宿儒向文超抄、白苹子圈点的抄本为点校的底本,以李华白钢板刻印的油印本、下新曾明生的抄本和桂遇秋珍藏复印的刻本相参照",于1998年将《青灯泪传奇》点校问世。

到这时,李学文老人与《青灯泪传奇》的故事,跟我与《青灯泪传奇》的故事还没有一星半点的交集。在我写出和发表《汤用彤与〈青灯泪传奇〉》以后的十年里,依然没有。其实,我早就知道李老的大名。上黄梅一中时,我从祖父岭春公订阅的楹联刊物里读过李老的作品,后来还知道他写过研究废名楹联的文章。2005年,我在一篇关于废名的文章中说道:"废名的母校黄梅一中有以废名命名的废名文学社,该校李学文老师最早研究了废名的对联艺术。"

2020年7月底的一天,我忽然收到李学文老人的来信,他说想将他校点的

《青灯泪传奇》寄我,以求"赐教"。这样,我们与《青灯泪传奇》传播的故事终于交汇在了一起。读过李老第一次寄来的校点本(这个本子,我已转交给了湖北省黄梅戏剧团团长程丞,她与罗丹青先生曾拜访我,要我推荐黄梅戏剧本的素材,我把蒋恩澈的《青灯泪传奇》和喻血轮的《苦海鸳》做了隆重介绍),我很为李老的精神感动,他比我的祖父年纪还大啊,还在操心黄梅文化。为了不辜负老人的期望,我提供了同治版,希望老先生能进行汇校同治、光绪刻本,并动用了华中师范大学的学术资源库,提供了六篇新的研究资料,同时告诉老先生刊刻《青灯泪传奇》的堪喜斋主人原名许乃普,蒋恩澈曾在其幕下任职,而序言作者希㓞斋主人余嘉谷的资料也就我所知予以提供。我之所以能够在短短时间内提供许多颇有史料价值的文献,一个重要原因就是我动用了数据库资源(根据大数据检索的馆藏信息提示,蒋恩澈另有《竹林老屋诗钞》和《青灯泪传奇》的手稿存世其中《青灯泪传奇》为作者本人1842年手抄本,扉页署"西泉复钞")。

在现代社会里,从事学术研究,必须掌握治学门径,包括目录学和数据库的使用。过去那种立足于乡土的文献搜索的方法,在当下往往所得有限,而且大多可遇不可求。如果要进行深入的学术研究,最好是二者相互结合,才能获得良好的史料基础。除此之外,还不能只满足于史料本身,而应提出新思想、新见解,才能算是真正的学术研究。

李学文老人在收到我提供的资料后,又在不到一个月的时间里,完成了第二版汇校本。我认为这个版本已经比较成熟,达到了出版标准。在酝酿此书出版的过程中,李老来信请我写一篇序言,我则深感惴惴不安,担心佛头着粪,未敢应允。孰知出版计划一直没有进展,于是2020年底,我推荐到陈峰先生处,建议与喻文鏊的《考田诗话》合成一书,希望县里资助出版。之所以想到找陈峰,是因为他在黄梅开展地方文化研究,有口皆碑。陈峰先生果然慨然同意,原计划于2021年推出。不意今年三月,忽又收到李老来信,称"《青灯泪传奇》拟今年10月左右自费付梓,现将定稿稿本发至,请终审……你的宏论将列卷首以为代序",我方知县里出版未果。现在,《青灯泪传奇》又要像24年前一样,由一位老人来自费出版,我深感寒心。难道黄梅的文化事业,既要让研究者们出力,又要让他们出钱吗?这个问题应该解决,不能成为长期困扰地方文史工作者的一大问题。我深切地希望,黄梅县有关方面,一定要重视地方文献的整理与研究工作,一定要提供基本的条件,哪怕是最基础的配套措施。

在黄梅文化史上,有最后一代本土国学宿儒,即二十世纪二三十年代生人,他们念过私塾,读过黄梅古籍,成为最后一批黄梅文脉的自觉传承者。他们不少虽为废名、冯力生的学生,但更是於甘侯、石孝邹、王镜海、汤用彬、邢竹坪、喻的痴、梅宝琳、余皇觉、程道衡的传人。这一批黄梅文脉的传承者,以冯健男、梅白、李华白、翟一民、桂遇秋、李学文等人为主要代表。更晚的黄梅读书人,或为教师,或为机关干部,也从事着教育和文化方面的事业,但不过是作为一项行政任务来对待的,跟他们这一代相比,却没有那么强烈地、自觉地守卫黄梅文化的意识,也缺少学术上的追求。李学文老人之所以愿意费尽心力校点出版《青灯泪传奇》,我想更多是因为他以黄梅文化道统的传承者自居,在他身上有着强烈的使命感,他们这一代人的精神特征也就从中凸显出来了。这可能是黄梅本土国学宿儒最后一次的出版行为,是李老对他们这一代人的精神回望和祭奠。《青灯泪传奇》的出版,在这方面的象征意义,或曰精神意义,可能还高于著作本身,我更愿意读者认识到李学文老人身上的这种精神。

由于李老再三索序,我不敢违抗先生之命,但因我目前对《青灯泪传奇》和戏曲并未有过研究,不可能提出新思想和新见解,只好写一写它的传播故事,这个故事正为我们揭示出了黄梅文脉代代相传的奥秘。李学文老人两次校点出版《青灯泪传奇》,在黄梅文化史上,有着极大的标志性和示范性的意义,我深信一定可以发扬光大,至少我为之感动,也成为我今后继续推动黄梅文化发展的精神力量。

谨将我编校出版的《邓文滨集》中《醒睡录》所收有关蒋恩溅及其《挑雪词》一条录下,供读者欣赏,亦为本文之收尾:

道光二十一年(1841)仲冬月初一至初十,大雪十昼夜。先三日狂风暴烈,积霰五寸许,地面坚凝如铁。后七日,积雪厚者盈丈,浅亦五六尺,摧民房无算。间有存者,不得其门出入。缺薪菜盐米,缶釜皆凝裂粉碎,饿毙无算。邑万家山农夫李某,亲迎与夫及新郎夫妇,雪拥宿于路。其父持火迎接，没雪中，逾数日，始寻其尸。城内罢市，邑令雇人挑挖，冰雪中尸骸枕藉，皆行人冻僵而自殣于雪中者也。邑孝廉蒋酉泉（恩溥）有《挑雪辞》数百言，辛酸令人不忍卒读。湖滨渡船，始为冰隔，继为雪拥，人遥望不能设法救解，冻饿压沉而死者，不知凡几。阅月余而冰雪始泮，鸟兽死者山积，一奇灾也。然自后屡得丰年。

《挑雪词》："挑雪复挑雪，挑雪出东门。坊户百钱议十担，挑儿不问十担与百担，祇争先给一担充朝餐。挑雪雪已冻，挖雪声砰鄰。一儿忽叫呼，弃锄走且奔。拉众前往视，锄下雪深乃有冻死人。急问此何人，疑故还疑亲，模糊不复辨，发蓬面垢齿腭龈。畴昔之夜，呜呜咽咽，似是汝吟呻。东街哗未已，西街噪复起，须臾南北皆如此。县官闻之徒步来，雪没踝，如忧如惭，抱泪满把，不哭雪中冻死人，哭尔三街六巷无衣无褐未死者。先哭城中后四野：我从六月来下马，尔田无粟屋无瓦，而今遂至于此也，复何言哉复何言！此则距心之罪也。挑雪儿为我舁向北邙下，买板殓之亦聊且。挑儿有泪无处洒，百钱十担雪不挑，北邙山下去施舍。"

蔡山：鄂赣皖的文化高地与标志
——在蔡山文化座谈会上的发言

各位领导、各位专家、各位朋友：

大家上午好！受老领导和《蔡山志》主编梅学书老师邀请，我回到家乡参加蔡山文化座谈会。这于我是义不容辞的。我是新开人，但也是蔡山人。我的母亲姓黄，是蔡山镇下新墩人，外祖父一家二十年前，已全部安置在蔡山移民街。我从小深受蔡山文化的影响，我对黄梅文化的痴迷，很大程度上就与蔡山外祖父一家的影响有很大关系。我的外祖父黄华德是蔡山有名的读书人，曾参修1989年《黄氏宗谱》，而他的叔祖父、曾祖父、高祖父则三次主修《黄氏宗谱》。光绪版《黄氏宗谱》序言曾专门提到"祖孙父子，累世相乘，如迁谈之代，世济其美"，就是表彰他祖上三代人接力修谱，如同司马迁父子修《史记》一样。外公祖上是书香门第，道光以后，从他的高祖父太学生黄道济开始，到他的父辈，一共出过十多名贡生和秀才，三名正七品以上的官员。为邓文滨《醒睡录》作序的举人洪联芳，就是他的高祖父黄道济的外甥兼女婿。

我讲这些，不是炫耀什么，而是在讲蔡山文脉。外公祖上，自道光以来，形成一个下级科举世家，这只是蔡山文脉当中非常微不足道的一段。而且已经不为人知，甚至为子孙遗忘殆尽。如果不是我翻检家谱，我的舅舅们、表哥们，早已茫然无知，只是听说祖上读过书，做过官，但具体是什么，却说不出一个所以然来。作为一个黄梅文脉的追索者，我深知，要形成一个文化世家，需要多少代人的不懈接力，才有可能实现。历史淹没了多少诸如此类的文明。就如蔡山，通过翻检史籍，我才知道它是鄂赣皖的文化高地与标志，而现在多少人只把它当作一个普通的山坡？

今天我们齐聚一堂，就是因为蔡山的地方政府，蔡山的企业家们，以及蔡山的文化工作者们，认识到蔡山肯定不是一个普通的地方，肯定有它值得弘扬和宣传的不同凡响之处。这就是因为，我们都隐隐约约感觉到，在历史上，曾经形成过一个灿烂而辉煌的"蔡山文化"。蔡山作为一座山，已经成为蔡山文化的见证和载体，也成为蔡山人民的精神寄托。

作为文化概念上的蔡山，我想从以下几个方面展开我的浅见，期待领导们、专家们和朋友们的指正。在谈蔡山文化之前，我先谈蔡山的范围。从实指来看，蔡山就是一座山，以它命名的蔡山镇只是一个乡镇。但从文化上来看，新开、蔡山自古一体，新开理当属于蔡山的范围；而分路镇又主要是从新开镇分割出去的。所以从这个意义上讲，黄梅下半县的新开镇、分路镇和蔡山镇应该都属于文化意义上的蔡山片区。从文化的辐射性来讲，以蔡山为中心，方圆数十里的毗邻区域，应该都属于今天的蔡山文化片区。在历史上，蔡山文化的影响范围更大，甚至已经成为鄂赣皖三省的文化高地和主要标志之一。

那么，历史上的蔡山文化包括哪些内容？

第一，蔡山具有独一无二的地理文化，这是蔡山文化最大、最核心的意义。蔡山是古九江演变的见证者。在中国历史上，九江、九江郡、九江王等，都与古九江有关。古九江具体在哪里？千百年来，众说纷纭。"九江"之名，见于我国最古老的一本书，也就是孔子编定的《尚书》。《尚书》可以说是四书五经之首，"尚"即"上"，"尚书"就是孔子以上和以前的书。《尚书》"禹贡篇"中提过四次"九江"，一为"江汉朝宗于海，九江孔殷"，一为"九江纳锡大龟"，一为"过九江，至于东陵"，一为"过九江，至于敷浅原"。由于《尚书》文字过于简约，再加上地名变化和地理变迁，汉代以后的学者们对于"九江"的位置争论不休，有的说是洞庭湖九水，如南北朝郦道元《水经注》说"九江在长沙下隽县西北"，宋代大理学家朱熹认为就是"洞庭九水"；有的说是鄱阳湖九水，如西汉末年大学者刘歆、唐代学者陆德明等；而东汉初年的班固在《汉书》中认为九江在寻阳以南，也就是今天的黄梅与九江之间。争论两千年，直至清末，没有定论。现代历史地理学家、考古学家和水利专家，依据古籍并结合科学考察，已达成共识：古九江是从湖北武穴（武穴口为古九江起点）到鄱阳湖口的一段长江，主要位于今天的黄梅下半县。这个观点，最早由历史地理学家谭其骧提出，并收入他主编的《中国历史大辞典》等书，现已成为常识。古彭蠡泽与古九江相通，甚至可以说它是古九江的一部分。古彭蠡泽横跨今天的大江南北，今天的黄梅整个下半县，都是古彭蠡泽，也就是古九江的一部分。古彭蠡泽后来演变为雷池，雷池又缩小成今天的龙感湖。大家可以想象古九江汪洋一片，如同大海，长江至此，洲渚众多，形成多条江，已经无法辨清主泓道。《尚书》多次提到的"朝宗于海""为北江，入于海""为中江，入于海"，我认为这里提到的"海"，极有可能都是指古九江，上古人至此，以为到了大海，北江与中江等都是指古九江的一个个分叉。"九"是极数，意思是最多，九江就是多条长江的意思。搞清楚了"古九江"的位置，我们再来看《尚书》提到"九江纳锡大龟"。秦汉以前，古人认为乌龟最具有灵性，龟甲成为占卜工具，乌龟可说是古人心中的圣物。古九江中盛产大龟，这个大龟遨游于九江之中，肯定也要在洲渚之上歇息。到底是在哪个洲渚之上呢？我们要结合《春秋》《太平御览》《方舆纪要》等权威古籍的记载，如宋代初年的《太平御览》载："《怀宁图经》曰：'蔡山出大龟'，《尚书》云：'九江纳锡大龟'，即谓蔡山也。"顾祖禹《方舆纪要》载："蔡山，县南五十里，出大龟。《春秋传》'大蔡'，盖以山得名。"《春秋》的原文是"臧武自邾使告臧贾，且致大蔡焉……子以大蔡纳请"，后人注解"大蔡"为"大龟"，顾祖禹进一步指出，"龟"之所以被称为"蔡"，是"以山得名"，也就是说先有蔡山这个地名，因其出大龟，后世才以蔡称龟。这说明蔡山这个地名的存在，起码有三千年。古九江之中，也不可能有第二座蔡山（黄梅下半县一马平川，唯此一山），今天的蔡山肯定是《尚书》所云"九江纳锡大龟"之处。中国最古老的一部经典之作《尚书》能够提到蔡山，这是非常光荣、非常神圣的一件事。"蔡山出大龟"的故事，已被著名科普作家刘兴诗写入他的《刘兴诗爷爷讲述母亲河长江》一书，成为影响千千万万小读者的生动历史故事。蔡山所蕴含的龟文化，也是它做出的贡献，值得今天去弘扬。蔡山作为古九江中的一座孤岛，可以说是古九江历史演变的见证者。蔡山的存在，为证明古九江的位置所在，提供了依据。

第二，蔡山的军事文化意义。蔡山的军事文化意义，也由其地理意义延伸而来。因蔡山具有独特的地理位置，自古为兵家必争之地。据二十四史记载，历代不少名将驻守于此。如秦朝英布、三国吕蒙、诸葛恪等，更有不少名人、名将与蔡山结缘。清代举人余锡椿《黄梅兵事考》中，多次提到蔡山的军事活动。蔡山最大的军事战争，莫过于发生于唐代中期的蔡山之战。安史之乱以后，盛唐转入中唐，各地藩镇割据，不听中央调度。唐德宗建中二年（781年），即位两年的唐德宗发动削藩，结果出现"二帝四王之乱"，唐德宗被迫离开长安，逃亡奉天（陕西乾县）。唐德宗建中三年（公元782年）十二月，藩镇淮西节度使李希烈，叛唐称王。次年，李希烈杀害唐朝派来劝降的颜真卿，僭越称帝，也就是"二帝四王"中的楚帝。当时的宗室嗣曹王李皋奉命征讨，在黄梅杀李希烈部将韩露霜，李希烈被迫兵退蔡山，李皋一时难以攻克。两军僵持不下之时，李皋以声东击西之计，声言西击蕲州，引舟师溯江而上，李希烈部沿江尾随，只留下老弱兵守蔡山。李皋知道李希烈中了分兵之计后，忽然调转船头，顺江直下，与岸边附近的唐军一起突然攻击蔡山。李希烈不及还救，失守蔡山。李皋攻克蔡山后，又顺势进克蕲州。这场战役史称蔡山之战。蔡山之战是平叛李希烈的转折点，是关系到大唐王朝政治安全的一大军事行动，也是中国军事史上的一段重大战役。唐朝平叛"二帝四王之乱"后，一定程度恢复了中央权威。为了纪念蔡山之战的丰功伟绩，唐王朝在黄梅众造寺树立了《曹成王出师碑》，由著名诗人戴叔伦撰写。当时中国最有影响的大文豪韩愈也写过《曹成王碑》一文，其中说："舰步二万人，以与贼遌，嗫锋蔡山，蹈之，剟蕲之黄梅，大鞣长平。"都是对曹王李皋在蔡山击败李希烈的歌颂。韩愈的《曹成王碑》是千古名文，广为流传，后又收入清代桐城派大师姚鼐编的《古文辞类纂》。由于在蔡山之战中，使用了三十六计中的"声东击西"，成为一个经典的军事案例，在一些讲述三十六计的历史读物中，也讲到了蔡山之战，甚至《上下五千年》一类的少儿读物中，有的也把蔡山之战作为历史故事向小读者介绍。

第三，蔡山是古寻阳文化的载体和见证之一。寻阳或浔阳，是非常响亮的一个文化名片，白居易的"浔阳江头夜送客"，宋江在浔阳楼题反诗，等等文学故事，天下闻名。浔阳江就是古九江，可惜世人都说是九江市北的一段长江，却很少人说是黄梅县南、蔡山周边的一段长江。虽然说的是同一个地方，但总是说的九江，可见"浔阳"已被九江夺去，好像与黄梅已经没有关系一样，其实不然。要搞清楚浔阳的问题，也必然要研究蔡山。浔阳在汉代、三国以至西晋，本在江北，后于西晋末年的永嘉三年（309年），浔阳城迁至江南，到了唐朝渐渐变成了浔阳，成了江州的代称。但我们要知道，位于江北的浔阳在汉代和三国两晋时期，也是中国的著名城市。在二十四史中，有十一部正史大量提到浔阳，包括《史记》《汉书》《后汉书》《三国志》《晋书》《宋书》《南史》和《隋书》等，可见浔阳地位的重要。根据以上史书的记载，浔阳为汉代楼船军驻地，是当时全国的重要军港和造船中心。由于浔阳地位的重要，汉武帝就曾在此泛舟。《汉书》《资治通鉴》载：元封五年（前106年），汉武帝"自浔阳浮江，亲射蛟江中"。后来"武帝射蛟"成为一个著名的历史典故，唐代独孤及有《汉武帝射蛟赋》，李白写过"汉武浔阳空射蛟"，杜甫写过"自从献宝朝河宗，无复射蛟江水中"。浔阳主要包括今天的黄梅，以及黄梅周边的一些地方，如武穴东部等地。那么，浔阳城的位置在哪里呢？根据《黄梅县志》和举人余锡椿的说法，就是位于蔡山古城村一带。这种说法流传了数百年，在地方上属于主流之说。夏日新教授曾在《黄梅古县治考》一文中，持此说。我于2005—2006年曾写过《古九江、古浔阳在黄梅》一文，当时就认为浔阳城在蔡山的证据不足，但也没有去推翻。2022年春，梅学书先生首倡编修《蔡山志》，我非常赞同，但对于《蔡山志》要把浔阳城在蔡山坐实，表示了一定的担忧。经过反复查考资料，我认为浔阳城不可能在蔡山，应该大致在蔡山以西或以北十千米左右的武穴花桥至黄梅濯港一片。毕竟我们不能忽视蔡山西北古鸿脑洲（今武穴东南部龙坪镇及其周边）的存在，古鸿脑洲西北尚有长江主泓道的存在。浔阳城应在古鸿脑洲以西以北的某个位置。最早提出浔阳城不在蔡山，而在武穴花桥附近的学者是李儒科老先生，他在三十年前就提出了这种推论和假说，只是缺少考古材料的支撑。武汉大学罗运环教授也力持此说。我去年把我的思考，告诉了夏日新教授，今年他发表了《古浔阳杂考》一文，就改变了他过去认为浔阳城在蔡山的观点，而提出浔阳城在武穴武山湖周边，某种程度上就是受了我的启发。由于目前没有考古依据，所以无法形成定论，但我想，一定是在武穴和黄梅接壤的太白湖周边,或在石佛寺(樊哙城),或在花桥(瑶山古城),或在濯港(化城山古城)。蔡山与花桥、濯港均环绕太白湖,为毗邻之地,无论寻阳城在哪里,蔡山都是古寻阳城的近郊所在。三国两晋不少名人都在寻阳屯兵、屯田,肯定也包括蔡山在内。我们把有关寻阳的文化史料,收入《蔡山志》一书,是非常有必要的,如前所述,蔡山文化是有自己的辐射范围的,方圆几十里以内都受到蔡山文化的影响。即使寻阳城不在蔡山,蔡山也是古寻阳文化的中心和见证所在。在黄梅,打造寻阳文化,就是打造蔡山文化。

第四,蔡山文化是黄梅文化的主体组成部分。黄梅文化主要包括黄梅禅文化、黄梅戏、黄梅挑花、岳家拳等。除了岳家拳与蔡山关系不大以外,其他三种文化都与蔡山相关。尤其蔡山、新开是黄梅戏和黄梅挑花的主要发源地。蔡山的江心寺、晋梅,也吸引了周边县市,成为黄梅下半县的一个景点。李白的《江心寺》一诗更让蔡山名满天下,只是我们还要不断地去推广、普及这种说法。过去我们讲黄梅文化,主要是讲四祖寺和五祖寺,很少提江心寺,而谈黄梅戏和黄梅挑花,又不可能提蔡山戏、蔡山挑花,但不能掩盖和忽视黄梅戏、黄梅挑花本质是蔡山文化。如果黄梅要搞中国黄梅戏博物馆、中国黄梅挑花博物馆之类,我认为设在蔡山才合情合理。蔡山文化作为黄梅文化的主体组成部分,值得单独打造和弘扬,地方政府应该有一些实际行动。

蔡山是我们心中的一座圣山,自古以来围绕它的传说,非常多。梅学书老师在编修《蔡山志》过程中,又组织老专家们,撰写了《蔡山的传说》,意义非常大,应该作为乡土文化的教材,一代代地传下去。对于申报非物质文化遗产,我也非常赞同,这一部分内容应该收入《蔡山志》。

通过以上四点考察与分析,我认为非常值得编修一部《蔡山志》,将一定具有重大学术价值,而且值得正式公开出版。梅学书先生作为从蔡山走出去的正厅级领导干部,退休以后,对家族、家乡有着浓厚的感情,立志于编修《黄梅梅氏》和《蔡山志》两部能够传世的著作。我很佩服他的这种吃力不讨好、吃苦又赔钱的精神。他带领王唤柳、梅亚东、梅耀雄、王重阳、田宇祥、陈峰和桂跃刚等一批钟情于乡土文化的领导干部,采用传统的著述方式,为黄梅人心中的圣山——蔡山,编修一部志书。他们拿出了司马迁编修《史记》一般的精神辛勤劳作,一方面"读万卷书",一方面还要"行万里路",既要上穷碧落下黄泉,又要东翻西找手脚忙,更要东访西走,深入乡野。经过一年的努力,终于把《蔡山志》编成了,我从编辑的角度,认为这部著作达到了出版水准,足以传之于后世。

但我们需要面对的一个问题是,我们过去总是提文化事业、非物质文化遗产,很少提文化产业,这说明文化从来都是精神财富,不是物质财富。精神文化的创造非常艰辛,本身就有很多时间、精力和金钱的投入,如果要呈现出来,还得投入更多的金钱。那为何还有这么多人愿意做呢？这是因为发展经济本身不是目的,只是提高人们精神生活水平的一个手段。而且,文化的发展对于促进经济的发展又有很大的作用。如果一个地方的人群,文化层次不高,缺少积极向上的动力,精神面貌落后保守,那么经济肯定很难发展起来。我曾经去过江浙一带,发现他们编修家谱、家族回忆录、村志和乡镇志的风气非常兴盛,不少都是高端的精品出版物,是对外公开发行的。近千年以来,江浙富甲天下,恐怕不只是会经商的问题,与他们重视文化也有很大关系。

当然,文化本身或许很难实现产业化,但如果能够跟其他行业结合起来,是有可能实现增值效应的,最后也可能实现某些文化产业化的发展。这需要我们不断地去探索。

谢谢大家！

2023 年 2 月 27 日

附 录

梅杰的学术道路

张红

2012年,汤一介、乐黛云在为梅杰(笔名眉睫)的十年学术文集《文学史上的失踪者》撰写推荐语说:"梅杰以锲而不舍的精神发掘珍贵而渐已不为人知的现代文学史料著称于世。他对故乡湖北黄梅的历史人文,怀着浓浓的乡情。无论是对废名的研究,还是对喻血轮及其家族文人群的研究都极见功力,具有重要的史料价值。他以同样执着而奋发的精神对学衡派诸公的研究,特别是梅光迪研究,不仅材料翔实,而且富于创意,多是发前人所未发(如收入本书的《梅光迪年表》)。值此学风浮躁、空论充斥之时代,深感梅杰及其著作确是'一颗奇异的种子',必将长成茁壮的大树。"这是学院派泰山北斗级的大师对一个民间草根学者的褒奖。五六年又过去了,梅杰已经完成了诸多研究,学术版图更为辽阔,探索与研究他的学术道路,对于学院内外的学者应该都具有积极的意义。

废名研究:学者梦的起源

梅杰认为黄梅的十大历史人物是弘忍、昙华、瞿九思、石昆玉、汪可受、喻文鏊、帅承瀛、汤用彤、废名、喻血轮或梅龚彬。其中最具研究价值的是弘忍、瞿九思、喻文鏊、汤用彤、废名、喻血轮。但瞿九思、喻文鏊、喻血轮在中国历史上地位有限,弘忍、汤用彤又研究者较多,于是梅杰优先考虑研究废名,他认为废名研究是一项重大空白，因为对废名的偏爱，他甚至认为废名在中国历史上的地位高于弘忍和汤用彤，是黄梅历史文化名人中排第一的人物。为了恢复废名的历史地位，让世人真正了解废名，他在中学时代就开始投入废名资料的搜集与整理，甚至以荒废高考为代价。梅杰在他的一万多字长文《我的废名研究之路》中曾对自己的学术道路作过动情的回忆。废名研究是他的学术梦想的起源之地，他之所以成为一名学者，皆因废名研究，废名研究是他的学术生涯的起点。

2004年，年仅二十岁的梅杰，走访废名在黄梅的遗迹，拜访废名在黄梅的亲友，撰写万字长文《废名在黄梅》，不久在核心期刊《新文学史料》发表。这是一篇填补废名生平研究空白的文章，成为梅杰研究废名的代表作。这篇文章，不到一篇硕士论文的容量，但从其学术价值来讲，却相当于一篇有影响的博士论文。此后，梅杰又从废名生平史料角度入手，在《鲁迅研究月刊》《新文学史料》《博览群书》等核心期刊发表多篇文章，极大地丰富了废名研究，为今后废名传记的撰写提供了基础。

梅杰的废名研究文章先是2009年在台湾结集出版，四年多后，又在大陆再版，可见其生命力。最近十年，虽然梅杰不再撰写废名研究文章，可是学界中人，每每提及梅杰，都以废名研究专家视之，可见梅杰的废名研究的生命力。

从梅杰的废名研究来看，有两点值得学院派学人注意：一是梅杰的学术研究不是建立在学位、职称、金钱和名誉的基础上，而是源自真热爱，以及梅岭春、翟一民、冯思纯、陈建军等人的启蒙式引导。他与这些引路人之间的关系，毫无功利色彩，纯粹是为了学术研究。这是梅杰的学术生涯之所以能绵延不断的内因。二是梅杰有自知之明，善于扬长避短。他曾说："作为一名非学院派学人，我从一开始就知道，从文艺理论的角度研究废名绝非我之所长，而做学问也要扬长避短，不与人争，得做出自己独有的特色来，或能开辟出一片天地。再说，我本身也不想成为一个学院派学者，我想让自己的学术文章写出散文、随笔的味道。刚好那时有一位散文家型的学者止庵，我特别喜欢读他的文字，在一定程度上我甚至认为，他是散文家废名的当代传人。止庵的文章最初就是我师法的对象，我至今还记得2004年，大一的时候，我从网上下载了一些止庵的文章,打印出来,时时拿在手上,坐在学校体育场的台阶上反复咀嚼,直至天黑。这种苦读的经历,让我揣摩遣词造句,谋篇布局,并希望自己的文章能够时时透露出新奇之处。我当时读废名和止庵的文字,明白为文的一个道理是,写文章前要找到一个点,深挖下去,写作时要切己,忌抒情,以平实、真切出之。"

梅杰的废名研究,又渐渐扩展到废名圈研究,集中涉及废名的弟子朱英诞、废名的同学许君远。2005年起,梅杰陆续开始撰写朱英诞研究的文字,引起陈子善等著名学者的关注,称他是朱英诞研究的开拓者。经过梅杰等人的呼吁和推动,朱英诞研究已经成为现代文学研究的热门课题,十卷本《朱英诞集》也得以出版,与此同时,梅杰正在抓紧撰写《朱英诞年谱》,近期有望出版。民国报人、翻译家许君远也有一定研究价值,梅杰在2008年就撰写了《许君远年表》,并在海峡两岸推出《许君远文存》,为世人了解许君远提供了文本基础。

方志研究:毕生的精神家园

梅杰选择研究废名,从本质上讲,是因为他想研究黄梅地方文化。梅杰十岁时,从叔叔梅自珍家里读到1985年版的《黄梅县志》,从此对黄梅地方志痴迷不已。从中学起,梅杰就开始搜集黄梅文史资料,涉及禅宗、黄梅戏、黄梅文人的作品集等。经过十年的搜集,梅杰敏锐地发现,对黄梅历史文化名人的研究是重大空白,几无人涉及。老一辈的黄梅文史工作者,对黄梅历史人物的研究大多停留在二手资料,基本没有接触原始著作,所以谈不上有什么学术价值。2003年,梅杰到武汉后,借助湖北省图书馆和武汉市各旧书店的便利,以及他较早地有目录学意识,并善于跟名人后代打交道,获取不少原始资料。2011年,梅杰又到北京工作,充分利用了国家图书馆和北京各大书店的优势条件,将黄梅古籍进行了摸排,并开始校点整理。2017年,梅杰出版《黄梅文脉》,初步呈现自己的研究成果。

2006年初,梅杰写了一篇《古"九江""浔阳"在黄梅》的文章,后来疯传于各大网络,甚至为百度词条使用。这一年,梅杰还写了关于黄梅喻氏、石昆玉、帅承瀛、刘任涛等人的系列文章,构成了他的黄梅文脉研究的起点。其中《黄梅喻氏家族考略》,发表于 2006 年的《黄梅周刊》,正式提出黄梅喻氏的文化概念,引起世人关注。2008 年,梅杰写成《黄梅喻氏家传》,将整个黄梅喻氏文人群的研究推到了新的高度,为此后的黄梅喻氏宗谱的修撰、黄梅喻氏研究提供了全新的资料基础。自 2002 年起,梅杰沿着废名、喻血轮、喻文鏊、邓文滨、汤用彤、王默人等黄梅名人的顺序,开始全方位整体开展黄梅文化名人的研究工作。

梅杰曾在《绮情楼杂记》的再版后记中自述研究黄梅文化的历程:"自入黄梅一中以来,我矢志研究黄梅历史人物,喻文鏊、废名、喻血轮、汤用彤、邓文滨、王默人、刘任涛等就是其中的重头戏。若以家族而言,则首推黄梅喻氏。十年来,我研究以喻文鏊、喻血轮等为代表的黄梅喻氏文人群,为此耗费了大量的时间、精力和金钱,但我从不后悔,而是乐此不疲,仿佛我此生就是为了给他们续命的,我的人生价值就是建立在他们的文学遗产之上。这种'怀良辰以孤往''蓦然回首,那人却在灯火阑珊处''缥缈孤鸿影'的情境,时时在我心头涌现,有时真的不胜唏嘘:我是怎么活过来的。"

以喻血轮研究为例,梅杰通过十几年的努力,将一个名不见经传的文学史上的失踪者,和盘托出,使其成为在中国文学史上有一席之地的名家。2006 年,梅杰在《书屋》杂志发表《喻血轮与他的〈林黛玉日记〉》,为人大复印资料存目,成为第一篇喻血轮研究文章。此后不久,梅杰又陆续发表多篇研究喻血轮的文章,为喻血轮研究持续发力。2009 年,梅杰敏锐发现喻血轮的《绮情楼杂记》具有重大史料价值,积极整理,寻找出版机会,于 2011 年初推出,成为当年辛亥主题图书中的骄子,一度上了三联书店畅销书排行榜,自此喻血轮正式进入读者视野。梅杰利用自己在出版界、读书界和学术界的资源,并借助媒体的推动,让这本书具有了广泛的影响力。2012 年,梅杰又乘势将喻血轮夫妇的《芸兰日记》《蕙芳日记》进行整理,于 2014 年出版。至此,喻血轮的重要代表作基本问世,完成了挖掘喻血轮工作的重要一环。2016 年,梅杰考虑将《绮情楼杂记》的足本推出,并应《荆楚文库》编辑部之邀,主持《喻血轮集》的点校、整理、汇编工作。喻血轮的全部作品大约 130 万字,全部由梅杰一人点校,为此耗费大量心血,也为他以后撰写《喻血轮评传》奠定了基础。

2010年,梅杰开始研究邓文滨,并撰文指出《黄梅戏宗师传奇》不尊重史实,乱点鸳鸯谱,必将后患无穷。梅杰深恐邓文滨的真实面目被遮蔽,于是翻检故纸堆,校点整理邓文滨的著作,于2012年完成,后于2016年由华中师范大学出版社出版,纳入《荆楚文库》。邓文滨成为第一位进入《荆楚文库》的黄梅籍文人,也是《荆楚文库》最早的一批作者,梅杰的推动之功,不可磨灭。

由于梅杰十多年的学术准备,《荆楚文库》除了邀请梅杰整理《邓文滨集》《喻血轮集》《喻文鏊集》,像《汤用彬集》《梅雨田集》,以及其他黄梅喻氏文人著作,也正等着梅杰点校整理。黄梅文人的著作率先、集中、批量入选《荆楚文库》,这与黄梅有梅杰这样的研究者是分不开的。除了《荆楚文库》,黄梅县志办也十分看重梅杰的学术工作,邀请梅杰担任核稿人,并把《黄梅姓氏志》《清代黄梅县志合订本》《新版黄梅县志》《黄梅年鉴》《黄梅风土志》等多种志书交由梅杰编辑出版。由于梅杰的加入,极大地加快了黄梅方志的出版进程,也保证了这批方志的学术质量。

梅杰研究黄梅方志,有两点值得注意:一是梅杰研究地方志,立足于原典,整理与研究相结合,互相推动,从不采用二手资料,更不会道听途说,这使得梅杰的研究工作立得住,具有更深长的生命力。经过梅杰多年的努力,黄梅古籍正陆续出版,这使梅杰可能成为新时期以来黄梅第一个通过校点原著来研究黄梅文化的学者。二是梅杰研究地方志,是把地方志当作学术工作对待,而不是以地方文史工作者自居。他善于将黄梅文化置身于中华文明史、中国文学史等大背景下来观照、谛视,给予科学、公正、客观的学术评价,成功实现把黄梅文化的研究从政府的地方文史工作,改造、转变为一项学术研究工作。这从2006年他写的一篇关于帅承瀛的文章就可以看出来,他指出帅承瀛是中国最早的经世派人物之一,这是帅承瀛最大的历史意义。再如,他研究喻血轮、喻文鏊、邓文滨的文章,都科学地指出他们的历史坐标和文化价值,其中关于喻文鏊非袁枚一派的论述,发前人所未发,有醍醐灌顶之效。

儿童文学研究：学术版图上的点缀

2004 年，梅杰认识了黄梅籍童话作家萧袤先生，从此走进儿童文学的世界。他可能完全没有想到，这一次的认识，会成为他今后职业生涯的伏笔。2005 年，梅杰入读蒋风先生的中国儿童文学研究中心，并于 2009 年获得非学历研究生证书。很多认识梅杰的人，都会羡慕他能够将职业与志业相结合，其实这在很大程度上是一种误会。从本质上讲，梅杰是一位现代文学和地方志的研究者，而从工作上讲，梅杰是一位童书出版工作者，是一名文化企业的编辑，并非学院派学者。对此，梅杰在《我是怎样走上学术之路的》一文中有过清醒的认识，他对自己的定位是"业余学者、职业编辑"，即"精神上的学者、现实中的编辑"。学者与编辑完全是两码事，何况童书工作与学术爱好关联并不紧密，梅杰并未真正实现职业与志业相结合，至于他业余从事的学术出版工作，跟他的学术研究一样，完全是出自个人爱好，并非他的工作。

其实，跟大多数人一样，梅杰也面临诸多现实问题，他曾在《我的废名研究之路》的末尾回顾道："随着年龄的增长，又因为要走向社会，面临诸多现实问题，如找工作，谈对象，成家立业等许多世俗问题，而我自己又未能幸运地留在高校，所以我的废名研究受到了极大的冲击。我的废名研究终于没有完全持续下去。"梅杰的不少学术研究工作，之所以断断续续，前后绵延了十多年，这种捡起、放下、再捡起、再放下的研究状态此后还必将如此，这恰恰是因为他作为一名非学院派学者，没有安逸、稳定的研究环境所导致的。

梅杰在学术道路上的不少导师，都奉劝过他要思考安身立命之本，他也为自己的工作问题长期茫然无助，直至 2008 年，他毅然决然地踏入童书出版之路，才略微缓解，尤其到了 2011 年他被著名出版家俞晓群看中，入职中国外文局海豚出版社，七年耕耘儿童文学出版，并著述不断，真正实现了他的"业余学者、职业编辑"的自我期许。梅杰发挥学术研究特长，从 2005 年开始研究儿童文学，尤其到了海豚出版社后，力作不断，提出"泛儿童文学观"，结集出版《童书识小录》《丰子恺札记》等书。这些儿童文学研究工作，成为他的学术版图上的点缀。

梅光迪研究:触摸到学术的边缘

梅杰进入学术研究工作的路径,著名出版家、学者钟叔河先生曾如此总结:"梅杰关心的首先是他本土和本姓的作家,这一点实在具有很不一般的意义。从低一点的视角看,由近及远,由亲及疏,由切己而普世,此正是一种切实有效的研究方法。从高一点的视角看,中国社会根本上就是乡土的和宗族的,近几十年变化虽多, 本质却还依旧。梅杰用这种方法取得的成绩 (包括挫折和失败),也就具有更为广大和深远的意义了。因此,我十分看重梅杰的工作,认为其指标性的价值,实在不亚于其学术文章达到的水平和创造的价值,也许还更大一些,更值得学术界和出版界的关心也。"因为姓梅,梅杰也十分关注家族文化。一个偶然的机会,梅氏族人让梅杰整理梅光迪讲稿,让梅杰进入了梅光迪研究的世界。

梅光迪虽然没有废名的名气大,但他在中国文化史上的地位却不低,整体影响应该不在废名之下,而且他与新文化运动紧密相连,注定要载入中国思想史册。废名在文学领域成就固然很高,但文学毕竟较为专门、冷僻,而梅光迪在更广泛的文化层面,比废名拥有更多的关注者,在思想学术界,影响更大。从一定程度上讲,只有梅光迪研究才让梅杰真正触摸到学术的边缘,让他真正跻身于学术界。

梅杰的梅光迪研究分为两个阶段,一是 2009 年开始整理梅光迪讲义,编纂梅光迪演讲集和《梅光迪文存》,这些著作于 2011 年顺利出版,在学术界产生了重大影响。后来又再版,体现了它们的深长生命力。二是研究梅光迪生平,撰写《梅光迪年表》《梅光迪年谱初稿》,并编出《梅光迪研究资料汇编》(待出)。与此同时,梅杰撰写了《梅光迪致胡适信函时间考辨》《梅光迪与新文化运动》《胡适与梅光迪之争》等长篇文章,发表了自己的学术见解,如指出梅光迪以"真正的新文化者"自居,也是新文化运动的组成部分,他并非反对新文化运动,而是反对胡适领衔的新文化运动,提出"胡梅之争"的实质,是新文化运动领导权的争夺,让人耳目一新。

2013年初,梅杰的《梅光迪年谱初稿》完成,并请来新夏题签。延宕多年后,此书方才出版,梅杰感慨道:"这本书是四五年前的旧作,一朝付印,算是满足了青春时代的学术梦想。从二十到三十岁,前五年研究废名,后五年研究梅光迪。黄梅喻氏研究(喻血轮和喻文鏊等)始终贯穿其中,间以许君远、朱英诞、邓文滨和儿童文学研究。十年之间,研究三五个人物,一个文化世家,便是我全部的青春岁月。"

梅杰是一位有学术抱负、历史情怀的民间草根学者,他认为自己的学术生涯才刚刚开始,学术领地才刚播完种,以上所有的成绩不过是初步呈现。据他对记者和朋友所讲,他今后还会撰写《黄梅喻氏年谱》《黄梅文化史》《黄梅作家研究》《废名评传》《喻血轮评传》《喻文鏊评传》《梅光迪先生年谱长编》《胡梅之争》《王默人研究》《泛儿童文学论》,并主持出版《黄梅古籍丛书》《黄梅汤氏资料汇编》《黄梅艺文志》等。这些具有集大成意义的学术著作,将继续书写一个学者的人生之路。

梅杰的学术趣味和学术方法

谢泳

我很注意梅杰的学术工作,不是因为我们曾有过一些学术交往,而是我欣赏他的学术趣味和学术方法。

今年秋天,我在北京见过梅杰一次,两天时间里有过多次交谈,我感觉他对学术的热情格外强烈,而自己选择的学术路径,也切合自己的学术处境。所谓学术处境,是我自己不经意想到的一个说法,主要是指一个人在自己真实生活中所具备的可能从事学术研究的基本条件,以此观察,梅杰的学术处境确实不好。传统社会中,学术处境的第一条件是家学或者师承,而现代社会中,学术处境的初始前提是学历。梅杰的学术处境,要是在旧时代,完全没有问题,但那个时代过去了,在现代,以学历和专业论,他不具备常态社会中从事学术工作的条件。常态社会对学者的基本要求是专业对口且是专业中的最高学历,这些梅杰都没有。他现在从事的是中国现代文学史或者较这个范围还要宽的中国现代史方面的研究,但梅杰的专业背景是法学,还不是本专业中的最高学历,但就是在这样的学术处境中,梅杰做出了比本专业最高学历获得者一点都不差的学术成绩。我感觉他不仅有浓厚的学术趣味,更有强烈的学术热情,同时还具备较为熟练的学术研究方法。

我最早关注梅杰的学术研究工作,不是因为他做了什么大的学术研究,而是因为他做了小的学术研究,这个学术路径,最合我对学术方法的基本判断。

梅杰最初的学术工作在废名研究上,这方面的学术研究工作,无论从史料还是整体影响观察，梅杰应该是这个研究领域做得最好的几位学者之一。他以非专业的学术背景接触，但却以最恰当的学术方法深入，之所以能如此，是因为学术路径是以本土名家文献搜集开始的。

做史料工作的人，都明白一个简单道理，史料的丰富性和真实性与作家出生地和历史事件发生地成正比，也就是说，越接近研究对象出生地和历史事件发生地，越容易有新史料、新线索和新判断，以此为路径切入的学术研究，常容易出新。梅杰用地方文献和本土经验研究废名，自然会有得天独厚的感觉。他在这方面能迅速做出成绩，是因为他的学术方法，暗合了好学术的最佳道理。他由废名研究，扩展到喻血轮、梅光迪这些本籍或本姓作家，以及废名圈（如许君远、石民、沈启无、朱英诞、赵宗濂等），这个学术路径让梅杰的学术视野越来越宽。

近年中国现代文学研究的一个新路是学者比较自觉地意识到扩展史料的方向和对作家的深入观察，在相当大程度上要依靠地方文献和本土知识。当这个意识强烈时，学术工作可能要由以往注重书本阅读而转向田野调查，即直接深入到研究对象的生活范围中，由地方文献和本土经验结合，从而丰富研究对象的史料，同时扩大视野。我不知道梅杰是不是一开始即有这样的自觉，但他的学术实践确实是以这样的方法突进的，他能在短时间内发现如此丰富关于废名、喻血轮、梅光迪等中国现代作家的史料，完全得之于他的学术自觉，即对地方文献的熟悉和具有真实的本土生活经验。

以当前的学术规范判断，梅杰是一个完全没有受过中国现代文学研究系统学院训练的学者，但他在自学过程中，注意由基本史料入手观察研究对象的学术实践，远比多数学院出身的人更符合研究规则，我想这也是梅杰的学术成绩为中国现代文学研究提供的一个经验，对中国现代文学学科建设也有非常重要的借鉴作用。

梅杰的另一个优点是他的学术视野相对开阔。一般的学术经验是有丰富地方文献知识和本土生活的研究者，容易沉溺于较为单一的研究对象，除了关注与本土相关的作家和历史事件外，很难再有其他学术关注点，但梅杰不是这样。在他这个年龄阶段的中国现代文学研究者中，他的学术趣味很高，比如他关注的学者作家多数具有全国意义,不是局限于一时一地的作家学者,这个选择使他研究工作的持续性和重要性突显出来。梅杰对中国儿童文学、法律与文学也极为关注,对相关史料和理论也有兴趣,这使他的学术格局变得开阔和丰富起来。

梅杰的文字也相当不错,但还有些火气,有时候容易以己之长视人之短,这些在青年时代都是难免的,但以后应当慢慢养成在学术研究中始终保持从容心态,不作意气之争,不逞一时之快。掌握史料愈成熟,愈不与人争。多看别人的长处,少看别人的短处,或者看到别人的短处,也要同情理解。我愿以此与梅杰共勉。

我所知道的梅杰
——《重写中国儿童文学史》序

蒋风

2005 年夏,我收到武汉一位大学生的来信,信后附了几篇他写的有关儿童文学的文章,其中一篇《丰子恺的童话》,让我眼前为之一亮。我才知道他叫梅杰,是湖北儿童文学作家萧袤建议他来拜我为师的,想入读中国儿童文学研究中心。中国儿童文学研究中心招收儿童文学研究生,必须是本科及以上学历,梅杰只是一个在读大学生,不符合条件。但我认真仔细地读了他的文章,觉得他善于挖掘史料,对儿童文学有一定的兴趣,且小小年纪,就在全国性报刊,如《文艺报》《中国图书评论》等,发表好几篇儿童文学研究文章,应该是一个可造之材。于是,我决定破格收他为徒。

那年夏天,梅杰就从老家湖北黄梅到了金华,参加为期一周的暑期面授活动。当时他才 21 岁,他说他是第一次坐火车,也是第一次独自出远门。我关切地问他父母同意了没有。得知他的父母和祖父都支持他来金华学习儿童文学,我才放心。第一次见到梅杰,我觉得他有闯劲,对未来充满向往,透露着有为青年的活泼气息。相聚一周,梅杰总是给人谦逊、真诚、朴实的感觉,讷于言,但又分明喜欢思考问题。我还记得,有一天晚上,梅杰送我回胜利街的家。行走在金华江边,梅杰问我文学会不会消亡的问题,显示了他的忧虑之思。我不记得我怎么回答了,但他的这个问题让我知道他是一个爱思考的年轻人。

梅杰回武汉后,正常交作业,且每年发邮件或来电话问候,诸如毕业情况、工作情况等,都一一汇报。2008年底的一天,我接到梅杰一封信,他说要在台湾出一本评论集,里边收了不少儿童文学评论,等书一出版,就寄我当作全部作业。我为他的进步感到高兴,并提醒他还得写一篇有分量的结业论文。很快,我就收到了梅杰的论文《略论诗化小说的儿童小说特征》。梅杰将沈从文、萧红、孙犁和废名等人的诗化小说作为研究对象,选取其中适合儿童阅读或主人公为儿童的作品,一一剖析,并指出曹文轩、董宏猷和林彦等人的作品在儿童文学界延续着这一抒情文风,体现了他不俗的学术眼光和文学审美。我很满意,第一时间将全文整版刊在了《儿童文学信息报》上。2009年初夏,我给梅杰颁发了儿童文学研究生结业证书。这时,他大学毕业两年,总共花了四年时间就拿到了证书,这在学员里是很少见的。那年秋天,我到武汉参加全国师范院校儿童文学年会,又见到了梅杰,这时候他已经是一名童书编辑了。我依然感到他蓬勃向上的青春气息,为他走上童书出版之路感到高兴。

那一年,梅杰为我编了一本我的师友回忆录,由他亲自录入、校对,并解决出版问题。梅杰提出这个选题,体现了他重视文学史料的意识,我欣然同意。除了请董宏猷作序,梅杰还为这本书写了一篇简洁、精到的编后记,他的为人和风采也尽现笔底,全文如下:

> 蒋风先生毕生从事儿童文学的研究、评论、教育活动,为中国儿童文学学科的建立、儿童文学研究和教育人才的培养,以及儿童文学阅读的推广,都做出了令世人瞩目的成就。我于二〇〇五年夏至浙江金华,问道于先生,四五年来,凡先生著作未尝释手,然惜无所成,心中愧甚。回思先生已版著作,均在海内外产生巨大影响,惟独有关文坛交游文字不曾结集成书,如加以搜罗、整理,并付印行,作先生一生文缘之见证,以启发后世学子,不亦佳事一桩?我将此想法汇报于先生,得到先生首肯,并亲自搜集文章,交我编校整理。我本不器,能为先生做此工作,心中愧意乃稍减,并希今后有所长进也。

> 先生已年近九十,有爱戴先生者,于先生生平、思想之资料,勤于搜集,写成《蒋风评传》一书出版,实功莫大焉。本书自非传记,仅先生毕生文缘

之一记录，上至五四作家有刘延陵、丰子恺、张乐平等，下至先生同辈有叶君健、刘以鬯等。若论地域范围，则兼及海外，如韩国、日本等。先生甚重视此书，命名《悠悠文缘》，屡次询问出版进度，并于去年九月末赴汉会议之暇，招余面谈此书目录之编排诸事，至为详尽。现此书已排版，不日将印行，今勉为一后记，以作日后纪念之资。

末了，著名儿童文学家、湖北省作家协会副主席董宏猷先生为此书作序，深致谢意。

二〇一〇年五月十二日

通过这本书，我加深了对梅杰的了解，才知道他在现代文学研究领域做出了许多成绩，衷心希望他早日找到能够发挥出实力的工作平台。

一年多以后，我又接到梅杰的电话，说他已经到了中国外文局海豚出版社工作，想策划一套《中国儿童文学经典怀旧系列》，请我当主编。在他的描述里，我知道这套书在挖掘现代儿童文学史料方面具有重大意义，于是欣然同意。当然，说是我主编，其实工作都是梅杰做的。俞平伯的《忆》、废名的《桥》、范泉的《哈巴国》、凌叔华的《小哥儿俩》、关露的《苹果园》、吕伯攸的《中国童话》、丰子恺的《文明国》、老舍的《小坡的生日》、一叶的《红叶童话集》等都收入了这套书，不少作品在1949年后属于初次问世。

梅杰在海豚出版社工作的几年，积极上进，勤奋刻苦，做了许多内容好、有影响、高品质的书，为童书出版界带来了不一样的感觉，甚至可以说带来了一定的希望。我在《中国儿童文学经典怀旧系列》的总序中说：

在市场经济高度繁荣的今天，环顾当下图书出版市场，能够随处找到这些经典名著各式各样的新版本。遗憾的是，我们很难从中感受到当初那种阅读经典作品时的新奇感、愉悦感、崇敬感。因为市面上的新版本，大都是美绘本、青少版、删节版，甚至是粗糙的改写本或编写本。不少编辑和编者轻率地删改了原作的字词、标点，配上了与经典名著不甚协调的插图。我想，真正的经典版本，从内容到形式都应该是精致的、典雅的，书中每个角落透露出来的气息，都要与作品内在的美感、精神、品质相一致。于是，我继续往前回想，记忆起那些经典名著的初版本，或者其他的老版本——我的心不禁微微一震，那里才有我需要的阅读感觉。

这分明表达了我对商业童书的一些不满的情绪，而这背后是我对梅杰的"人文童书"出版理念的赞许。

梅杰在海豚出版社主持儿童文学出版工作，推动了"中国儿童文学走向世界"，又策划出版了大型儿童文学理论丛书《海豚学园》，在业内声名鹊起。其中，《海豚学园》本来也计划收入我的《我与儿童文学七十年》一书，可惜我迟迟不能交稿，直到梅杰即将离开北京时才弄出稿子，最后就没能问世。这多少有点遗憾。在海豚出版社工作期间，梅杰出版了两本儿童文学评论集，都是他出版工作经验的结晶。其中一本《童书识小录》，他请我题词。另一本书记录他主持出版《丰子恺全集》工作的经过，并收录他关于泛儿童文学的研究成果，都是很好的学术总结。不久，我主持修订《世界儿童文学事典》，给梅杰发去了征求儿童文学材料的信，打算将他这些年做出的儿童文学成绩记录在书中。

回武汉后的这几年，梅杰好像沉寂了，听说刚回来一时不太适应地方环境。直到有一天，接到梅杰电话，得知他已经在华中师范大学工作，并担任湖北大学客座研究员，正着手重写中国儿童文学史——原来他沉入书斋里了。

这十几年来，看到梅杰的每一个成长和进步，我都感到高兴。他从一个大学生，到一位儿童文学自学者，再到一名出色的儿童文学资深编辑，最后走上了学术之路。他是一个充满着励志色彩的年轻人，是这个时代不可多得的读书种子，通过他持之以恒的刻苦钻研，一步步勇攀学术高峰，终于实现了自己的学术梦想。我为十六年前破格收他为徒，今天证明是一个正确的决定而感到欣慰。

最近，梅杰将他的《重写中国儿童文学史》寄给我看，读后，我有如下感想：

第一，这是一本充满个人化的学术气息的著作。过去的中国儿童文学史，大多是集体编写，且带有教材特征。梅杰的这本书，虽然也是学术演讲使用，但分明充满他个人的思考。梅杰的语言也是个人化的，有民国文风。梅杰的

"重写",是他个人化的探索,为其他人继续重写提供了一定的借鉴意义。

第二,这本书建立在梅杰过去出版经验的基础上。从我过去对梅杰的观察看,他从事儿童文学出版十多年,一直有意识地将出版工作与重写中国儿童文学史的学术研究结合起来,有了扎实的史料做基础,写出这本书可谓水到渠成。梅杰的这一学术路径,也给我们以启发,甚至让我们发现出版社中学者型编辑的传统并未断绝,还在延续。

第三,梅杰的视野很开阔,能够结合现当代文学史的成果来研究儿童文学史。儿童文学史肯定是现当代文学史的一部分,过于突出它的独立性,可能会导致儿童文学与现当代文学的疏离,不利于儿童文学融入现当代文学。梅杰的这一学术实践,无疑有着不一般的意义。

重写文学史的工作没有止境,梅杰已经迈出了难能可贵的一步。希望他更上一层楼,继续重写、不断重写,让更多读者看到中国儿童文学多姿多彩的不为人知的风景。

2021 年 8 月
于浙师大丽泽花园

《重写中国儿童文学史》序

周百义

　　梅杰是湖北黄梅人,在武汉读大学,毕业后曾在我担任董事长的海豚传媒做过两年编辑工作,遗憾的是,那时我们之间并不相识。到了2015年,我退休到《荆楚文库》编辑部工作时,已经人在北京做编辑工作的梅杰通过网络才与我取得联系。后来,他陆续给我寄来了《现代文学史料探微》《文学史上的失踪者》《黄梅文脉》《童书识小录》等十余种著作,至此我方知道,这位出生于1984年的青年才俊,刚进大学就开始尝试学术研究,参加出版工作后仍笔耕不辍,在现代文学和儿童文学领域的研究上,在古籍文献的整理上,已经取得了不菲的成绩。

　　梅杰的研究,与他的家乡黄梅那片文学的沃土有很大的关系。他先是关注了20世纪从家乡走出的作家和诗人废名,继而扩大到废名圈,扩大到废名所成长的黄梅文化圈,然后,又将目光投向了整个现代文学领域。后来,因为工作关系,又关注到儿童文学,在儿童文学作家、儿童文学史及儿童文学理论研究上,获得了不少富有特色的研究成果。梅杰的学术成就,得到学者汤一介、乐黛云、钟叔河、陈子善、止庵、谢泳,包括远在香港的董桥等人的肯定。

　　后来梅杰因为家庭的原因又回到了武汉,继续从事他喜爱的编辑工作。这一时期,我们在汉的几位从事出版和研究出版的朋友们创办了"出版六家"公众号。梅杰是最早的参与者之一,也是我们"六家"中年龄最小的一位。这期间,他坚持学术研究,继续沿着原来的研究方向拓展。每个月,大家都要轮流在公众号上发表二至三篇文章。其实,梅杰除了本职工作之外,还是两个孩子的父亲,他能取得这样的丰硕成果,可想而知是多么的不易。去年,梅杰到了华中师范大学出版社,在大学那种氛围中,梅杰的学术研究又开启了新的篇章,他除了为《荆楚文库》整理邓文滨、喻血轮、喻文鏊的文集外,这部《重写中国儿童文学史》,便是他过去为武汉大学、山东大学、安徽大学等学校的大学生们举行系列讲座时理论的结晶,更是他十多年儿童文学出版实践的产物。

其实,梅杰从参加工作起就在从事儿童读物出版,他先是在国有与民营合资的海豚传媒股份有限公司做编辑,后又到了中国外文局下属的海豚出版社做编辑。到了北京后,他按照俞晓群先生的安排,担任《丰子恺作品全集》的责任编辑,后来又编辑了老舍、林海音等一大批儿童文学作家的全集和选集,回到武汉后,又主编了《中国儿童文学大视野丛书》等。他在文章中曾经多次谈到,通过编选这些儿童文学作家的作品,他发现了很多被"遗漏"的儿童文学作家,他对中国儿童文学史有意或无意遗漏这些作家的重要作品感到遗憾。在"打捞"这些作家的过程中,他开始着手重写中国儿童文学史。现在,我则有幸读到他的这部书稿。书中他没有按照时间节点来划分儿童文学发展的阶段,而是依照儿童文学发展过程中的特点分为"史前期、孕育期、诞生期、发展期"等若干个单元。这样来划分儿童文学的发展轨迹是否科学,儿童文学研究专家蒋风和朱自强先生有专业的评价,我则不再重复。让我感到欣慰的是,我们的青年编辑一代,在市场经济的大潮中,还能够有梅杰这样坚持将学术研究与出版工作紧密结合的年轻同志,则是中国出版的幸事。

编辑从事学术研究,孔子是第一人。他整理《诗》《书》《易》《礼》《乐》《春秋》,将自己的编辑思想贯穿其中,结果这些著作成为中华民族最为宝贵的精神资源。孔子本人尽管"述而不作",但他的弟子们将他的观点整理出版,那些凝聚了人类智慧的思想光芒从古到今一直照耀着炎黄子孙。孔子太伟大了,把他拿来做比较我都感觉有些冒犯。但孔子以编辑的身份兼做学术研究的传统,却得到了薪火相传。如西汉的刘向、刘歆父子俩,在整理国家藏书的过程中,形成了《别录》《七略》两种既是目录也是优秀学术著作的重要文化遗产。南朝梁萧统编辑《文选》三十卷,开创了文学与史学、经学独立分家的先河,以至于历代研究《文选》成了一种学术方向。萧统在主编此书以外，自己也还撰有20卷各类体裁的作品。近代以来，叶圣陶、巴金、茅盾、张元济、周振甫等，更是编辑与学者、作家兼而为之的典范。当代的陈昕、聂震宁、俞晓群、范军等，也是在出版管理与编辑工作之余，从事文学创作或者学术研究，他们在这方面也都取得了优异的成绩。现在，年轻的梅杰继承老一辈优秀出版人编著结合的优良传统，以学术指导出版，以出版反哺研究，走出了独具特色的学术与编辑之路，对广大的年轻编辑无疑有示范作用。

编辑在工作之余从事学术研究或者创作，应当朝着什么方向拓展呢？据我观察，一部分是围绕自己的本职工作开展研究，二是坚守出版岗位，但围绕自己感兴趣的方向拓展自己的版图。至于编辑在工作之余究竟如何二者兼顾为好，这要视本人的主客观情况来决定。梅杰在这方面处理得就比较好。他勤于思考，善于总结，编辑丰子恺的作品就开始研究丰子恺，编辑《中国儿童文学大视野丛书》就研究儿童文学的发展规律，这种将学术研究与出版实践紧密结合的方法，不仅对本职工作的开展有直接的促进作用，另一方面为学术研究积累了丰富的资源，打下了良好的基础。在实际工作中，这种研究型的编辑看似分散了精力，其实从长远来看，编辑围绕本职工作开展研究，才能形成开阔的视野，在选题的策划上，站得更高，看得更远。梅杰主编和担任责任编辑的诸多图书，在图书市场上受到欢迎，一版再版，不少成为经典常销，其实就是他开展学术研究的直接成果。

梅杰尽管在学术研究上已经不是一个新兵，但他还很年轻，无论是做出版工作，还是做研究，未来都不可限量。我建议他在出版工作之余，聚焦研究方向，以便能够在若干个领域取得更大的突破。这本《重写中国儿童文学史》虽然只是讲座内容的整理，相信经过他的丰富和完善，会成为这个领域独树一帜的专业书籍。

是为序。

《而立小集》序

胡竹峰

梅杰让我写序,这事恍恍惚惚在心里存着。从冬到春,从春到夏,眼看着节令已近芒种。奈何作文无门,只能在书外东张西望,无从叙起,也就无从序起。近读王符《潜夫论》,书上有云:"大人不华,君子务实。"醍醐灌顶,突然觉得序文应该这样开篇:

梅杰务实写文章,梅杰写务实文章,梅杰文章写得务实。

务实文章靠修炼,一字一句,一音一节,都是岁月的沉淀,文字的沉淀,阅历的沉淀。我喜欢,但写不来,也写不好。从小处着眼,务实是心性。往大处说,务实差不多是中国农耕文化形成的民族精神吧。孔子就把目光聚焦在社会生活上,不语怪力乱神。王阳明也认为:"名与实对,务实之心重一分,则务名之心轻一分。"

梅杰作文,虚妄的地方少,空想的地方少。起笔自然、平实,将情感或观点寄于书人书事中,为下文确立了亲切的基调。一路读来,基本都是充实而有活力的文字,没有华而不实的笔墨。让我想起叶圣陶、朱自清,还有丰子恺晚年文章,下笔中规中矩。中规中矩,还有意趣,大不容易。不知道是否可以用兴之所至,随物赋形来形容,反正我感觉是良朋话旧、任意而谈的印象。

梅杰的文风以写实为主,不大抒情,不轻易挑明观点,用事实说话,这是文史学人训练有素的表现。他的作品,顺着自己的思路,顺着自己的理解,抽丝剥茧,将旧人旧事的细节娓娓道来,平实的一字一句是客观旁白。读这样的文章,得慢一些,最好能从容品味,方能体会字里行间的隽永与清秀。梅杰的写作,不仅仅是文字风格自然,而是一种自由的缘故,不障不碍,仿佛盘腿闲聊。

伐木、运料、拉锯、裁板……渐渐地,一把椅子、一张桌子、一条板凳、一组柜子出来了,这本书给我的感觉就是这样,趣味则在过程当中。梅杰的文章,有文有章,文是文采,章是章法;梅杰的文笔,有时候简直有文无笔。也就是说你找不到痕迹,随便写写,朴素到了极点,思维也不跳跃,行文亦不曲折,回想之际,却有"随风潜入夜,润物细无声"的况味。

文章离气不立,缺乏韵味。当下很多人的写作,还没有进入气的层次。有人谈苏东坡《寒食帖》时说"笔触、结构,全是才气流泻所致,如果一个字、一个字地分拆开来,会因气失而形单。所以,苏字离气不立。"这些话用在评价梅杰的文章,似乎也合适。

梅杰出过文集多种,这册自选本是他三十岁前的精华总结。我挺喜欢,洗尽铅华,鱼肉丰腴中有野菜清淡,无所事事之际蓦然回首,寻踪访旧时娓娓道来。绚烂归于平淡,所录近作,越发老到。梅杰是废名同乡,我刚去了一趟湖北,向当地一些读书人打听废名,两眼茫然,说"不晓得"。

人间多少"不晓得",像断了线的风筝,不知其踪。难得梅杰有心,甘愿做捡风筝的人。

是为序或非序。

2014.6.3,郑州,木禾居

编辑的正途

俞晓群

　　2011年，我按照引进人才的标准，将梅杰从武汉聘到中国外文局海豚出版社，出任文学馆总监，那时他只有二十七岁。有人可能会问：太年轻了，你这样做的根据是什么呢？实言之，此前我与梅杰还未见过面，能如此看重他，大约有三个原因：一是口碑，我熟悉的几位学者如陈子善先生，很赞扬梅杰的才气。二是著作，那时他个人已经出版三部书《朗山笔记》《关于废名》《现代文学史料探微》，我还读到他的几篇文章，思想成熟，文字中规中矩，不会想到他是一位二十出头的年轻人。时值海豚出版社启动"海豚书馆"，有许多著名学者参与，陈子善先生能将梅杰编梅光迪《文学演讲集》列入书馆中，可见学术界对梅杰能力的认可。三是此前梅杰已经从事编辑工作多年，得到名家徐鲁先生亲炙，我与梅杰在电话及网上交流，他对童书出版具有独到的见识与功力。再者他为自己规划人生，立志以童书出版为终生志业，而不单是成为一名学者或作家。正是基于这样一些原因，我才会做出聘任梅杰的决定。

　　梅杰入职后，在海豚出版社一做就是七年，直到2017年10月，我从海豚出版社退休，梅杰也辞去海豚出版社的工作，离开北京，回到武汉。回顾这七年，梅杰说收获很大，学术与出版双丰收。个人著述方面，或写或编，出版了《绮情楼杂记》《芸兰日记》《蕙芳日记》《废名先生》《文学史上的失踪者》《童书识小录》《丰子恺札记》《梅光迪年谱初稿》《黄梅文脉》等。编辑方面，我交派梅杰的任务"中国儿童文学经典怀旧系列"出版几十种，融入了他的很多心血；还有《丰子恺全集》五十卷,以及一大批丰子恺作品的单行本、小丛书,他几乎将这项工作做到极致,为社会奉献出一大批好书。再者梅杰具有很强的选题策划能力,他创意策划的"中国儿童文学走向世界丛书",陆续出版三十几本,汇聚了当代儿童文学优秀作家作品,同时推出中英文两个语种的版本,一直被列为国家重点资助项目。他还策划了"海豚学园",请到了一大批著名学者加盟,书目有《周作人论儿童文学》《孙幼军论童话》《儿童文学思辨录》《曹文轩论儿童文学》等,成为童书出版研究的重要资料,提升了出版社的学术地位与文化品位。七年的工作中,我看到梅杰许多优长之处,诸如他自身的学习精神,以及他对图书版本的认识,对图书市场的认识,对作者、编者的认识,都有许多独到的见解与思考,我也在工作中吸纳了他的许多好想法。我始终认为,海豚出版社年轻编辑居多,能有几位梅杰式的优秀人物存在,才会有好书不断出版,他们对于塑造企业文化起到了至关重要的作用。

梅杰回到武汉后,我们的交流不多,只是在网上读他的文章,如公号"出版六家"中的文字。还有他一本本新著出版时,一定会及时寄给我,如《绮情楼杂记(足本)》《文人感旧录》《重写中国儿童文学史(纲要)》。梅杰的文章好看,首先缘于他走的是周作人、止庵的文字风格,简洁清晰,不加修饰。其次他做学问注重学术方向的选择,如他在很多年中,专攻"文学史上的失踪者",研究的人物有废名、许君远、梅光迪、喻血轮、喻文鏊、邓文滨等,避免了炒冷饭,也避免了学术冲撞,表现出他善于思考和善于发现的人生智慧。在冷僻的领域中,自然会发现许多新鲜的故事,因此吸引阅读者的目光。最近我见到"荆楚文库"请梅杰整理《邓文滨集》《喻血轮集》《喻文鏊集》,可见他的路径没有选错,而且功夫不负有心人,他已经在找寻失踪者的过程中,成为那些人物研究的专家了。此门学问做起来难度很大,但梅杰还有深一层的思考。有一次他对我说,这些文化人物的失踪,是一个特定历史时期的产物。随着社会的发展,学术研究的禁区消失了,这些失踪的问题可能就不再是问题了,所以这项工作不是一个可持续的研究课题,自己的学术方向还需要不断创新,不断突破。

总结梅杰的学术探索,大约有四个主题:废名、方志、儿童文学、梅光迪,每个方向都有所建树。单说儿童文学史,我做过多年童书出版工作,对于眼下的出版状况,理念、理论、作家、作品,有许多感性的认识。在很长一段时间里,我对这一领域有着强烈的怀旧情绪。因此提出"人文少儿"的出版理念,还偏重出版了一大批旧时代的童书,让它们起死回生,重新融入今天的社会生活,打破政治化、极端市场化的僵局。为此我认真阅读过"儿童文学史"一类文字,这方面的领军人物是蒋风先生,他是梅杰的老师,"中国儿童文学经典怀旧系列"的主编。2014年我曾经前往浙江金华,登门拜访蒋先生,希望他能够编一套私家幼童教材。那时蒋先生年近九十,高高的身材,举手投足,依然保持着旧式学者的风度,谈吐平和,心胸坦荡。读他的儿童文学史,有自著本,有主编本,有个性的光艳,也有时代的痕迹。总之,老人家的历史地位已经成为自在之物,不必言说,而他固有的书生本色,也不是时代的流光可以遮掩或泯灭的。梅杰经萧袤先生推荐,曾经投奔蒋风先生门下,攻读儿童文学研究生班,深得老先生赏识,获得结业证书。现在梅杰接续师长志业,出版《重写中国儿童文学史》,蒋风先生亲自为之作序,欣喜之情溢于言表,当然是师门的幸事。全书分为三个部分,一是重写儿童文学史纲要,可以见到梅杰的志向与功力。二是附篇,包括梅杰近年写的文章,可以从中读到他的思想脉络。三是附录,包括师长同人们点评梅杰的文字。应该说梅杰的文化生活非常丰富,而且走上了人生的正途,路子愈走愈宽,不但得到学界的支持与认可,还会得到后来者的追随。由此我想起梅杰在北京工作的那些年,他时常会来到我的办公室,工作之余闲聊一会儿,由拘谨到轻松,彼此说过很多闲话。梅杰后来在文章中说,他记得我的一句话:如果路子走正,会有大成就的。

　　了解梅杰的故事,一定有人会说梅杰是学者型编辑。关于编辑的"型",我曾经写过《编辑的类型》一文,列举了三个正面例子:周振甫型、巴金型、胡愈之型,其实还可以继续列举下去,陈原型、范用型、沈昌文型、钟叔河型云云。他们的工作特点各有偏重,殊途同归。近来深入思考,我觉得此事不必说得太复杂,如果将他们归于一型,那就是学问与热爱。学问包罗万象,比如周振甫的学问在古代典籍,巴金的学问在文学创作,胡愈之的学问在思想构建,形式各异,抽取共性,都是对于书与人的学问。热爱是做事情的发动机,只有爱书人来做出版,才更有做出成就的可能。正如陈原先生所言,要想成为一名好编辑,首先要爱书,何为爱? 书迷而已。所以讨论编辑的正途,能做到这两点就足够了。

最后想到三个问题:一是关于师门的选择, 我觉得一定要拜在高人门下,而且要选择名门正派,人生短暂,我们没有重新来过的机会。二是学者身份的认定, 此事有些复杂,非本文论题。如果按照时下世俗的观点定义学者,那么出版人不一定是学者,但一定要有学问,或曰要懂文化。三是何为出版人的学问? 简言之,就是对于书的认知能力,兼具文化与市场两个方面的内容。用沈昌文先生的话说,我不是知识分子,只是知道分子而已。

重写文学史的进路
——读梅杰的《重写中国儿童文学史》

20世纪80年代末,曾有人发起"重写文学史",也留下了一些"重写"的文章,但从总体上看,这次"重写",只满足于对已有作家作品和文学史实的重新阐释和评价,甚至纯粹是做"翻案"文章,并未从文学史写作的基础工作做起,提供"重写"赖以展开的新发现的作家作品和文学史料。

最近读到梅杰的新著《重写中国儿童文学史》,觉得弥补了这个缺憾,为文学史"重写",找到了一条合理的进路。我把梅杰这部新著的特点,归纳为以下两个方面:

第一个方面,是史料的辑佚钩沉,拾遗补阙。有人说,文学史是一个与时代同时出现的秩序,儿童文学史也是。如果把这个秩序比喻为一个队列,则一些新人的加入,这个队列的次序就要重组,就会发生变化,因此,真正意义上的文学史的"重写",都是由新的作家作品和文学史料的发现引起的。梅杰长期从事编辑工作,留心文史资料,编辑出版了数量众多的大型儿童文学丛书和现代作家的儿童文学文集,积累了丰富的一手资料和编撰经验。在这个过程中,他尤其重视儿童文学作品的版本问题,所编作品,现代部分多以"民国老版本为底本",在尊重历史原貌的同时,也引导他把搜索的目光投向历史深处,寻找那些"现有中国儿童文学史没有提及或提到不多,但比较重要的儿童文学作品",尤以清末民初和抗战时期的发现为多。这些新发现的儿童文学作家作品,不但为现有的儿童文学史提供了新的史料,补充了现有儿童文学史的缺陷和不足,同时也为儿童文学史的"重写",提供了资源和动力,无论从哪方面说,梅杰都为中国儿童文学史撰写,作出了杰出的贡献。

第二个方面,是观念的儿童本位、文本中心。与上一个方面的特点相联系的是,新的儿童文学作家作品的发现,不仅仅是依靠查阅历史资料,同时还要有鉴别和发现的眼光,亦即是要从那些与儿童有关,或看似无关,实则有关,抑或虽是儿童文学作家,但所作未必尽是儿童文学的复杂情况中,分辨鉴别出哪些是真正意义上的儿童文学,哪些是假儿童之名的成人文学,哪些是似是而非的儿童文学,从而把那些真正意义上的儿童文学,从浩瀚的文学史料和复杂的文学情境中,提取出来,在这个基础上,构建真正意义上的儿童文学史,完成对已有的儿童文学史的"重写"工作。梅杰的眼光,来源于他所持的"儿童本位"的观念。这种观念不是梅杰的发明,在现代文学史上渊源有自,且已成为衡量儿童文学的唯一标尺。梅杰持这种尺度检视他过眼的与儿童文学有关无关的现代作家作品,既敢于大胆地质疑那些已成定论且评价很高的儿童文学作家作品,也敢于把那些因为各种原因,有意无意地排斥和遗漏的儿童文学作家作品,提到一个时期有代表性的儿童文学作家作品的高度。梅杰对这些儿童文学作家作品的重新评价和定位,不是观念先行,更不是主观臆断,而是建立在精细的文本阅读和扎实的文本分析的基础上,是以文本为中心的。正因为如此,他对中国儿童文学史独特的历史分期和不同时期儿童文学创作状况的总体判断,也是"论从史出",有充足的实证根据。

特别值得一提的是,梅杰的这部新著,把民间文学看作是"儿童文学的摇篮",同时关注"中国传统蒙学读物"和"古典文学中适合儿童阅读的部分",对儿童的影响和某种潜在的儿童文学属性,也说明他对中国儿童文学史的"重写",有比较开阔的视野和比较开放的眼光。中国儿童文学史的"重写",是一个系统工程,一方面有赖于新史料的发现,另一方面也需要作者有相应的"史识",还需要协调好与儿童文学置身其中的整体的文学史相互依存又相对独立的关系。在这些方面,梅杰都有比较自觉的意识和比较充分的准备,这部新著,只是他"重写"中国儿童文学史的一个初级阶段,相信他进一步的工作,会做出更大的成绩。

十年眉睫

郑卫国

　　十年一瞬，没想到时光这么容易过。这十年，梅杰在我的眉睫之前，他从一位小鲜肉成了大小伙，从一位青年学生梅杰，成了享誉文坛、颇有声望的青年学者眉睫。从写书人到编书人，供职于北京海豚出版社，个人专著出版有 10 本之多。

　　2006 年初夏，我与一位名叫梅杰的大学生初识。那一天，在县文化馆四楼，我召集本馆几位老同志研讨黄梅县非物质文化遗产项目，为保护名录定题。参会的有老馆长余绍青，和音乐、民俗专家吴淑林等。说是召一些老同志来议题，当时，县文化馆没有一个像样的会议室，把大家召拢来，端几把椅子相向而坐，设议题，大家谈。我做记录，一个本子一支笔，就在大腿上抄记。这时候，一个身材细瘦高挑，面目英挺，皮肤微黑的青年走了进来，他自我介绍："名叫梅杰，还是个学生。"

　　群众文化从来是面向群众，无论老弱妇孺，只要是热心人，从来不会因这因那拒绝来访者。他就近坐在我的旁边。大家谈完了议题，就听梅杰发言。他谈到黄梅历史文化，历史名人，如清代文学家喻文鏊，顺带着也提了喻血轮……因为喻文鏊是硕儒士绅，贡举科范，与我们今天的群众文化议题无关，大家都不吱声。吴淑林望着他的后背凑近我俯耳问："这小鬼，哪来的？"我摇了摇头低声说："我也不晓得。"吴淑林当时瞪大眼奇怪地看他，梅杰可能没有注意到。吴淑林是老县城人，与喻家相邻而居二三代人，吴老当年已是快八十岁的人了。

也许是一生经历太多,也许是看梅杰太年轻,吴老只是问了问没介意。我还记得他眉头打了个结,眼望着梅杰背影走远以后,又问我一次:"哪来的?……是不是你邀请的?"我摇头,我表示确实不认识他。(后吴淑林老师与梅杰通邮件,互相交流梅雨田的黄梅竹枝词。说明吴老对梅杰青眼有加,有意多联系。几年后,梅杰多次想回黄梅,寻访吴淑林先生,以研究他的曾祖父、晚清举人吴铎,惜吴老于今年初逝世而不果。此为梅杰后来为我补述。)

2006年暑假,梅杰又来了。这次,只有我一个人坐在办公室。在我的印象里,他不像某些文学青年,狂傲清高,一上来就咿哩哇啦,说写了多少诗文,读了多少中外文学名著,与省内外哪些名家有交往……他坐下来,静静地,说话声音不高,谈废名,谈喻血轮,谈电影编剧刘任涛……依稀记得,我还向他提了提电影演员石联星。还谈了明清上溯几代黄梅祖宗级别的士绅文人。他对那些人的了解程度,已经深入到家谱……几番谈论,我终于明白过来,他所提问题是经过深思熟虑后,最后来找你"探底"的。

现在的80后,时代给予他们的话题很丰富,谈财富、谈大数据、谈大时代……讨论我们的星球,海阔天空。梅杰,坐在我的面前,如此冷静地谈文学,谈历史……而这些作家、艺术家的作品,大多已成明日黄花,在我们的视野里早已雾化不见……不过,从文学人伦的角度,我觉得眼前(眉睫之前)是个做学问的宝物。佛家有句俗语:"出家之初,成佛有余。"这么年轻,对待历史,尤其对待历史人物,选项明确,目标既定,锲而不舍,可不就是成大器的坯坯?

梅杰那次跟我交流,表示了对黄梅本土文化的热爱,并询问过是否有必要留居本土。我非常认真地对他说:"既是热爱本土文化,还不如走出去作回头观!"当时,我也是随口一说,不想梅杰十年以后还提起那个款曲。

这是我们的一次长谈,大约一小时。

2007年底,我在新浪博客上点卯,发现了一位昵称眉睫的博客。博文写的多是黄梅的事情,对废名先生的文学作品和为人探究精深,而且连鸳鸯蝴蝶派的喻血轮也"飞"进了他的博客,最让我激动的是居然连三四十年代出生的著名报人(兼作家)王默人,离乡出走多年,杳无音信的这位黄梅籍作家也被他挖了出来。他的这种"掘进"精神令我刮目相看。他对梅氏宗亲的作家梅光迪的研究,资讯翔实,议题从容,俨然从一个青年学生到一个学者的跨越。读了他很多的博文,通过交流得知,此"眉睫"就是彼梅杰。

新近获得梅杰赠《黄梅文脉》一书。暑热高温,热汗浦面,脊如溪流,捧读他的大著虽然身在暑气汗蒸中,却也是凉风扑面,手掀书页时,汗渍透纸,还是不忍释手。梅杰笔下研究的大多是黄梅的历史文人,视角新锐,笔下奇崛而又奔放。是的,有人写到梅杰的文字表现力,觉得他二十来岁的人,笔下行文有上两个世纪的古雅艰涩,有点像废名……其实不然,在他的笔下,对老一代文化人翟一民交往叙述,笔下就没有多少"废名"。翟一民曾经是中华人民共和国黄梅县文化馆第一任文化馆馆长。梅杰写到在研究废名选题时翟一民对自己的帮助,就一改对废名和喻血轮等研究的文笔的古涩,而变得细腻,清灵,两人间,几次交往,上下文交代得朴实又简约,那种从容随笔实属别裁。

眼前跳出《心中高悬五祖寺》,对五祖寺,以梅杰的眼光,和他严谨的性格,读文之先,我想他如果据实而写,会怎么样? 早在二十多年前,我写过五祖寺,更往早前,日本作家水上勉也写过五祖寺,我写五祖寺是写寺前"千级台阶",水上勉写的是《东山枇杷》,更有许多国内外知名作家笔下写过的五祖寺……结果,这篇《心中高悬五祖寺》他写得灵异、精巧,很有青年人的思维张力,是一篇我读到的不多的激情昂扬的好散文。

梅杰如今是个写文章的好手,据我浅见,他首先是一个颇具眼光的读书人,史学钩沉,书海浩繁,他没有去读当前那些文学大咖的文章,没做网红网粉,而是选择了一条僻静的小路,沿着故乡故土的一脉书香攀崖涉水蹭蹬前进。黄梅县历史悠远,文脉绵长,从仕宦笔墨到乡绅诗文。

梅杰在《汤氏父子与黄梅》一文中,从汤用彤的籍贯追究过去,因为过去充饰国内各种档案史料都说汤用彤出生甘肃渭源县,一生从未到过黄梅,用以说明他跟黄梅本土没有关系,更谈不上根器相连,文脉相系! 就连他的儿子汤一介先生也是这样认为。当初,我在图书馆翻阅资料也感到奇怪,他的父亲汤霖出生于湖北省黄梅县孔垅汤大墩,他的哥哥汤用彬生在黄梅死在黄梅,他没有来过黄梅吗? 梅杰通过从《汤用彤与青灯泪》着眼深探细究,十分有说服力地将汤用彤与黄梅的文脉血统维系了起来……

除了汤家,梅杰的眼睛还关注到了帅家、喻家、石家……这些在黄梅文脉上熠熠生辉的仕宦名门。过去,黄梅民间包括我在内,都只是关注这些家族和他们中出类拔萃的人物产生的民间传说,很少关注到一个家族的起兴势微,延续走强……梅杰这十年间像个老中医在为他们"探脉"。眉睫开处,胸襟大张,虽然小处着眼,却能够"星分翼轸,地接衡庐,襟三江而带五湖,控蛮荆而引瓯越"。

在他的这本文章合集中,我读到了徐鲁写的那篇《独守千秋纸上尘》,徐鲁可能了解梅杰多一些。他在文中说:"眉睫君作为'80后',这一代中的少年才俊,沐浴和承传着鄂东先贤们留下的那一脉书香与文化的薪火,心怀高古,意气风发,走的是一条通识博雅的学术大道,可谓鄂东这片文化沃土上新一代的'读书种子'。""读书的种子",希望梅杰这颗"种子",深扎黄梅文脉沃土,芽冒出来了,树长成了,树干挺立地平线,直向云表深空纵放自己的新绿,长成大树,临风抖擞自己的精神。

2017 年 8 月

《黄梅文脉》序

熊召政

十多年前,我应邀到浙江绍兴参加"兰亭国际书法节",当时绍兴市的领导在开幕式上说:"我们绍兴是一个'人文高地',历代在这片土地上,英才辈出,'中华世纪坛'选出了四十位对中华文化有大贡献的杰出人物,我们绍兴独占三位,再加上一位浙江籍的,一共四位,占了将近十分之一,在全国唯此一家。"晚宴的时候,我对这位领导说:"书记,我想纠正一句话,在中华世纪坛上,还有一个地方,跟绍兴一样,也占有三位,再加上一位湖北籍的,一共四位。"他问是哪儿,我说:"是我的老家湖北黄冈,黄冈的三位是毕昇、李时珍、李四光,再加上宜昌的屈原,我们也是占十分之一。"这位市委书记听了,连忙说:"哎呀,失敬失敬,我该罚酒。"我经常因为这件事而觉得自豪。湖南湘潭、浙江绍兴、湖北黄冈、四川乐山,在我看来是中国近现代史上的四个"人才高地",而黄冈和绍兴尤其引人注目。我的《文人的情怀——中国文化演讲录》里有一篇《鄂东人文高地形成的历史脉络》,详细讲述了鄂东的"人文高地"和人文精神的形成因缘及其历史脉络。鄂东人文高地,当然也包括黄梅县。

王维诗曰:"君自故乡来,应知故乡事。"青年学者梅杰,是鄂东黄梅人,友人徐鲁对他比较熟悉,称他是鄂东新一代的"读书种子"。他以近现代文化史上的多位黄梅籍名人如汤用彤、汤一介父子,废名以及废名的后辈、喻血轮及其家族,此外还有刘任涛、张雨生、王默人等为线索,发掘出诸多鲜为人知的史料,梳理出一些早已成为"广陵散"的人事细节,同时也辨析和探究了一些文化上的传承关系与转移秘密。把这样一本带有地域文化史话性质的研究文集名之为"黄梅文脉",颇为恰当。这份工作做得非常有必要,只是让我感到意外的是,作者梅杰竟然是一位"80后"。这个年龄的年轻人,在这样一个普遍浮躁、"娱乐至死"的时代,竟然肯去坐冷板凳、钻故纸堆、做冷门的学问,并且对自己家乡的文史传统和文化遗产怀有谦恭的敬惜、敬畏和热爱之心,这是殊为难得的。梅杰虽然年轻,却著述勤奋,已经出版了《朗山笔记》《关于废名》《文学史上的失踪者》《梅光迪年谱》《童书识小录》等多部文集,其中大部分内容写的是黄梅人物和黄梅文史故事。我觉得,这位年轻的学人应该为自己是一位黄梅人感到庆幸和自豪,就像我为自己是一位英山人而感到自豪一样。黄梅不仅哺育了他的成长,其实也为他留存了一座写文章、做学问的"富矿",只要他肯沿着"黄梅文脉"这条矿脉去深入探寻和挖掘,我相信他的写作和研究资源将会是层出不穷的。

我一直认为,鄂东的文化和哲学思想基础源远流长,从隋唐时期产生的黄梅禅宗四祖、五祖开始,一直到六祖,完全可以说中国佛教本土化是在鄂东黄梅这块土地上完成的。这是中国佛教对世界文化的巨大贡献。"黄梅天下禅"这一说法,在佛教界是得到了公认的。黄梅四祖寺,由禅宗四祖道信大师亲手创建,历经了1400多个春秋,其间虽然经历了许多坎坷和灾难,但它自始至终存在于黄梅的双峰山中。四祖寺的前任方丈净慧老和尚,是当世最杰出的禅师之一,他应当代佛教界泰斗本焕老和尚的邀请,离开他一手恢复并达于鼎盛的河北柏林禅寺,驻锡移榻于此,四祖寺因此而注入了生机,这座千年古刹,再一次焕发了青春。净老在世时,多次邀我去四祖寺小住,时常夜话至月出东山。2013年,净老在四祖寺安详示寂,他的法嗣明、崇两支,都感到非常突然。净老圆寂之时,也正是雅安地震发生之时,邛崃山脉在雅安地震中产生了剧烈的摇晃,净老的圆寂也让他的弟子们感到了地震一样的崩裂。所幸的是,这种崩裂的结果不是灾难,而是生活禅系的净老的弟子们,变得更加坚强和觉悟,他们知道,净老留在尘世间的"觉悟人生、奉献人生"的宏愿,他们须更加努力地去实践、去完成。2014年春天,四祖寺迎来了它中兴后的第三任方丈,我应邀去黄梅祝贺明基大和尚升座时,说过这样一段话:"无论是四祖寺的开创者道信大师,还是柏林禅寺的驻锡者赵州和尚,他们都是伟大的禅师。他们的法脉,一直滋润着燕赵大地和荆楚山水,也一直泽被后世的法嗣。……四祖寺的正确名称是'四祖正觉禅寺','正觉'是一个修行的状态,也是一个归宿。如果说政治清明是人间正道,那么,正觉则是菩提智慧的不二法门。四祖道信开创了正觉的法脉,在赵州和尚的茶盏里,我们可以品尝到正觉的滋味;在净慧老和尚的生活禅中,我们可以看到'正觉'在这个时代的勃勃生机。"

梅杰有志于"黄梅文脉"的发掘与研究,我想,四祖寺、五祖寺的禅文化及其对整个黄梅文化的影响,毫无疑问也是"黄梅文脉"研究中不可或缺的构成部分。例如在废名的小说里,就有着浓郁的童心、佛性与禅意。童心亦即佛心。而废名的禅意,有人以"农禅"或"文禅"名之,其实这是与他从小耳濡目染的故乡四祖寺、五祖寺的禅意分不开的。因此,研究废名而不研究四祖寺、五祖寺,可乎? 好在梅杰对此已有所觉醒,他的文集里就有一篇谈废名的《五祖寺》的文章,写童年记忆中的五祖寺与废名后来的创作的关系,这种研究很有说服力。

徐鲁兄对梅杰的治学路数比我更为清楚,他在一篇介绍梅杰的文章中说:"梅杰的学术文章以'探微'和'识小'之作居多,他最拿手的研究方法,他的学术'秘辛',也许正是善于从第一手的小材料找起,见微知著,好比由一些小小的、不被人注意的井口深挖下去,一直挖到'活水'的源头。他的学术文章,大都是曲径通幽之作。"这种研究方法,就像现在我们都在提倡的认真、执着、一丝不苟的"工匠精神",是值得肯定的。板凳要坐十年冷,茶盏还须半夜香。人间的好学问,大都是在一种耐得寂寞的、肯坐十年几十年"冷板凳"的状态里做出来的。

我曾总结过鄂东的"人文精神",其中有一条就是"孤往精神"。"孤往精神"是熊十力提出来的。做学问者,想有所成就者,没有一种"孤往精神"是不行的。年轻的梅杰显然也是继承了鄂东先贤们的这种"孤往精神","孤身走我路","独守千秋纸上尘"。

祝愿这位年轻人把"黄梅文脉"这个领域的学问做得更好、更透彻,也让自己的治学和问道之路走得更远、更为开阔。

2015 年 9 月 30 日，闲庐

后记

从我撰写第一篇废名研究的文字至今已有21年了。当我还在废名母校黄梅一中读书的时候,我就写了好几篇研究废名的文章,并模仿废名的诗文进行创作。我完全沉浸于废名的世界,大约持续了六七年。到2009年,我研究废名的21篇文章在台湾结集出版。这不是新的开始,而是一种临时的告别。

说是"临时",我并不知道会有多久。到了2021年底,我应邀为人民文学出版社编选《废名散文》,并按要求写了一篇导读式前言,我才知道这个"临时"竟然长达13年之久。在这13年里,我陆续研究了喻血轮、许君远、梅光迪、丰子恺、邓文滨、喻文鏊等人,还研究了儿童文学。13年来,在我的内心深处,我一直想着废名,念着废名。一个人在少年时代,便痴情于某位文学家,这如同初恋,必定成为难以磨灭的情结。

2020年,我的人生遭遇重大转折,彷徨、无助、焦虑、苦闷,乃至虚空,诸多情绪一并袭来,至今未曾走出来。这时我想到了废名,这是我的初心。我何以走上文学之路?废名之于我的意义在哪里?经过思考之后,我打算全盘梳理我的学术成果,再次把它们呈现于世,希望成为我未来人生新的路标。其中已经13年未研究的废名,就是一大核心。我萌生念头,把我全部的废名研究文字以及一些相关文章,结集出版。这个想法得到了朋友的支持,于是开始着手汇编起来。

现本书付印在即,谨将收录情况作若干说明。本书分为三个部分,第一部分收入废名研究的文字,包括结集成书的21篇,同时收入2009年至2021年新写的 10 篇。这 10 篇，除了《废名散文》的前言，其他大多算不得研究废名，只能说是废名研究中的副产品。其中《被遗忘的文学大师废名先生》，初稿于 2005 年，当时未写完，后于 2013 年略加补缀完稿。第二部分主要收入研究废名师友及其他民国人物的文章。第三部分主要收入研究黄梅文化方面的文章三十多篇。正文后附录 7 篇有关我的学术道路的文章。

最后说一说书名。这个书名于我有特殊的内涵，希望读者能够理解。这个"废名圈"既不同于废名弟子朱英诞所说的"废名及其 circle"，也不等同于学者们根据"废名及其 circle"提出的"废名圈"。"废名及其 circle"，翻译出来就是"废名圈"，这是作为新诗流派的"废名圈"。而在此基础上提出的"废名圈"，又有两种内涵，一是废名的师友圈，二是作为民国时期古典主义文学趣味的文学流派"废名圈"。而我的"废名圈"，既包含以上内容，更有它特殊的地方。我一生钟情于废名，以废名为起点，凡是与废名有地缘、血缘、学缘、文缘等都成了我研究的对象。它们已经形成一个巨大的反复缠绕的圈套，将我牢牢圈住，我却高兴于此，在其间自如遨游。我的人生，便是在废名圈中行走的一生。废名圈，既与废名有关，也与我有关。这是由我特殊的治学之路所形成的。无论我将走多远，可能都走不出废名圈，它是我的太阳。即使我稍一逾越废名圈的藩篱，它又必将吸引我回来，这将是我的宿命。

是为后记。

2023 年 3 月 13 日

于桂子山